中国文化遗产研究院·符合国情的文物保护利用之路研究成果之三
（国家社科基金特别委托项目）

# 析情探路

## ——符合国情的文物保护利用与改革发展

曹兵武　何　流　于　冰　主编

文物出版社

**图书在版编目（CIP）数据**

析情探路：符合国情的文物保护利用与改革发展／
曹兵武，何流，于冰主编 . —北京：文物出版社，
2020.8

ISBN 978 – 7 – 5010 – 6677 – 3

Ⅰ . ①析… Ⅱ . ①曹… ②何… ③于… Ⅲ . ①①文物工
作 – 中国 – 文集 Ⅳ . ①K870.4 – 53

中国版本图书馆 CIP 数据核字（2020）第 063684 号

析情探路——符合国情的文物保护利用与改革发展

主 编：曹兵武 何 流 于 冰

责任编辑：李 睿
封面设计：王文娴
责任印制：张 丽

出版发行：文物出版社
社 址：北京市东直门内北小街 2 号楼
邮 编：100007
网 址：http：//www.wenwu.com
邮 箱：web@ wenwu.com
经 销：新华书店
印 刷：北京京都六环印刷厂
开 本：889mm×1194mm 1/16
印 张：18.5
版 次：2020 年 8 月第 1 版
印 次：2020 年 8 月第 1 次印刷
书 号：ISBN 978 – 7 – 5010 – 6677 – 3
定 价：128.00 元

# 序　言

　　世界在巨变，我们国家的发展也步入了新时代，文物保护利用与优秀传统文化传承成为基本国策，受到中央和全社会的广泛关注与高度重视。习近平总书记要求新时代里应该让文物活起来、用起来。2016 年全国文物工作会议前夕，习总书记又专门对文物工作作出重要指示，强调文物承载灿烂文明，传承历史文化，维系民族精神，是老祖宗留给我们的宝贵遗产，是加强社会主义精神文明建设的深厚滋养。保护文物功在当代、利在千秋。他指出，近年来，我国文物事业取得很大发展，文物保护、管理和利用水平不断提高。但也要清醒看到，我国是世界文物大国，又处在城镇化快速发展的历史进程中，文物保护工作依然任重道远。各级党委和政府要增强对历史文物的敬畏之心，树立保护文物也是政绩的科学理念，统筹好文物保护与经济社会发展，全面贯彻"保护为主、抢救第一、合理利用、加强管理"的工作方针，切实加大文物保护力度，推进文物合理适度利用，使文物保护成果更多惠及人民群众。各级文物部门要不辱使命，守土尽责，提高素质能力和依法管理水平，广泛动员社会力量参与，努力走出一条符合国情的文物保护利用之路，为实现"两个一百年"奋斗目标、实现中华民族伟大复兴的中国梦作出更大贡献。

　　走出一条符合国情的文物保护利用之路，是新时代的新要求。中国文化遗产研究院作为国家文物局直属单位和行业智库，高度重视符合国情的文物保护利用之路的探索，并按照国家文物局的部署，先后在院级课题中设立"符合国情的文物保护利用之路预研究"课题、"符合国情的文物保护利用之路"院基本科研经费课题，积极筹划申请国家社科基金课题同题重大课题项目，并于 2017 年成功获批国家社科基金特别委托课题（课题编号 17@ZH018）。我们以执行部门文物研究所为依托，以曹兵武研究员为首席专家，集全院之力，联合兄弟单位，组建跨行业、跨部门多学科专家队伍，并广泛吸纳全国同行的智慧，开展为期三年的深入系统研究。课题在不同进展阶段还分别召开"他山之石——国际文物保护利用理论与实践""中国观察——中国文物保护利用理论与实践""析情探路——符合国情的文物保护利用与改革发展"三个学术研讨会，课题组与全国同行聚集一堂，进行交流研讨。

　　本书即"析情探路"学术研讨会后课题组和与会人员有关成果汇编，内容涉及我国文物保护利用与改革发展有关理论、实践、政策法规、体制机制等很多方面，可为课题组和国内外同行进一步开展研究探索提供参考借鉴。

　　是为序。

# 目　录

# 符合国情的文物保护利用之路有关问题及初步认识

## ——兼论生态文明视角下历史文物在现代社会的再脉络化

### 曹兵武

（中国文化遗产研究院）

**提　要：** 中国文化源远流长、连绵不断，中国的文物工作要从大历史观和全球视野出发，探索符合国情的文物保护利用之路和文物与时代、社会、公众之间的新型合理关系。要在生态文明视野下，实现文物和文化遗产在现实生产生活与未来发展中的再脉络化，建立中国特色的遗产价值认知与评估系统，构建符合生态文明要求的文物与人的新型关系。考古、博物馆、文物保护要形成合力，切实做好文物价值评估、文物移交管理、文物登录、信息公开、预防性保护等行业基础工作。设计符合国情的保用之路，要用足用好政策红利，建立综合性全覆盖的文物保用管责任体系并使其真正落地。文物事业责任重大，应紧紧围绕中央对文物资源和文物工作的战略定位，构建符合国情的文物保护利用理论体系和实现路径。

**关键词：** 文物保护利用；中国国情；物人关系；遗产自觉；生态文明；再脉络化

## 一、在民族复兴伟业中认识文物保护利用的重要性

2016 年全国文物工作会议前夕，习近平总书记在给大会的贺信中对文物工作作出重要指示。他强调，各级党委和政府要增强对历史文物的敬畏之心，树立保护文物也是政绩的科学理念，统筹好文物保护与经济社会发展，全面贯彻"保护为主、抢救第一、合理利用、加强管理"的工作方针，切实加大文物保护力度，推进文物合理适度利用，使文物保护成果更多惠及人民群众；各级文物部门要不辱使命，守土尽责，提高素质能力和依法管理水平，广泛动员社会力量参与，努力走出一条符合国情的文物保护利用之路，为实现"两个一百年"奋斗目标、实现中华民族伟大复兴的中国梦作出更大贡献。

作为具有五千年文明史的世界大国，中国的改革开放、中华民族的伟大复兴必须继往开来。新时期党中央、国务院已经把文物保护和优秀传统文化传承体系建设提升为"五位一体"总体布局和"四个全面"战略布局的重要组成部分。文物工作是增强中国文化软实力、提升中国文明大国形象的必由途径，对传承中华优秀传统文化、培育社会主义核心价值观、弘扬民族精神和时代精神，促进经济社

会和文化发展有着不可替代的作用。"努力走出一条符合国情的文物保护利用之路",是党中央赋予文物工作者的新要求、新任务,是新时期文物事业改革发展的目标和方向,也是全国文物系统必须要回答和解决的重大课题。

近些年文物事业蓬勃发展,取得了重大成就,已经初步形成了具有中国特色的文物保护利用体系。但是在国际和国内形势发生深刻变化的背景下,文物工作中还存在诸多的不适应,无论是系统内还是系统外,对文物工作还存在认识上的偏差和理念上的不一致,表现为实践中的诸多困惑和茫然,以及文物的大量灭失、破坏和闲置,如何遏制自然和人为因素对大量户外古迹遗址的急剧破坏,如何将文物用起来、让文物活起来,仍然是待解的难题,很大程度上制约着文物事业的健康发展,也影响了文物工作在传播社会主义核心价值观、增强中国文化软实力、提升中国国际形象、实现中华民族伟大复兴中国梦中发挥更加突出的作用。总书记要求走出符合国情的文物保护利用之路,其实也是中国特色社会主义道路的重要组成部分。因此,文物工作的改革发展已走到了一个新的重要关口。

我认为,在完善科学发展的观念自觉、文化自觉和文化自信时,我们首先应该有一个对文化遗产的全民自觉;民族复兴,首先也应该有一个中国式的文艺复兴。这个复兴不是字面意义上的文学与艺术复兴,而是文化、工艺和传统优秀遗产的全面复兴,是把历史上的优秀资源重新挖掘、整理出来,融入现代社会;这个复兴就是接通古代的电源;这个自觉就是要对遗产进行总盘点。

我们可以对比一下西方文明的发展。从它走过的路可以发现,现代西方文明发展也是从文艺复兴起步,并很快超出文艺复兴这个范畴,成为一个包含科技、经济、政治、文化各方面的全面的新的文明形态,即这个"路"是从文艺复兴开始并迈上了发展之路的。欧洲在罗马帝国灭亡以后,也曾经历过一个文明的大的解体、衰落乃至中断,有将近一千年被称为黑暗的中世纪时期。这个时期希腊和罗马的文明基本上已经被遗忘了、割裂了,但是到了14世纪、15世纪在意大利的若干小城邦,人们重新认识到希腊、罗马历史与它当时社会的关系,重新发现希腊和罗马以及相关的文化、文明。这个发现包括对日常习焉不察的周边的希腊、罗马遗迹的重新发现与认识,也包括经过与伊斯兰阿拉伯的商贸、战争及与其他世界的互动,尤其是在它们取得强势以后,又主动把希腊、罗马以及其他文明在拜占庭和阿拉伯世界保存下来的很多典籍——像长期作为东正教首都的君士坦丁堡(现在的土耳其伊斯坦布尔)以及伊斯兰文明保存的资料档案等——又重新引进译介到欧洲,再加上欧洲各地的自治城邦比较自由、繁盛,新发现新认识包括科技成果得到了广泛使用,比如印刷术等新技术不仅被大量用于印刷圣经、传播宗教,也被大量用于传播科学技术成果,激励新的探索发现。

经过这场文艺复兴之后,西方才慢慢地发生眼界、观念、思想和宗教、社会等方面的变革,开始摸索科技和工业的进步。资本主义工商业和新大陆的发现、新市场的开辟,尤其是与印度、中国等东方文明的接触,让欧洲人大开眼界,直到18世纪末,欧洲对东方一直很崇拜,不光引进香料、丝绸、瓷器及其他一些先进的物品,还引进中国的四大发明与古典哲学文学老子孔子孟子等思想。这些都是现代西方文明形成过程中一个相当于资源或者电源的东西,它接通了这些电源、资源,开阔了眼界,解放了思想,现代西方文明才得以形成,走到现在这个科技、工业和文化引领世界的程度。

所以中国的未来之路,也需要对包括传统文化在内的人类多种文化资源和文明成果进行总结、继承发展和融合创新,但是首先需要对传统进行整理,取其精华去其糟粕;需要守正开新,来一场中国式的文艺复兴——根脉的复兴，只有根脉强健之后，我们才能巩固本来，吸收外来，探求未来。

对于古代的遗产资源，人类曾经有过神话、传说、文献记载等不同的形式与学问，现在的文物行业、文化遗产事业虽是后起，但也是一个让我们重新发现和认识传统资源的路径，而且更实证、更客观、更理性，因而是这场中国式文艺复兴的重要方面。经过复兴，重识自己的起点和基点，抓住文化与文明的本质，探索在信息时代和生态文明视野下重新建构我们和自然、万物（包括文物这些物件），以及不同民族、不同文化之间的新型关系，一种包容、和谐、可持续发展的关系，这才是生态文明的根本。

探索符合国情的文物保护利用之路，也就是要探索传统文化和文物这些宝贵的资源在现代社会里到底怎么定位；探索文博行业和这个时代、这个社会、下一个文明形态应该有什么联系，能够做出什么贡献；探索如何将那些已逝文明的碎片、优秀传统文化的基因载体熔铸进当代文明的大厦。我们应该从大历史观和全球视野出发，紧紧围绕总书记对文物资源和文物工作的战略定位，全面深入剖析和构建符合中国国情的文物保护利用理论体系和实现途径。

## 二、探索符合国情的文物保护利用之路的若干观念问题

从基本国情来看，我们是历史古国、文物大国，文化、文明具有长期连续性，留下了极其丰富的历史遗产。但从现代遗产学角度看，我们的遗产既丰富又贫乏，文物古迹多，但真正纳入收藏展示和保护利用的部分相对较少，而且已经纳入保护利用范围的也往往是观赏性差，工作难度大，遗产与人的关系建构不尽合理。因此，存在着严重的遗产不平衡性，遗产和公众及日常生活等方面的联系无论从实体、视觉还是精神方面，相对而言是少而抽象。

在我们的世界观和价值观中对文物和文化遗产长期认识不到位，传统文化中有重历史、轻文物，重精神、轻实体，重道轻器等思维趋向和价值选择，和现代社会遗产思想、实践不太一致。就实际的遗产工作来说，长期以来我们对于遗产的保护利用能力差，诠释和创造性转化能力较差。而加强文物保护利用，将优秀传统文化传承作为基本国策，是助推中华民族伟大复兴的三大文化（优秀传统文化、域外先进文化、科学发展文化）支点之一。经过四十多年的改革开放，从发展阶段和社会需求来说，文化需求也到了一个临界点。

西方发达国家尽管是当代考古学、博物馆学、文物保护理念与实践的发源地，但是他们的文明传承就像接力赛跑一样，不同的选手跑不同的路段，文明的火种从古代美索不达米亚、埃及，经过希腊、罗马，到今天的西欧和英美等，每一棒都交给一个新的运动员，其间既有继承与创新，也不断转移发展的重心并向外扩张。中国很早就是天下国家和天下文明的框架，它像一个同心的圆圈，大家不断向中心靠拢，是滚雪球般的发展。西方首先进入了现代文明，但它是在科技、学术上领先了，最后才探索学术和传统结合，去寻找源头并进行文物保护，挖掘古代遗产资源，是用理论方法反哺自身发展并引领全球化。中国则是拖着一个巨大的历史文化传统追赶着进入现代、加入全球化——包括在内容方面推陈出新的全球化。因此，符合国情的文物保护利用之路要能够融入中国特色社会主义道路之中，成为符合国情的大路中的一条支路。

探索符合国情的文物保护利用之路关键是探索符合国情的文物与时代、社会、公众之间的新型合理关系。如上所述，中国历史悠久，文物丰富，文化传统与血脉未曾中断，与人民血浓于水，但是文物和人民、和社会发展之间具体是什么样的关系？应该是怎样的联系？过去与现在、未来是什么关系？具体到我们行业的几大板块，考古学发现并揭示文物的价值，博物馆展示并传播文物的价值，保护与利用试图使之传之久远并融入人们的生活，这些看起来很协调，但是哪些被纳入了人们的兴趣与关注范围，哪些有交叉有缺失，客观的作用和实际的效果怎样，都需要实事求是地分析。另外，哪些关键问题是制约行业发展之关键瓶颈？我们号称文物资源很丰富，但是我们对资源的真实情况的认识非常不到位。举个例子，我们经过第一次全国可移动文物普查之后，确认国有文物收藏单位不可移动文物1亿件/套（其中可称为博物馆藏品的约4000余万件），第三次全国文物普查之后确认不可移动文物七八十万个点，而美国史密森尼机构（Smithsonian Institution，相当于美国国立博物馆）公布的藏品是一亿三千万件，这种数字上的巨大差距怎么理解，如何比较？四千万和一亿三千万件是什么关系？斯密森尼的藏品可能不一定都是文物，但它是一个国家博物馆的藏品，是标本。哪些物件可以入藏博物馆，可以成为保存、继承、研究、展示、传播的对象，体现出文物观念、遗产观念、标准和收藏战略及实践等方面的区别。

另外，文物利用在行业内部争议非常大。文物利用是不可阻挡的必然趋势，需要系统的梳理、研究和反思，要能从理论到实践上对利用的方式、利用的合理适度等提出一套标准来指导实践，但现在这个问题还没有得到很好的解决，这就是一切问题争议的焦点。理论的边界、界限和度怎么把握？谁来把握和使用？有人认为，文物局好像只是文物保护局，不像政府部门而像事业单位。还有，社会文物要不要管、怎么管？国家文物局到底是国有文物局还是国家的文物局？此外，文物的资源化、资产化，在文物系统内部历来属于禁忌性话题，但它恰恰是构建新型物人关系无法回避、需要系统研究的关键问题。其实民间文物同样也是文化遗产，正如法国文豪维克多·雨果（Victor Hugo）所说，文物可以是某个人的，但是其所包含的美则属于全社会和全人类。这里涉及的个人隐私和社会公共利益关系，需要系统研究和科学界定，更需要从法律法规上予以明确。和从古玩到文物到文化遗产体现了对于物品价值认知与社会关联的不断扩展提升一样，遗产成为可以发挥实际作用的资源、资产乃至资本，是管理现代化、精细化、科学化的必然要求。当然，不是所有资源尤其是遗产性资源，未必一定都要及时利用甚至是消耗掉，也不是所有资源都应该资产化甚至是资本化，进行资本化运作和逐利性经营。但是，在现代社会科学管理中，不能做到信息公开共享、数字化精确管理，一味回避这些问题则非良策。文物、遗产退出其原初功能，在现代和未来社会中安身立命，需要实现其再脉络化，包括在地产开发和国土规划中的合理适度的资源化与脉络化。

## 三、对于符合国情的文物保护利用之路的若干初步认识

探索符合国情的文物保护利用之路，既要研究文物国情，也要将国情作为地基研究可行之路，既是理论研究，更是一个解决问题的实践性研究，所以属于跨学科跨领域的研究，是案头研究和调研结合的探究。

我觉得首先需要形成以下一些初步的共识。

第一,"之路"的研究强调要符合国情或者具有中国特色,这特色当然是有的,我们的历史和现实是我们自己的,我们的人民在这块土地上和自己的文化遗产具有血肉相连的血脉关系。大部分的保用之路,其实就是政策的路,关键是政策设计,政策是指挥棒,要有一根关键的主要的指挥棒。正确的、成功的路可以有万千条,但对于文化与文明来说,大路、决定方向性的路应该只有一条,那就是结合历史与现实,探索建立正确的物人关系、遗产与人的关系。各民族、各文化有其特色,特在何处,特到什么程度,是需要细致分析的。在文化与生态的多样性中保持人类与世界的同一性,是文化与文明健康发展的基因所需。此可谓科学解释的物人同道、万法同源。如果我们的文物保护利用不能和文化多样性保护、优秀传统文化传承以及人与社会的发展三位一体,如果不行进在可持续的生态文明这条路上,都是很难成功的。

所以说这个国情之路就是在生态文明视野下,实现文物和文化遗产可持续保用,在历史大势和人们日常现实生产生活中的再脉络化。我们应能意识到,可能正确的路径选择不是很多。但是在不同阶段、不同地方,文物和人们面临的具体问题确实又不一样,你的东西、你的人、你的势情不一样,你是有个性化、多样性、有比较的,需要对这些不同抱以理解之宽容,需要具体情况具体分析,在这个过程中不断地汰差留好,才能进化和进步。这是一个自然和文化的内在规律,人能超越自然,但超越总是有方向有限度的,人在自然进化基础上加上文化进化,加上去的这些东西必须符合自然本性与客观发展规律。就像列夫·托尔斯泰在其名著《安娜·卡列尼娜》里所说的,幸福的家庭都是相似的,不幸的家庭各有不幸。他有自己的个性,又有共同的规律。所以对于这条路,我们找特色和找国情不是目的和借口,而是为了合适性,避免出错。

第二,关于文物保护理念也有不少问题需要进一步讨论。大家都在讲要保护文物,要合理利用,涉及到这些最高层的、目标性理念和宏观的方针政策,相互之间可能并没有太多分歧,所有人都是赞同的,但是一旦涉及到具体要保护哪些文物、怎么保护以及如何评价保护效果等,差异和矛盾就会产生,遇到对象选择、价值比较和利益取舍的时候,这个矛盾就会变得非常突出。所以走出国情之路,关键是要搞清我们的发展阶段、行业需求、社会需求,乃至最合理的需求。文物的保护与利用要镶嵌在这个社会背景和过程之中,包括我们的能力建设、行业管理都是要具体分析的问题,这样来看待这个"探路"课题,可能才是比较准确的。

这需要我们按照历史唯物主义和辩证唯物主义,处理好客观与主观、文物遗产本体的真实性与价值的相对性等问题,深刻把握历史与现实中国文化中世界观、价值观的中国特色,对于实体与精神认知的中国特色,探索结合新时期的需求建立有中国特色的遗产价值认知与评估系统。文物的保护与利用、传承,既有其本体的原真性的延年益寿,也有信息的真实性和全面系统性,更有其和相关的人的关系的科学、合理、全面的系统性。要将文物的不可替代性、真实性、完整性、代表性、多样性、在地性等特性与保护利用管理中的有限权利、无限责任、不可分割性、非交易性、不可强占性和无时效性原则等理论问题与遗产相关价值、理念、实践科学地联系在一起。

很多时候,我们会发现大家保护文物的愿望或目标是一致的,但对文物价值认知则是模糊甚至是有争议的,这可能是由于无知——信息与知识不对称,你所说的他不知道、不理解,从而引发争论——但更可能是由于背后利益不同、立场不同，他有自己的考虑和算计。对于这些不同层面的问题，要加强学科研究、理论研究。文物行业发展到现在，诸如文物学、文化遗产学科是否需要成立，能否成立、如何建设和发展已经成为至关重要的问题了。体制之中考古学成为教育部规定的一级学科，获得了发展的新机遇和资源注入，而博物馆学和文化遗产等的地位却更加尴尬。从行业和就业形势来说，博物馆和文保有更大的需求，相关专家与社会高度关注的热点问题也多集中在这些方面，但目前博物馆学、文物保护学甚至文化遗产学的学术地位、学科建设还有很大差距的。学科与理论的准备不足、支撑不足，确实是争论较多、思想混乱的重要原因之一。

　　比如现在困扰大家比较大的文化遗产价值体系的认识问题，不管是大的价值体系的表述，还是具体遗产的具体价值评估，不同方面的认识差距还是比较大的，大到宏观上文物工作、文化遗产到底应该在时代、国家、民族复兴与发展中有什么地位与作用，小到具体的文物评估、工程建设中的价值取舍，都不是很系统很成熟。比如《中国古迹遗址保护准则》作为目前保护尤其是维修、修复行业的指导性文件，当时是在借鉴了美国、澳大利亚等国家的先进理念，并得到了几个国际组织具体的支持下编写出台的，相当于我们国内的一个行业性宪章，也相当于国际古迹遗址理事会（ICOMOS）《威尼斯宪章》（*Vinece Charter*）之类的重要文件的中国化表达。但在它的编修、修订过程中，关于文物的价值表述，专家之间的争议也很大，发表过多篇讨论性文章。比如我们从出台《中华人民共和国文物保护法》开始，就指出文物有三大价值：历史价值、科学价值、艺术价值，但是因为这个准则跟国际专家有很多合作，国际专家希望增加文物有社会价值、文化价值，增加价值评估的操作流程，而我们的专家对此争论很大，尤其是现在，经济价值该不该提，能不能提，敢不敢提，能否突破法律的框架，是一个长期胶着的问题，很多政策和实践到这就碰壁了，没法落地了。而且，具体的争议并非大问题，更大的问题是就这么几大价值，基本上没有展开，没有论述，和实际工作两张皮，又不鼓励争鸣、深化。

　　因此，文物和文化遗产的价值是一个亟需研究突破的重要的理论问题和实操问题。因为价值体现在表面上是一种认识，实际上则是一种关系，它决定了人们会怎么对待文物。而且价值也是一个相对的、变化的、发展的认知过程与结果，价值是相对人来说的，没有针对性的人，不放在一定的历史脉络与社会语境下，文物及其存在就没法谈价值，它是不是文物遗产也是相对人来说的。上文举例的我们全国有近四千余万件馆藏品和美国一个博物馆有一亿三千万件藏品，你可以说是后者的标准宽，那我们自己认定的标准就是我们价值判断的一个结果。所以关于文物的价值，我觉得不仅仅是有几大价值的问题，而是应该形成一个价值体系，可以分类和分层次、分情况去探讨，去表述，去应对相关问题和需求。在划分的基础上，还要有一个代表时代认知的总的基准性表述。

　　判断某某东西是不是文化遗产，这就是价值认定的问题。一旦被确定为是，从逻辑从层次来说，首先，它的第一个层次的价值就是它的存在，我们应把它保护好，如果它不存在了，它的其他价值都免谈。其次，文物成为文物后往往都会退出原有的使用功能，即便是现代的带有纪念性的物件，如果包含了文物价值，它也要与原来的实用功能进行一次剥离，借用博物馆学的术语，就是去脉络化；然后重新进入一个意义和符号系统，即再脉络化。因此，这第二个层次的价值就是它的信息和知识价值。我们所说的保护文物的原真性，事实上从科学的角度来看本体的原真性是个悖论，比如人会衰老，物会消灭，都不可能一直彻底地保持"原真"，但是它的文化价值却不会因此消失或者减少，因为它的信息原真性是可以和人的记忆、认知等需求相结合的。当我们分析本体的信息、知识、价值的时候，它就已经开始进入社会文化系统，成为一种符号载体系统，这里面常说的艺术价值、社会价值、文化价值就不能不谈到。如果说上文的本体和信息的真实性及其体现的科学和历史的价值可以有客观性的标准，艺术、社会和文化等价值就具有相当的主观性与发展性。社会价值指的是它对谁重要。现在一提到文物，大家都"争夺"所有权，比如走私的文物要返还原属地，不同的文物、不同的展览各有诉求、各有表达，有对话甚至是激烈的斗争，这些涉及的主要是社会价值。我们经常强调文物可以用于教化、教育、教材，强调它美不美，这些就是文化价值和艺术价值。这些价值和人的素质有关，因此难以做到彻底客观。

讨论文物的价值不能回避其经济价值，虽然经济价值相对前述几个价值，从逻辑层次上要靠后些。因为遗产最终要被人继承，要转化为人发展的资源，甚至具体化为资产或者资本，因为现在人的很多活动要折算成经济活动，要量化为货币指标，这也是一个信息价值交换流动的途径，文物的经济价值和货币价值某种程度上体现着它的其他的价值流动。因此，经济价值绝对是文物价值体系里最靠后的表面化的价值，但却是不能回避的价值属性，在保护和利用的社会性实践中，有时甚至扮演关键性角色。

第三，关于保与用的若干理论和实践问题。好的理论能够指导实践，但现实中更多是理论与实践的互相矛盾与互相鄙视。我们希望能够在理想主义和经验主义的争论里找到一条折中之路。我们在讨论问题时，如果只表达希望它是个什么样子，而不考虑中间环节和实现路径的时候，往往是大道理压小道理，占领道德制高点很容易但未必能够解决实际问题，因为占据道德制高点后往往不会实事求是，就很容易就去限制一些探索性的东西，这也不行，那也不行，就是不探讨什么才行，没有能解决实际问题的具体办法，甚至没有继续辨析、讨论问题的空间。这一点在文物领域也是比较明显的。争论往往缺乏理论和过程的论述支持，直接就是占据一个道德制高点，排除掉很多可能性，结果是随着时间的流逝，文物的状况更糟，导致文物本身和人民的利益受到损害。尤其这类有一定的公益性和专业性的行业更容易误入这种局面，不管是专家话语还是行业话语，首先会把行业外排除掉，因为他不懂；然后会把其他合理诉求排除掉，因为只有我方是保护的，那怕死保、保不住也没关系，起码我方有保护的态度，喊过保护的口号——其实这是抱残守缺，是不能在遗产的再脉络化中考虑到复杂的社会现实与需求。这种情况是探索国情之路面临的比较焦点性的问题。

认识到我们的国情和特色化的时候，我们确实是有一定的自觉性和优势，但强调过度反而会变成劣势。比如我们的文物绝大部分是国有，国有本来是优势，更容易契合文物的公共性与公益性，但是在实践操作中往往大而化之，笼统处理；或者是一经象征性、符号化以后，很多事情就僵化难办，导致政府、法人的破坏比任何力量都严重。反倒是一些私有化程度比较高的国度或行业，它们在处理好私有和公共利益关系之后，能够比较好地对遗产进行保护利用，因为它们更重视与文物相关的责任、权力和义务。比如英美等国有很多案例。以英美等国的考古发掘为例：很多土地是私有的，发掘出土物也未必是国有的——可能最后会成为国有，它们有一套程序保证资源的有效保护和合理利用，有关考古工作、考古经费的一套制度设计也并非非常理想，涉及利益方也很多、矛盾也很尖锐，历史资源和文化遗产也会遭受很大的损失，但是相对来说不是太差的办法。比如法律中规定，土地无论所属，只要工程建设可能威胁到地下遗产的话，就必须考古，如果没有考虑到进行抢救性发掘，土地所有人和政府部门都必须各自担责。但是一旦启动考古发掘，经费的筹措，出土物的处置和归属，可能还是有争议，原则上要协商解决，出土物既不全归属土地所有者，也不会简单地归为政府所有，因为会有很多力量介入，比如发掘专家、地主、经费来源方等都有发言权，最后的结果是经过中间协商和交易、折中的过程形成的，比较适宜拥有的一方拥有了保管和使用权，其他方可能会获得一些应有的权利或补偿，总体而言或相对而言这个过程是互相监督的，尤其对出土文物的协商划分机制，有相当的公开性，而且发掘档案资料等应依法无条件移交，作为地区性的当地资料档案集中保存，向社会公开并提供服务。持有文物的一方也要担负后续的保护和按照规定向社会部分或完全开放的责任。可以说，这个折中效果是相当好的。

另外，对于不可移动文物，国外可能会有建筑、土地都是私有的情况，此时具有文物价值者当然也是登记为文物并加以保护修缮，只是机制和过程与我们不完全一样。比如一处不可移动文物能不能成为文物，很可能要主人同意；或者如果主人不同意，但专家推荐、周围邻居形成一个多数制约机制，也可以使其成为文物；又或者国家强制性指定为文物，然后可能会出具一个正负面清单评估，对私人业主采取相应的补偿机制，这些都会有一个比较完善的制度设计与规范公正的操作。修缮和利用过程也有细分。比如修缮，应按什么样的规范，会有哪些花费，其中所有者承担多少，有司补贴多少或减免税多少；或者所有者的利益因为所有物成为文物而受到了限制，而社区或者公众受益了，应该给所有者什么样的补偿机制，这些都是保用实践的前提性条件。我觉得这种就物和人具体关系的探讨和制度设计，很可能是破解文物保用困境，走出一条符合客观实际的保用之路的一个选择。这并不是一刀切，或者想当然地规定，不能简单化地处理。这里面有很多中间性的达成目的的道路或方法，有很多对物人关系的协调处理方式，有益于相关的物与人的利益并承担责任。

所以，如何使遗产融入现代社会，我们必须研究一些中间性的理论和方法，而不是宏大的理论和原则。这些中间性包括规范性，因为相关的实践应有规范性要求，但是我们也应对这种规范性和理想化的状况进行实证性研究。实证性和理想型往往是矛盾的，实证性要求我们对相关的物、人、事，一定要从它的现状到它的目标的过程进行客观的描述，对它的效果和价值进行综合的评价，找出差距和问题再去解决，使其具有可行性和操作性。那些不切实际的口号只会是空谈误国。

## 四、符合国情之路的关键是构建符合生态文明要求的文物与人的新型关系

### （一）新时期呼唤新型的文物与人的关系

除了上文讨论的几个值得注意的概念和理论问题，要在科学的可持续的发展观下作符合国情的保护利用之路设计，需要在对现状和问题有了全面客观的认识之后，认真分析古代遗存在现代和未来世界中如何合理地再脉络化，要从重新构筑人和遗产关系的角度来思考问题，要让遗产在现代乃至未来社会中拥有安身立命的合理生态位，并实现真正的融入。遗产本身既是一个变化的综合的存在系统，

也是一个个具体的客观对象，而与其有关的人也有不同背景和不同需求，尤其是我们长期讨论的遗产的利益相关者。实际上要维护遗产的公益性和公众性，利益无关者也不是彻底无关的，他还是潜在的相关者，在这两个复杂系统之间如何构筑一个合理的关系？这涉及到世界观、价值观、社会制度与组织以及具体的体制机制等。我们所面对的人和物就是一个世界，采取什么正确的世界观和价值观来思考问题，在这个框架下考虑不同的人对遗产的权利义务的划分和公平问题，组织起相关的社会实践，这是总的方面，对"之路"的探索能发挥纲举目张的作用。

比如人的方面，从行业的角度我们要考虑管理部门、专家，尤其是直接服务的公众——比如博物馆的观众、遗产旅游目的地的观众，社会上的文物所有者、持有者等，这些不同的人之间应该是什么关系，其中的本体、信息、知识和价值各有各的问题，比如管理的问题，权力和利益的问题，公平正义的问题，科学技术的问题，等等，我们要思考怎么在新形势新需求下合理地重构其理想关系。

从我们行业内部的角度我们要考虑考古、博物馆、文保三者的关系。就文物的保用来说，这三驾马车不一定是跑在一个方向上。我们知道，经济社会发展常常由外贸、内需、投资等几驾马车来拉动，发展经济时需要激励哪一辆，刹住哪一辆，才能保证整体方向正确，才能形成合力。这三个学科方向是大行业内的三个小行业，而且隔阂比较深，在核心价值观上不很一致。曾经有学者撰文阐述考古学是博物馆的基础，文章在在微信群里转发后，考古界没有任何反应，但博物馆界则反响强烈。很多博物馆人持有异议，认为博物馆的藏品不完全是考古出土物，当下的中国博物馆大发展也不只是历史文物类的博物馆。但是我认为，我国的实际情况是，考古出土物的确是博物馆藏品最主要的支撑，我国的博物馆藏品征集基本上没有真正展开。近些年考古与博物馆的分割以及考古出土文物未能及时补充博物馆藏品，已经严重影响了社会对考古、遗产和博物馆的认识和定位，也影响到对文物的收藏、研究、展示与传播的实质的认知和利用。由此可见，这三个相关行业的每个行业对自身和另外两个行业的认知都高度不一致。我认为，将它们放入文化遗产事业范畴中，从文物保护利用的角度看，我们行业内首先应该有一个提升认识、达成共识、形成合力的客观要求，以共同构建文物古迹科学完整的信息链、知识链、社会价值链，而且行业内更应该率先建立起这种链条式的认知、实践传导机制。

**（二）夯实行业基础工作 强化社会服务能力**

2018 年 9 月国家文物局于浙江大学组织的"符合国情的文物保护利用之路高级研讨班"开班时，顾玉才副局长在开班报告里着重阐述了当下文物局和各界最关心的几项热点工作，如考古出土文物的移交管理、文物登录制度以及民间收藏文物的管理利用等。这些都属于行业的基础工作，如果总是争论不休，就没法推进。我认为，如果连属于国家所有、收藏在事业单位的出土文物的科学管理合理利用都做不到，如果连全国重点文物保护单位（简称"国保单位"）都达不到公开动态共享信息、服务相关社会需求的登录制度的层面，那么我们谈科学的保护利用就是一种空话。国保单位是国务院公布的，每次评选都做了很多基础工作，但是做完之后，连管理人员和专家去查阅有关信息都很困难，更不用说对支撑社会上的保护利用可以产生什么效果。往往都是国保单位遭到破坏，事情被曝光了，到了追责的时候大家才知道原来怎么样，应该怎么样。平时这些相关的环节都是相互隔离的，实际的状况很难被了解和掌握。而真正的登录制度对信息的采集、管理与服务的要求应该是前置性的，完善登录制度就应该把这个工作前置，让规划部门、责任单位、社会相关方面知道这文物和他们有什么关系，面对各种情况该如何处理，谁来处理，让变化的信息和状况随时被了解。2019 年上半年我去参加海南多规合一文物总规评审，这项工作的目的是让文物资源的情况进入多规合一，相关的预研究是探讨这个方向及其实践的可行性。但是实际的情况是，如此多的文物，固定的文物保护单位，目前确实很难进入政府推行的多规合一，因为缺少很多基础工作，相关部门不了解文物的情况。如果按登录要求完成基础工作，对文物的范围、状况、相关责任主体、基本要求等有明确的规定并可公开检索，其他部门自然就能够往综合保护利用这方面整合。我们现在的保护往往都是后发的，出了问题才修缮才追责，美其名曰"抢救"。甚至很多的考古发掘也都是，推土机来了，重要文物已经被破坏了，才知道该抢救了。因此，保护的防线应该前移，要逐步过渡到预防性保护，诸如登录、标准、前置性要求和权益认定、流转、信息化、科研、科技标准、法规这些基础工作，都需要在一个系统性设计的思想背景之下再加强。

### （三）创新体制机制 用好有关政策

设计符合国情的保用之路，一定要先将现有的政策红利用足、用好。近年文物经费有很大幅度的增加，业界说经费永远是不够的，但更严峻的问题可能是如何用好的问题——现在已经不完全是保护经费少的问题，还有经费预算执行不好执行不了的问题。增加的经费基本上是在一个封闭的系统内使用，很少外溢到社会和国保单位之外的文物古迹，造成不少该保的文物古迹没有经费保，而有些保护反而成为过度保护、豪华美容，甚至造成保护性破坏，等等。文保经费的投入管理机制、人员队伍建设、安排事项的匹配以及工作程序等，都会影响经费运用的效果，因此文物财政制度改革势在必行。此外，很多其他行业的好的政策、好的做法可以借鉴，比如有的国家政策在我们行业就没有很好地发挥作用，包括文物工作的"五纳入"（纳入经济和社会发展计划，纳入城乡建设规划，纳入财政预算，纳入体制改革，纳入各级领导责任制），另外，文物确权、文物保护利用的主体责任，也完全可以参考甚至借鉴河长制、湖长制、业主制，以及环保领域的离任审计、公益补偿和公益诉讼等办法。这些都是政策红利，而且还有潜力挖掘，需要我们系统梳理和研究，认真落实、落地。当然，也可以根据行业实际探索创新新的更加合理的政策机制。

### （四）让文物保护利用传承真正成为全社会的事业

我认为将来的文物保护利用工作一定是一个开放的、综合的和融合性的系统性社会实践。文物部门并非文物的所有者，至多只是被授权的代理者或者监管者，是专业信息专业知识的供给者，法律法规和业务标准的供给者。将文物用起来、让文物活起来是一篇需要全社会共同书写的大文章。文博界要率先解放思想，转变观念，与时俱进，改革创新，才能在其间发挥积极的引领与支撑作用。具体来说要做到以下几点。

一是要认识到利用也是文物工作的重要目标与内容，合理适度的"用"在某种程度上正是一种积极的保护，尤其是文物管理部门要转变观念，鼓励探索在利用中保护，保护过程中利用，保用并举，打破传统的思维定式和工作模式，甚至是既得局部利益。二是要建立综合性全覆盖的文物保用管责任体系，以建立全面和谐合理合法的物人关系为目标，着力理顺业内与业外、管理者—专家—公众、行业内部考古文保及博物馆等具体职业的关系，系统梳理与完善文物的名义所有者、实际拥有者、具体使用者、直接或间接受益者相互之间的责任权利和义务关系，推行涵盖保用管的责任制和业主制，构建适应新时期社会发展需求的文物遗产与人的新型关系。在所有这些关系中，文物行业是轴心是枢纽，在与各方关系中有纲举目张的地位与作用。三是行业内的部门与专家应强化文物本体、信息以及与保用实践相关的理论、方法、技术、标准、法规等的研究与供给，通过建立完善的认定、登录制度，为相关各方提供动态的管理和服务支撑，以探索文物登录制和业主制为核心，让全面建立新时期和社会发展状况相适应的保用责任体系真正落地。在当下文博事业的改革发展中，加快探索建立统一的文物认定、登录及动态信息支撑平台，在登录的过程中对相关的所有权、保管权、用益权以及保护责任等关联事项进行明确协议。

由于文物的特性，符合国情的文物保护利用之路必须以本体的妥善存在为前提，以原真性为第一原则，保护利用都应该尊重文物特性和文物工作的基本规律与要求，不仅应充分保证文物本体的原真性，也应力所能及地保存文物信息的真实性和完整系统性，在此基础上挖掘、传播、共享其科学、历史、审美与社会、文化以及经济等方面的价值。以现在大家很关心的文创为例。我非常赞同文博领域的文创事业，但文物文创一定是融合性的，一定要和文物关联并尊重文物本体和信息的真实性，否则就不是文物文创。文物文创要从文物出发，传播文物相关知识，促进文物保护利用。文创要开放、综合、融合，但对其中的边界、限度、底线要认识清楚，应该有一个从观念到政策设计的系统考虑，开放实施以后应该成为将来社会参与性保护利用体系建设的非常重要的一个方面。

总之，符合国情的文物保护利用之路和文物、文化遗产在现代社会的再脉络化，一定是在科学可持续发展的生态文明的视野下，从现在开始，扎扎实实夯实文物有关的基础工作，理顺与文物有关的物人关系，努力地从部门和行业的抢救性保护向相关者参与的日常性养护、预防性保护转变，从部门行业开始向融入经济、融入社会发展转变。一个普通的物成为文物，文博行业做了很多前期工作，做出了很多贡献，但是今天它要成为被更多人认可和接受的文化遗产，而遗产的核心就是要将其更广泛的价值诠释出来共享起来。文物经过专业人员的工作，在传给后人的时候，后人愿意传承才能成为遗产。如果人们将我们做了很多工作的文物当做包袱，我们就只能先死看硬守着；而到了遗产阶段，这就是社会大众的事业。遗产意味包含的社会关系比文物要丰富深刻得多，两者是一个指数级的增加。遗产在现代社会中实现再脉络化，不仅体现在认知心态上的变化，也体现在一种更具包容性和科学的可持续的生活生产业态的形成，这是生态文明的本质。

（文章曾在《东南文化》2020 年 3 期上刊发过，收入文集时略有修改）

# 本体·信息·价值·作用

## ——关于文化遗产保护传承的几个理论问题[①]

### 曹兵武

（中国文化遗产研究院）

**提　要：** 让文物活起来，将遗产用起来，是新时期强烈的社会呼声，也标志文物工作和文化遗产事业从"保护为主，抢救第一"进入了主动性保护、预防性保护和综合性保护利用的新阶段。为此，需要对文物和文化遗产的定义、价值与作用予以重新思考和评估，对保护与利用一些具体范畴与相互关系予以重新界定，甚至需要探索文化传承与发展的系统理论予以支撑。

**关键词：** 文化遗产价值体系；保护利用；遗产信息；文化模因；文化传承

让文物活起来，让文化遗产得到有效保护和合理利用，已经成为新时期文化遗产事业的强烈呼声。从理论上说，实现中华民族的复兴，必须从三种文化资源中汲取丰富营养，进行继承创新：一是传统文化，它维系了中华民族数千年的持续发展；二是包括马列主义在内的西方先进文化，它们不仅给予中华文化巨大的冲击和启迪，也是中华民族走出帝制走向共和、自立于世界民族之林的理论指引与思想力量；三是立足现实、实事求是的科学发展文化，这是由复杂多变的国际国内形势和快速发展的科学技术及中华民族复兴的内在要求所决定的。因此，文物保护利用和优秀传统文化传承问题受到社会各界的广泛重视，而关于文物与文化遗产的价值与作用等若干理论问题，也亟需予以探讨。

## 一、古玩—文物—遗产：认知递进与实践升级

文物和文化遗产（以下简称"物"）作为优秀传统文化的载体，国人对其认知与态度大致可以分为"古玩—文物—遗产"几个不断递进的发展阶段[②]。举个例子，一件物品，比如一个实用的杯子能成为文物，不仅包含功能方面的转变，也包括人们对其价值认知和物人之间相互关系的认识提升。但是，如果说古玩主要还是基于个人喜好的收藏、把玩和研究，并在中国社会和文化中具有非常悠久的传统，文物则是清末民初西学东渐、国家开始正式介入对古物古迹的管理之后的新概念和社会事业的

---

①　本文系国家社科基金特别委托项目"符合国情的文物保护利用之路研究"资助课题（课题编号17@ZH018），以及中国文化遗产研究院基本科研业务费资助课题（课题编号2017－JBKY－19）阶段性研究成果。曾刊于《中国文化遗产》2019年第1期。
②　文社选编. 古玩·文物·遗产：为了未来保护过去［M］. 北京：北京燕山出版社，2009年.

拓展，当然其内涵也由文玩清供扩展到了几乎所有具有历史、科学和艺术价值的考古、历史和古生物等遗存。这是一场革命性的转变，不仅是物的种类、内涵的扩大，也包括物人关系的外延与拓展。1930 年，国民政府出台了中国历史上第一部专门的《古物保存法》，并经过其后几十年的发展，最终于 1982 年发展为中华人民共和国时代的《文物保护法》。这里的古物与文物尽管有一字之差，表现的却是由借鉴西学时的科学中立态度向民族与历史情感的一种妥协。因此，文物概念包含着一种强烈的精英科学价值观和国家意识、文化认同的视角在内。至于文化遗产，则是 1972 年联合国教科文组织通过的《保护世界文化和自然遗产公约》（以下简称《世界遗产公约》）首先予以明确界定的，我国自1985 年加入公约并开始申报世界遗产后，文化遗产的概念与相关理念逐渐进入公众视野。2005 年国务院公布每年六月第二个星期六为中国文化遗产日后，我国进入全民关注和参与遗产事业的新时代。因此，文化遗产概念标志着物人关系的大众化，标示着祖先遗存不仅应经过精英传导到大众而被普遍的认知，更应该在大众的心理和社会实践层面被认知、接受和传承，融入历史本身的进步与发展。

由此看来，"古玩—文物—遗产"这三个概念与其对应的三个发展阶段以及相关认识和社会实践活动，不仅是"物"本体内涵层面的物理性扩展，也体现了相关信息与价值的发现、积累与增值，以及遗产与人关系的全面变化——遗产作为历史与祖先的馈赠，不仅可以成为个人的珍爱，也具有传统认可的历史、科学与艺术三大价值，具有经济、文化、社会等方面的价值和作用，也是建构新型群体认同与社会关系的重要媒介，已然成为人类社会可持续发展的宝贵资源。

如果把中国加入《世界遗产公约》并开始申报世界遗产、本世纪初设立中国文化遗产日视为遗产理念的觉醒期，那么当下"让文物活起来"和"用起来"的提出，则标志着文化遗产进入一个新的深入发展期。在文化遗产事业发展的这个新阶段，遗产的保护与利用已不仅仅是过去通常认为的政府与行业研究者的职业职责，而应该是政府领导、行业专家指导、公众全面参与的现代社会具有普遍性的一项事业和社会实践。与文化遗产阶段相适应，需要探索包括政府、各行业机构、研究者、公民及其他相关社会力量共同参与的适应现代社会多元主体、多个层次多种形式的保护模式；需要探索管理性保护、规划性保护、科技与工程性保护、日常维护等多种保护实践的结合；需要探索利用型保护、发展中保护的活态与动态保护理念——当下遗产的保护利用已经成为一项整合科技、法规、政策、社会实践的系统性工程，因此，也需要探索更具包容性和综合性的遗产理论与方法①②，尽可能遏制遗产面临的自然与人为的破坏性因素③，以实现遗产本体的延年益寿，遗产信息保存的真实、完整和系统性，以及遗产价值的充分呈现。这个新阶段还要求我们以全球化和信息化为背景，以可持续发展的生态文明建设为目的，重新构筑人与遗产及环境的关系，通过理论创新和科学实践，构建优秀传统文化传承理论和实践体系。

在这方面，近年来发展较快的基因和信息理论与技术对遗产保护及文化的传承与发展具有相当的启示性。基因控制着个体乃至细胞层面生物的繁衍演化，而人作为生物与文化双重适应的特别动物，

---

① 曹兵武. 文化遗产的综合保护 [N]. 学习时报，2009 – 09 – 01.

② 曹兵武. 留住城市历史之根 铸造城市文化之魂——福州三坊七巷探索以社区博物馆综合保护与传承城市文化遗产 [J]. 国际博物馆（中文版），2011（2）.

③ 曹兵武. 业态—生态—心态——兼谈文化遗产综合性保护利用传承体系与生态文明建设 [J]. 中国文化遗产，2015（2）.

文化也是人类的群体性适应手段和进化手段。个体的 DNA 借助细胞分裂复制增生与合成等实现其生命历程，群体的文化则借助记忆、学习、传承和创新，助推人与人之间协作和整体性社会的发展。文物和文化遗产作为文化的物化载体，其保护、传承和创新（变异）与个体的基因遗传、展现和变异、演化具有某种共通性，为人的超时空文化传播与学习借鉴提供了一种包含着类似文化 DNA 或者文化模因式的具体介质①②。这种理论方法与思维方式对文化遗产与文物的保护利用具有重要指导意义。

## 二、本体与信息：重识遗产及其价值体系

所谓遗产，是指历史或者祖先（包括大自然）的馈赠，是人类生存与发展的前提条件之一。它超越我们而存在——既先于我们而存在，又应经过我们为子孙后代而存在，并和人类社会的历史、现在及未来有各种各样的内在联系。

当代社会通常将遗产分为有形（物质）和无形（非物质）两类。有形遗产就是通常所说的具有历史、科学与艺术价值的文物，它有材质、工艺技术等成因特性和功能特性（包括原生、次生、衍生、潜在的等等），类型上则包括古遗址、古墓葬、古建筑、石窟寺、石刻、壁画、近现代重要史迹及代表性建筑等不可移动文物，历史上各时代的重要实物、艺术品、文献、手稿、图书资料等可移动文物，以及在建筑式样、分布均匀度或与环境景色结合方面具有突出普遍价值的历史文化名城、街区、村镇、景观等。

无形遗产即非物质文化遗产，是指各种以非物质形态存在的、与人类生活密切相关、世代相承的传统文化表现形式。根据联合国教科文组织《保护非物质文化遗产公约》的定义，无形文化遗产是指被各群体、团体、有时为个人视为其文化遗产的各种社会实践、表演、知识和技能等，可以扩展到与其表现形式有关的工具、实物、工艺品和文化场所等。

通常所说的文物或者文化遗产具有已经被《文物保护法》权威采用的历史、科学、艺术三大价值，既非遗产的全面价值，也非其核心价值。遗产的价值是相对于人而言的，价值建基于遗产与人的关系，价值及其构建依赖于社会文化背景和社会实践过程。因此，遗产价值是可以不断挖掘、拓展和提升的。当然，我们可以对遗产价值进行分类分级，建立价值体系和框架。

遗产的首要价值就是其存在价值——只有存在着，才能进入人与遗产的关系范畴，才能谈得上价值。因此，文物和文化遗产事业首重"保护"二字。保护其本体之存在，以及这种存在的真实性、完整性、连续性要素。

其次是信息价值③④。遗产是文化信息的载体，它已经预先完成了相关信息的编码注入工作，而相关信息被后人发现、感知、认知，才能有所谓的历史、科学和艺术价值以及其他价值。也就是说，遗产学只有客观地揭示遗产从材料经过工艺技术的本体性及其蕴含的相关信息，揭示其蕴含的文化模因，

① Kate Distin. Cultural Evolution［M］. Cambridge University Press，2011.
② 刘静. 中国传统文化模因在西方传播的适应与变异——一个模因论的视角［J］. 西北师大学报社会科学版，2010（5）.
③ 曹兵武. 文物即媒介——谈谈信息时代的文物与文物工作［N］. 中国文物报，2012 - 11 - 03.
④ 龚德才，徐津津. 文物保护学视角下的文物信息学［J］. 中国文化遗产，2015（2）.

才能产生其相对于后人的相关价值链条的延展，在遗产初造与使用价值之外赋予其对于今人和后人所具有的不断拓展的新的价值。这即是围绕遗产保护与利用而形成的文化传承。

遗产信息又可分为本征信息——如遗产本体的时间与空间信息、材料构成、工艺技术、形式功能等等；延伸信息——如在其生命历程中参与的与人类社会相关的历史事件等互动信息；象征信息——其所具有的文化分类、标识或者价值等方面的作用，等等。我们所说的文物具有唯一性、不可替代性，这也并非相对于其传统的三大价值而言，而是相对于上述其本体的存在性与信息载体而言。由此观之，文物和文化遗产原真性、完整性、代表性等特性，其实也是其信息价值的内在属性和要求，是保护、利用和传承过程中必须予以充分尊重的。对文物或遗产，人所需求的已不再是其原初的使用性功能及其价值，而是其存在和荷载的作为文化模因和历史记忆的信息，包括最近大家开始关注的经济价值、教育价值、社会价值等，也同样是前述各种信息基础上以及由信息重构的文化模因及其在人的认知过程与社会实践中的延伸拓展。

因此，我们可以尝试从遗产载体和信息论视角，对文物或遗产价值试作归纳和梳理如下：

1. 存在价值：有就是有，无就是无，真就是真，假就是假。这是遗产一切价值的载体和基础，因此，对其本体和信息，均应尽可能地要求原真性、完整性和代表性；

2. 历史价值与科学（工艺技术）价值：遗产信息价值的第一层次派生性价值，可以据以重建人的社会历史或探索遗产形成过程中的科学与技术等问题；

3. 审美、群体身份等符号象征性价值：遗产信息价值的第二层次派生性价值，遗产本体、本征信息及历史科学信息等对人的审美与情感产生的作用，具有一定的主观性；

4. 文化、教育价值及其他衍生价值：在前述信息与价值基础上产生的新的使用性功能，或其他次生的使用价值及创造性转化利用价值，更多地通过遗产事业和遗产产业等社会性实践得以实现与不断拓展。

5. 经济价值：上述价值的稀缺性等特性在现代社会中的货币化、数字化表现。

在这个遗产价值体系或框架中，越往后的价值，其与人和现实的关系越密切、越普遍，当然也越主观。然而，遗产的一切价值最终都体现在其作为文化基因的复制增生传导机制上，即便是经济价值，也是其传播与复制增生的一种度量或者润滑剂。因此，遗产的价值体系实际上可以看作一个不断拓展的价值链，与不同社会发展阶段、需求以及不同的人的认知等具有密切关系。

遗产作为人类生存及其环境的物证，纯粹是历史科学与历史价值的视角，而遗产作为发展的资源，则是社会发展与生态文明具有整体性的现实与未来视角。遗产是古，遗产工作是今，遗产事业则应贯通古今未来。

物成为文物和遗产的前遗产阶段，都必然会经过人工与自然编码被注入特定的信息，因此，今天的遗产学首先是解码，即通过专家的发掘考证释读和价值认知，然后按照现代社会的传播学理论与文化需求再进行编码，比如博物馆通过收藏与展示对文物的去脉络化和再脉络化，以及以历史科学艺术等价值范式形成的格式化，最终以展览展示与宣教活动等文化产品形式呈现给公众进行阅读和解码。这期间当然会有不断的纠错、反复、深化和完善，也会有变异与误读。如此这般，不同时代围绕遗产进行的编码、解码、传播、转化，构成了遗产内含的文化模因在人类社会中的复制增生过程，从而使得遗产融入了连续不断的文化传承与社会发展进程。

## 三、保护与传承：探索综合性的遗产保护利用体系

自觉的文物古迹保护行为是英法等工业革命较早国家在 19 世纪兴起的现代社会实践，在民国时期传入我国。但早期的文物保护或者说传统的文保基本上是本体层次的保护，即对濒危文物古迹的抢救——救命、治病或修复；而达到信息保护和文化模因（DNA）保护，超越对历史遗失的情感惋惜，有意识地与文化传承、经济发展和社会建设结合起来，则是一件更为复杂的事情，这种保护不是简单的"修旧如旧"，不仅对本体的原真性、完整性和代表性应该有更加系统、真确的要求，而且要重视与物质性遗产相关的非遗和传承等文化行为与机制方面的因素，以确保信息、知识和其他相关价值在保护中得到尊重和传承。因此随着认识的提高，博物馆等文博机构普遍地开始将非物质文化遗产与物质性遗产一同纳入新的博物馆定义和工作范畴。

非遗讲求的就是传承，它既及涉及到记忆，更涉及到和记忆关联的物与人甚至知识体系或空间场所。所以，非遗并非是无物、无实、非物甚至反物，而是要特别强调遗产中无形部分在文化传承中的重要性。打个不恰当的比喻，如果说物质性遗产是信息与价值的编码载体，非遗某种程度上是解码与复制的过程之一。发展到近来文博文创概念的提出与实践，更是主动推动遗产以各种各样的方式和社会大众关联起来，使保护和传承成为具有普遍性的社会实践。

因此，在传统的修复、科技保护、救命治病式本体保护之外，遗产事业应探索拓展遗产保护与传承的内涵与外延，大力加强养护型保护、维护、呵护；加强无形遗产及其载体传人生态、业态的保护；加强景观和遗产环境保护；加强遗产价值与功能的衍生和转换。更重要的是，将保护上升为一种文化和文化的自觉，加强政策与制度性保护；加强对人的参与及其行为和发展的科学性研究与实践完善，建构合理的人与遗产关系以及相应的制度安排与文化氛围培育，等等。这些都应是当下遗产学讨论和遗产工作探索的范畴。

例如，2008 年中国文物保护基金会在组织首届中国文化遗产保护年度十大杰出人物评选时，候选人之一、居于北京市东城区东花市斜街的佘幼芝女士，作为佘家第 17 代子孙，坚守祖先的遗训，坚持为明末抗清英雄袁崇焕守墓、面临内外交困而难以继续守墓一事，曾引起高度关注。佘幼芝的祖先、袁崇焕将军的部下佘义士冒死偷下被皇上处死后悬挂于城头的袁崇焕头颅在自家安葬，并要求子孙世代守墓。佘义士的行为首先体现了一种义；而其子孙世代坚守先人遗训守护烈士墓园，则是一种孝。因此，这个事件中，不仅涉及到作为文物保护单位的袁崇焕墓园的保护，也涉及一种家族守墓的传统文化和制度安排能否延续。它们都是凝聚中华优秀传统文化的一组特别的遗产，遗产的保护和遗产的传承，在这一事件中是整体性纠结在一起的。经过专家呼吁和各界努力，事情最终有了一个基本圆满的结果[①]。

按照国际文化财产保护与修复研究中心（ICRROM）的权威定义，所谓"保护"就是阻止对文物或遗产的自然和人为破坏，以人工干预方式去除相关的破坏性因素。由此看来，遗产保护不完全是文

---

物医学、文保科技问题，也是文物环境、遗产社会学问题乃至系统工程和社会性实践，甚至是文化本身可持续性的问题。作为遗产，只有传诸未来，才有保护价值或者说达到了保护的目的。

因此，科学的遗产保护体系应该包括抢救性保护、预防性保护、利用性保护等方面的内容，既要保护遗产本体的存在，又要保护其功能性存在及其荷载信息的传递。文物和生命体有些相像，追求其长生不死、永恒存在是不可能的，而延年益寿、信息及文化模因的流传甚至发扬光大则是可能的。某种程度上说，人既是生命信息 DNA 的载体①，也是文化遗产的媒介。只有通过人，遗产及其信息才有意义，才能传播，其价值才能彰显，遗产中的文化基因才能传承。人与遗产，是相辅相成的。这里的人，绝不能仅仅限于非遗传人等个别的人，而应是社会或文化中的每一个人，区别只在于他们的角色与定位上有所不同而已。

## 四、物—人—事—理：构建新时期遗产事业的理论支撑

上述论述又引出了人是目的还是手段这个哲学层面的问题。在传统观念中，相对于物，人似乎总是目的——工具为人所造，物为人所用，人总是将自己凌驾于万物之上。但是，这个世界有没有值得人为之献身的事物？即便是品性自私、贪生怕死的人，对此问题恐怕也不能简单地给予否定性答案。这仅是意识层面的一种认识，并涉及人的进化与历史的方向等问题。而最近的科学研究则发现，在无意识的遗传和基因层面，按照道金斯"自私的基因"理论，人只是基因的载体，是基因遗传和种系繁衍的中介，因为，细胞与机体都是基因的载体，是一种基因为自身生存繁衍而打造的机器②。在这里，人似乎又成为了手段。

因此，就生物的演化来说，个体是夹在基因与群体之间的过渡体，基因操控着个体，而群体又大于个体。就整个的人这种生物群体性进化来说，无论个体群体，均是既有竞争又有协作，因此，个体的使命不仅包括谋求过上一种自我满意的生活，也在于生命基因的传播与文化的传承、文明的赓续。

人之于其他生物体的区别，主要在于人有文化，人的适应与演化除了自然法则之外，还有文化在起作用——人是自然与文化双重适应与演化的物种。德国哲学家雅斯贝斯 1949 年在《历史的起源与目标》一书中提出人类几大重要文明各有其历史的轴心时代的概念③，这个时代的显著特征便是人类相对于周遭自然与文化环境的自我意识的整体性觉醒及其长远而巨大的影响，但这并未使得人变得更自私，而是使得文明的方向感与责任心更强，探索、协作与竞争范围更加深广。轴心时代中国传统的主要代表之一儒家学说的代表性观点便是，个体应修身养性，格物致知，然后追求齐家治国平天下，这样将人生一层一层扩展开去。

人被视为能超越自身肉体进行适应的文化型物种④，工具、物以及符号化的信息等只是人体的延伸，帮助人实现自己的目的。遗产作为特殊之物，是超时间超空间凝聚着前人文化密码的给予后人的

① （英）里查德·道金斯. 自私的基因 [M]. 卢允中，译. 长春：吉林人民出版社，1998 年.
② （英）里查德·道金斯. 自私的基因 [M]. 卢允中，译. 长春：吉林人民出版社，1998 年.
③ （德）K. 雅斯贝斯. 历史的起源与目标 [M]. 北京：华夏出版社，1989.
④ （美）路易斯·宾福德. 后更新世的适应 [J]. 曹兵武，译. 农业考古，1993（3）.

超越型延伸介质。因此，人又是一种能够赋灵的动物——其自身超越自然的生物体的固有禁锢，并可以提取万事万物的信息，又返身赋予其意义和价值——"万物生成皆神圣，一草一木总关情"（出自文学作品《悟空传》），这不仅是文人的咏叹，也是人自身的社会实践活动之一。"人是万物的尺度"（古希腊哲学家泰戈拉语），但人与物的关系也并非利用、拓展、延伸这般简单，人总是在建构物的价值意义以及物人关系的新的创造性范式，并总是在不断超越。万物既然被人所用，被人改造，被人唤醒，人自然也应对它们负有责任，它们共同构成一个生态系统。

就文化与遗产范畴来说，对于人，现在的文物可能主要是过去的日用品，是人用以获取生存资源、改善生活条件的手段；后来又发展出祭品、随葬品，物被用来沟通天人和生死之间的隔阂，以达到人的超自然的愿望；某些物还成为了贡品、礼品，用来协调社会中的人际关系；成为可以交换欣赏的艺术品、商品，等等，用来丰富人的需求，标识人的品味、地位和社会身份。将物作为科学研究的标本，当成藏品、展品，则赋予了这些物以新的功能和价值，而这是文博考古事业等的新探索与新贡献①。在这个新视角下，人们要关注的不仅是文物、遗产本身，也要关注它们去脉络化与再脉络化之后作为信息、知识、价值的客观性载体，以及联系过去现在与未来以及人与世界整体关联性的独特作用。这已经形成了一整套完整、系统的学科范式。物的科学性、审美性、历史性价值的发现可追溯到古希腊时期的吕克昂（Lykeion）学园的收藏和缪斯神庙献祭的漫长历史，而其在文艺复兴之后的最终汇流与突破，则发明了一种新型的社会机构和体制——博物馆和文博事业等②，并在 19 世纪中晚期形成了考古学、博物馆学与文物保护科学等。同理，博物馆藏品之外的古迹遗存也因而受到博物馆化和遗产化的对待与处置，而且其历史性基因的占比也越来越重要，文物与遗产渐渐作为信息与知识资源、大众旅游对象以及历史记忆和文化基因的载体而侪身于现代社会，并促成了真正的文化自觉。鉴于人类文化的模因主要就是知—行模因，因此，文物与遗产便可以被视为是人类文化宝贵的 DNA。也因此，文博事业其实也可以视为一项负责人类文化传承的专门事业。

人与物与人的结合与互动，正是社会实践活动（事）的核心内容，而这也是文化模因得以展开并形成人类社会历史过程的过程，其间所体现的理（社会与文化的价值取向），也是人及其社会的信息积累和价值实现结果。就文物与遗产来说，无论其处于哪种形态、哪个阶段，都可作如是观。因此，文物的信息挖掘、功能研究、价值阐释，其实就是其与人的关系的研究，也是对人超肉体的适应与演化方式的研究，这种研究不仅指向过去，同样也指向未来。人类社会的发展与进步就是人的这种超越性所带来的时间空间和合作秩序不断扩展的结果。

因此，遗产学视野中的物与人均是认识的具有信息源功能的枢纽性载体，而事——无论是其相互作用的现场时空还是历史事件本身，都是建立具有相互关系的整体性认知的一个框架，人们对它们历时态演变的认识，则建构了人类历史和意识中的世界与世界观。遗产与人的关系，既串联过去，也面向未来。

正如遗产事业已证实的那样，文物的功能、信息与价值会随着历史进程和文化背景的变化而变化

---

①　曹兵武. 博物馆是什么——物人关系视野中的博物馆生成与演变［J］. 中国博物馆，2017（1）.

②　Jeffrey Abt. The Origins of the Public Museum［M］//Sharon Macdonald edited. A Companion to Museum Studies. Blackwell Publishing Ltd，2006.

和扩展，因此，围绕物，关于文化，总是可以不断讲出新的故事，发现新的价值，形成新的历史观和世界观的建构结果。因为遗产价值总是相对于人而言的，因此价值既有客观性，也有主观性，而主观未必就是反科学的。在文物的价值体系中，信息与科学性要求真，艺术性追求美，而人与社会的长期的历史发展，尽管不能剔除基因与人性的自私性，但必然要导向更广阔的协作与善——真善美对于人与社会的发展需求其实具有内在的统一性，因此，人类文化的演进方向总是具有政治正确和伦理道德正确的客观要求。文博事业其实某种程度上也是在以物以遗产为媒、以物人关系建构为核心，为历史科学与艺术塑像，为真善美塑像①，使其具有具象性、可感知性，从而发挥文化教化的功能。

厘清上述的物、人、事、理的相互关系后，我们应该更清醒地认识到，文博事业应一方面以保护为己任，一方面以利用为鹄的，这犹如鸟之双翼，推动自身并引导人类的文化与文明在传承与建设中科学地可持续发展。

---

① 曹兵武. 作为媒介的博物馆——一个后新博物馆学的初步框架 [J]. 中国博物馆，2016（1）.

# 试论中国文化遗产保护发展体系的构建①

## 李颖科　程　圩

（西北工业大学文化遗产研究院）

**提　要：** 本文立足中国文化特性，紧扣中国传统审美崇尚与价值取向，结合我国文化遗产保护发展实际状况，从理论依据、事实依据、研究方法、主要内容和价值系统等方面，比较全面系统地论述了构建中国特色文化遗产保护发展体系的基本理念、主要路径、总体框架及核心内容，为新时期科学保护和创新发展我国文化遗产作了积极的探索与努力。

**关键词：** 文化遗产；中国特色；体系构建

中国作为一个有着五千年文明史的国家，地上地下保存着极其丰厚的文化遗产。保护传承发展好这些文化遗产是当代国人义不容辞的责任和神圣使命。长期以来，特别是近年来我国文化遗产保护发展取得了令人瞩目的成就。不过，就文化遗产保护发展现状来看，尚存在一些突出问题，主要表现在三个方面：一是一些理应得到保护的文化遗产没有被保存或很好地保护下来；二是注重保护传承，轻视创新发展；三是文化遗产的文化、社会、经济价值没有得到充分彰显。出现这些问题的原因，从根本上来讲，主要是因为缺乏一个符合中国文化遗产特性并富有中国特色的文化遗产保护发展体系。本文从构建这一体系的必要性和重要性入手，立足我国文化遗产特性和传统审美崇尚、价值取向，从理论依据、事实依据、研究方法、主要内容和价值系统等方面来探索论证中国文化遗产保护发展体系的构建。

## 一、构建中国文化遗产保护发展体系的必要性和重要性

目前，国际间文化遗产保护交流与合作所强调的保护理念是以《威尼斯宪章》等一系列文件精神为原则。而《威尼斯宪章》主要是依托西方石质建筑结构及价值认知理念形成的保护理念与实践规范，这一套关于保护文物建筑及历史遗址、遗迹的国际主流原则，虽有其足够的权威性和广泛的适应

---

① 本论文受国家社会科学基金国际比较视野下中国世界遗产文化竞争力提升研究（17XKS027）资助。作者简介：李颖科，西北工业大学文化遗产研究院教授；程圩，西北工业大学文化遗产研究院研究员。

性，但正如宪章的前言所说"每个国家有义务根据自己的文化和传统运用这些原则"一样，它不是一剂万能的灵丹妙药。无论就人类文化发展的客观规律，还是就不同文化地域、不同民族的文化遗产特性来看，《威尼斯宪章》都在很大程度上存在着"水土不服"。各国纷纷探讨适合本国的遗产保护发展理念、方法，进一步对国际普遍遵循的保护原则展开"本土释义"，提出原真性应该尊重各地区不同建筑背景与民族、文化差异。1972 年 11 月联合国教科文组织通过的《保护世界文化和遗产公约》，1994 年 12 月日本古都奈良会议上通过的《奈良文件》，1999 年 3 月在美国德克萨斯州圣安东尼奥通过的《圣安东尼奥宣言》和 2005 年 10 月在中国西安通过的《西安宣言》都是对《威尼斯宪章》的补充和发展。

长期以来，在中国文化遗产保护发展中，由于受西方文化遗产保护理念的影响和制约，至少到目前为止，我们尚未形成符合自身文化遗产特性、文化发展客观规律和遵从中国传统审美崇尚、价值取向的保护发展体系。在相当大的程度上，人们总是用西方的理论、学术观点、原理、概念、标准来对待中国文化遗产保护与发展，在诸多情况下使遗产保护发展与实际要求产生出入，其结果既使一些理应得到有效保护的文化遗产没有得到很好保护，又使一些不应损毁的文化遗产遭到破坏甚至消亡，文化遗产的文化、社会和经济价值没有得到充分彰显，可持续发展也受到影响。在今天新的时代条件下，我们应该树立符合中国文化遗产特性和遵从中国传统审美崇尚、价值取向的保护发展理念，构建系统完善、富有特色、易于操作的中国文化遗产保护发展体系。惟其如此，才能切实有效地保护好、传承好、发展好我国种类繁多、特色鲜明、底蕴丰厚的文化遗产，也才能充分发挥好文化遗产推动经济社会发展的现实功用。

## 二、构建中国文化遗产保护发展体系的理论依据

### （一）文化发展的客观规律

文化发展是一个扬弃和创新的过程，每一个时代的文化总是在继承前一时代的文化精华并剔除其糟粕，同时再融入本时代新的文化成分而不断加以创新的基础上发展起来的。文化遗产作为文化的物化表现，其发展也必然是一个扬弃和创新的过程。例如，就可移动文物而言，无论是青铜器、瓷器、陶器，还是金银器、玉器等，一个时代的器物形制总是在继承前一时代优点特长的同时不断加以创新和发展；就不可移动文物来说，一幢古建筑或一座古塔，其外在形式和风格也是在继承和创新的过程中发展变化的。文化遗产本身的发展如此，其保护也应如此。换言之，对任何一种文物古迹的维修保护，应根据其本身的特性及现存的实际情况，采取局部或整体加固措施，特殊情况下，为了使其更好、更长久地留存于世，也可改变其原有结构或材质加以维修保护。

### （二）主客体有机关系辩证

辩证唯物主义认识论告诉我们：主体与客体之间不仅是反映和被反映的认识关系，更为重要的是改造和被改造的实践关系。主体在改造客体的过程中认识客体。从主体与客体的有机联系，尤其是从

主体对客体的能动性角度来说，我们在保存文化遗产"原真性"的同时，要积极发挥遗产保护工作者的主观能动性，更不能割裂客体与主体的有机联系，使文化遗产与遗产保护者处于相互隔绝、彼此孤立的状态。遗产保护者不应该目睹文物古迹日渐遭受风吹雨淋、自然风化和人为破坏而垂手而立、无所作为，人为地延误或丧失制止遗产损毁、破坏恶果出现的有利时机，而要坚持科学发展观，切实发挥主动性和创造性，不断增强做好新时期文化遗产保护工作的责任感和使命感。

### （三）中国文化遗产的固有特性

中国文化遗产以建筑物和大遗址构成为最主要的类型，而砖木、土木结构建筑体系又是中国古代建筑的主体。由于砖木、土木结构建筑体系具有相当灵活的调节机制，因此能够在统一的构筑体系中，针对不同地区的自然条件，进行灵活的调节，形成多元的构筑形态和有机的建筑形象。这完全不同于西方国家以石质结构为主的古建筑，如古希腊、古罗马时期的一些神庙、宫殿，具有不易破损、保存时间长等特点。而中国文物砖木、土木结构建筑材料是极易毁损的材料，它较之石质材料在强度和耐久性上都要差，容易糟朽、变性、风化、流失、受虫蛀。另外，构件的榫卯连接也降低了结点处的强度。因此，对砖木、土木结构建筑而言，造成破坏的原因有屋顶渗漏、基础非均匀沉降、长期荷载作用以及地震、虫蛀、自然风化、水土流失等，经常性的维修和对毁损构件的替换是必不可少的。因此，中国文化遗产保护应当采取有别于西方以石质材料为主要建筑构件的保护理念和原则。

### （四）中国传统审美崇尚和价值取向

文化遗产作为一种具有多重价值的公众资产，既包含了能反映出见证历史活动的自身价值和美学价值，还包含着社会价值以及由此衍生出来的经济价值。对于历史上留存下来的文物古迹，中国人主要是考量它与社会主流价值观的关系，其价值主要体现在与之相关的历史事件、历史人物，以及由此而产生的美学价值和社会价值，因此更多地关注整体风格、人文环境与象征意义；西方则强调科学与理性，以历史信息的准确性作为判定文物古迹美与否的标准，更为强调遗产自身价值，更多地关注遗产真实性和对遗产实体元素的保留。形成这种表象差异的原因，是中西方不同历史文化背景下的审美方式、价值取向之间的巨大差异。

一方面，中西方的审美崇尚是源自不同标准的。中国人的审美倾向在于"美即是善"，核心思想是"尚善"。而西方认为"美是和谐与比例"，核心思想在于"求真"。以善为美的具体内涵是重教化、尚伦理；而以真为美的具体内涵是重科学、尚真诚。以建筑遗产为例，中国古建筑无论从宫廷到官府还是民宅、寺庙，基本呈现以"主体居中、轴线对称、序列递进"的水平铺陈排列形态，凸显不偏不倚的中庸之道，这种建筑形态承载着我国古代宗法观念和封建祭祀礼制，建筑集合群是一个内向封闭系统，映衬着规范明确、等级森严的宗法礼制，开间、色彩、装饰囿于严格的礼制等级。受宗法守旧思想的影响，一直沿用木构框架体系；而以古代希腊建筑为代表的西方建筑，突出单体建筑，布局也不刻意追求对称，反而突出差异与不规则性，建筑整体简洁朴素。影响遍及世界的"希腊古典柱式"建筑，堪称古希腊哲学美学思想的集中体现，它是数、比例、人体美的凝集，强调各个部件和谐地组合。再如古希腊的帕提农神庙，其正面的高与宽完全按照黄金分割定律而设计，它是整个西方古建筑重视立面形象的设计构思，是重视几何概念和各比例关系和谐的结果。不同的审美思维形成了不同的遗产保护理念，中国人更注重意义的传承，西方人则更注重信息的可读。

另一方面，中西方的天人观念侧重不同的哲学思想。中国传统文化重和谐、包容，主张天人合一，顺其自然，强调曲线与含蓄，尚悟性，表现内向；而西方文化重对立、斗争，主张征服自然，提倡竞争扩张、优胜劣汰，强调规模与平直性，尚理性，表现外向。以园林为例，东方建筑讲求意境，特别重视人居与环境的统一，讲究风水，在小小庭院中融入微缩的山水意境，也融入了崇尚自由、崇尚自然的精神，园林的布局、立意、选景皆强调虚实结合，文质相副，或追求自然景致，或钟情田园山水，或曲意寄情托志。人工的建筑与空间场所常常是意境的点睛之笔，对于建筑与空间场所的重建，就是意境的重现。历史上的重要景观建筑多次损毁后多次重修，即缘于对意境和精神境界的不懈追求。而西方园林则以平直、匀称和规模宏大、气势雄伟为美，如开阔平坦的大草坪、巨大的露天运动场以及宏伟壮丽的高层建筑等皆强调体现几何图形的分析性，而平直、空阔、外露等无疑都是深蕴其中的重要特点，其几何式园林则体现了天人对立、天人相分的思维与精神理念。每座建筑都是一个独立、封闭的个体，常常有着巨大的体量与超然的尺度，远远超出了实际需要，重在表现一种理念，赋予建筑向上与向四周扩张的性格，在某种意义上，它反映了西方人征服自然的外向、进取的行为模式与价值取向。在这两种哲学思想的引导下，中国人更看重整体的和谐，西方人则更看重个体的精确。

从上可见，由于受不同审美崇尚和价值取向的影响，中西方形成了不同的文化遗产保护理念。对文化遗产的保护，中国人偏重整体风格、人文环境与意义传承，尤其是关注遗产的象征意义。比如，我国著名文化遗产岳阳楼，在历史上曾不断进行重修，正如《岳阳楼记》所云："政通人和，百废待兴。乃重修岳阳楼，增其旧制，刻唐贤今人诗赋于其上。"可以说，每一次岳阳楼的重修，就是"先天下之忧而忧，后天下之乐而乐"的精神延续。

今天，保护发展文化遗产，应充分遵从我国传统的审美崇尚和价值取向，更多地关注遗产的整体风格、人文环境与象征意义，真正走出一条富有中国特色的文化遗产保护发展新路子。

（五）发展的时代内涵

从一定程度上来说，衡量一种文化遗产保护发展理念是否合理、科学、有效，关键是要看该理念是否充分体现出发展的时代内涵，具体讲，就是能否有效保护遗产本体、优化周边环境；能否有效传承遗产历史文化信息、展现教育价值；能否有效承载遗产所在民族或地区的审美习惯、价值追求；能否有效提高遗产区居民的生活质量、增强幸福指数；能否有效促进经济社会发展，惠及全体人民。今天，建立中国特色文化遗产保护发展理念，要不断增强人们在面对新时代社会发展诉求时的能动性理性认知，紧紧地把发展的时代内涵融入到文化遗产保护发展理念、思路和举措之中，切实把文化遗产资源作为新时代文化建设的重要内容和文化建设质量、特色的有力支撑。

# 三、构建中国文化遗产保护发展体系的事实依据

## （一）西方文化遗产保护理念难以契合中国文化遗产特性

西方古代建筑大多都采用石质材料，尽管有一定的风蚀现象，但露天保存状态良好且可做残损保存；并且由于历史形态、审美价值取向和文化氛围的不同，遂形成了以西方文物特性和环境为基础的西方文化遗产保护理念。在此理念的影响之下，逐步构筑起当今以西方文化遗产保护理论、方法为基础的世界文化遗产保护发展体系框架。例如，《威尼斯宪章》是以意大利学派主要观点为基础而形成的对文物建筑保护理念和原则的历史总结；《奈良文件》是对以欧洲为中心的遗产保护理论和方法的有益补充；《圣安东尼奥宣言》是在美洲文化背景下提出对文化遗产保护理念的理解，是对《奈良文件》的进一步深化和补充；《西安宣言》也是基于之前的文化遗产保护理念，对历史建筑、古遗址和历史地区的环境进一步提出了评估、管理和保护的办法、建议和操作指南。

从 20 世纪 60 年代的《威尼斯宪章》到 2005 年的《西安宣言》，每一个宪章都是对文化遗产保护内涵的一次扩展，反应了人们对文化遗产保护的新认识和世界范围内文化遗产保护理念的发展，逐步形成以西方文物保护理念为核心的世界性文化遗产保护发展体系。这套在国际上达成共识的文化遗产保护体系所产生的积极作用是不容否认的，但它忽略了中西方文化遗产特性的差异，更多适用欧洲古代石构建筑文物的特点。中国建筑在用料、结构、形式、装饰等各方面都跟欧洲建筑有很大差别。因此，东方的砖木、土木结构古建筑，不可能像希腊、罗马那样保存古建筑残址。而且，由于中国古代大部分建筑物的结构材料和装饰材料都是非永久性的，结构方法是装配性的。如要修复，也很难做到像西方那样，将新修的部分标明修缮的时间，与原物保持明显的分界，称之"留白"。砖木、土木结构建筑不是西方的砖石建筑，让残柱露天很快就会墙倒屋塌、彻底毁掉，从而也就谈不上任何保护，故而中国的砖木、土木结构古建筑只能作为一个整体来修复。另一方面，在中国的传统价值观中，文化遗产的物质性和精神性是统一的，甚至重内在意蕴而轻外在表现。因此，中西方在文化遗产保护理念、思路和举措等方面必然存在着不同的理解，集中表现在对遗产价值和与之相关的信息的判断上。由此可见，中国文化遗产的保护方法与以《威尼斯宪章》为导向的世界文化遗产保护体系在本质上是有偏差的，并不完全适用于中国文化遗产保护的实际情况。

## （二）文化遗产保护典型案例

### 1. 雷峰塔

雷峰塔由公元 10 世纪吴越国王钱俶始建，原计划修百丈十三层，由于财力有限，只建了七层。北宋宣和年间方腊农民起义，塔身受到重创。到南宋庆元年间，雷峰塔得以重新修缮，砖砌塔身从七层减为五层，形制为平面八角形，且塔身外围新建了木构搪廊。

### 2. 大雁塔

大雁塔是唐永徽三年玄奘为保存由天竺经丝绸之路带回长安的经卷佛像而主持修建的，最初五层，

后加盖至九层，再后层数和高度又有数次变更，最后固定为现存的七层塔身。而且，大雁塔之所以能够饱经1300多年的风风雨雨，至今仍旧巍然耸立在古城西安，根本原因就在于明代维修保护时在其外围加固了一层砖。

3. 黄鹤楼

始建于东吴黄武二年（233年），唐以来黄鹤楼屡建屡废，仅在明清两代，就被毁7次，重建和维修了10次。现黄鹤楼为1981年重修，主楼以清同治楼为蓝本，但更高大雄伟。

从以上案例可以看出，深受中国文化遗产特性、传统审美意识、思维方式、价值取向等影响，以"重修庙宇，再塑金身"思想为代表的中国传统古建筑修缮观，重视对古建筑使用价值和象征意义的维护。这对今天文化遗产保护发展来说，在某种程度上仍然有着积极的借鉴意义。

## 四、构建中国文化遗产保护发展体系的研究方法

### （一）对比分析法

对比分析法是把客观事物加以比较，以达到认识事物的本质和规律并作出正确的评价。在对比分析中，往往选择时间标准、空间标准、经验或理论标准、计划标准等对所比较的客观事物作出客观的评价。通过从中西方文化遗产的特性、材质、空间位置、历史风俗、民族心理特点等不同角度的对比、分析、评价，探索文化遗产的保护方法和理论体系。

### （二）田野工作法

田野工作又称为田野调查、现场调查、实地调查，是一种在各个学科里广泛应用的方法。要运用田野工作，深入研究文化遗产与社会文化变迁、环境演变、群体审美意识、民族风俗等方面的关系。

### （三）个案研究法

利用中西方各国不同时期、不同地域、不同风格，具有典型特征的文化遗产，进行个案研究、归纳、评价，分析其原因，明晰其态势，总结其规律，构建有针对性的文化遗产个案保护与利用体系。

## 五、构建中国文化遗产保护发展体系的主要内容

当今中国文化遗产保护，正面临着前所未有的机遇与挑战，特别是"包括遗产产业在内的文化产业蓬勃发展，为文化遗产事业发展创造了新的机遇，同时也带来了新的挑战、压力和风险"。为了探索具有中国特色的文化遗产保护发展体系，遗产保护工作者们开展了大量的理论研究和工作实践，积累了丰富的经验，提出了若干值得探讨的保护理论。我们应该尊重文化遗产的多样性，在学习、借鉴国外先进思想和技术的同时，在保护实践中不断探索构建符合我国文化遗产特性和传统审美崇尚、价值取向的文化遗产保护发展体系。

当代文化遗产保护要向"混合遗产""动态遗产"保护方向发展，重视文化遗产"点""线""面"的全方位保护。我们要立足中国国情，按照"基础在环境、核心在文化、发展在产业、保障在制度、目标在价值"的总体思路，通过遗产环境、遗产内涵、遗产产业、遗产管理和遗产价值的保护、重塑来构建中国文化遗产保护发展体系的主要内容。

### （一）文化遗产本体保护

无论是砖木、土木结构文物建筑，对它的维修保护可采用新科技、新材料、新方法、新工艺，力求以最先进的科学技术使文化遗产得到有效保护。

在维修遗产过程中，无法按照原貌来进行还原时，可以改变它原有结构、形态、用材，使其所表征的历史信息得以重现。

历史上的建筑和物件，即使完全不存在，只要有历史根据和史料支撑，可以在原址重建。

对不可移动文化遗产保护，不仅要开展抢救性保护，还要加强文化遗产日常养护巡查和监测保护，重视岁修，减少大修。

### （二）文化遗产环境保护

文化遗产的保护对象要从文化遗产本体扩大到对其环境及环境所包含的一切历史的、社会的、精神的、习俗的、经济的和文化的活动，实现"从躯体到灵魂的保护"。

保护文化遗产必须对其尚存的地形、水体、建筑物及树木等周边环境进行保护，同时还要考虑与外围环境的有机联系，保护有特色的自然风光和生态景观。要把文化遗产保护纳入生态环境建设，以生态环境建设促进文化遗产保护工作，以文化遗产保护工作提升生态环境的文化内涵。

### （三）文化遗产内涵挖掘

针对体现中华文明独特魅力的典型性文化遗产，开展多视角、多维度、多层次的价值挖掘，阐述文化遗产背后的故事，突出文化遗产的历史、艺术和科学价值。

实施"互联网＋文化遗产"战略，把互联网的创新成果与文化遗产保护、传承、创新、发展深度融合，挖掘和拓展文化遗产蕴含的历史、艺术、科学内涵和时代精神。

完善以大遗址、遗址城市、遗址村落、遗产廊道、历史街区等不可移动文化遗产和可移动文化遗产为产品基因的文化遗产谱系，重点创新"中国数字遗产"产品，健全中国文化遗产的实体谱系和数字谱系，彰显文化遗产的文化内涵。

### （四）文化遗产产业激活

实施"文化遗产＋"融合战略，构建文化遗产＋产业（生态、旅游、科技、文创、体育、商贸等）和文化遗产＋支撑（服务、消费、环境、内容、营销等）的文化遗产产业体系。

围绕文化遗产教育、文化遗产文创产品、文化遗产素材创新、文化遗产动漫游戏、文化遗产旅游等方面，打造"互联网＋文化遗产"的融合型文化产品。

文化遗产保护要考虑社区居民的利益，积极引导公众参与文化遗产的保护发展，带动区域旅游产业、文化产业及相关产业的发展。

### （五）文化遗产制度再造

文化遗产保护发展是一个牵一发而动全身的系统工程，需要量化文化遗产保护工作的考核指标体系，建立联席领导工作机制和文化遗产保护责任终身追究制，组建专家咨询委员会等，强化文化遗产保护工作的协同管理。

通过各级财政资金优先保障文化遗产保护工作。同时鼓励社会参与文化遗产保护，利用公益性基金等平台，采取社会募集等方式筹措文化遗产保护资金。

加强与综合性大学的人才联合培养工作，共同培训能胜任文化遗产保护勘察、规划、设计、维护、管理等各方面工作需求的综合性和专业性人才。

### （六）文化遗产价值重塑

针对中国文化遗产开展多视角、多维度、多层次的价值挖掘，重点研究中国文化遗产的中国性、东方性、世界性。

在对传统生态哲学价值回归的基础上，注入"创新、协调、绿色、开放、共享"时代内涵，实现文化遗产价值的重塑、传承和创新。

建立以中国文化遗产标识为导向的世界文化遗产价值传播体系，塑造中国文化遗产保护理念品牌，形成以中国为主导的国际文化遗产保护共识，打造"世界文化遗产保护命运共同体"。

## 六、构建中国文化遗产保护发展体系的价值系统

### （一）核心价值

中国文化遗产的核心价值在于其彰显的中国性、东方性和世界性。一方面，中华文明绵延数千年，文化遗产承载着华夏民族的历史渊源、发展脉络和独特创造，可以凝聚和形成强大的中国精神和中国力量。无论是道路自信、理论自信、制度自信，还是文化自信，都要从弘扬中国文化遗产和中华传统文化中寻找精气神。另一方面，中国作为一个享誉世界的文明古国，对东西方各国文化的形成和发展都产生过重要影响，中国文化是全人类共有的精神财富。因此，置于人类共有精神财富的坐标系中，中国文化遗产同样具有世界普遍文化意义，将成为解决人类共同难题的思想宝库。

### （二）经济价值

文化遗产是历史上经济形态、经济体制、经济机制的真实见证，其当代的经济价值则主要体现在旅游和文化产业开发等方面。一方面，文化遗产是得天独厚的旅游资源，在保持文化遗产可持续发展的前提下开发旅游业，文化遗产可最大化地、有效地转化为当地全面发展的软实力，带动经济和文化

的同步发展。另一方面，文化遗产是中华传统文化的载体，能够带动文化经济发展，并以此为依托构建具有民族特色、地域特色的文化产业，产生新的经济增长点。此外，旅游业、文化产业可持续发展，又会进一步带动交通、餐饮、住宿、购物等多个行业的发展，增加就业、改善民生，产生长久性的综合经济收益。

（三）文化价值

一方面，文化遗产向人们展示了每一个社会发展阶段生产、生活、娱乐、信仰的特色，是一个国家历史文化演变的见证、社会发展的浓缩，能够比较全面反应不同时代的政治经济制度、社会活动和文化特点，其文化价值可以从器物、秩序、艺术、宗教、精神等各层面体现出来。特别是不少文化遗产由于其作为直至今日所能见到的很少的、甚至唯一的携带准确而真实的重大史实信息的历史遗存，而具有无法估量的文化价值。另一方面，文化遗产是展示民族文化和地域文化的橱窗。经过长期的历史积淀，文化遗产往往形成独特的建筑风格、园林景观、装饰形制等文化氛围，物质文化和精神文化内容丰富，可以从各方面向人们传递丰富的特色文化信息。

（四）社会价值

文化遗产的社会价值主要是通过对社会产生精神影响而实现。通过文化遗产的有效保护及展示，对于传承、弘扬中华民族的优秀文化，进而提高人们对文化遗产保护工作的关注度，扩大文化遗产的社会影响力，使民众自觉参与到文化遗产保护发展中来具有无可替代的意义和作用，能够提高人们对国家的归属感和民族认同感。此外，文化遗产的社会价值还体现在满足精神需求和发挥宣传教育功能等方面。例如，一些文化遗产能够满足人们陶冶情操的鉴赏需求；一些文化遗产历史与环境交相辉映，可以成为当地居民便利的休闲场所；另外还有一些文化遗产能充分发挥爱国主义基地的宣传教育功能，对培育民族精神，增强民族自豪感和凝聚力等具有重要意义。

（五）科技价值

文化遗产可以从不同角度反映不同时代的科技水平和生产力水平，具有技术史和科学史的价值。通过研究文化遗产，可以了解当时社会的生产力发展水平和科技水平。例如，不同时期出土的纸质文物，反映了该时期造纸原料、技术、设备等状况，从中可以分析造纸技术不断发展变化的进程；而一处文化遗迹或古建筑、石窟寺，其科学价值则往往表现在多方面，包含了不同的科学技术信息。特别是现存的许多工程类文化遗产，运用到大量当时居于世界领先地位的科学技术，部分先进技术和科学原理甚至沿用至今，充分展示了古代人民对科学技术的认知和创新，彰显了文化遗产的科技价值。

（六）环境价值

文化遗产的环境价值突出表现在生态文明建设和景观优化美化上。文化遗产与环境是一个有机的统一体，文化遗产都处在一定的环境之中，二者之间有着内在的联系和外观的统一，互为依托，交相辉映，形成一个形象的整体和完美的景观。文化遗产保护离不开对文化所处环境的整体保护，而通过对文化遗产依存环境的保护、生态修复和景观优化，有利于保障文化遗产所在地空气清新、水质优良、植被覆盖，对于发挥文化遗产的生态效能，提升自然环境、优化景观氛围，加强生态文明建设都具有独特的现实价值。

综上所述，中国文化遗产保护发展体系架构应如下图所示：

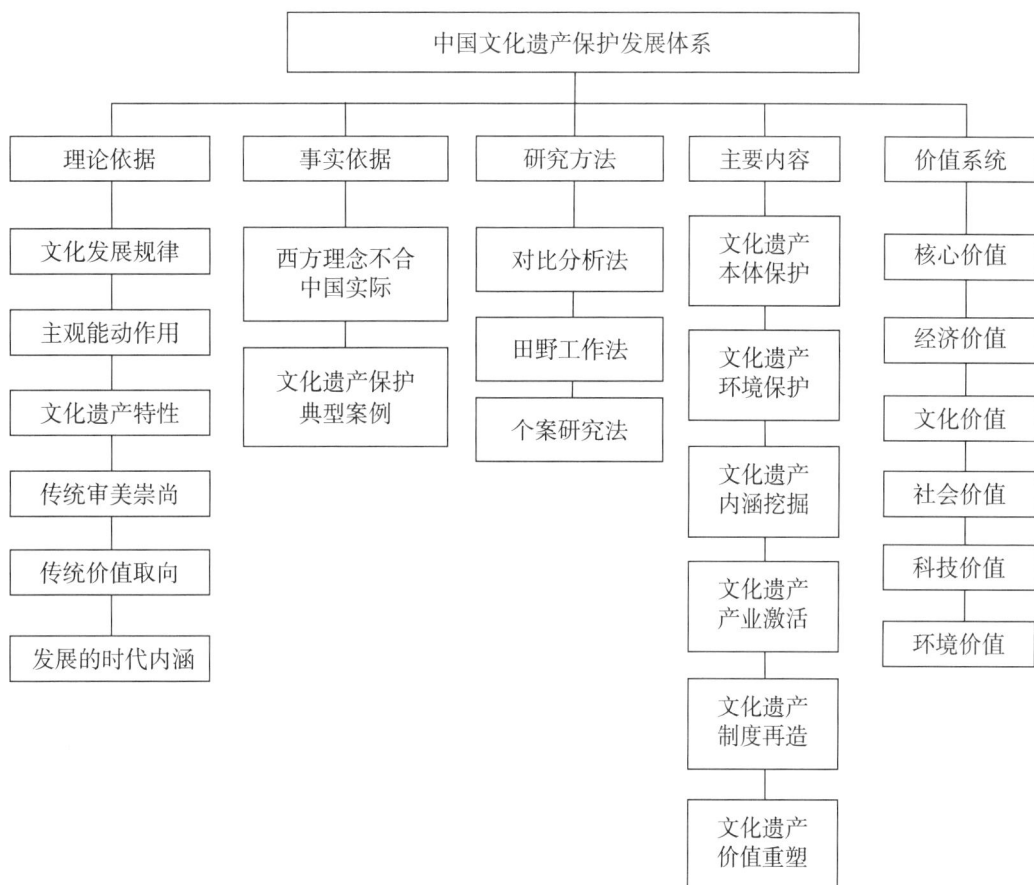

中国文化遗产保护发展体系

| 理论依据 | 事实依据 | 研究方法 | 主要内容 | 价值系统 |

理论依据：文化发展规律、主观能动作用、文化遗产特性、传统审美崇尚、传统价值取向、发展的时代内涵

事实依据：西方理念不合中国实际、文化遗产保护典型案例

研究方法：对比分析法、田野工作法、个案研究法

主要内容：文化遗产本体保护、文化遗产环境保护、文化遗产内涵挖掘、文化遗产产业激活、文化遗产制度再造、文化遗产价值重塑

价值系统：核心价值、经济价值、文化价值、社会价值、科技价值、环境价值

**图 1　中国文化遗产保护发展体系架构**

中国文化遗产是承载华夏文明的基石，见证着原汁、原味、原生态的中国文化。保护发展文化遗产就是要留住文化根脉，守住民族之魂。当今中国，文化遗产保护发展的内涵正在逐渐深化，文化遗产保护的要素、类型、空间、时间、性质、形态等各方面都在发生着深刻变革，我们要积极响应当代文化遗产保护发展的时代诉求，并始终以中国文化遗产特性作为文化遗产保护研究与实践的出发点，紧紧围绕中国文化发展规律和中国传统审美意识、思维方式、价值取向等学理内涵特征，充分借鉴汲取西方和我国历史上文物保护理念、思路、举措和典型案例的有益滋养，客观求实地探索、构建一套契合中国文化本色和现实发展需求的中国文化遗产保护发展体系，立足重构遗产环境、活化遗产内涵、拓展遗产产业、创新遗产管理和彰显遗产价值五大基本要素，为中国文化遗产可持续发展提供源源不断的生命力。同时也要讲好中国遗产故事，塑造中国遗产品牌，为国际文化交流、竞争大格局中的世界文化遗产保护事业贡献中国特色的"遗产智慧"和"遗产力量"。

# 文化遗产科学刍议

潜 伟

（北京科技大学科技史与文化遗产研究院）

**摘 要：**文化遗产学科建设总体发展滞后，需要大力加强。文化遗产学是一个学科群，包含一切以文化遗产为研究对象的人文学科、社会科学、自然科学、工程技术等；文化遗产科学是文化遗产学中的自然科学部分，是探究文化遗产的科学价值的理论与方法及一般规律的总和，主要研究和分析各类文化遗产的性质和组成，是研究保护各种文化遗产的理论、方法、材料和工艺等，主要研究内容包括文化遗产科学认知、文化遗产科学保护、文化遗产科学利用等。如果按照自然科学属性来分类，文化遗产科学可以初略分成文化遗产物理学、文化遗产化学、文化遗产环境科学、文化遗产材料科学、文化遗产工程科学、文化遗产生命科学、文化遗产信息科学、文化遗产管理科学八大分支。随着文化与科技的深度融合，文化遗产科学将更加繁荣。

**关键词：**文化遗产；文化遗产科学；学科分类；文物价值认知；文物保护利用

"文化遗产"的概念随着 1985 年中国加入《保护世界文化和自然遗产公约》逐渐热闹起来，针对文化遗产的研究、保护、传承与利用的理论与实践活动越来越受到关注，一门新的"文化遗产学"呼之欲出。然而，关于是否需要建立一个独立的"文化遗产学"学科，至今仍存在许多争论[1-8]。文化遗产人才培养和学科建设整体滞后，作为新兴交叉学科，尚处于摸索阶段，需借助多学科理论和方法。"文化遗产科学"作为"文化遗产学"之中自然科学属性的部分，对其概念和分类进行讨论是有意义的。

## 一、专业和学科目录中的文化遗产学科

能否纳入专业和学科目录，是关系到学科建设的根本。我国现行教育系统的专业和学科目录有两套。一是《普通高等学校本科专业目录（2012 年)》，主要适合于本科专业教育和学位授予，与文化遗产相关的几个专业分别是：考古学（060103）、文物与博物馆学（060104）以及特设专业文物保护技术（060105T），都属于历史学门类；还有属于工学门类的建筑类的特设专业历史建筑保护工程（082804T）；这里还没有包括非物质文化遗产方面的。

另一个是国务院学位办的《学位授予和人才培养学科目录（2011 年)》，主要适合于学术型硕士和博士学位授予，与之前相比最大的变化是考古学（0601）有了自己的"番号"，成了与中国史、世界

史并列的一级学科。而原来与考古学并列的文物与博物馆学、文物保护技术则处于较尴尬地位，不但没有得到地位提升，反而出现地位下降的局面，最多作为考古学的二级学科方向处于从属地位。作为附属此文件的应用型学位的《专业学位授予和人才培养目录（新增）》中，文物与博物馆（0651）专业硕士也为列一级学科之列。这个专业目录是属于应用型的学位，各学位点根据自身发展各有侧重，差别非常大，可能是考古学、博物馆学、文物学、科技考古、文物保护、文化遗产管理、艺术史、科技史、历史文献学的方向之一。当然，与文化遗产相关的其他一级学科，如建筑学、城乡规划学、中国史、科学技术史等，也培养文化遗产方向的人才。

国外文化遗产学科建设，差异非常大，并无统一约定的文化遗产学或文化遗产保护科学。美国主要授予人类学学位，少量学校授予考古学学位。英国主要是考古学学位，但是遗产管理的专业也很热门。对于文物保护专业来说，意大利的文化遗产保护与修复有专门的学位，奥地利有专门的文化遗产保护应用科学的学位，日本有文化财保存科学的学位，差别也是很大。

## 二、文化遗产学的学科体系结构

国内一直有用"文化遗产学"来统领原来的考古学、博物馆学、文物保护三驾马车的说法，用以满足文物与博物馆行业的需求，也确实有学校在试办"文化遗产学"的本科专业。但是其中的问题也是很多的，文化遗产研究与保护涉及人文社会科学与自然科学、技术科学的交叉，属于跨学科或交叉学科的性质，很难有统一的基础理论和共同的研究方法，因此缺乏共同范式的研究领域，获得的认同感就很低。有的学者将文化遗产整体作为研究对象的人文社会科学统称为"文化遗产学"，将其归属于文化学的范畴，但是没有得到文化学主流的文化人类学、文化社会学的学术共同体的集体认同。

我们倾向于将文化遗产学视为是一个学科群，包含一切以文化遗产为研究对象的人文学科、社会科学、自然科学、工程技术等，这样似乎可以暂时减少争论，共同为文化遗产这个行业服务。文化遗产学可分为文化遗产人文社会科学、文化遗产科学技术两大方面，前者还可分为文化遗产人文学科、文化遗产社会科学，再进一步细分为文化遗产文学、历史、哲学，以及文化遗产法学、经济学、教育学、管理学等。

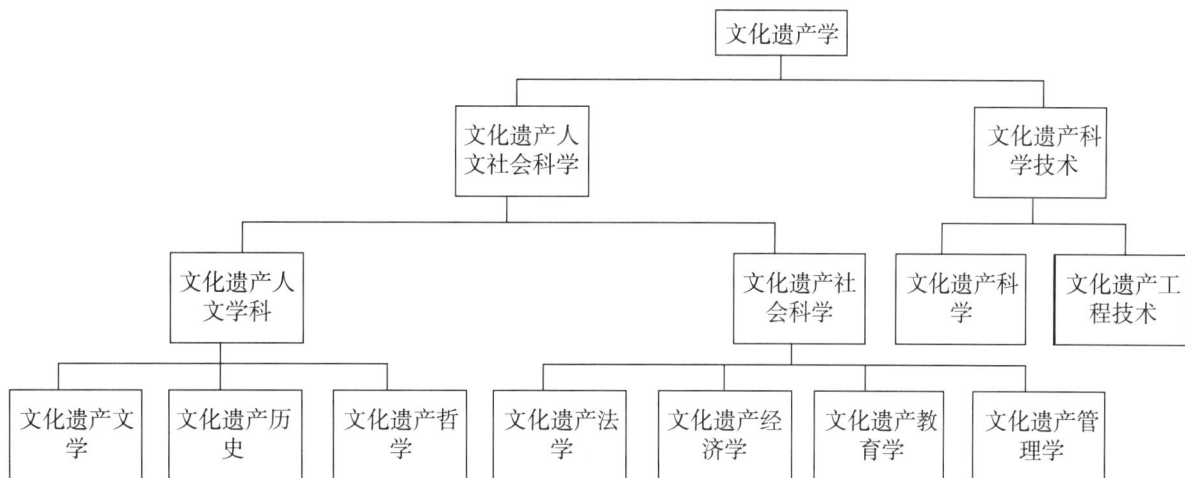

图 1 文化遗产学的学科体系结构

无论怎么看，文化遗产科学技术与一般意义上的文化遗产人文学科和社会科学是有区别的，是有其特殊概念内涵与外延的，也有其特殊的研究方法和研究目标。这里我们将文化遗产的科学和技术又分解成文化遗产科学和文化遗产工程技术，前者追求文化遗产相关的基础理论与应用基础科学，后者强调文化遗产研究的直接应用，如保护技术、展示利用等。

## 三、文化遗产科学的概念内涵

要讨论文化遗产科学，首先要明确文化遗产的概念。文化遗产是人类发展过程中从前人那里承袭而来的人类创造和使用的物质和精神财富的总和。文化遗产首先是"遗产"，它不是还在使用的活态财富，而是可以代际遗传的物质和精神财富，这是核心。修饰"遗产"的是"文化"，这又区别于其他的遗产如自然遗产。这里强调的是遗产的文化属性，即人的属性，这使得文化遗产概念比文物概念前进了一步，不仅是对"物"的追求，还有对"人"的诠释和理解。因此，文物是见"物"不见"人"，而文化遗产是见"物"又见"人"。对文化遗产的基础研究大体可以分为见"物"的自然科学，即格物致知；以及见"人"的人文学科，即人文日新。因此"文化遗产学"的基础研究，大致可以分成文化遗产科学、文化遗产人文两大部分的。

大家都知道，文化遗产具有历史、艺术和科学三大价值。对文化遗产的历史和艺术价值的追求可以称为文化遗产人文，而文化遗产科学重点探讨的是文化遗产的科学价值。文化遗产的历史、艺术价值，已经有很多学者进行了精辟的阐述，也相对较容易理解，而科学价值却很难明确，甚至许多专门的文化遗产学术著作中也难以准确描述文化遗产的科学价值为何。如果仅仅将文化遗产与古代科学技术发明创造相提并论，好像应该是科学技术史需要追求的事情，比如要探究青铜器的制作工艺、透光镜反映的光学原理，这都是历史上存在的，并未对现实的科学产生多大影响。如果将科学价值仅仅理解成需要对现代科学技术发展产生多大的影响，这又强人所难，已经成为"遗产"的事物如何发挥现代科学价值，恐怕是一流科学家也难以接受的。虽然我们不乏一些很具有现代科学价值的东西，比如古代水利工程遗产其中蕴含的科学道理至今仍然适用，都江堰屹立于成都平原上两千多年不垮本身就是个奇迹，而治水的科学道理至今仍然需要不断总结学习。文化遗产被赋予科学价值以重要地位，本身也是在科学主义盛行背景下使科学成为社会主流话语权的写照。我们的主张是，文化遗产的科学价值既要考虑历史存在的科学问题，也要思考现在和未来的科学发展需求，不存在割裂的历史科学价值或现实科学价值。

文化遗产科学可以定义为探究文化遗产的科学价值的理论与方法及一般规律的总和。如果从这个角度来看，可以认为文化遗产科学就是文化遗产的科学价值挖掘、整理与保护。文化遗产研究需要科学的认知，文化遗产保护需要科学依据，文化遗产传承需要科学为基础，文化遗产利用更需要科学的助力。

文化遗产科学主要是研究和分析各类文化遗产的性质和组成，研究保护各种文化遗产的理论、方法、材料和工艺等，它是现代科学技术和传统工艺相结合，并加以创造和发展的产物。文化遗产科学是一系列综合性的自然科学，它不仅涉及化学、物理学、生物学、地质学、测绘科学等基础科学，而且还与土木、建筑、冶金、纺织、造纸和陶瓷等技术科学以及农学、医学、药学等密切相关。近年来，文化遗产保护与传承利用充分运用了光学、电子学、计算机科学以及核科学和技术的成果，同时它与考古学、历史学、人类学、艺术学等人文社会科学也是密切分不开的，因此文化遗产科学的概念外延似乎可以更大一些。

文化遗产科学与文化遗产技术的关系就像是科学与技术的关系，文化遗产科学更注重科学问题发现，针对有应用前景的文化遗产保护利用技术开展基础理论研究，属于应用基础研究范畴。需要注意的是，文化遗产科学与文化遗产保护科学不同，后者可以看成是文物保护科学，在日本、韩国称之为"文化财保存科学"，英国、美国等称之为"conservation science"；而文化遗产科学的概念则更广泛，英文可以是"cultural heritage science"。

## 四、文化遗产科学的研究内容

按照文化遗产的认识维来考虑，文化遗产科学的主要研究内容可分为文化遗产科学认知、文化遗产科学保护、文化遗产科学利用三个部分。

文化遗产科学认知是利用现代科学技术手段对古代文化遗产进行研究，结合田野考古资料和历史文献，揭示其历史、艺术和科学价值，展现其对人类文明的重要作用。包括古代无机材料研究、古代有机材料研究、文化遗产资源调查与研究、古建筑测绘研究、文化遗产认知人工智能、文化遗产认知数据库等。

文化遗产科学保护是在对文化遗产本体材料研究分析的基础上，运用各种现代科学技术手段探明其腐蚀损毁机理，并研究制定合理保护方案并实施，以更充分地发掘其历史文化价值。包括文物腐蚀损毁机理、文物失效评估、墓葬壁画保护科学技术、考古现场脆弱质文物提取与保护科学技术、土遗址保护工程的基础研究，等等。

文化遗产科学利用是在文化遗产保护的基础上，积极拓展文化遗产传承利用渠道，考察民族民间工艺技术，探讨其与人类文明发展的关系，探讨文化遗产的传播，为实现提升国家文化软实力提供智力支撑。包括传统工艺调查研究、文物数字化展示、文化遗产科技传播、文化遗产数字化管理、智慧博物馆基础科学，等等。

## 五、文化遗产科学的分类

文化遗产科学可以有很多种分类方法。如果按照自然科学属性来分类，文化遗产科学可以初略分成文化遗产物理学、文化遗产化学、文化遗产环境科学、文化遗产材料科学、文化遗产工程科学、文化遗产生命科学、文化遗产信息科学、文化遗产管理科学八大分支。

需要说明的是，这里的文化遗产环境科学是大环境的概念，不仅有一般意义的环境科学，也包括地理、地质、生态等多尺度的环境空间科学。文化遗产管理科学也不同于一般的文化遗产管理学，这里更多的是考虑与数学、系统科学等相关的管理决策所依托的自然科学。

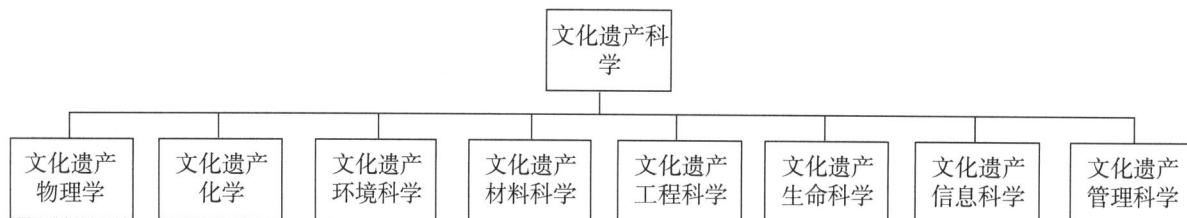

图2 文化遗产科学的分类

每个分支学科又可以分解成若干次级分支和次次级分支。比如，文化遗产物理学可分为文化遗产力学、声学、光学、电学、等离子体物理、地球物理、天体物理和天文学等。文化遗产力学可分为文化遗产一般力学、固体力学、流体力学，文化遗产声学可分为文化遗产普通声学、建筑声学、水声学等。

作为一种解决方案，尝试将文化遗产科学的八大科学分支罗列如下，括号内为举例。

1    文化遗产物理学

1.1    文化遗产力学

1.1.1    一般力学（分析力学、动力系统、弹道力学和飞行力学）

1.1.2    固体力学（弹性力学和塑形力学、疲劳与断裂力学、复合材料力学、岩体力学和土力学、结构力学）

1.1.3    流体力学（水动力学、空气动力学、多相流、非牛顿流体、计算流体力学）

1.2    文化遗产声学

1.2.1    普通声学（古乐器声学、非线性声学）

1.2.2    建筑声学（古建筑声学）

1.2.3    水声学（海洋水声学、水声噪音）

1.3    文化遗产光学

1.3.1    光源（文物保护一般光源、博物馆光源）

1.3.3    照相（文物光学照相、全息照相、多/高光谱照相）

1.3.3    激光技术（文化遗产激光系统、激光剥蚀、激光清洗技术）

1.3.4    释光技术（热释光、光释光）

1.4    文化遗产核科学技术

1.4.1    核辐射技术（在线文物检查、X射线照相）

1.4.2    核分析技术（XRD、RBS、PIXE、NRA）

1.4.3    穆斯堡尔谱学（文物穆斯堡尔谱分析）

1.4.4    同位素技术（同位素示踪技术、同位素食谱分析）

1.4.5    核磁共振技术（核磁共振检测）

1.4.6    考古年代学（碳十四测年、铀氙法测年）

1.5    文化遗产等离子体物理

1.5.1    等离子体动力学（等离子体的加热、约束和辐射）

1.5.2　等离子体应用（表面等离子体清洗）

1.6　文化遗产地球物理

1.6.1　大地测量（大遗址测量）

1.6.2　地震学（古地震仪）

1.6.3　地磁学（指南针、地探技术）

1.6.4　电磁学（电磁探测）

1.7　文化遗产天体物理与天文学

1.7.1　天文学（古观象台、古代天文仪器、古代计时仪器）

1.7.2　天体物理（天体测量）

## 2　文化遗产化学

2.1　文化遗产无机化学

2.1.1　无机合成化学（文物保护无机材料合成化学）

2.1.2　分离化学（萃取化学、无机膜分离）

2.1.3　同位素化学（同位素分离、同位素分析、同位素应用、放射化学）

2.2　文化遗产有机化学

2.2.1　有机合成化学（文物保护有机材料合成化学）

2.2.2　天然有机化学（甾体化学、糖类、古草药分析）

2.2.3　生物有机化学（多肽化学、天然酶）

2.2.4　应用有机化学（古代食品化学、古代香料化学、古代染料化学、古代髹漆化学）

2.3　文化遗产物理化学

2.3.1　结构化学（文物保护试剂溶液性质、谱学）

2.3.2　胶体与界面化学（文物保护试剂表面活性、流变特性、界面吸附现象、超细粉与颗粒）

2.3.3　电化学（文物腐蚀电化学、文物熔盐电化学、表面电化学）

2.3.4　光化学（激光闪光光解、激发态化学）

2.3.5　热化学（相平衡、电解质溶液化学、非电解质溶液化学）

2.4　文化遗产分析化学

2.4.1　色谱分析（气相色谱、液相色谱、薄层色谱、离子色谱）

2.4.2　光谱分析（原子发射光谱、原子吸收光谱、原子荧光光谱、X射线荧光光谱、分子发射光谱、紫外和可见光谱、红外光谱、拉曼光谱）

2.4.3　波谱分析（顺磁、核磁）

2.4.4　质谱分析（有机质谱、无机质谱）

2.4.5　湿法分析（萃取剂、显色剂、特殊功能试剂）

2.4.6　表面、微区、形态分析（文物表面分析、微区分析、形态分析）

2.5　文化遗产化学工程与工业化学

2.5.1　无机化工（文物保护常规无机化工、工业电化学、古代无机颜料生产工艺）

2.5.2　有机化工（文物保护常规有机化工、精细有机化工、古代有机颜料、染料、漆类生产工艺）

2.5.3　生物化工与食品化工（发酵物提取和纯化、酶化工、农副产品加工）

## 3　文化遗产环境科学

3.1　文化遗产环境学

3.1.1　环境化学（环境分析化学、环境友好化工）

3.1.2　大气环境学（大气环境、大气污染控制）

3.1.3　海洋环境学（海洋环境、海洋地质、海洋）

3.1.4　微环境学（微环境控制、博物馆展柜微环境）

3.2　文化遗产地理学

3.2.1　自然地理学（自然地理调查、地貌学、古代水资源调查、古水文学）

3.2.2　历史地理学（古代城市规划、古代政治地理、城市地理、区域地理）

3.2.3　地理信息系统（古代地理信息系统、文化遗产地理信息系统）

3.3　文化遗产土壤学

3.3.1　土壤地理学（文物埋藏环境）

3.3.2　土壤物理学（考古发掘土壤物理、土壤侵蚀与水土保护）

3.3.3　土壤化学（考古发掘土壤分析化学）

3.3.4　土壤生物学（古代土壤生物、土壤植硅体）

3.4　文化遗产地质学

3.4.1　古生物学（古生物学）

3.4.2　地层学（考古地层学）

3.4.3　矿物学、矿床学（古代矿物分析）

3.4.4　地球化学（同位素地球化学、微量元素地球化学、矿产地球化学、环境地球化学、同位素年代学）

3.5　文化遗产生态学

3.5.1　景观生态学（景观考古与景观生态学）

3.5.2　地理生态学（文化遗产地理生态）

3.5.3　系统生态学（文化遗产生态系统）

## 4　文化遗产材料科学

4.1　文化遗产金属材料学

4.1.1　钢铁材料学（铁质文物材料学、文物保护钢铁材料）

4.1.2　有色金属材料学（青铜文物材料学、金银器制作）

4.1.3　金属材料加工（古代铸造技术、金属材料锻压）

4.1.4　腐蚀与防护（金属文物腐蚀机理、金属文物保护科学）

4.2　文化遗产无机非金属材料学

4.2.1 陶瓷材料（古陶瓷研究、古陶瓷保护）

4.2.2 玻璃材料（古玻璃研究、古玻璃保护）

4.2.3 石质材料（古玉研究、古代石质文物）

4.2.4 耐火材料（古砖瓦材料、陶窑耐火材料）

4.2.5 水泥材料（近现代建筑材料、古代水泥浆）

4.2.6 无机涂层与薄膜（文物保护无机涂层）

4.3 文化遗产高分子材料学

4.3.1 涂料（文物保护涂料）

4.3.2 胶粘剂（文化遗产胶粘剂）

4.3.3 纺织材料（古代丝绸、皮毛、棉织品、麻织品）

4.3.4 纸张材料（古纸研究、古代书画材料）

4.3.5 木材（木材分析鉴定、建筑木材、木质文物、家具保护）

4.3.6 塑料、橡胶、化纤（胶卷文物、塑料文物）

4.1 文化遗产矿业与冶金科学

4.4.1 矿业科学（古代采矿工程、古代采石工程）

4.4.2 冶金科学（古代铜冶金、古代铁冶金、古代锌冶金）

## 5 文化遗产工程科学

5.2 文化遗产机械工程学

5.1.1 机械学（古机构学、古代传动机械、古代机械结构强度）

5.1.2 机械制造（文化遗产器具、机械装备、操作台）

5.1.3 交通运输设施（古车研究、古船研究）

5.2 文化遗产动力工程学

5.2.1 热物理测试技术（热物性测量、热物理量的动态测量、流场温度场显示技术）

5.2.2 暖气通风工程（博物馆暖气通风工程）

5.2.3 电力工程（博物馆电力系统工程）

5.2.4 安全工程（博物馆防灾防盗工程）

5.2.5 新能源利用（太阳能利用、地热能利用、风能利用）

5.3 文化遗产建筑工程学

5.3.1 建筑学（古建筑研究、古桥研究、博物馆建筑设计）

5.3.2 城乡规划（历史名城规划、文化遗产规划）

5.3.3 园林设计（古代园林设计、园林景观设计）

5.4 文化遗产结构工程学

5.4.1 岩土力学（土遗址岩土力学）

5.4.2 土木结构工程（壁画结构保护、土遗址保护、古代木构建筑保护）

5.4.3 砖石结构工程（石质建筑保护）

5.4.4　金属结构工程（近现代金属结构保护）

5.5　文化遗产水利工程学

5.5.1　水工结构（古代水工结构）

5.5.2　水利工程（都江堰、灵渠、大运河、农田水利）

## 6　文化遗产生命科学

6.1　文化遗产生物学

6.1.1　微生物学（古器物残留物分析）

6.1.2　植物学（植物考古）

6.1.3　动物学（动物考古）

6.1.4　生物化学（蛋白质组学、食性分析、文物霉变防治）

6.1.5　生物物理（生物力学、生物医学工程）

6.1.6　遗传学（古遗传学）

6.2　文化遗产农林科学

6.2.1　作物学（稻作起源、粟的起源、茶、桑）

6.2.2　畜牧学（古代马、猪）

6.2.3　水产学（古代鱼类饲养）

6.2.4　林学（古代木材、园林）

6.3　文化遗产医药科学

6.3.1　医学（古代医学、医药器具）

6.3.2　药学（古代制药器具、古尸防腐药）

## 7　文化遗产信息科学

7.1　文化遗产电子学与信息系统

7.1.1　信息系统（文物与博物馆通信、物联网、传感技术）

7.1.2　信号处理（文物与博物馆图像处理、模式识别、智能信息处理）

7.1.3　电子离子物理材料器件（电磁场与微波技术、电子显微学、纳米级材料应用）

7.2　文化遗产计算机科学

7.2.1　计算机系统结构（并行系统、人机系统）

7.2.2　计算机软件（数据库、软件工程）

7.2.3　计算机应用（3D打印、管理信息系统、计算机辅助技术）

7.3　文化遗产自动化科学

7.3.1　模式识别（汉字识别与合成、图像处理、物体识别与目标跟踪）

7.3.2　智能系统（人工智能、知识工程、专家系统）

7.3.3　机器人（海洋机器人、考古机器人）

7.4　文化遗产光电子学

7.4.1　光学信息处理（光全息术、图像形成技术、人工视觉）

7.4.2　光电子器件（光通讯光源、光信息传输）

7.4.3　激光技术（三维激光扫描、激光器件）

7.4.4　非线性光学（相位共轭光学）

7.4.5　红外与光谱技术（红外图像处理、红外新技术、新型光谱分析法与设备）

7.5　文化遗产遥感

7.5.1　遥感技术（测绘新技术、遥感成像机理、遥感信息处理、遥感信息模型与防腐）

7.5.2　遥感应用（大遗址遥感应用、遥感成像处理）

## 8　文化遗产管理科学

8.1　文化遗产管理科学与工程

8.1.1　文化遗产系统工程（系统科学、模拟技术、控制技术）

8.1.2　文化遗产决策科学（决策理论、评估、预测）

8.1.3　文化遗产信息管理（管理心理学、信息管理）

8.1.4　文化遗产复杂性研究（社会经济系统复杂）

8.2　文化遗产事业管理

8.2.1　文化遗产管理（考古发掘管理、资源管理、文化遗产学）

8.2.2　博物馆管理（博物馆评估、博物馆学）

8.2.3　世界遗产管理（世界遗产评估、监控管理）

8.2.4　文化遗产科技管理（科研管理、情报管理）

# 六、文化遗产科学的发展与未来

文化遗产科学作为一组新型的学科群，发展方兴未艾。当务之急，是要进一步确定文化遗产科学各分支的基本理念，并不是简单的现代科学技术在文化遗产保护利用中的应用，而是形成学科融合，成为新的学科分支。因此，文化遗产科学的各分支学科发展快慢程度差异很大，有着不同的发展阶段，万万不可一刀切。比如，文化遗产化学、材料科学等起步早，融合深度和广度都到了一定程度；而文化遗产生命科学、文化遗产信息科学等正刚刚起步而快速发展，如考古机器人、智慧博物馆相关科学正快速朝我们走来；文化遗产管理科学作为一门需要数学基础来指导的交叉科学呈现出来的是非线性发展规律，日益在文化遗产管理和服务方面发挥重要作用。

文化遗产科学因为具有自然科学属性，备受自然科学界的关注。相信在不远的将来，随着文化与科技的深度融合，文化遗产科学将更加繁荣，文化遗产事业插上科学技术的翅膀可以走的更高更远。

# 致　谢

本文写作得到国家文物局科研课题"文物保护科学的学科体系与凝练若干重要科学问题研究"（2014 - ZD - HT - 005）资助，特此感谢。

## 参考文献

［1］傅斌（曹兵武）．文化遗产学：试说一门新兴学科的雏形．中国文物报，2003 – 05 – 30．

［2］杨志刚．文化遗产研究与"文化遗产学"．中国文物报，2003 – 09 – 12．

［3］苑利．文化遗产与文化遗产学的解读．江西社会科学，2005，（3）：127 – 135．

［4］贺云翱．文化遗产学初论．南京大学学报（哲学、人文科学、社会科学版），2007，（3）：127 – 139．

［5］李志超．文化遗产学的基本概念及大学责任．教育与现代化，2007，（3）：7 – 10．

［6］王运良．中国"文化遗产学"研究文献综述．东南文化，2011，（5）：23 – 29．

［7］蔡靖泉．文化遗产学的学科构建．荆楚学刊，2013，14（1）：50 – 59．

［8］孙华．遗产与遗产保护学——以文化遗产学的学科范畴为中心．遗产与保护研究，2018，3（12）：1 – 9．

# 从新古典"结构－功能"论看历史文化
# 遗产的现代转型[①]

张继焦[②]

（中国社会科学院民族学与人类学研究所）

**提　要：** 本文从历史文化遗产角度，分两个层面探讨了特色小镇建设问题：第一个层面是在当前经济社会结构转型条件下，历史文化遗产在特色小镇建设中不仅可以表现出新的功能，而且可以形成新的结构，从而形成一种新的结构－功能，由此推动资源配置和促进小镇内源型发展；第二个层面是历史文化遗产通过功能转变与结构转型，可以成为推动特色小镇建设的内源性要素，使特色小镇产生一定的竞争优势，获得可持续发展的内在驱动力。因此，在小城镇建设从追求数量型增长进入到谋求质量的新时代，可以以历史文化遗产为内源性竞争优势，建设可持续发展的特色小镇。

**关键词：** 历史文化遗产；特色小镇；内源型发展

## 一、问题的提出

改革开放 40 年以来，我国小城镇建设获得了高速的发展，目前正在从以规模为中心的传统粗放型发展方式转为以质量为中心的精细化发展方式。特色小镇建设是中国新型城镇化道路和产业转型升级相结合的一种实践。在全国各地的小城镇竞争中，如何建设特色小镇似乎已经成为当今中国最热门的话题之一。

然而，很多政府官员、经济界人士和有关学者大多都是从产业发展的角度对特色小镇进行探讨，比较少从历史文化遗产角度研讨特色小镇，更鲜见有人从历史文化遗产角度对特色小镇的内源型发展进行讨论。

① 本文是中国社会科学院创新工程重大专项"推进新时代中国特色生态文明建设与绿色发展战略研究"和中国社会科学院民族学与人类学研究所创新工程项目之一"多民族国家的社会治理"（张继焦主持）联合研究取得的阶段性成果。

② 作者简介：张继焦，男，1966 年生于海南省海口市，博士，中国社会科学院民族学与人类学研究所社会研究室主任、研究员，兼任国际人类学与民族学联合会副主席、中国民族研究团体联合会副会长。研究领域：社会学、人类学。

## 二、分析框架

特色小镇建设作为我国供给侧结构性改革中的一种新型城镇化发展模式，其本质是对小城镇发展路径和动力的一种探索。国内外很多学者一般都认为，影响经济社会发展和资源配置主要有两只手，一只是看得见的手——"政府"，另一支是看不见的手——"市场"。李培林于 1992 年（28 年前）就曾指出，在政府和市场之外，还存在着"另一只看不见的手"（即社会结构转型）。他认为，人们的风俗习惯、行为方式、道德伦理、价值观念等在发生结构性变动时，会形成一种巨大的、潜在的力量。① 李氏的"另一只看不见的手"学说是一种新古典的、动态的"结构－功能论"，进一步地发展了马氏的"文化功能论"② 和费氏的"文化开发利用观"③，强调了社会文化因素不但具有结构性，而且具有功能性。由此，我们可以推论出，在经济社会结构转型条件下，人们的风俗习惯、行为方式、宗教信仰等历史文化遗产不但具有结构性，而且具有功能性。

关于历史文化遗产为何和如何成为特色小镇建设的内源性因素？一方面，早在 20 世纪 60－70 年代就有过发展的"外源型"和"内源型"争论。经过几十年的探索，到 20 世纪 90 年代，内源型发展模式逐渐成为了联合国所重视和鼓励的一种新发展观。内源型发展指的是："每个社会都应该根据本身的文化特征，根据本身的思想和行为结构，找出自己的发展类型和方式。"④ 另一方面，我们还需要使用迈克尔·波特（Michael E. Porter）的竞争优势理论来分析特色小镇的竞争优势。对特色小镇的发展而言，历史文化遗产不仅是基于当地的内源性独特资源，而且是有利于当地形成具有独特竞争优势的产业集群的关键要素。⑤

我们将上述李氏的"另一只看不见的手"学说、"内源型发展"理论和竞争优势理论等三种理论相结合，推导出了本文的研究假设：由于经济社会结构处于转型之中，历史文化遗产在特色小镇建设中不仅可能表现出新的功能，而且可能形成新的结构，由此，更有可能形成一种新的结构－功能，产生一定的竞争优势、推动资源配置和促进小镇内源型发展。这正是本文的分析思路。这个分析框架我们可以称之为新古典"结构－功能论"。

## 三、经济社会转型条件下，历史文化遗产的功能转变与结构转型

最近一些年以来，在民俗学、民族学和人类学界的部分老师们和学生们之中，一直流传着一种说

---

① 李培林：《"另一只看不见的手"——社会结构转型》，《中国社会科学》1992 年第 5 期；李培林：《再论"另一只看不见的手"》，《社会学研究》1994 年第 1 期；李培林：《中国社会结构转型对资源配置方式的影响》，《中国社会科学》1995 第 1 期。

② 英国古典功能学派人类学家 B. K. 马林诺夫斯基（B. K. Malinowski）在其名著《文化论》中指出：文化的本质不是表面特征，是功能；功能就是文化在满足人类需求时所起的作用。参阅 Malinowski, B. K., 1944, *A Scientific Theory of Culture and Others Essays. Chapel Hill, N. Carolina: The University of North Carolina Press.*

③ 作为马林诺夫斯基在中国的嫡传弟子，费孝通曾指出，传统的民族文化是一种资源，可以开发和利用。参阅费孝通：《西部开发中的文化资源问题》，《文艺研究》2001 年第 4 期。

④ 联合国教科文组织编：《内源发展战略》，社会科学文献出版社，1988 年，第 2 页。

⑤ 此处参考迈克尔·波特关于产业与企业竞争优势的有关分析。参见［美］迈克尔·波特著，《国家竞争优势》（1990）（上册），李明轩、邱如美译，中信出版社，2012 年，第 31 页。

法：很多古老的劳作方式，比如京族的踩着高跷捕鱼技艺①、黎族的山兰稻种植技术②、鄂伦春族的狩猎民俗③等之类的经济民俗，已经濒临失传，令人焦虑和惋惜。

比如，东兴市江平镇④是广西特色文化名镇，也是京族在我国的唯一聚居地，主要分布在万尾、巫头、山心三个村（岛）上，被评为京族海洋特色小镇。京族哈节和京族独弦琴艺术为国家级非物质文化遗产，京族民歌、京族鱼露及京族服饰制作技艺等为自治区级非物质文化遗产。几年前，我在广西东兴市看到了京族的这种非同寻常的踩高跷捕鱼捞虾表演。我们认识到：以前，踩高跷捕鱼捞虾曾经是京族近海捕捞的一种渔业生产方式。现在，一方面，这种捕捞作业方式的确处于濒危状态。据说京族三岛只有 4 个人能够熟练操作此捕捞技艺。另一方面，这种捕捞方式已经不再是当地渔业的一种生产方式，而是京族三岛海边休闲观光的一种表演方式，它俨然已经成为了当地旅游业中的一个表演项目。从新古典"结构－功能论"来看，踩高跷捕鱼虾的功能已经发生了变化，已经从一种渔业生产方式变成了海边休闲观光的一种表演方式。由于其功能转变，它所处的经济结构也发生了变化，已经从近海渔业转变成了海边旅游业。

关于历史文化遗产的保护和利用，一直以来是学术界争论的一个焦点问题。很多持文化保守主义的学者，通常都赞成保留历史文化遗产的原真性，不赞成对历史文化遗产进行开发和利用，他们不希望历史文化遗产发生任何变化。因此，他们依然承袭着马氏于 70 多年前提出的"文化功能论"，因此，关于经济社会转型条件下历史文化遗产的变化和发展，他们没有提出过什么新的理论创建。我们则更关注的是历史文化遗产的结构转型和功能转变。

改革开放 40 年以来，从沿海到内陆各个地区已经和正在发生一系列巨大的结构性转变，具体表现为"三化"，即工业化（从农业转变为工业）、市场化（从自然经济或计划经济转为市场经济）、城市化（从农村社会转为城市社会）等，我国已经进入了一个经济社会结构的全面转型期。⑤ 在中国这场巨大的经济社会结构转型中，影响资源配置和经济社会发展主要有三只手，"政府"是一只看得见的手，"市场"是一支看不见的手，我们可以把历史文化遗产当作推动特色小镇建设的"另一只看不见的手"，其结构性可以表现为特色小镇建设的内源性、结构性因素，其功能性可以表现为具有推动特色小镇具有竞争优势的独特功能。

比如，海南省琼海市潭门镇 2016 年被列入第一批中国特色小镇之一。早在宋元年间，潭门渔民就来到南海（包括黄岩岛）中讨生活。他们是世界历史上唯一在南海连续开发渔业的特有群体。⑥ 据不

---

① 从古时起，京族人就探索出踩高跷捕鱼捞虾的经验，形成了独具特色的传统劳作方式。京族聚居在东兴市江平镇"京族三岛"，是我国唯一的海洋民族。

② 早在原始时代，勤劳的黎族人民及其先民就能根据海南的独立自然生态环境条件，用自己的双手培植出适于旱地、刀耕火种的旱稻品种——"山兰稻"。

③ 鄂伦春族是中国东北部地区人口最少的少数民族之一，主要居住在大兴安岭山林地带，原来是一个狩猎民族，因此，他们的衣食住行及歌舞等方面都显示了狩猎民族特点。1996 年鄂伦春自治旗实施"禁猎"后，鄂伦春民实现了从狩猎生产向农业生产的彻底转变。

④ 江平镇建于明初（1368 年），光绪 13 年（1887 年），境域设江平巡检司，1913 年改为江平警察区署，1931 年改为江平镇，属防城县管辖。2004 年，被列为全国重点镇和第一批全国改革发展试点小城镇。

⑤ 张继焦：《企业人类学的角度：如何看待新一轮的工业化、市场化、城市化》，《创新》2015 年第 2 期；张继焦、刘仕刚：《关于当前中国经济社会结构转型的几点思考》，《广西师范学院学报》2016 年第 1 期；张继焦、宋丹：《中国人类学民族学的现代化转型：直面工业化、市场化和城市化》，《广西师范学院学报》2017 年第 4 期。

⑥ 潭门渔民已将黄岩岛视为"祖宗地"，是他们世代讨生活的地方。保卫南海诸岛不仅是潭门渔民的荣耀，也是他们的传统。

完全统计，1989 年至 2010 年，周边国家在南沙海域袭击、抓扣、抢劫、枪杀中国渔船渔民事件近 400 宗，其中大多数的主角都是潭门渔民。① 2013 年 4 月 8 日，习近平总书记视察潭门镇，走上"琼琼海 09045 号"渔船与渔民亲切交谈，寄渔民以"造大船、闯大海、捕大鱼"的殷切嘱托。以新古典"结构－功能论"的观点来分析，潭门镇的祭海仪式和民间渔业技艺的功能在经济社会转型条件下已经发生了变化，两者都已经从一种渔业生产方式变成了海边休闲观光的一种表演方式。由于功能转变，它所处的经济结构也发生了变化，已经从海洋渔业转变成了海边旅游业。

2017 年初，中办、国办印发《关于实施中华优秀传统文化传承发展工程的意见》，对中华优秀传统文化传承发展做出全面谋划。乡村传统文化作为我国社会文化体系的重要组成部分，凝聚着乡土之美和人文之美。2018 年起，国家农业农村部将组织实施农耕文化保护传承工程，将部署第五批中国重要农业文化遗产发掘认定工作，以便充分挖掘和弘扬中华优秀传统农耕文化。我国不同地区的农村有着各自不同的乡土文化，必须深入挖掘乡村的文化价值，融入生态文化、历史文化、民俗文化等元素，形成特色品牌方可实现可持续发展。优秀传统乡村文化是特色小镇建设的宝贵财富，可以成为特色小镇发展的新动能。

在经济社会转型条件下，各民族的历史文化遗产在特色小镇建设中不仅可以表现出新的经济功能，而且可以形成新的经济结构，由此，作为内源性的关键要素，本镇的历史文化遗产不但可以形成与其他特色小镇不同的竞争优势，而且影响当地旅游业的资源配置和促进小镇的可持续发展。

## 四、历史文化遗产：推动特色小镇建设的内源性要素

联合国教科文组织给发展下的定义为"发展就是转化成为文化的科学（技术、经济、环境等等，总之是人类的一切活动）"，是"以人为中心的内源发展"，强调了文化因素的重要性。② 比如，作为一种显著的竞争优势，贵州特色小镇"千户苗寨"所拥有的民族文化的种类丰富与数量众多，它由 10 余个依山而建的自然村寨相连成片，展示着苗族的建筑、服饰、银饰、语言、饮食、传统习俗等，完整保存着苗族原生态文化，是人们观赏和研究苗族传统文化的大看台。③ "千户苗寨"主要依靠当地的民族/历史文化、廉价劳动力等形成以旅游为主导的产业集群。其中，独特而丰富当地民族文化起到了关键性的作用，此为一种内源型发展。从内源型发展角度看，社会－文化因素被认为既是发展的决定性因素，也是发展的最终结果。内源型发展战略否定了西方发达国家发展道路和发展模式的惟一性，否定了只注重经济增长而忽视社会文化发展的模式。

在各个特色小镇漫长的历史发展过程中，当地人民创造了丰富多彩的历史文化遗产。这些丰富的原生态历史文化遗产是一笔取之不尽、用之不竭的资源。历史文化遗产不单是各个特色小镇内源性的

---

① 另据不完全统计，自 2000 年以来，潭门渔民在南海作业被周边国家无理追赶、抓扣、抢劫、武装袭击的事件有 117 宗，被枪杀的有 5 人，被无理袭击和抓扣的共有 714 人。

② 联合国教科文组织编：《内源发展战略》，社会科学文献出版社，1988 年，第 17 页。

③ 简称"西江千户苗寨"。据有关统计，西江千户苗寨的游客数量持续增长，2006 年 7.5 万人，2008 年游客数量猛增至 77.7 万人次，2009 年游客量为 64.6 万人次，2010 年游客量为 68.9 万人次。仅 2009 年就创收门票纯收入 1216 万元，2010 年为 1407 万元。

生产要素，而且是各个特色小镇独特的文化资本。例如，海南的潭门镇在海洋文化旅游业上的竞争优势，并不是一开始就以完整的面貌出现，走过了一段因砗磲而兴、因砗磲而衰的弯路。潭门镇放弃砗磲产业之后，开始探索以海洋文化为主的旅游产业发展道路。从新古典"结构－功能论"的角度来看，潭门镇的古老港口、几公里长的海滩、渔家建筑、祭海仪式、民间渔业技艺、海味饮食、传统习俗等，不但是这个古镇的历史文化资源，而且是这个渔镇的历史文化资本，可以转化为潭门镇发展的现实生产力，因为渔洋历史文化资源作为当地内源性的生产要素，经过一番开发、重组、创新等，集中展示于赶海节期间，赋予了时代性、现实存在感，展示在来自国内外的游客面前。潭门镇在进行海洋文化旅游开发中，除了开发海洋自然风光之外，注重挖掘当地海洋历史文化遗产，注意到了当地人的民间信仰和历史文化认同问题，即充分调动当地渔民的参与意识，发挥他们的主人翁作用，把旅游业与当地渔家文化结合起来。

历史文化资源的积累是一个动态的功能转变与结构转型，历史文化遗产具有一定的物化形式与现实载体。有的特色小镇注重城市传统文化和地域文化的保护发展，历史悠久、人文荟萃，山歌、杂技、木偶戏等非物质文化遗产熠熠生辉；有的特色小镇各种小吃历史悠久，品种繁多，风味多样，至少有三四十样，拥有着别具一格的旅游美食休闲文化，是一座让人吃不了"兜"着走的小镇；有的特色小镇整合红色旅游资源，唤醒"红色"记忆，打造红色小镇。由于主要以历史文化遗产这个关键要素为基础，各个特色小镇才逐渐形成了目前的文化旅游产业规模和影响力。各个特色小镇可以以当地的历史文化遗产为内源性竞争优势，建设可持续发展的文化旅游特色小镇。

如果没有文化的滋养，没有情感的带动，小镇作为资源匮乏、资本匮乏、人才匮乏的地方，很难具备吸引力，很难吸引产业的进驻。我们一定要充分挖掘历史文化资源，乡土的历史文化遗产是特色小镇自身拥有的天然优势，这些历史文化遗产承载着特色小镇持续不断的脉络和灵魂，是特色小镇实现内源型发展的动能。比如，有的特色小镇融人文史迹和田园风光于一体，有丰富的人文景观，可以整合历史文化资源，擦亮"古色"招牌，打造历史文化小镇。我们可以基于本土的历史文化遗产开发出各种相关的产业，让那些即将消失的乡土传统文化得以保存、再现和发展。通过这项工作更好地推动特色小镇的发展，可以树立起特色小镇的文化自觉甚至文化自信。

在一些刚刚兴起的特色小镇，产业的形成往往靠当地的初级生产要素。每一个关键的生产要素不仅决定能否催生一个有竞争力的产业，而且关系到其他各项关键要素是否可以发挥作用或能否被创造。比如，笔者曾于2014年到贵州省黔东南州雷山县西江镇的"千户苗寨"调研。这是目前中国乃至全世界最大的苗族聚居村寨，拥有深厚的苗族文化底蕴，宛如一部苗族发展史诗，就像一座露天博物馆，正在发展成为一个民族/历史文化型的特色小镇。我发现：从新古典"结构－功能论"来看，当地苗族的银饰、刺绣、斗牛等的功能已经发生了变化：银饰、刺绣等已经不再是原来家庭自用品，斗牛已经不再是村民自娱自乐的玩乐方式。相应地，他们所处的经济结构也发生了转变：银饰、刺绣分别形成了两个不同的产业，分别形成了两条不同的供产销价值链体系；斗牛不但产生了一个斗牛节，而且形成了一个斗牛表演产业。[①] 就地取材，是各个特色小镇文化旅游产业发展的第一把利器。每个特色

---

① 张继焦、张小敏：《苗族的文化转型：一种关于民族文化变迁的新古典"结构－功能论"》，《贵州民大学报》2018年第1期。

小镇都应该保存着比较完整的原生态文化这个独特的生产要素，为其在文化旅游市场上提供了基本的竞争优势，由此形成了乡土仪式、特色餐饮、民居民宿等旅游产业集群的内源型发展动能。

我国各地的一些特色小镇正在逐渐走出主要依赖生产要素的阶段，逐步走向投资导向阶段。要使各地特色小镇的文化旅游产业不停滞在萌芽期，应该充分利用各种关键的生产要素，进行垂直或水平的产业扩散（如民宿和酒店、地方风味餐饮、乡土食品、民间游乐等行业），引导产业向更高层次的形态发展。一个特色小镇的发展目标不应只是成为本地的知名旅游小镇，更应该发展成为全国知名的、独具历史文化特色的小镇。

在经济社会结构转型条件下，历史文化遗产通过功能转变与结构转型，成为了推动特色小镇建设的内源性要素。一个特色小镇的竞争优势之所以能够持续，靠的是当地历史文化遗产的扩大和升级。没有一个特色小镇能够拥有独一无二的关键要素。不过，一旦各个关键要素在特色小镇联结成一个环环相扣的系统，这个特色小镇的竞争优势就变得锐不可当。历史文化遗产系统内部各个关键要素之间的相互依存与强化，是其他城镇很难模仿和移植的。这种内源型的系统性竞争优势一旦出现，这个特色小镇整体产业的发展速度和质量就会具有可持续性。

## 五、余论：以历史文化遗产为内源性竞争优势，建设可持续发展的特色小镇

到去年为止，中国的改革开放已经进入到第 40 个年头，我国的小城镇发展已经从追求数量型增长进入到谋求质量的新时代。笔者认为，在全国众多的小城镇中，具有一定内源性竞争优势的特色小镇至少应该具备以下两个显著特征：

第一是拥有独特风格。笔者在全国各地的调查发现，很多小城镇的发展都在走同质化的道路。这是令人悲哀的，也是不可持续的。一个小城镇要发展成为特色小镇，最为重要的是要界定清楚自身的特色。如果没有认识到自己的独到之处，就很难认识到自身的独特优势，就很难发展自身的竞争优势。比如，有的小城镇拥有独一无二的自然生态景观和颇具特色的人文景观；有的小城镇整合当地历史文化遗产，打造历史文化小镇。走差异化发展之路，正是各个特色小镇提升自身的竞争力、获得可持续发展的内在驱动力。

第二是历史文化厚重。从内源性发展角度看，文化因素被认为既是特色小镇发展的决定性因素，也是特色小镇发展的最终结果。各种物质的和非物质的文化遗产是一笔取之不尽、用之不竭的资源。只有拥有这些有形的、无形的历史文化遗产，才有可能让一个小城镇不仅既宜居又宜人，而且令人神往。越来越多的人已经厌倦了大都市紧张繁重的快节奏生活，都想诗意地栖居慢节奏的小城镇上。这正是特色小镇得以可持续发展的历史文化基础。各种文化遗产不单是各个小城镇内源性的生产要素，而且是各个小城镇独特的文化资本。

最后，笔者对我国各地的特色小镇建设谈两点希望：

希望之一：各个地方政府在打造特色小镇时不能只追求发展的速度和规模，更应该注重发展的质量。在打造特色小镇时必须要做的最为重要的事应该是：综合评估小镇自身在物质性文化资源与景观、

非物质文化遗产等各方面的长处和短处，做好自身的特色定位，走差异化发展道路。一座清楚自身独特风格好竞争优势的特色小镇，不但既宜居又宜人，而且可以获得可持续的内源性发展。

希望之二：特色小镇建设要注重本区域的自然资源和本地的历史文化/民族文化特色。在特色小镇建设过程中，对历史文化遗产进行传承、开发和利用的关键是要在传统与现代之间找到富有生命力的文化要素和具有活力的文化生长点。在传承、开发和利用历史文化遗产当中，既要延续过去，又要使过去的文化在现实场景中呈现出来，使之真正成为具有竞争优势的内源性要素，并有利于特色小镇的可持续发展。

因此，在我国小城镇建设从追求数量型增长进入到谋求质量的新时代，我们可以以历史文化遗产为内源性竞争优势，建设可持续发展的特色小镇。

# 中国文化遗产等级体系：一种价值认知架构及其困境

赵慧君

（山东大学文化遗产研究院）

**提　要：**将文化遗产价值按高低定级，从而实施相应等级的保护策略是文化遗产体系建构的显著特征。在中国语境下，传统的文物观逐渐扩展至更为丰富多元的文化遗产观，这种名相之变意味着传统理念在世界遗产体系影响下的价值调试。整体而言，现行的中国文化遗产等级体系是半个世纪以来逐步生成与完善的结果：从文物（可移动和不可移动）到遗产（物质和非物质）横向拓展以及从地方级到国家级再到世界级的纵向延伸。为此，想要深入理解与剖析中国文化遗产等级体系这一现象，首要工作即是对其社会建构过程进行知识考古的爬梳，进而探究该体系所引发的保护、利用、等级等方面的问题与前景。

**关键词：**文物；文化遗产；保护；价值；等级体系

分类是认知和理解文化遗产复杂性的关键所在，在学术层面，适用于文化遗产[①]的分类标准有很多，诸如时代、地域、形态、质地、来源、属性、价值等。在这些试图厘清文化遗产何为的种种尝试中，唯有以价值为标准的遗产分类被纳入到法律法规与行政治理的范畴中，进而构筑成为我们所熟知的文化遗产体系。在这一体系下，遗产因有价值而得到保护，遗产价值的高低决定了遗产等级的高低，进而产生遗产社会地位高低、保护层级先后、资源分配多少等一系列区别性和连带性结果。换句话说，价值与等级成为遗产话语中的同义词，甚至，等级成为了评判遗产价值高低的关键。文化遗产等级体系是涉及社会地位、资源分配有高下阶序的价值认同与区分体系。由此可见，中国文化遗产体系巧妙地将价值、等级、行政、包容、排斥、保护等遗产议题置于同一个参考框架内。在制定遗产保护的工作计划时，"轻重缓急""优先性""重点"等官方措辞折射了中国文化遗产体系的等级意蕴。

如果说在世界范围内上，世界遗产公约及其后续文件构成了权威遗产话语（AHD），那么在中国语境下，[②] 中国文化遗产等级体系则是认知、理解、保护与利用遗产的中国权威遗产话语（CAHD）。

---

[①]　全文涉及的两个关键概念：文化遗产及文化遗产在中国语境下的前身——文物，在涉及该概念时，为行文便利及统一，第一部分及有关文物工作的法规、文书中用"文物"一词，其他部分尽量以"文化遗产"概之。

[②]　AHD（权威遗产话语），即 Authorized Heritage Discourse，为澳大利亚学者 Laurajane Smith 在 2006 年所提出的重要概念，指一套专业话语，它赋予专家特权，由他们来评判过去及其物质显现的价值，决定可否成为遗产，并主导和规定专业化的遗产实践。CAHD（中国权威遗产话语），即 Chinese Authorized Heritage Discourse。

中国文化遗产等级体系是在过去半个多世纪的过程中逐步生成与完善的，总体而言，该体系经历了横向与纵向的双重拓展：一方面，可以定级的遗产范畴无限增加，从不可移动文物到可移动文物，从物质文化遗产到非物质文化遗产，从个体遗迹到整体环境（历史文化名城、名镇、名村）；另一方面，文化遗产的等级序列更加完备，与世界接轨的现代化修辞将世界级嫁接在原有的地方级、省级、国家级基础上，构筑了遗产从地方到世界、从文化特殊到普世文明的等级跨越。

目前，在中国本土生成并嫁接了国际经验的文化遗产等级体系被视为文化遗产保护的统筹"良方"，但细究而言，却隐含着国家治理的简单化、评定标准的模糊与不足、等级之内与之外的排斥等诸多问题。本文着重于对中国文化遗产等级体系的一场知识考古，追溯这一等级体系的存在机制与建立过程，以明晰中国文化遗产等级体系的内容与情况，并进而探讨这一等级体系在现今面临的一些争议与反思，以思考未来文化遗产体系更合理的建构之路。

## 一、文物观下文化遗产等级体系的初步建立

"文物"一词在中国流传久远且意义多变，现今使用的"文物"概念则缘于1950年颁发的《禁止珍贵文物图书出口暂行办法》，至此，"文物"成为正式的官方表述名称。[①] 中国对文物划分等级并进行等级保护的理念与实践始于1956年，并逐渐蔓延至整个文物序列。大体而言，文物观下文物保护的范围经历了从不可移动文物到可移动文物、从个体遗迹到整体环境的扩展，并初步建立了从地方的到省级的再到国家的等级序列。

建国初期尤其是第一个5年计划实施期间，全国各地许多的古建筑、古墓葬、古石刻均遭到了不同程度的损毁，文物特别是不可移动文物的保护意识极为欠缺，整体保护意识更几乎是一片空白。[②] 1956年，国务院发布《关于在农业生产建设中保护文物的通知》，提出公布一批已知的文物古迹作为文物保护单位并进行保护。在这份官方文件中，"文物保护单位"作为一个关键术语出现了，并沿用至今。据谢辰生先生所说，"文物保护单位"这一举措实际上是借鉴了苏联在1930年代的"文物保护单位"制度[③]。但在实践操作中，因文物类型和行政机构等的不同，这一制度被深深打下了中国特色的烙印。1961年，"文物保护单位制度"在《文物保护管理暂行条例》（后文简称《条例》）中得到进一步阐发与完善，其中第四条指出，各级文化行政部门应陆续选择重要的革命遗址、纪念建筑物、古建筑、石窟寺、石刻、古文化遗址、古墓葬等，根据它们的价值（历史、艺术、科学）大小，确定为县（市）级文物保护单位或者省（自治区、直辖市）级文物保护单位。文化部应当在省（自治区、直辖市）级文物保护单位中，选择具有重大历史、艺术、科学价值的文物保护单位，分批报国务院核定公布，作为全国重点文物保护单位。该《条例》作为一部综合性的文物法规，其实际的关注对象虽仅限于不可移动文物，但"按价值高低评定等级并实施不同层级保护"的理念却深刻影响了之后对可移

---

① 刘毅：《"文物"的变迁》，《东南文化》2016年第1期，第11页。

② 王运良：《文物保护单位制度与建国初的文物保护形式——新中国文物保护制度的背景考察之三》，《中国文物科学研究》2011年第4期，第75－77页。

③ 谢辰生：《新中国文物保护史记忆》，北京：文物出版社，2016年，第35页。

动文物的认知与管理。

相较之下，可移动文物在略晚时期才被纳入到文化遗产等级体系中，且这一分支等级体系的确立经过了较长时期的探索。1978 年，国家文物事业管理局发布的《博物馆藏品保管试行办法》首次开始了对馆藏文物进行划分等级并分级管理的尝试。其中第二条指出，博物馆藏品必须具有历史价值、艺术价值和科学价值，并分为一、二、三级。1982 年，《中华人民共和国文物保护法》公布实施，其中第二十二条规定："全民所有制的博物馆、图书馆和其他单位对收藏的文物，必须区分等级，设置藏品档案，建立严格的管理制度，并向文化行政管理部门登记。"根据此条规定，文化部于 1987 年 2 月颁布了《文物藏品定级标准》（后文简称《标准》）。该标准指出："一级文物为具有特别重要价值的代表性文物；二级文物为具有重要价值的文物；三级文物为具有一定价值的文物。"但其中指出，"凡属一、二级藏品的文物均为珍贵文物，三级藏品中需定为珍贵文物的，应经国家文物鉴定委员会确认。"当时，社会上盗窃、盗掘文物的犯罪行为猖獗，案件增多。《标准》关于三级文物的规定，在评判偷盗文物犯罪严重性的操作中有许多不便之处。对此，1987 年 11 月最高人民法院、最高人民检察院《关于办理盗窃盗掘非法经营和走私文物的案件具体应用法律的若干问题的解释》认为，馆藏一、二级藏品均为珍贵文物，三级文物一般也以珍贵文物看待。这一规定在 1992 年发布的《中华人民共和国文物保护法实施细则》中得以延续和确认，可移动文物"分为珍贵文物和一般文物，珍贵文物分为一、二、三级"。此种等级区分被 2002 版《文物保护法》正式采纳，成为中国文物保护中正式的且极具影响的制度。

此外，遗迹所处的整体环境亦被纳入到文化遗产等级体系中来。1980 年代开始进行的旧城改造和开发建设对文物古迹和历史环境带来了"建设性破坏"，历史建筑、传统街区被成片拆除改造。这一时期，在国际社会文化遗产"整体保护"的理念影响下，中国开始从环境的角度看待文物及遗址的保护问题。1981 年 12 月，国家建委、文物局、城建总局向国务院提交了《关于保护我国历史文化名城的请示》。1982 年《文物保护法》确立了"历史文化名城"概念和模式，这是文物保护管理工作的一个新发展，将整体环境纳入保护体系中。在 2002 年修订的《文物保护法》中，除历史文化名城（由国务院核定）之外，又新增了历史文化城镇、街道、村庄（由省、自治区、直辖市人民政府核定，报国务院备案）。与之相对的，各省也纷纷效仿，评选出了各省历史文化名城、名村、名镇等，使得这一序列在国家到地方的层级中得以存续。

至此，传统文物观下的中国本土文物等级体系已建立起来。无论是可移动文物，还是不可移动文物甚或它们所处的环境，都在全国文物地图中有自己所属的"位置"。这一等级体系依托于中国传统的文物概念，在评定过程中也沾染了那些最为"传统"的思想。如 1961 年的《国务院关于进一步加强文物保护和管理工作的指示》中特别强调，"对于尚未经公布的革命遗址、纪念建筑物、古建筑、石窟寺、石刻、古文化遗址、古墓葬，特别是关系中国共产党党史、革命史的遗址、遗迹，加以适当选择，公布为省（自治区、直辖市）级或县（市）级文物保护单位，加强保护工作。"① 此外，人们相

---

① 《国务院关于进一步加强文物保护和管理工作的指示》，见国家文物局主编：《中国文化遗产事业法规文件汇编：1949 - 2009》，北京：文物出版社，2009 年，第 28 - 29 页。

信，在该体序中等级越高、定级越早，意味着其价值越大。如谢辰生即指出，第一批全国重点文物保护单位都是全国最顶尖最棒的。[①] 由此揭橥出文化遗产等级体系评定过程中暗含的政治偏向、权力争夺、优劣有别，这些虽悄无声息，却暗流涌动。

## 二、文化遗产观下文化遗产等级体系的完善

文化遗产话语在中文语境中的变化发展也可通过知识的考古觅得踪迹。"文化遗产"一词在中国出现较早，在非物质文化遗产概念出现、形成之前，日常工作习惯上对"文化遗产"、"文物"两个词汇的使用并没有严格的区别，概念上经常被人们自觉不自觉地混搭、串用。[②] 我国对文化遗产这一概念的实际运用，是在 20 世纪 80 年代，特别是 1985 年我国政府加入《保护世界文化和自然遗产公约》以后，通过世界文化遗产的申报等项工作，并得到迅速普及。[③] 此后，受到世界遗产的辐射与影响，中国原本相对独立的文物保护体系和国际文化遗产保护体系连接在了一起，文化遗产一词逐渐成为文博工作的核心，文化遗产保护从器物意识向资源意识转化。而后在 2005 年国务院颁发的《关于加强文化遗产保护的通知》（后简称《通知》）中，正式启用了该词，直接地反映了从国家治理层面由文物到文化遗产的理念转变。而在文化遗产概念影响下，中国文化遗产等级体系有了新的变化与发展，主要体现为：等级体系涵盖对象的横向扩展、等级的纵向延伸等直接而明显的变化，以及随之而兴的思考与批判。

变化之一在于文化遗产保护与等级体系所涵盖对象的扩展，其中最为突出的便是对非物质文化遗产的接纳。目前，中国的文化遗产保护体系中，文化遗产的概念并不清晰，也没有完整的定义。《通知》中虽未明确界定"文化遗产"这一概念的内涵，但可贵的是对文化遗产的外延进行了限定，即可移动文物、不可移动文物、历史文化名城（街区、村镇）等物质文化遗产以及非物质文化遗产，开始以物质文化遗产和非物质文化遗产两个概念来构建新型的文化遗产保护体系。非物质文化遗产作为一种舶来品，起源于日本，最迟于 20 世纪末期被纳入世界遗产体系中并被迅速逐渐推广。作为较晚受到关注的遗产类型，非物质文化遗产在被中国接纳入遗产范围后立即吸纳了物质文化遗产的等级制度的经验，被要求逐步建立国家和省、市、县级非物质文化遗产名录体系，成为中国文化遗产等级体系中独到而完备的一支队伍，完成了文化遗产等级体系的横向扩展。

变化之二则在于国内的遗产等级体系与世界接轨，建成了从地方到国家再到世界的等级梯队，文化遗产等级纵向体系得以完善。其中极为有趣的现象是，联合国教科文组织曾申明世界遗产名录的宗旨并不在于建构一个全球性的等级评价目录，其目的并不在于建构世界级的、最高级的遗产，而在于关心和保护人类共同遗产。但当"世界遗产"传播至中国后，其所带来的巨大的社会、经济发展激发了人们对申报这一称号的强烈兴趣，并日益成为新等级化中的至高力量——争取本地或者本国的某一遗产项目被列入教科文框架下的"世界遗产"（或者与此并立的其他名录），正日益成为各级地方政府

① 谢辰生、姚远：《谢辰生口述：新中国文物事业重大决策纪事》，北京：生活·读书·新知三联书店 2018 年，第 97 页。
② 李耀申：《谈谈"文物"与"文化遗产"概念的使用问题》，《中国文物报》2014 年 5 月 7 日第 3 版。
③ 单霁翔：《从"文物保护"走向"文化遗产保护"》，天津：天津大学出版社 2008 年。

热衷的最高目标之一。这一世界体系嫁接至中国传统的文化遗产等级体系后，制造出了一种无上光荣和最高存在，当选"世界遗产"意味着全球最佳，"世界的"成为一切遗产价值的终极裁决。其附带的影响还在于潜移默化地激发了人们对更高遗产等级的追求。如吕舟所言，在世界遗产申报暂时无法实现的情况下，部分地方政府部门把关注点放到了申报全国重点文物保护单位的工作上。[1] 第五、六、七批全国重点文物保护单位的申报便在一定程度上反映了这样的趋势。[2] 由此增生的显著现象是，名录逐渐成为了地方声望、旅游与发展的噱头。为此，人们追求并打造着文化遗产更高的等级，先是地方的遗产，然后到市级的、省级的、国家级的，再到世界级的，逐步实现遗产的跳级与"登顶"。与之相对的则是文化遗产因保护不周、价值受损而被"降级"，如世界遗产被除名。2014 年，上海市也创造性地提出对不可移动文物进行定期评估并依情况而升级、降级或撤销等措施。这一升级、降级或撤销的可能性为文化遗产等级体系增添了较多的复杂性，也极大地刺激了文化遗产利益相关者的谋划与行动。

　　变化之三在于，极为重要的一个趋势则是，日益增多的对文化遗产等级制度的思考与批判接踵而来。四川大学教授徐新建直言，人类遗产项目正在被不恰当地分成了自然与文化、物质与非物质、国家与地方等多个门类和等级。这样的分类尽管在一定程度上对遗产认知、表述乃至申报、开发提供了方便，却从本质上把它们推向了撕裂和隔离，将导致人类遗产的碎片化、孤立化。[3] 这一告诫乍听颇为杞人忧天，细思可感其先见之明。仅就等级体系而言，以众所周知的长城为例，其等级和相应的保护各种各样，有些区段作为世界遗产受到保护，有些区段是全国重点文物保护单位，有些是省级文物保护单位，有些是县级文物保护单位，还有些根本没有得到保护。这一体系不可不谓之让人心生疑虑，因价值评定等级而进行分级保护是使得文化遗产得到了保护，还是无形中增强了其反面——破坏的影响力。下一节中将就此重点论述更为具体的对文化遗产等级体系的质疑与反思。

## 三、价值与否：等级体系背后的争议与思考

　　蔡达峰指出，"文物价值是文物研究永恒的主题，也是文物工作的宗旨。可以说，所有的文物研究都围绕着这个主题，并为这个主题服务。"[4] 在文化遗产保护领域，价值代表了什么能够代表我们及我们的过去，是决定保护什么的关键，也决定了保护的方式。[5] 换言之，价值在文化遗产领域的当前实践和未来前景中均为重要而又决定性的因素。通过考察遗产价值的高低，进而区分遗产等级，并据此确定遗产保护的重要与否，这已然成为我国遗产保护体系的特定模式。然而，这一模式也使得我们去反思因价值评定等级背后存在的困惑与悖论。概括而言，主要有国家治理下等级体系的简单化，等级评定标准的模糊与不足，以及等级之内与之外的排斥问题。

① 吕舟：《中国文化遗产保护三十年》，《建筑学报》2008 年第 12 期。
② 前四批公布的全国重点文物保护单位数量分别为：1961 年 180 处，1982 年 62 处，1988 年 258 处，1996 年 250 处，2001 年第五批全国重点文物保护单位 518 处，2006 年第六批全国重点文物保护单位 1080 处，2013 年第七批全国重点文物保护单位 1944 处。
③ 徐新建：《分类危机：人类遗产的撕裂与整合》，《文化遗产研究》2013 年。
④ 蔡达峰：《文物学基础》，《文化遗产研究集刊》（第一辑），上海：上海古籍出版社，2000 年。
⑤ Avrami, E., R. Mason, and M. de la Torre, eds. Values and Heritage Conservation. Los Angeles, CA: GettyConservation Institute, 2000, p. 1.

首先，依附行政层级的文化遗产等级体现折射了国家对文化遗产的治理与操纵。现在有一些分类被我们认为是理所当然的，我们使用它们来理解社会生活，但是这些分类实际上折射了标准化和清晰化的国家工程。国家的简单化，包括制作地图、人口普查、地籍册和标准度量单位，都代表了国家掌握大型复杂现实的技术。① 文物普查如是。对遗产进行等级划分从而使得遗产清晰可见，从而使它们可以被识别、观察、记录、统计和监测，使得国家职能诸如保护、研究等更便于施行，成为遗产管理中不可或缺的一项政策。国家对此进行清单整理和地图绘制以清楚概括把握国家遗产的总类和分布，我们受益于这种体制与框架，但这种秩序与逻辑无疑简单化了遗产之间的联系与差异。特别是在遗产评定时，当名额有限，那些相同或相似的遗产如何取舍，其背后折射的可能更多的是利益的考量，那么这种等级评定并不是惟物论，而更类似惟人论。"价值"一词愈被人们加上重要、一般等性质界定词汇，愈表示在社会阶序关系下，或在某种主流意识形态下，成为一种被人们操弄以造成阶序区分的工具。

其次，更为实际的是，文化遗产等级体系的划分依据在于对遗产价值的判断，但价值概念存在笼统、类型不足等弊端。对于物质文化遗产而言，其价值评定体系中大多沿用了《文物保护法》的制式提法：历史、艺术和科学价值，但三大价值并不能对文化遗产的价值做出准确和全面的判断，且似乎只可意会不可言传。在文化遗产观影响下，人们不仅重视遗产其自身可能具备的价值，还对其记忆、情感、教育的社会价值和文化传统延续、文化多样性的文化价值进行了关注。社会和文化的概念都非常宽泛，如果只是简单地将社会价值、文化价值与三大价值并列的话，很容易给相关人员在认识遗产价值和评估时造成误导。② 在此价值认知状况下，价值表述空洞，说教意味凸显，民众自然缺乏对文化遗产"原真性"的敬畏，为了可见的经济利益而发生损及文化遗产的行为是很自然的。③ 对于非物质文化遗产而言，可以说完美的发展了这一评定标准。"国家级非物质文化遗产代表性项目名录"和"地方非物质文化遗产项目名录"的表述的区别，除了行政区域的限定外，仅仅在于历史、文化、艺术、科学价值是否"重大"。④ 由此引发的问题在于，模糊的价值评定并不能给予文化遗产合适、恰当的保护。

最后，也是最为重要的，"价值"这一词语在本质上是比较的，它宣扬的是相对主义⑤。在这样一个遗产分级的社会现实中，人们预设了某些遗产才是有价值的，这样无形中否定了其他遗产的重要性，并造成高与低、重要与否的"边界"。文化遗产保护的实践总是涉及对文化遗产的甄别舍取，因而完全可以把它与将文本经典化的过程相类比（这一过程同时也可视为文物保护实践的先驱）。将文本列入经典意味着这些文本得到了"封圣"，其存在被宣告为不可侵犯。⑥ 燕海鸣认为，在各类遗产名录出

---

① 詹姆斯·C·斯科特著，王晓毅译：《国家的视角：那些试图改善人类状况的项目是如何失败的》，社会科学文献出版社2012年，第95页。

② 王巍、吴葱：《浅析中国文化遗产的价值体系——基于价值的特点、关系和本土语境》，《中国文化遗产》2019年第1期，第63页。

③ 伍长云：《文化遗产存在价值论》，《社会科学战线》2015年第11期，第120页

④ 麻国庆、朱伟：《文化人类学与非物质文化遗产》，北京：生活·读书·新知三联书店2018年，第76页。《中华人民共和国非物质文化遗产法》第十八条规定：国务院建立国家级非物质文化遗产代表性项目名录，将体现中华民族优秀传统文化，具有重大历史、文学、艺术、科学价值的非物质文化遗产项目列入名录予以保护。省、自治区、直辖市人民政府建立地方非物质文化遗产代表性项目名录，将本行政区域内体现中华民族优秀传统文化，具有历史、文学、艺术、科学价值的非物质文化遗产项目列入名录予以保护。

⑤ Louis Dumont. On Value：The Radcliffe – Brown Lecture in Social Anthropology, 1980. HAU：Journal of Ethnographic Theory, 2013 3（1），p. 290.

⑥ 阿莱达·阿斯曼著，袁斯乔译：《记忆中的历史：从个人经历到公共演示》，南京：南京大学出版社，2017年，第78页。

现之前，所有的本质遗产在社会地位上都是平等的，而遗产化的过程不仅把"本质遗产"变成了"认知遗产"，而且也使一些本质遗产失去了大众和知识界的关注。① 遗产被列入名录意味着这些遗产获得了特权，其存在象征了高级与珍贵，这使得那些"高价值"文化遗产得到了特别关注，同时也使得那些"低价值""无价值"文化遗产丧失了话语权而更易得到破坏和边缘化，未被列入等级体系中的文化遗产更易于被让步于建设而得到毁灭。在《中华人民共和国非物质文化遗产法》第三条中规定，"国家对非物质文化遗产采取认定、记录、建档等措施予以保存，对体现中华民族优秀传统文化，具有历史、文学、艺术、科学价值的非物质文化遗产采取传承、传播等措施予以保护。""保存"与"保护"这看似简单的一字之差，却无形中宣判了两种截然不同的命运。这样的局面不利于保护文化遗产的多样性，反而加速了部分文化遗产的灭绝速度。虽然这绝对非名录的期然性结果，但确实存在着。

关于文化遗产等级体系的争议相较于文化遗产保护的各种议题而言不啻为沉静的"低音"，而且在很长一段时期内仍将"低鸣"着，或许会在某一天成为人们迫切关注且宣扬的"强音"。这一体系的根本问题不在于二元对立的错与否，而在于其简单的将文化遗产等级制度化是否影响了对文化遗产的完整理解，从而使得文化遗产保护的实施亦戴上了有色眼镜。这是一个较为复杂的问题，但是一个值得思索的问题。

## 余　论

从文物保护的各项具体措施的实践历史来看，文物保护的制度体系并不是一种观念类型的文物规则集合，其中的每一项制度实际上都来源于当时的历史情境，有其特定的现实问题的关注点。② 通过追溯中国文化遗产等级体系的生成过程，可得知每一项文化遗产保护制度的诞生都是在环境外力的驱使下而优先选择的举措。构建文化遗产等级体系的初衷主要在于将有限的资金、人力投入到那些更重要、更需要保存的文化遗产中，这一策略在一定程度上切切实实地使大批的文化遗产得到有效保护。但依价值而将文化遗产纳入不同的名录中，名录反过来又影响了人们对遗产的认知和判断，内在地、无可避免地暗含着等级化，从而在不同文化间、甚至是同一文化体系内部，造成了新的等级化，由此带来了激烈的地域、群体、国家之间的纷争。中国典型的文化遗产等级体系最终成为确认、巩固并提高那些"更"具价值的遗产的利益的一套思想与操作体系。这一等级体系并不是绝对的行之有效，也不适合于所有的文化遗产，亦不适用于从过去到现在或者将来的新变化。我们需要思考的是，未来文化遗产界该如何有效地解决这一遗产不平等和等级化问题、实现这一范式的转换呢？既然以价值高低而分级保护的方法有诸多缺撼，那么我们能否找到一种更适用的范式？我们可否摒弃高低之见，而将多样性成为一种日常经验？这些将成为我们探索未来中国文化遗产管理与发展之路的题中应有之义。

---

① 燕海鸣：《从社会学视角思考"遗产化"》，《中国文物报》2011 年 8 月 26 日第 6 版。
② 张伟明：《近代以来中国文物保护制度的实践及效果分析》，《中国国家博物馆馆刊》2011 年第 6 期，第 148 页。

# 关于中华文明标识体系与讲好中国故事

王运良

（河南大学历史文化学院）

**提　要：** 中华文明标识体系是新时代文化文物领域加强改革的重要内容之一，我国众多的历史遗产无论其品类、内涵，还是其辨识度、吸引力，抑或其现存总量、分布地域等等，都能够为建构国家、地方文明标识体系提供坚实支撑，同时也是梳理中国文化、讲好中国故事、传播中国精神的宝贵资源。古代文物、历史典籍、人文传统、先贤志士当是这一体系的基本框架主体，其建构则需要从组织、标准、程序、制度等多方面入手，专业与普及、实体与虚拟、平面与立体、动态及静态、现场与家庭的结合与融汇等实为新时代传播中华文明标识体系、弘扬人类优秀文化传统的有效途径与方式。

**关键词：** 文明标识；中国故事；概念内涵；建构方式；传播途径

2018 年 7 月，中央全面深化改革委员会通过并实施《关于加强文物保护利用改革的若干意见》，明确指出要依托价值突出、内涵丰厚的珍贵文物，推介一批国家文化地标和精神标识，以此构建中华文明标识体系，这意味着文物工作已被纳入国家全面深化改革的整体战略部署，文物保护利用步入了新时代。2019 年 5 月，亚洲文明对话大会在北京举行，亚洲文化嘉年华、亚洲文明巡游、亚洲文化展演、亚洲文明联展、亚洲影视周、亚洲文化旅游展以及亚洲美食节等亚洲文明周活动同时开展。一个文件提出了构建中华文明标识体系的重大任务，一次对话使中华民族以及亚洲各国文明尽显风采，一虚一实足以启发相关思考，即：何为中华文明标识体系与中国故事，如何通过建构中华文明标识体系梳理中国故事，如何通过有效传播中华文明标识体系讲好中国故事。

一

文明，是人类历史发展过程中历经洗礼沉淀下来的，有益于增强人类对客观世界的适应和认知、符合人类精神追求、能被绝大多数人认可和接受的人文精神、发明创造以及公序良俗的总和，因此，文明代表着生产力的提高，代表着人类社会的进步与发展，代表着人类积极健康、不断向上的发展趋势，正如石器时代、铜器时代、铁器时代的划分，每一历史时期的更迭其实就是人类文明程度的一次次提高，每一次提高也会为后世留下各种具有标志意义的证据，这些重要的、代表性的历史遗产就日渐成为公认的象征各种文明的"符号",甚而引发学者运用"符号学"展开对传统中国思想方式与实践的开拓性研究。李幼蒸认为符号学已成为历史研究的重要分析工具之一,并将成为使中华传统人文理想现代化和国际化的有效工具;① 易思羽认为"符号"是人类文化创造的形态与浓缩,是推动人类进步的终极动因,中华文化中的古代神话、先贤神人、古文字、十二属相、琴书技艺、以及祠堂道观、宫殿园林等符号文化丰富深邃、自成系统;② 冯骥才先生认为文化符号是历史积淀和选择出来的,是一个民族的文化精华,是最深刻的内容最鲜明的外化,举世闻名的古代遗址与建筑、罕世绝伦的艺术珍品、名贯千古的风流人物、特立独行的民风民俗等从不同侧面显现着一个国家的精神,是认识这个国家的具体凭藉,因而愈是博大和深厚的文明古国,其符号就一定愈多、愈丰富和灿烂,符号的灿烂是文明灿烂之使然。③ 英国学者萨拉·巴特利特则将源自中国的龙、八仙过海、易经、阴与阳、洛书、纸牌、法轮、甲骨文等列入浓缩人类文明的全球 100 个象征符号之内,④ 这无疑更显示出,那些从中国悠远历史中一路走来的物质遗产、非物质遗产、历史人文传统是最具吸引力、无可替代的"中国符号",自然堪称中华文明的重要标识。

不同形态的历史遗产共同组成了独具特色的中华文明标识体系。2013 年 12 月,习近平总书记在主持十八届中央政治局第十二次集体学习时明确指出"要系统梳理传统文化资源,让收藏在禁宫里的文物、陈列在广阔大地上的遗产、书写在古籍里的文字都活起来",其实已经点明了构建中华文明标识体系的三大要素,即"可移动文物"、"不可移动文物"、"古代文献典籍";2019 年 5 月,在亚洲文明对话大会开幕式上的主旨演讲中,习近平同志进一步指出,《诗经》、《论语》、《塔木德》等名篇经典,楔形文字、地图、造纸术、印刷术等发明创造,长城、麦加大清真寺等恢宏建筑……都是人类文明的宝贵财富;从宗教到哲学、从道德到法律、从文学到绘画、从戏剧到音乐、从城市到乡村,覆盖广泛的世俗礼仪、传承千年的不朽巨著、精湛深邃的艺术瑰宝、种类多样的制度成果,都是人类的文明创造,也为世界提供了丰富的文明选择。由此,从古代文物、历史典籍、人文传统、先贤志士四个方面初步构建起了中华以及世界各国文明标识体系的基本框架。

故事,如果撇开单纯的文学创作,当指故去之事,是人类对自身历史的一种记忆形式,其通过描述某个时代某个范围社会的文化形态,记忆和传播着相应的文化传统和价值观念,引导着社会性格的形成,因此对于研究历史上文化的传播与分布具有重要作用。这些历史故事或许有真伪之别也或许真伪参杂,但是其发生一定有相应的空间与背景,换言之绝非空穴来风或无中生有,也因此,其各自具有相应的载体,留存至今的各类可移动或不可移动文物就是这些载体中最为重要的组成部分,"器以载道""空间叙事""透物见人",无论这些遗存中包含着如何层次的信息(物质的、知识的、精神的),其实都在讲述着古人的各种故事,尤其越古老的,其故事就越丰富越精彩,多能构成长篇连续的恢宏巨著,这些巨制中历代故事的连缀与演绎其实折射着一个地区一个民族一个国家文化、文明的进程,

① 李幼蒸:《历史符号学》,广西师范大学出版社,2003 年。
② 易思羽:《中国符号》,江苏人民出版社,2005 年。
③ 冯骥才:《符号中国》,译林出版社,2008 年。
④ 详见:(英)萨拉·巴特利特,范明瑛等:《符号中的历史》,北京联合出版公司,2016 年。

每一处古代文物、每一部历史典籍、每一种人文传统、每一位先贤志士，明清故宫、后母戊鼎、史记左传、后羿精卫、天人合一、孔孟百家等等，均有故事可讲、有文明可传，但是唯有精选并构成体系，方可呈现整个中华文明的磅礴气势与丰富多彩，故此，中华文明标识体系从相当程度上就是一部宏大的中国故事文本，两者实则可以通约。

二

世界各国均有自己独特的文明符号，但大都断层性十分明显，唯有中华文明是以其多元一体、脉络相承的鲜明特色屹立于世界民族之林，当今更在"一带一路""文明交流互鉴""人类命运共同体"等中国方案日益成为全球共识的过程中，呈现出崭新、巨大而恒久的魅力，为展示中国智慧、传递中国力量奠定了厚重基石，也使得构建中华文明标识体系显得愈发重要而紧迫。特别值此中国快速发展、国际局势纷繁多变的双重背景之下，博大精深的中华文明如果不是以一个系统整体呈现于全球，以内涵合力传播于世界，就极易被断章取义，甚而借题发挥，并导致对当代中国的误解，例如：成吉思汗的全球性征战就使得部分西方人固执地认为，今天日益强盛的中国一定也会寻求霸权；德国地理学家、地质学家李希霍芬在 1868 – 1872 来中国考察期间，就认为当时中国的"落后对我们来说或许不是坏事"，"假如中国人的教育水平和精神力量一下子达到与他们的智力匹配的高度，那么黄种人必定会向世界其他地方进军。还好现在他们只有为我们产茶叶和丝线的能力。"① 故此，当今之世，"不谋万世者不足谋一时，不谋全局者不足谋一域"，构建中华文明标识体系不仅是现实之需，更是为了中国乃至全球的长远未来，不仅利在华夏，更是为了世界永久和平。有鉴于此，需要通过发起中华文明标识体系建构工程，运用社会公推、专业评鉴的方式，建构国家级的中华文明标识体系，并同时建构地方性的区域文明标识体系。

之所以需要如此，原因在于中国各类文化遗产分布在不同部门与领域，同时中国故事里既有关于国家与华夏民族的，也有关于地方与少数民族的，诸如三皇五帝、大禹治水、妈祖祭祀、格萨尔王传等等，或者关涉中华文明的起源，或者具有浓郁的地方文化传统，因此要"讲好中国故事"，必须首先对中国故事进行全方位、分层级的系统梳理，并构建一个全民共享平台，但目前各自为战的现状显然对此并无益处，这些各具特色、内涵丰厚的"中国故事"中尚有许多还未被国人所知所明，更遑论扬名世界。

当然，建构中华文明标识体系无疑是一个巨大工程，不仅根源于中华文明的博大精深，更在于所涉部门机构的复杂多样。所以，首先需要高层联合相关部门组成一个临时或常设的协调性组织，各省市也需顺势而动，以便统一发声或行事；其次，按照古代文物、历史典籍、人文传统、先贤志士四个领域，分类制定入选国家或地方文明标识体系的详细标准，同时需要重点参考已经入列世界级文化遗产、记忆遗产、农业遗产、非物质遗产名录及国家各级文物保护单位及非遗项目的中国各类遗产；第三，设置相应的程序，形成"地级市→省→国家"逐级推荐评选的流程，一方面发动全民参与，另一

---

① 李希霍芬：《中国旅行日记》（上册），商务印书馆、中国旅游出版社，2017 年，第126 页。

方面组织专家评选，如此，不仅可推选出具有国家意义、世界意义的代表性中华文明标识，也可同时选出具有地方意义的典型区域性文明标识；第四，官方公布各级文明标识体系详细名录；第五，制定各级管理制度及措施，包括设计统一样式但分级的 LOGO、明确保护与利用职责范围、规划传播方式与渠道等等。

三

历史悠久、丰富多样的历史遗产为建构中华文明标识体系提供了诸多选项，无疑也是讲好中国故事、传播中国精神的宝贵资源。众多历史遗产无论其品类、内涵，还是其辨识度、吸引力，抑或其现存总量、分布地域等等，都能够为此提供坚实支撑，但经过细辨甄别、千挑万选，最终逐级构建起文明标识体系，还只是万里长征走完了第一步，如何精彩地讲述包含其间的中国故事、传递出可以共享的中国精神力量，使其成为全体国民乃至世界各国人民共识、共知、共享、共乐的独特文化，则是更为艰巨的任务。为此，习近平同志指出，要以人们喜闻乐见、具有广泛参与性的方式大力推广中华文化，综合运用大众传播、群体传播、人际传播等多种方式展示中华文化魅力，这自然涉及到了如何讲好中国故事，如何通过有效传播使这些故事深入民间，并永驻大众心田。

当今全媒体、信息时代"动静结合、深浅互补、全时在线、即时传输、实时终端、交互联动"的鲜明特点使得中华文明标识体系作为一个文化整体在全球进行传播、实现共享成为可能，通过实体与虚拟、专业与普及、动态及静态、现场与家庭的各种结合与融合，中华文明标识体系的整体形象、鲜活个性与丰富内涵即可深入广大民众心田。秉持这一理念与思路，有效传播中华文明标识体系需要从以下几个方面入手：其一，建设中华文明标识体系展示馆，包括择地而建的实体博物馆和通过网络建设的虚拟博物馆，馆内分"中华文物""中华典籍""中华传统""中华先贤"四大展厅，各展厅内再分设数个单元、每单元分设数组，依次进行展示，此可谓一种空间叙事的手法；其二，拍摄制作中华文明标识体系专题系列纪录片或中国优秀传统故事影片等音像制品，通过影院、电视、报刊、网络、智能终端等传统或新媒体持续播放，并将其输送至学校、社区、军营、厂矿等，作为重要普及性学习资料；其三，编著出版中华文明标识体系或中国优秀传统故事系列图书、画册、连环画等，可分为专业学术类和大众普及类两种，但均需图文并茂，并将现代信息技术如 APP、AR 等融入其中，发行可以满足各层次读者需要的有声有形、可读可听可视的现代化新媒体式图书资料；其四，开发中华文明标识体系或体现中国优秀传统的系列创意产品，诸如古代器物模型、可拆合的古代建筑模型、袖珍式的历史典籍、传统技艺的物质雕塑、古代先贤的人物及其创造的塑型等等，在实体博物馆或开设的专业商店对外营销；其五，建设展示中华文明标识体系或中国优秀文化传统的专门网站，分版块、分类别但需要成系列地静态或动态、平面或立体、有声或无声、实体或虚拟展示中华文明标识或优秀传统，同时开设网店，将上述各类文化创意产品置入其中公开销售。应指出的是，中华文明标识体系的传播重在社会效益，并以增强国人文化自信、理论自信、道路自信、制度自信为目标，所以公益性是必需的遵循。

中华文明标识体系是基于宏观、系统的理念而对具有代表性的中国历史承载体的重新整合与功能提升，这一概念的提出突破了以往相关各领域各事项各自为战的旧思想旧做法，以此经过归拢与统合、梳理与融贯，中华文明博大精深、多元一体的整体形象就更易得到呈现。同时，如果说中华文明标识体系的建构是一项专业的系统工程，那么将视听结合、动静相融的情境性故事纳入其中，则是中华文明更为有效的一种社会传播方式，所以，中华文明标识体系的建构既要专业化更要大众化，既需知识性也需娱乐性，故其不仅是文物领域加强改革的重要任务、国家深化改革的战略部署，也是大众创业万众创新的重要内容，而完成这一重任，上述三题应首先予以清晰识读。

# 媒介与目的：文化遗产活化与中华民族身份认同建构[①]

孟姝芳[②]

（山西大学）

**提　要：** 文化遗产首先是作为时空割裂下的"客观物"而存在的，以"媒介物"、"文化资源"的形式进入现代视野。但是，其本身兼具可视（感）性、民族性和历史性，这促使其在现代社会的语境下成为构建"人是目的"的价值体系和进行民族身份认同的最佳载体。其一面可以在身体感知的范围内直观地确证民族身份感，另一面可以在文化遗产所内蕴的民族性和历史性内涵中获得基于价值——情感认同的民族身份意识，从而使得人们不仅在理智上而且在情感上获得自身确定的历史感和归属感。文化遗产活化在"媒介与目的"的共在关系中彰显人性价值和塑造民族身份，并以此为现代人的存在意义和生命价值重建历史根基。

**关键词：** 文化遗产活化；媒介；目的；人；身份认同

文化遗产研究的论域从国际视角而言，其主要呈现为在人类学的视角下探究文化遗产的"普遍性价值"。文化遗产凝结了人类在社会历史实践活动中的创造性，进而肯定和确证人类自身连绵不断的旺盛生机。然而，需要注意的一个关键性因素是时间。文化遗产自古有之，但是直到20世纪，尤其是20世纪中期以后文化遗产的保护、活化、利用等论题才成了"显性问题"而受到"国家"的重视和强力推崇，恰如弗朗西丝·唐米纳里（Francesca Cominelli）和泽维尔·格雷夫（Xavier Greffe）所言："当文化对经济的潜在贡献转变为文化产业的时候，现在的两种基本形式——知识经济和全球经济——将会把文化遗产置于现代社会发展的中心"。[③] 因此，文化遗产问题的讨论不能够脱离"时间"的限定性和现实性。具体就中国而言，文化遗产的活化问题一方面涉及在"世界—国家"论域中他者对"中华民族"的"身份认同"问题，另一方面涉及在"国家——民族"论域内国人对"中华民族"的"自我认同"问题。基于此，文化遗产作为媒介、通过人们有意识的社会实践活动（如怀旧金曲、怀旧电

① 此文为2017年度教育部人文社会科学重点研究基地山东大学文艺美学研究中心重大项目：中华美学精神与20世纪中国美学理论建构（项目号：17JJD720010 阶段性研究成果。

② 孟姝芳（1983－），女，山西文水人，文艺学博士，讲师，现就职于山西大学美术学院，主要研究方向20世纪中国美学、艺术美学和西方美术史。

③ Rizzo，Ilde，Mignosa，Anna. Handbook on the Economics of Cultural Heritage［G］．Northampton：Edward Publishing，2013：402－420.

影、传统节日的民族活动、文化展览、博物馆建设、非遗传承人保护等）、构筑基于"历史意识"的文化——审美世界，从而有效实现自我和他者对"中华民族"的身份认同，进而回应现代社会人们精神归属的终极关怀问题。甘代军就曾指出："文化遗产是人类文化的化石，其凝聚的社会价值和原生意义在新的历史时期需要价值重构。"①

## 一、物的存在：时空割裂下的文化遗产

顾名思义，文化遗产是作为过去历史的载体而记录、保存和见证人类文明发展的进程和民族国家兴衰荣辱的运命，其以与现时空拉开距离的形式、通过明确的"具有纪念性标识的身份意识"在确证和延续着人类的历史。从遗产人类学的意义上而言，其表现的是取消民族、身份、意识形态、地域等限制性因素而导向普遍性的人的本质——自由自觉的劳动，肯定的是作为实践主体的"人"的创造性和主体性。基于此，文化遗产与人对自身价值的确认呈现为互为表里的共生关系。文化遗产作为一种历史遗存，物化了人的生命本质力量而使其成为可以观照和体验的感性对象；人的本质力量则通过人们创造出来的事物而获得时空呈现和现实把握。在此共生关系中，人在思维和实践的双重领域中实现着人类自我价值的精神认同和生命动力的持存。1964 年在第二届历史古迹建筑师及技师国际会议上通过的《国际古迹保护与修复宪章》就突出了文化遗产的人类学意义和价值。《国际古迹保护与修复宪章》中写道："人类世世代代所留下的历史古迹留存至今，作为人类古老传统的现实见证，饱含着过去的积淀。人类越来越意识到人类价值的统一并把历史古迹作为共同的遗产。"② 籍此，文化遗产是对类存在的"人"的价值的物理再现，是对人类自身绵延不断的历史的客观呈现，是对人类生生不息的顽强生命力的物态表达。其内含着深沉的"历史"意识和指向现实的"建构"潜能，其在消解中心和深度的后现代文化语境中蕴藏着重构人类"本源"意识的可能，从而化解现代人的精神和身份确认危机。

然而，从客观层面而言，文化遗产却首先表现为一种"物"的存在，即作为一种潜在的"客观资源"而存在。伴随着人类的发展和科技的进步，人类创造了丰富的历史文化遗产。这些历史遗存曾经是人们生命体的有机延伸，根植于现实社会生活基础之上，有其内在的价值呈现和文化意义，传达着人们生命价值和精神世界。但是，随着时空（时间上是过去的人类实践的创造物或称呈现人类实践关系的自然；空间上发生了位置上的移动或者周围的空间关系和社会环境发生了改变）的变化，其在现时代的时空环境下流变成了剔除彼时历史文化内涵的、以"物理方式"呈现的历史遗存物。比如中国古建，其形制、规模与封建礼制文化是一个高度契合的有机生命体，而在现时代语境下，其主要呈现为一种文化多样性的客观表征物。这种离开原生语境的"历史遗存物"的"使用价值"在现时代还没有突显的时候，只是作为与"时代人/时代社会"无涉的自然（客观事实）而存在，毫无生命力和活性可言，犹如"死火山"。基于此，文化遗产如同铁、铜、煤、电等一样是作为社会建设的、被动的

① 甘代军. 文化遗产与保护：意义消解与价值重构［J］. 湖北民族学院学报，2009（5）.
② 国际古迹保护与修复宪章（1964 – 5 – 25）［EB/OL］https://wenku.baidu.com/view/5f2a94de55270722192ef7fc.html.

"资源"而存在。这些作为"资源"而存在的历史遗产，一些永久性地进入历史的"博物馆"而诉说着人类曾经的荣耀和辉煌，一些则在其后的发展时代作为有益因素而被吸纳用于时代文化和社会价值的建构。无论是作为"博物馆"的"人类化石"，还是作为时代文化构建的"有益因素"，其本身都是作为一种割断原生命脉的、形式的、物性的"文化资源"而客观存在的。恰如杜晓帆所言："过去的遗存之所以被视为文化遗产，从客观上讲，就是它和原生的社会文化环境产生了分离，进而来到了当下的语境，成为了一项有待保护和继承的文化资源。"① 但是，这种"文化资源"与铁、铜、煤、电等资源不同的是其具有鲜明的意识形态性，与国家、民族、文化、政治、宗教等社会性事物相关联。其承载着人们有血有肉的活泼泼的生命及其在"社会空间"中的实践活动，作为"身份象征物"而在人的精神世界中实现着自我与社会的联结。文化资源的这种精神建构性的特质在欧阳友权对"文化资源"的界定中亦有明确指涉，其阐释道：文化资源是"能够突出原生地区的文化特征及其历史进步活动痕迹，具有地域风情和文明传统价值的一类资源，包括历史遗迹、民俗文化、地域文化、乡土风情、文学历史、民族音乐、宗教文化、自然景观等。"②

　　总而言之，文化遗产在现时代语境下首先是作为被动的"文化资源"而存在的客观物，同时是一种具有价值重构潜能的媒介物，向未来敞开而具有广阔的意义空间。其在现时代的价值重塑和建构有赖于其由"客体的媒介物"向"主体的价值物"的转换，其中"人"的价值回归是文化遗产效用发挥的核心要素。即是说，作为工具性存在的媒介物——文化遗产需要通过"活化"其价值内涵和原初意义，进而重构其已经被人们所遗忘的凝结在其中的、历史的社会实践活动（物质实践和精神实践）的人类学意义，从而确证人类生命活动的永恒和崇高，以此实现"人是目的"的价值归属。

## 二、 文化遗产活化与人的价值回归

　　既然文化遗产首先是作为"物"而独立于时人的客观存在，其本身就无法主动进入现代人的视野建构起其与人们精神世界的感性关联；其就无法自觉地、现实性地参与到现代人的社会文化实践中，以致变成了理性"抽象物"成为知识谱系上或逻辑推理上"符号"或"工具"。其在艺术史、学术史、思想史等中存在，构成人们的知识"库存"和"智性资本"，却不在人们的感性生活中成为人们的生活现实。在此种情境下，这些历史遗存静静地在历史的链条上无声地存在，其历史价值、科学价值和艺术价值客观、鲜明地昭示了"过去"的高度。文化遗产（作为客观物的存在）成为了非连续性的时间点上的并置物而满足着人们各式各样的"兴趣"，成为人们"消费的客体"。正如有的学者所指出的那样："文化遗产标示变成了经营许可证，村庄变成了剧场和展厅。被展演的文化，从主题到形式、内容都由外来的'专家'规划设计，如此这般，文化变成了博物馆陈列窗里的展品，变成了在剧场里取悦观众、来获得利益而表演的艺术商品。"③ 这种现实关联性抽掉了凝聚在其中"活性"的生命力及人文价值，割裂了形式与内容的整体性、割断了其与现在、未来的精神关联性，遗弃了贯穿于人类社会

---

　　① 杜晓帆.文化遗产首先应该满足精神需求［N］.人民日报，2018－6－13（22）.
　　② 欧阳有权.文化产业通论［M］.长沙：湖南人民出版社，2006，136－137.
　　③ 金光亿.实践中的文化遗产：看文化不见人［J］.西北民族研究，2018（4）.

实践过程中的历史意识和主体精神，否定了人的主体性而失去了"人是目的"的精神归宿，进而消解了人的本质而异化为工具的存在。人不是通过自身，而是在异己的外物中寻求自我价值的肯定。人为物役而沦为"物"的奴隶。基于此，文化遗产只有实现存在形式的转变——从作为媒介物的工具性存在到肯定人的价值的目的性存在——才能够进入现代人的社会空间并参与构建现代人的生活。无论何时代、何种形式的历史遗存都凝结着人的顽强生命力和不懈奋进的动力，肯定着人的永恒性的尊严。因此，只有"活化"文化遗产精神内涵和原生意义才能够与"现代人"形成"共通感"，才能在过去、现在和未来之间形成历史关联和精神认同，进而实现身份认同和"人是目的"的价值确证。

由是观之，文化遗产活化的核心任务不在于对工具性的"媒介物"进行形式保护和物质保存，而在于"活化"其"人"的价值和意义，重建其凝聚的人的主体性和价值性，再现人的尊严与崇高，从而为现代人确立生命之源和生活之向，提供社会实践的内在动力。文化遗产作为人的实践活动的"成果"承载的是具体历史时空下的人的社会性价值。然而，在经历时代的洗练后，其地域性、民族性、时代性、意识形态性等被消解而成为"普遍性"的人类学意义上的象征物。这种对具有本体意义上"人性"的体认和确证在基于资本的现代化进程中变的越来越迷离，人越来越被异化为工具和单子而失去本性——社会性。人要么退回到个人的虚幻世界中，要么被物质裹挟而迷失在幻象中，人成了被抽空了精神性或现实性的"物"而丧失了主体性和历史性，沦为了碎片化的马赛克式存在，呈现出人与自身相背离的情状①。法国学者雷吉斯·德布累在《媒介学引论》中谈及现代社会发展的矛盾性时就曾指出："共享的信息变得越来越容易，感受共同的历史却变得越来越困难；可移动的领域越来越大，而历史意识领域却越来越小；技术联结越来越强，象征性的联结却越来越弱。"② 科技的发展大大地拓展了人们的生存空间和话语空间，充分体现了人的"主体性"和"创造性"，甚至可以突破时空的限制而依照"主体意志"进行设计组接。然而，取消时空定性和意识形态性的信息——科技却反客为主地成为了人们联结和认知现实的基础，"人"和"历史"被消解在不断制造的碎片化的"符码影像"中。在此情境下，"偶然性"取代"必然性"而成为自由的内涵；"现实"代替"历史"而成为社会价值的基点；"工具"征服了"人"而成为生活的目的，"资本"抽空了"精神"而成为评价的标准，由此导致的"功利主义"和"虚无主义"造成了人类严重的精神危机。"我是谁？"的追问在经济一体化和世界地球村的社会语境下再次凸显，人类文明传承受到极大的挑战。法国学者维克多·埃尔（Victor Hell）也指出："工业化国家的社会在致力于消费的同时，也不可避免地造成浪费；渐渐地，人们感到，除了收益、物质利益、人剥削人和滥用自然资源之外，其他的道德标准和生活方式无论是对于个人生存，或是人类社会的世俗命运，都是重要的。"③基于此，承载在社会空间领域重建人

---

① 人之本性在于其社会性，而非个体性。马克思指出人的类本质是自由自觉的劳动，人的社会本质是一切社会关系的总和。在基于资本的现代化进程中，借助科技的力量，人们的物质生活空间获得了前所未有的拓展，人类的创造性和主体性也获得了充分的体现。但是由科技奠基的生活世界却使得人们日益地碎片化、空心化、分裂化，人们要么回缩在自己的个人世界而不与现实社会进行交往，如宅男、网虫、各种网迷等；有的则在社交、狂欢、消费等活动中追逐着"自身"的各种欲望，如名利、虚荣、身份等。一方面工业化的现代进程体现了人的主体性和创造性，但是另一方面又消解了人的本体性和整体性，人呈现出碎片化、工具化、抽象化的情状，与人的本质存在——社会性相背离。人的本质呈现应该是在人的生命活动的基础上显现出人的尊严，是个体性与社会性的统一。

② 雷吉斯·德布累. 媒介学引论》[M]. 刘文玲、陈卫星译，北京：中国传媒大学出版社，2014：8.
③ 维克多·埃尔. 文化概念 [M]. 上海：上海人民出版社，1988：122.

类价值体系使命的文化遗产具有明确的现实指向性和问题意识，其意在于客观性的"资本"世界之外寻求以"人"为本体的精神世界，在由文化——价值构成的实践性的社会空间（超越了物质空间和精神空间）中实现人类的自我认同和价值确认，在"自身的历史"中获得形而上的生命关怀和运命归属。

但是，文化遗产在现代语境下是作为一种具有意向性指涉的文化符号（物）而进入人们的视野的，意在重新构建人的价值空间和精神归属，进而构建依于过去、据于现在、指向未来的"自我历史"。这种"自我指涉"的价值建构和认同是将作为符号的媒介物作为感受和体验的线索，对具有原生地属性的文化遗产物进行"记忆"再造和价值重塑，从而实现现时代人类/人们的情感凝聚和身份的认同，进而实现人的精神归属和生命意义。基于此，文化遗产是现时代社会价值的建构依托，其在建构人性的普遍价值的之外，更重要的在于建构基于民族传统的身份意识和社会价值，从而在世界性的范围之内又保持着各自的独特性和活性。恰如有学者所认为的："在现代化和发展的历史进程中，复现某种在现代社会已被抛弃或丧失的东西，可以让人们体验对历史的怀念或者重新发展国家和民族的伟大传统"。① 即是说，作为本体存在的人的本质是普遍性的，但是其具体的呈现方式却是多样性的。这多样性的呈现才是人们的现实社会空间领域的实然存在状态，揭示着文明的多样性和人的现实性。因此，从现实性层面来讲，文化遗产活化是具体的，其指向具体时空阈限之内的自我认同和身份确认，有着鲜明的独一性和此地性。

## 三、文化遗产活化与民族身份的建构

文化遗产是过去的人们对当时的社会问题所做出的个性化的实践性反应，有明显的时代性和地域性。在全球化社会语境的今天，各国对文化遗产及其活化利用的强调同样是基于现时代社会现状及问题所做出的反思和回应。

在世界经济一体化的情势下，人类的主体性和创造性力量一方面在客观世界的不断开拓中显现为对"商业资本"的追逐，客观性的"经济——数据"成为人类进步和国家发展的标准，也成为现实生活中人们生活的目标和基本方式，由此而导致了"货币"的神圣化和人自身的工具化。人们在对"货币——物"的追逐中寻得自身存在的尊严和安全感，人自身变成了依附性的、条件性存在工具而丧失了主体性，被置换为物（如名利、地位、荣誉、资产、权力等）而成为"单面人"；另一方面，科技的助推反过来改变了人们认知世界的方式，"图像——信息"取代"实地——实物"而成为人们认知世界的主要方式。人们在对"图像——信息"的直观中进行形象的建构和价值认同，"视觉"通过自身独立的身份而获得了前所未有的重要地位。人们通过视觉、并且首先只是通过视觉来在海量的信息中获得对视觉对象的认识和判断，并延伸到随之而来的行动或潜在行动。基于此种现状，文化遗产凭借其可视（感）性和内含的文化性可以最大程度地实现从视觉到心灵、从碎片到整体、从此时到历史的形象建构并进行身份认同，从而重新构建起基于价值认同的民族身份意识和内在凝聚力。恰如矫雅

① 金光亿. 实践中的文化遗产：看文化不见人 [J]. 西北民族研究，2018（4）.

楠在《跨越媒介 回归人文——雷吉斯·德布累媒介研究思想及其学科价值》中言道："技术体系彰显了每个社会时代的配置的内部的协调性，而文化体系保证了特定的社会内部过去与现在之间的相互关系和联结。"①

在城市化的社会生活空间重构历史文化遗产的当代价值是现时代社会语境下的核心主题，其昭示着各个民族和国家的价值基元和生命原点，凸显着文化的独特性和确定性，以此而获得自身的历史存在和精神归属。但是，由于文化的多重性和历史的变迁性，文化遗产的原生意义和价值与现代社会的文化寻求之间呈现出巨大的张力，犹如德国学者阿莱达·阿斯曼（Aleida Assmann）在谈及柏林时所指出的那样：城市就像一张三维的羊皮纸一样，鉴于不同时代的建筑、政治体制和国家的迅速变迁，呈现在城市的一定的区域内，就像新旧相叠的文字出现在同一张羊皮纸上，循环往复地改变、覆盖与沉积，造成了历史本身的层层相叠，形成了一种"非共时的共时性"。② 因此，文化遗产价值的现代重构需要在充分的文化自觉的基础上进行。这文化自觉"是一个兼具的过程，首先要认识自己的文化，理解所接触到的多种文化，才有条件在这个已经在行程中的多元文化的世界里确定自己的位置，经过自主的适应，和其他文化一起，取长补短，共同建立一个有共同认可的基本秩序和一套各种文化能和平共处、各舒所长，联手发展的共处守则。"③ 即是说，不同的文化体系只有经过客观的比较和理性反思之后才能对自身形成正确的认知和准确定位，也才能够构建出基于民族性的世界性价值体系，才能够在民族内部实现过去与现在的有机联结。因为保存着集体记忆的文化遗产并不是作为客观物而与现时代相连——作为"物"而言其与现时代不具有任何通约性，其是作为人的价值呈现或意义凝聚的媒介而进入现代人的生活世界的，这"人的意义和价值"才是与现代通约的"质素"。法国著名学者莫里斯·哈布瓦赫就认为：每一种集体记忆"它不是保存过去，而是借助过去留下的物质遗迹、仪式、经文和传统，并借助晚近的心理方面和社会方面的资料，也就是说，现在，重构了过去。"④

基于此，文化遗产的活化强调在现时代的语境下凸显文化的多样性和民族的独特性，文化多样性正是基于民族文化的独特性而实现的，是基于不同国家和民族的价值体系而显现的。与中国而言，文化遗产的活化的目标指向就在于借助历史遗存重构中国现代化进程中的价值体系，以此实现自我和他者对"中华民族"的身份确认和价值认同。

## 四、文化遗产活化与"中华民族"的身份认同

文化遗产活化与"中华民族"的身份认同密切相关。在现代的社会文化语境下，民族的身份认同已经不是显现为由个体之外的客观因素所决定的，如出生地、户籍地、血缘、宗族等。这种被动的"身份认定与默认"已不足以构成现代人的生命根基。反之，民族的身份认同是通过个体化的体认与接受而实现的基于价值——情感确认生成的生命真实，其在"情感意义"中寻得生命的归属感和历史

---

① 矫雅楠. 跨越媒介 回归人文——雷吉斯·德布累每届研究思想及其学科价值［J］. 国际新闻界，2015（5）.
② 阿莱达·阿斯曼. 记忆中的历史：从个人经历到公共演示［M］. 袁斯齐译，南京：南京大学出版社，2017：91.
③ 费孝通. 反思 对话 文化自觉［J］. 北京大学学报. 1997（3）.
④ 莫里斯·哈布瓦赫. 论集体记忆［M］. 毕然、郭金华译，上海：上海人民出版社，2002：200.

感，进而实现自身的民族身份确认。即是说，"中华民族"的身份认同由客观赋予转变为主观的积极建构，由先于个人的自在存在转变为主体选择后的自为存在，是个体主体性确认之后的现实的生命实践活动。

在被动的现代化进程和世界市场已经形成的时代背景下，中国无法保持自身的"孤立"而"独立"地自存于世，亦无法抗拒工业文明的碾压和西方国家的入侵。基于此，在"倒逼"的国家发展进程中，根植于农耕文明而构建起的价值体系无法适应现代社会的转型，不能主动地进行现代转换，只有借助西方"先进"的文化和价值来开启中国的现代之路。然而，在中国的现代转型过程中，人的启蒙、国家的救亡、社会的开放、价值的多元等不断地成为现代中国社会发展的具体课题，中国在"前现代、现代和后现代"的思想文化"交汇"中艰难而又努力地进行现代价值体系的构建。可是，中国的现代转型中却呈现出严重的价值断裂。

蒋晓丽在《舆擎中国：新形势下的舆论引导策略研究》中就指出了中国现代转型所带来的价值断裂主要表现为："过去的同质化的价值观的分离，异质化价值观活跃、边缘价值观蔓延、传统的价值理念、道德伦理遭遇到前所未有的危机，以利益和自我为中心的利益表达呈现出复杂多元的状态。"① 加之，现代人认知世界的方式主要是依靠对"图像——信息"的处理来形成认知，即由永恒存在的"客观真理"变为主体化后的"主观真实"才构成人们的"知识"来指导实践、介入生活。民族身份和价值认同由国家灌输的被动的接受（客观真相）变成了经由主体化处理的主动建构（主观真实）。籍此，"中华民族"自觉的身份认同在经济一体化和世界地球村的情境下变成了一个亟待面对的问题。文化遗产由于其兼具可视（感）性、民族性和历史性，正好可以承担起这个重大的使命。作为可视（感）的客观物而言，其以图像、文字、声音、影像等形式呈现于现代人的面前；作为民族性的客观物而言，其具有鲜明的地域性和民族性，表现为某国家、某民族、某地域的生活现实；作为历史性的客观物而言，其呈现着这一民族、这一地区的历史记忆和生活经历。文化遗产在现代人的视野中除了是兼具"可视、民族、历史"三重属性的媒介物之外，更主要的是其在现代人的精神世界中建起了人们生生不息的奋斗精神和历史长河，为现代人提供了"来于何处、去向何方"的自觉意识和生命动力。

据统计，截止2019年7月2日，中国世界遗产已达55项，其中世界文化遗产37项，世界文化与自然双重遗产4项，世界自然遗产14项，与意大利并居首位。中国拥有如此丰富的历史文化遗产，其昭示了绵延几千年的中华民族生生不息的生命和辉煌，呈现了中华儿女为着美好的未来不懈奋斗和创造的活跃精神，传递着中华先民在面对现实和自然问题时表现出的杰出智慧和精神世界，凝聚着中华民族独有的文化价值与生命归属。从"个体"上说，每一文化遗产承载着人类社会生活的某一个断面，或苦难、或欢乐、或生活、或理想、或个人、或国家等。但是，这些文化遗产的总和在整体上传达出指向"灯塔"的美好未来。其通过对现实与理想、传统与革新、沉滞与发展、徘徊与奋斗、颓败与胜利、日常生活与道德礼制等社会各方面的表现，展现出奔腾不息、永远向前、指向至善的不懈动力和生命之流，承诺和建设着美好的未来，为现代中国人提供了深深的历史根基和生命归属。其在文化遗产展示的历史长河中自觉地构建起对中华民族的身份认同，使得自身不仅在知识上而且在情感上

① 蒋晓丽. 舆擎中国：新形势下的舆论引导策略研究 [M]. 北京：社会科学出版社，2013：66.

认同"中华民族"的价值。其以文化遗产的物理存在为连结点，构建起人们对其所含意义价值的情感认同。人们就是运用这种经由主体化而获得的、认知性的意义价值和符号来阐释某一场所的真实性和社会真实性，从而获得价值认同。这种认同与建构过程便是"将自我融入场所，并意识到场所带给自我的空间依附感和身份建构。"①

与国际视野而言，中华民族的身份认同更是要通过对"文化遗产"的现代阐释来构建的。文化遗产作为"传统"在传播中以"符号"进入人们的视野，其所承载的意义在跨语境、跨文化、跨时空的境遇下如何激活及激活到何种程度、在流变中变异到何种程度都是变化的。比如"龙"在中国是作为"吉祥意象"，是君子人格的象征；民俗文化中的剪纸是中国"乐感文化"的呈现方式，表征为中国人独特的生存方式和价值表达方式，其意在为现实生活赋以诗意和吉祥；中国传统的山水艺术承载了中国先民独特的生存智慧，其在肯定现实世界的基础上传递着个体自由的获得，在个体和社会之间求得内心的和谐安宁并在"德性"中获得生命价值的确认……这些"文化意义"所借以传递的"民族符号"在异域进行传播时就面临着如何阐释视角和接受的问题。恰如美国人类学家克里福德·格尔兹（Clifford Geertz）所言："在进入一个符号活动的陌生世界的需要和对于文化理论技术进步的要求之间，以及在理解的需要和分析的需要之间形成的张力，既是巨大的，也是根本不可摆脱的。确实，理论越发展，张力就越大。"② 即是说，历史遗存通过时空的割裂滤掉其刚性的棱角而呈现为有待阐释的、具有鲜明民族属性的人为创造物，对于这一创造物的接受是否符合其原生原意并不重要，重要的是世界人民是在尊重本国文化传统和价值体系的基础上来接纳中国文化和进行中华民族的身份认同。其对"中华民族"的身份认同就是通过"文化遗产"来进行建构的。这文化遗产承载的价值意义及其表现形式是不同于其自身文化传统的，比如说唐装、斗拱、山水、花灯、社火、古建、生活方式等等。正是这些"中国元素"在国际上构建着"中华民族"的身份并使得对其进行积极认同。因此，中国的文化遗产是构建国际社会中"中华民族"身份的中坚力量，其在"求同存异"的原则下塑造着新时代的"中华民族"形象。

综上所述，文化遗产由于其可视（感）性、民族性和历史性而成为现代社会语境中有效实现现代民族国家身份认同的最佳载体。其不仅可以使人们在身体感知上获得鲜明的民族认同感，而且可以使人们在其本身所蕴含的民族特性和历史脉络中获得价值认同感，进而为现代人提供生活的动力和生命的本源。文化遗产活化是以"人"为目的的价值建构过程，其重在使人们在"价值——情感"的认同中获得自身的历史存在和民族身份的认同。

① 杨善华、谢中立. 西方社会学理论（下）［M］. 北京：北京大学出版社，2006：192.
② 克利福德·格尔兹. 文化的解释［M］. 上海：上海人民出版社，1999：28.

# 约翰·缪尔和《我们的国家公园》

## ——美国的"国家公园之父"与"感动过一个国家的文字"

### 赵　夏

**提　要：** 约翰·缪尔及其著作《我们的国家公园》，是遗产保护领域的传奇人物和经典之作。他被誉为是美国的"国家公园之父"，《我们的国家公园》及其系列作品，堪称是对大自然的经典解读，被誉为"感动过一个国家的文字"。缪尔还与同好者共同创立了塞拉俱乐部，反对破坏森林荒野的行为，倡导大规模原生性的保护。文章通过对缪尔相关书写、探索、基本认知和思想的总结，以及广泛社会影响的梳理，提出我国的遗产认知和保护自觉，也需要约翰·缪尔及其《我们的国家公园》式的努力，发现、探寻和解说遗产的魅力，使之深入人心，身心受益，才既是遗产保护传承的路径，也是保护传承的目的。

**关键词：** 约翰·缪尔；《我们的国家公园》；自然荒野保护

## 一、引言：呼唤遗产解说的经典之作

在文化和自然遗产日益得到我国政府高度重视、在遗产与社会经济文化发展以及我们的日常生活日益密切、在遗产的内涵和外延不断扩展的当下，一个基础性也是根本性的需求似乎越来越紧迫地摆在我们面前，那就是我们如何更好地认知我们的遗产，并深入理解"遗产"与"我们"的关系。只有如此，才能带动更多的人们了解遗产、感知遗产并领略遗产的魅力，善待遗产，并从中得到可能的启发更好地面对当下和未来，从而自觉不自觉地参与到遗产保护传承中去；与此同时，遗产也才能更好地进入人们的视野和内心，更好地融入到我们的社会经济文化发展以及"美好生活"，共生共荣。

诚如十九大报告提出，"当前我国社会主要矛盾已经转化为人民日益增长的美好生活需要和不平衡不充分的发展之间的矛盾"。那么，在遗产保护传承相关领域，这一矛盾的主要表现形式和主要内容体现在哪些方面呢？如何更好地改善和应对？我想两个方面无疑是非常重要的：一方面，要尽可能提供丰富便捷的高品质遗产资源、参观活动和体验环境；另一方面提供更能触动人心、引导和启发人们更好去认知遗产及其价值和魅力的作品也是极为重要的路径。经过这些年的文博事业的大发展，前者已经呈现出极大的繁荣，然而后者还比较欠缺需要持续的努力。当然二者都还需要精细化地发展和精品呈现，不但在于数量的增长，更在于品质的提升。

这让我想起了一个人和一部伟大的作品，那就是约翰·缪尔（John Muir）与《我们的国家公园》（Our National Park）。作者及其作品的魅力以及强大的社会影响力，足以使之成为遗产保护史上的一个经典的文化现象，也可以作为我们思考"遗产"以及与人与社会等相关问题的一个经典案例。

## 二、约翰·缪尔与《我们的国家公园》

约翰·缪尔（1838—1914），是一位酷爱大自然的人，号称"荒野之子"。他在《我的青少年生活》一书中，回忆了他与大自然的亲密接触以及特殊情结。他生于英国，回忆在苏格兰的童年时写到，"我喜欢荒野中所有事物，我的一生对荒野之地及野生生物的喜爱之情越来越深。"11岁时，缪尔随着父亲移民美国威斯康星，在父亲的"喷泉湖农场"，"瞬间扑进纯粹的荒野中，在自然温暖的胸膛接受洗礼——我们非常的开心……威斯康星的荒野是那么壮美！"不过当时他也注意到，犁头和斧头都在作业，古老珍贵的荒野也正在遭受无情的破坏。后来，他到威斯康星大学读书，不过两年多后，他便离开了校园，一边打零工，一边四处旅行，尤其喜欢到人迹罕至的深山老林中去探索和研究大自然。他曾经去过加拿大、五大湖区等地，随后足迹遍布美国中西部。直到1868年的春天，当他来到美国西部的加利福尼亚州时，他兴奋地发现整个州散发着一种不可抵抗的吸引力，在他之后的生命里，不管走得多远，这里都成了他"家园"，尤其约塞米蒂山谷更是这个家园的精神中心。他说"我像一只苍蝇般停驻在约塞米蒂的穹丘上，凝望、写生、取暖，时时停下一切动作，沉浸在无法言语的赞叹中，心怀渴慕……"（《夏日走过山间》）。

热爱旅行的缪尔也善于书写，他留下了大量的旅行笔记，包括《夏日走过山间》、《加州的群山》、《墨西哥湾千里徒步记》、《约塞米蒂国家公园》等。他用生花妙笔记录和阐释了他在大自然里身心合一的感知、体验以及大自然的独特"魅力"，尽力去展现大自然的美丽、壮观以及对人心的滋养，并对植物、树木和岩石的编目、绘图和叙述，既富有人文性，也富有一定的科学性。其中，《我们的国家公园》是他的代表作，主要描写了加利福尼亚州约塞米蒂（Yosemite，也被译作优胜美地）一带壮美的自然风光，也涉及到黄石等地，记录和再现了他全身心地投入大自然的观察、体验、思考，以及对保护森林荒野的呼吁和畅想。他在书中虔诚地说，"只要我活着就要听瀑布、鸟儿和风儿的歌唱，我将解释岩石，理解洪灾、暴雨和雪崩的语言；我将熟悉冰山和荒野公园，尽可能接近世界的心"。缪尔对大自然的热爱以及他的基本认知和核心思想也都集中地体现在此书之中。

首先，他认为万物有灵，主张自然界的生物都有其自身"权利"、价值和意义，自然万物之间也是相互依存的有机整体。

他认为自然是"通向天堂的一扇窗，反映造物主的一面镜"，有其喜怒哀乐，有各自存在的权利和价值。动物、植物、岩石都有其权利，人类不应该成为评价所有价值的尺度，正义必须延伸至所有的生物。他甚至认为万物有灵，自然是精神的象征，充满着灵性。而且，大动物和小动物、人类和非人类之间都是平等的，自然万物之间也是平等共存相互依赖的有机整体。这是他朴素且真诚的自然主义观。

其二，他认为大自然能够给人们提供美的灵感和精神的净化，倡导超功利、纯自然的自然保护，反对任何形式的破坏尤其功利主义的开发利用，呼吁"永久政策"以"永久保护"。

他认为大自然不但给人类提供最基本的生活与生存的需要，也创造了地球上的人类和成千上万的生物物种；不但提供了适宜生命生存与繁衍的生态环境，也给人类提供了精神与文化上的享受，"将成为取之不尽、用之不竭的财富源泉和美的源泉"。人类的身心健康、经济发展都有赖于自然世界，为了实现社会繁荣，必须合理、审慎地利用自然资源；为了精神愉悦，有成就感，必须融入周围的自然美景之中。因此，他反对"以人为中心"对自然价值的评判，强烈谴责破坏大自然的任何借口和为了个人或地方利益的开发利用。他希望自己像啼鸣的公鸡一样拼命呼喊"救救我们的森林吧"，以唤醒人们对森林荒野的珍惜和热爱，并倡导"要改变盗伐毁林的现状，急需一项合理的永久政策"，整体性的"永久保护"。

其三，他的思想和与语言风格深受美国先验主义哲学思想人物爱默生、梭罗等人的影响，并影响到了后来的环境伦理、环境哲学和近代环境保护主义者。

缪尔在大学时代曾读过美国先验主义思想家爱默生和梭罗的作品，他们的思想和文字都对缪尔产生过很大的影响。爱默生还曾经去约塞米蒂看望过缪尔，让缪尔感觉到"和他近近地相处就是一种极大的快乐，沐浴在他面前温暖的光辉中就像在火边一样"。伟大的人物相互启迪，智慧的火花相互传递。缪尔的荒野体验与自然哲理相互成全，对人与自然环境有了知行合一和自成体系的认知与思考，也影响到了后来更多的环境伦理主义者和环境哲学家。

作者约翰·缪尔（John Muir）　　缪尔画的他在约塞米蒂山谷的房间，1869 年

## 三、广泛且深远的社会影响

约翰·缪尔的思想及其身体力行的推动和作品的发表，在美国社会产生了广泛且深远的社会影响，尤其体现在以下三个方面。

其一，《我们的国家公园》被誉为是"感动过一个国家的文字"，缪尔对荒野的热爱和礼赞，也影响到了部分美国人，使得热爱自然成为其日常生活和精神文化中的一部分。

《我们的国家公园》相关文字先是见诸于《太平洋》月报，1901 年集结出版，6 年间重印了 12 次，可见广受欢迎。在本书的十个章节中，缪尔将他的观察、思考，以极为优美的文字娓娓道来，迷

人且富有激情，感染和激励了许多美国人。我们从开篇的一首小诗中，便可以感受到他热烈、浓郁的感召气息。他说，

> 不要停下脚步，
>
> 轻松地旅游，快快上路；
>
> 无论走到哪里，
>
> 身心依恋着故土。
>
> 在太阳照耀的每一片土地上，
>
> 无论发生什么，我们都欢欣鼓舞。
>
> 为什么世界如此广袤？
>
> 因为这是一片海高天阔的乐土！

缪尔在书中写到，"今天，越来越多的人走进大自然，这是很令人欣喜的潮流。成千上万身心疲惫、神经衰弱、过度文明化的人们开始发现：走进大山就是走进家园，荒野是必不可少的，山地公园和森林保护区不仅是木材的产地和灌溉水的源头，更是生命的源泉。"他热情洋溢的召唤和自然保护思想，以及他深入大自然的实践，也逐渐得到了一些人的支持和跟随，其间既包括普通大众，也包括一些知名的思想家、社会活动家和政治家。别具魔力的缪尔以及他的著述，在人们和大自然之间架起了一座亲近友好的桥梁。《我们的国家公园》从而被誉为是"感动过一个国家的文字"，甚至还有人说他的文字如同梭罗的文字一样，"塑造了现代美国人的心灵"。

其二，约翰·缪尔和同好者组建了保护自然荒野的塞拉俱乐部，带动更多的人们参与和推动自然保护实践。

在纽约《世纪》杂志副主编罗伯特·安德伍德·约翰逊（Robert Underwood Johnson）的动员和邀请下，缪尔在该杂志上发表了《约塞米蒂的珍宝》、《拟议的约塞米蒂国家公园的特点》等文，增加了缪尔的社会影响力。此后，通过他们共同的努力，1892 年创立了塞拉俱乐部（Sierra Club），成员有不少学术界和科学界的成员，缪尔任主席，成为环保主义的领袖，他们共同反对破坏森林原野，倡导大规模原生性的保护，在美国自然保护过程中做出了贡献巨大。1907 年，旧金山市曾想在约塞米蒂建造一个水库，缪尔和俱乐部发起了一场反对修建水库的全国性行动，吸引了众多自然保护主义者、群众组织以及众多杂志的支持，声势浩大，影响极大。至今，塞拉俱乐部依然存在，是美国最大、历史最久、最有影响力的民间环境保护组织，在保护森林荒野和国家公园中发挥了至关重要的作用。

其三，约翰·缪尔对"国家公园"保护管理模式的构想和呼吁，影响到了美国相关制度的建立和政策的制定。

缪尔基于对森林和荒野价值的认知，以及美国内战后快速的城市化、工业化发展对森林荒野带来的破坏和威胁，他愈加明确"能够拯救它们的只有山姆大叔"，从而积极提出并呼吁"为了美国人精神上的未来，保存残留的荒野是必须和迫不及待的任务，建立国家公园和森林保护区则是一种最好的形式"，而且应该"通过立法，由政府将森林收归国有，并控制使用"。

缪尔与塞拉俱乐部成员在去赫奇赫奇峡谷的路上，1909 年

　　缪尔的思想和行动对罗斯福总统及其前后的施政产生了极为重大的影响，几乎可以说直接推动了美国"国家公园"管理模式的制度化建设。在他和同伴的呼吁下，1890 年后美国政府相继建立了一批保护性质的国家公园。尤其 1903 年，罗斯福前往约塞米蒂旅行，缪尔陪同并向他力谏，"只有通过联邦政府的力量，自然才能得以保存"；罗斯福后来回忆说"约翰·缪尔的谈话比他写的还要好，他总是能对他接触过的人产生巨大影响"。1905 年，约塞米蒂国家公园在他们的努力推动下，从州属纳入了联邦政府管理；罗斯福总统也重组了美国森林管理署，将五千万公顷的森林纳入保护区，并雇用训练有素的专家进行管理。1908 年，占地约 20 公顷海岸的红杉峡谷被命名为"缪尔国家森林公园"。1916 年，美国国会立法宣布，美国境内的所有自然生态保护区和历史文化遗迹，属于全体美国人民，归属联邦政府管辖，同年美国国家公园管理委员会（署）成立，成为自然和文化遗产的主要管理机构。1964 年，美国创建了"国家荒野体系"，保护了超过 1 亿英亩的原始土地，此后一些并非壮丽但富有一定特色的地方也设立了州县公园或者保护区。

约翰·缪尔和西奥多·罗斯福总统 1903 年在约塞米蒂（国会图书馆）

所有这一切，与缪尔及其他的同伴们艰苦卓绝的努力有着直接或间接的关系，不能不说其贡献之大及其影响之巨！这对于缪尔来说，何其幸也，他的思想得以传播，他的理想也不断得以实现；同时，对于那些壮美的森林荒野来说，也是何其幸也，在即将遭到人类活动大规模破坏之际，能够以"国家公园"之名更多地得以整体性保存；当然，对于更多的美国人来说，也是何其幸也，由此得到的福祉远远无法计算！

其四，约翰·缪尔赢得了广泛的社会认可和赞誉。

缪尔后来被誉为"国家公园之父"、"美国自然保护运动的领袖"、"世界环保运动的先驱"。他倡导的万物有灵的自然保护主义思想以及相关著述和行动使得更多的人们认识到了大自然的魅力，在某种意义上来说成了美国文化的一部分，并影响到了后来环境伦理和环境哲学思想，推动了后世人们对可持续发展问题的广泛关注。他所呼吁的联邦管理"国家公园"模式也上升为国家制度化的管理形式，至今也被证明是一种行之有效的保护自然和文化遗产地的有效模式，并在世界范围内得到广泛的仿效和实践。

后人为了纪念他，以他的名字命名了指示牌、建筑物和自然地貌，如今人们在很多地方都可以看到他的名字。最为知名的有，其一，1915 年加州议会拨款 1 万美元建造了约翰·缪尔之路（John Muir Trail），从约塞米蒂山谷到惠特尼峰，全长两百多英里，是美国最为壮观的山地风光之所在；其二，加州设计的 25 美分纪念币图案，以缪尔持手杖站立凝视着象征文化和自然遗产的半穹顶峰为构图。

缪尔森林

美国加利福尼亚州 25 美分的约翰·缪尔纪念币

## 四、结语

约翰·缪尔及其作品《我们的国家公园》，是遗产保护领域的传奇人物和经典之作。《我们的国家公园》等缪尔的系列作品，也堪称是对大自然的经典解读，恰如斯威特对缪尔的赞誉，"作为热心的自然观察者和诗意的解释者，缪尔在加州、阿拉斯加和落基山脉区忍受寂寞热心探险，他把精确科学与诗意表达相结合使其作品有特殊吸引力。"这也正是他本人及其作品能够产生强大感召魅力的原因之所在。同时，他的作品和行动背后的思想和目的也深入人心，亦如《荒野中的朝圣者　约翰·缪尔传》作者唐纳德·沃斯特（Donald Worster）所言，"缪尔推动的自然保护（或环境保护）运动的终极目标是将美国和其他国家转变成'绿色'社会，大幅减少对于自然资源的污染和浪费，大自然将不再只是被无情剥削或粗暴管理的'经济资源'。自然应该被赋予更高的情感、精神和美学价值——融合各种价值于一体。19 世纪，在说服人们行动起来实现这一愿景方面，没有任何一个其他美国人比缪尔更重要"。

感念我国当下的遗产热，在缪尔辞世百年之后，重温经典，启发良多。既佩服他超人的智慧、勇气和组织力，也期待我们能有缪尔式的努力和卓有成效的行动。期待我们的经典之作的出现，以资能够更好地去探索和解读遗产的魅力，能够带动和启发更多的人们去了解、关注、欣赏并从中受益。可以说，无论哪种类型的遗产，发现、探寻和解说遗产的魅力，在"遗产"与"人们"之间建立千丝万缕的魅力链接，使之身心受益，才既是遗产保护传承的路径，也是保护传承的目的！

### 参考文献

[1] https：//gomuirwoods.com

[2] 约翰·缪尔：《我们的国家公园》，郭名倞翻译，吉林人民出版社，1999 年 04 月；江苏人民出版社出版，2012 年 7 月。

[3] 约翰·缪尔：《夏日走过山间》，邱婷婷译，上海译文出版社，2014 年 7 月。

[4] 【美】唐纳德·沃斯特：《约翰·缪尔传：荒野中的朝圣者》，王佳强、何佳媛译，生活·读书·新知三联书店，2019 年 7 月。

# 构建国家"数字文物"发展战略的初步思考

谢友宁<sup>①</sup>

（河海大学图书馆）

**提　要：** 在"数字中国"的大背景下，文物系统从国家层面考虑构建"数字文物"发展战略有着十分重要的意义，可以作为"析情探路——符合国情的文物保护利用与改革发展"的一计良策。数字文物发展战略是从管理维度出发，即是实体文物的加工、整理、分析与利用，面向虚拟的文物保护与利用战略。数字文物发展战略，即是现有的数字博物馆、数字考古、数字修复、数字展示、数字遗址、数字重要性建筑、数字民俗、数字历史文化街区、村镇等文物数字化保存与利用的集合。归纳说有两方面：一方面，实体文物镜像到虚拟空间；另一方面，虚拟文物的自成体系的运转。本文从定义、战略选择环境、数字文物发展战略基本内容、技术资源、组织文化、政策与法规等六个维度对此一战略进行了一些思考和讨论。

**关键词：** 数字文物；数字遗产；遗产保护；文物管理

## 引　言

当地时间 2019 年 4 月 15 日下午 6 点 50 分左右，法国巴黎圣母院发生火灾，整座建筑损毁严重。着火位置位于圣母院顶部塔楼，大火迅速将圣母院塔楼的尖顶吞噬，很快，尖顶如被拦腰折断一般倒下。此事至今大家可能还记忆犹新。尽管经过数小时的抢救，有消息称火情已"全部得到有效控制"，但是损失惨重。尽管，当晚，马克龙在教堂前广场发表讲话表示"我们将重建巴黎圣母院"。毕竟，失去的文物是不可复得，令人遗憾。

这也让我再次想到，1949 年 1 月 26 日，日本奈良的法隆寺金堂发生火灾，致使日本最古老的描绘在木构建筑上的壁画毁于一旦。这件事催生了日本在 1950 年颁布实施的《文化财保护法》，法律规定 1 月 26 号为文化财消防日，以提高大家安全意识。

两则文物被毁事件，加上近几年来国内的文物频频被损、被盗、被灭，让我们再次感到文物保护中的文物安全的重要性。当下，比特时代，"数字文物"又可以作为另一种保护形式，还可以在传播

---

① 作者为河海大学图书馆（信息所）研究馆员，邮箱：ynxie@ hhu. edu. cn；QQ：444056041

利用上建立一片蓝海。所以，我以为文物系统从国家层面考虑，在"数字中国"的大背景下，构建"数字文物"发展战略有着十分重要的意义，可以作为"析情探路——符合国情的文物保护利用与改革发展"的一计良策。以下，主要讨论一下，有关"数字文物"发展战略的几个关键问题。

## 一、定义

数字文物，一般说，可以简单地理解为文物的数字化，即利用信息技术对于文物的再加工，数字化处理，利用计算机、摄影摄像、AR/VR、GIS、GPS、3D打印、多维技术应用，将原本原子本体转化为比特数据，虚拟成像（包括场景）。据搜狗百科解释：数字文物就是利用最新的三维技术对文物进行数字存档，它是随着三维数字技术的提高而兴起的最新技术应用。数字文物的应用，包括虚拟展示、虚拟修复、数字考古报告及3D打印快速成型等。这是一种从技术的维度解释，认为"数字文物"是一种技术。在文献数据库中，以"数字文物"为主题的论文检索，结果数量不多，主要涉及文物的数字化保护；壁画图像计算机虚拟修复；数字文物多模交互方法；文物数据库设计；数字文物展示等。在实践中，有数字敦煌、数字故宫等案例。这里，我们也能感受到"数字文物"的基本界定。

本文论及的数字文物发展战略，是从管理维度出发，即是实体文物的数字化加工、整理、分析与利用，面向虚拟的文物保护与利用战略。这里的文物是泛文物，从文物到遗产，包括实物、遗址、街区、场景等。数字文物发展战略，即是现有的数字博物馆、数字考古、数字修复、数字展示、数字遗址、数字重要性建筑和纪念性建筑、数字民俗、数字历史文化街区、村镇等文物数字化保存与利用的集合。一定意义上说，数字文物发展战略是从顶层打造一个数字化文物保存与利用的管理系统和平台，征战了一个数字文物虚拟空间，分步实施具体文物对象的数字化内容和文物的虚拟空间"安家立业"。归纳说有两方面，即：一方面，实体文物镜像到虚拟空间；另一方面，虚拟文物的自成体系的运转。

值得注意的是数字文物发展战略与目前实施的数字博物馆在逻辑上是包含关系，数字博物馆仅是数字文物发展战略内容的一部分。

## 二、环境SWOT分析

据统计，我国现拥有博物馆5100家以上，国有可移动文物1亿件/套以上，还有大量的民间收藏文物，以及76.6万处不可移动文物。战略的选择一定和现实的环境有关。SWOT是一种战略分析方法，多用于企业的竞争环境分析。这里，我们借用一下，分析一下数字文物发展战略的环境，以便更好地判断战略选择正确与否。

S（Strengths）代表优势。当下，实施数字文物发展战略的优势是明显的，从时代背景看，我们正处于信息时代（或称后工业时代），特征之一，就是数字化。从数字地球的提出开始，目前，数字城市、数字医疗、数字档案及数字图书馆等，分别规划与实施，都取得了显著成就。国家网信办前段时间发布的《数字中国建设发展报告（2018）》，披露了许多具体数据。从技术层面看，我们又开启了

5G 移动通讯的时代，5G 具有高带宽、低时延、大连接、低能耗等显著优势，其带宽是现有网络技术的 20 倍，空口时延是现在的 1/10，并发连接数是现在的 100 倍①，5G＋将开启生活新方式。所以，把握机遇，及时实施"数字文物"发展战略是文物保护与利用的新路径，新着力点。

W（Weaknesses）代表劣势。相对于优势而言，劣势是数字文物需要充足的投入，需要一定数量的人才队伍，需要技术创新。我们面对的问题是文物众多，地区发展不平衡，人才准备不充分，甚至还有认识上的差距等。

O（Opportunities）代表机会。前面提到 5G 时代，物与物关联，这确实是实施数字文物的很好机会。另外，从大环境观察，中央领导表现出比以往更重视的文化保护与传承的动作，连续出台了一系列的相关文件，为数字文物发展战略引路。

T（Threats）代表威胁。有报道说，我们每天有 1.6 个传统村落消失，每一年都会出现许多文物的消失，还有许多文物躺在博物馆的仓库里，逐渐失修、毁坏等，这些都是令人痛心的。一定意义说，这是显性的威胁。其实，背后可能还存在许多隐性威胁。国家的高速发展（我们也注意到了这两年的部分缓减），也同样伴随着文物灭失的风险。数字文物发展战略就是一种利用现代的技术手段，让华夏文明充分展现在世人面前，代际传递，增加国人的文化自信，也为濒临消失的文物"撑伞"，放眼未来的策略。

如上可见，当下遗产保护优势与威胁并存。坚持在现实的保护基础上，强化科学性，创新性，同时，"超车变道"，利用新技术为保护助力，另外，遗产在虚拟空间安个家，这也许就是"数字文物"发展战略的基本意思。我也注意到有专家提出，虚拟不能当饭吃的观点，反映出一些担忧，也是一个很好地提醒。其实，虚拟不是一切，虽然说，虚拟不能直接当饭吃，但是，需要的时候，虚拟文物也能"画饼充饥"，虚拟还能解决远距离"吃饭"的问题，加上，线上线下复合型，立体构建，可以让"饭"吃的更方便，更有味道。技术是人类智慧的延伸，技术力作为一种生产力，主要是解决功效问题，延伸人的能力，这一点十分重要。数字技术也是人类文明的体现，是二十世纪以来，最为重要的发现之一。

近来阅读"知乎"上一篇题为"数字化，让文物遗产重生"的文章，② 介绍了数字化对于文物保护与利用的优势，包括开头提到的巴黎圣母院部分毁灭与恢复的可能性问题。我们也注意到了国家文物局的"文物＋科技"的策略，2016 年，又启动了"互联网＋中华文明"行动计划，给一些可行的项目提供资金和资源支持。如：陕西历史博物馆、福建南靖土楼、摩崖造像以及半坡文明的数字化项目，都列在这项计划 2018 年的名单里。所以，数字文物发展战略还得进一步梳理，要收集从中央到地方、地区的保护计划和方案中的内容进一步分析、挖掘与精细规划。

## 三、数字文物发展战略的基本内容

战略内涵很是丰富，包括战略分析、规划、决策、组织文化及价值体系等。数字文物发展战略的

---

① 5G 与高质量发展联合课题组：迈向万物智联新世界：5G 时代·大数据·智能化 . P79
② https：//zhuanlan. zhihu. com/p/65008083.［2019－10－17］

主要内容包括：战略目标；技术线路；环境构建；技术规范；数据安全；数字联盟；数字人文；智慧文物；政策保障；实施步骤；未来等等（如图1），以下作简单阐释。

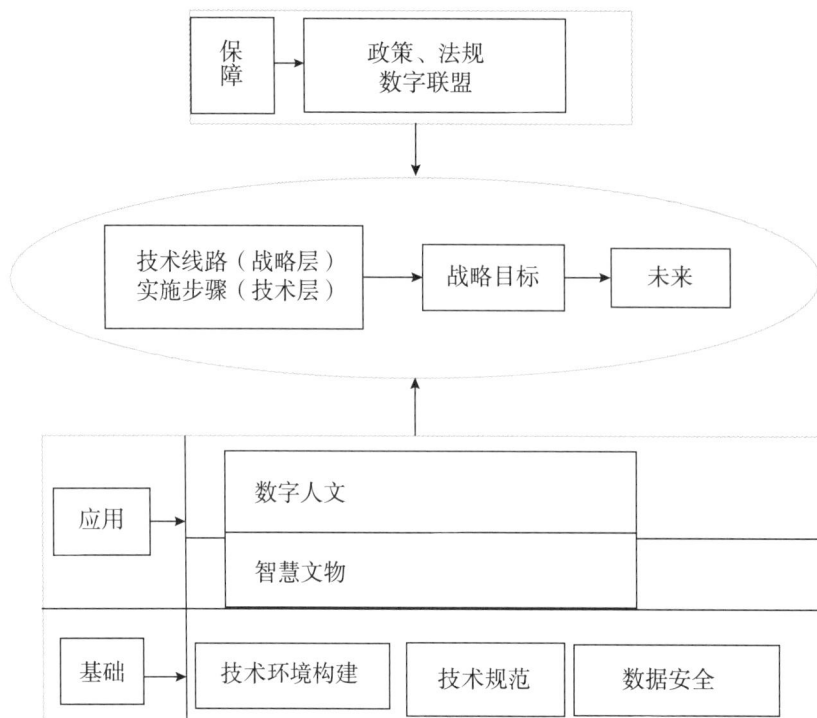

**图1  数字文物发展战略基本内容框图**

首先是目标，数字文物发展战略的总目标是把现实的文物分期、分项搬上虚拟空间，转移到云端，利用现代技术，实现数据采集、数字存储、虚拟修复、数字展示与研究等一体化保护与利用的目标。这样的总目标，要分为若干个层次、网格，逐步实现。其次是技术路线，数字文物发展战略如何走，可以利用数字地图的方式，文物知识图谱，呈现方案。战略与战术合理的分工与落实，就是技术线路的完美之时。技术是一个动态的发展过程，创新技术不断出现，摩尔定律的周期（18个月）已经缩短。其三是环境构建，具体是指数字文物的方案实施的网络环境，技术工具条件，算法的变化等技术环境，如当下逐步进入5G环境，高速摄像技术，卫星定位等，这就给数字文物发展战略提供了优越的保证条件。其四是技术规范，即是在实施数字化过程中各项技术要求，从个性到标准制定。元数据（必须的描述点和全面描述点），标准化（参数要求），适变性，可扩充，可共享性等，都是技术规范的重点。数字文物的处理过程，也像是一个文物数字"工业"化的再造过程，需要规范。一切技术行为，规范先行，很是重要。我注意到会议交流中[①]，北京科技大学遗产研究院黄明玉副教授《国家文物资源数据库数据标准之基础分析与建议》，在这方面，她们与北京大学合作，已经做了许多工作。其五是数据安全，黑客袭击越加多样化，现实对于网络环境要求更高，这也是风险管控。其六是数字联盟，一方面是数据共享，分享各领域数据"红利"，以降低成本；另一方面，也是协同作战。"众筹"共建，参与各方互相学习、信任、控制和进步。其七是数字人文，利用数据合成，呈现历史轨迹，讲

① 注：2019.11.1－2中国文化遗产研究院召开"析情探路——符合国情的文物保护利用与改革发展"学术研讨会。

好文物故事。资料显示，美国于 2006 年开发了"数字人文"项目，之后，转变成为永久性"数字人文办公室"，较早地注意到了数字技术对于人文学科的影响，把数字技术与学者的研究紧密联系起来①。其八是智能（智慧）文物，以数据的集合，数据会"思考"，让静态文物"动起来"。其九是政策保障，数字文物发展战略实施，涉及面广，跨部门，乃至跨行业，所以，需要各部门的配合与协作，迫切要求有政策上保障，包括政策指导下的法规出台。最后是实施计划，属于战略中的战术部分。战略和战术有时是有矛盾的，协调好战略与战术关系，也是发展战略中不可忽视的技术问题。如先平台建设，然后，文物项目分项建设及跨行业、跨领域的数据的采集、嵌入、导入或转换等。

一定意义上说，数字敦煌和数字故宫是战略实施的成功案例。他们的经验可以用来研究和推广应用。但是，由于数字敦煌和数字故宫对象有一定的特殊性，边界性，还不能完全覆盖本文提出的数字文物发展战略的实施对象，所以，构建数字文物发展战略还要求做前期可研。

## 四、数字技术也是一种战略资源

除了数量众多的各类文物本体之外，数字技术就是一种资源，是战略的重要组成部分。一定意义上说，数字文物是一种技术行为，数字文物发展战略是一种管理行为，数字人文是文物数字化与相关数据融合的延伸价值。面向数字技术资源，我们要关注数字文物的关键技术的动态。目前，可以简单归纳几种，即：数据的采集；元数据的规范；图像处理技术；摄影、摄像技术；GIS、GPS 技术；3D 技术、数字媒体技术、点云数据技术及其他新兴技术，等等。

数字文物，首先表现在数据的采集。在表面数字化技术中，根据测量方式的不同可以将数据采集方法分为接触式和非接触式两大类。在对文物的测量和复制中，由于文物的珍贵性，只能采用非接触式方法来获取其表面的三维几何数据，而基于光学的非接触测量方法具有无破坏性、高分辨率、数据获取速度快等优点。目前世界上最先进的光学测量技术能快速、高精度地获得被测物体表面的数据点云。基本测量原理是使用光栅投影装置投影数幅特定编码的一组光栅到待测物体上，成一定夹角的两个摄像头同步采得相应结构光条纹的变形图像，然后对图像进行解码和相位计算，解算出两个摄像机公共视区内物体表面像素点的三维坐标②。

文物虚拟修复技术主要是为了将毁坏的文物进行复原，使经过修复的文物在视觉上达到和原视图相近的效果。使用文物数字图像修复技术时约分四步走：首先，区分文物的种类，收集各种文物，最后形成文物原本的数字图像，这些可用数字图像采集技术实现。其二，分析丢失的部分，因数字图像的修复按种类的差异，因此需用不一样的修复技术来完成数字图像的修复。其三，在对文物施行虚拟修复试验的过程中，所用的算法即数字图像修复算法，最大程度的恢复文物本来的面貌，将文物的价值最大化。其四，判断虚拟修复的效果，同时还需剖析数字修复之后的效果，为文物实体的复原提供

① 贾磊磊主编. 数字化时代文化遗产的保护和展望————中美文化论坛文集. 文化艺术出版社，2010.7（P14）
② 吴小晴. 面向数字文物的逆向工程技术应用研究［A］. 晋冀鲁豫鄂蒙云贵川沪甘湘渝十三省（市区）机械工程学会2008年学术年会——机电工程类技术应用论文集［C］.

方便①。文物虚拟修复也是数字文物的价值所在。

赵棣在"基础地理信息在'数字文物'建设中的应用"一文中，介绍了基于地理信息数据对于不可移动文物的保护与管理上的支撑作用，简述了部分实施过程②。江苏省文物局与省地理信息管理中心也展开了这方面的合作与探索，在不可移动文物普查完成之后，将相关数据与地理信息数据合成，形成本地区的不可移动管理数字地图，我也曾有幸参与了部分内容的评估。

数字媒体技术，分别是触控屏、显示屏、投影系统、虚拟现实（VR）、影院系统、增强现实（AR）、数字化中控系统以及数字导览等内容。特别是增强现实技术有效展示文物效果，增强现实技术主要是以计算机技术为核心，生成多感官一体化的虚拟环境。观众在观赏文物时，只需要对相应的设备进行使用，就可以与虚拟内容进行交互，使虚拟的物体与真实的环境进行融合。

点云数据与数据传输技术。点云数据是点的集合。点云数据是通过一定的测量技术直接或间接获取，且符合刻画目标的表面特性的点集合，有人称之为继矢量、影像后的第三类空间数据。点云数据还有一大优势，即一组海量点云数据被存储在硬盘的同时，搭建点云网络服务器，可以基于网络进行实时的浏览与应用，快速、安全和方便。这方面很适合于建筑类、遗址类空间以及历史村镇的数据的传播。

从技术实践维度看，目前所见的数字文物技术探索，主要表现在可移动文物上，比较系统的、大型的遗产保护方面的案例相对较少，由于数字文物发展战略是从文物到文化遗产，战线较长，所以需要探索的内容还有许多，任务也很重。我以为，构建中可以采取分布式构建的策略。

# 五、协同——战略组织新文化

"协同"是战略组织的一种新组织文化，也是当下管理战略一个重要概念。协同作战是由于社会组织的分工，组织管理体系的不同，新的管理目标的重新确立后，需要组织调整，也欢迎跨界的合作，如此，必然产生一个协同作战的问题。协同能力，也是管理战略能否成功的关键，一种新的组织文化。

从组织上看文化旅游机构合一，也是一种适应发展的改革。文化＋；互联网＋；艺术＋，以及5G＋，等等都是一种新的模式，是一种合作与协同。当下的环境，还有一个特点是大数据，有人称之为大数据环境或大数据时代。大数据有一个著名的口号叫"羊毛出在猪身上"，一定意义上讲，这是协同产生出来的溢外效益。大数据另外一种说法是把不相关的数据，变成相关。技术上也称之为数据的分析与挖掘。这样，过去说"对牛弹琴"是"不通"的意思，今天这句话可能就"通"了，"对牛弹琴"也起作用。传统的语境环境下的许多概念，在当下已经被颠覆，这是十分值得注意的。数字文物发展战略，讲的就是互联网思维，比特思维。其实，讲"协同"也是传统语境下的话语。物联网，云计算，已经互通互联，虚拟生存，若不"协同"，那就是一种"失败"。所以，实施数字文物发展战略的内涵"协同"，是符合发展趋势的，不可阻挡。

---

① 张渲茹. 文物数字图像修复技术的研究发展 [J]. 数码设计，2017，6（09）：30＋33.

② 赵棣. 基础地理信息在"数字文物"建设中的应用 [A]. 江苏省测绘学会. 江苏省测绘学会2007年学术年会论文集 [C]. 江苏省测绘学会：江苏省测绘学会，2008：4.

讲"协同",是因为我们正处在一个转型时期,也是一个探索时期。总体上,我们不仅仅需要多部门的合作与支持(包括实体部门与虚拟平台、网络联盟),既需要技术前端的把握,也需要各专业的合作,还需要传统与现代的O2O的协同,需要今天与明天的协同。这些关键在于我们自己处在什么样的高度。

## 六、数字文物的政策与法规

政策是原则指导性的文件,法规却是用国家机器予以强制性保障的生存环境。数字文物发展需要稳定、明确的环境。国家层面,目前的信息化政策与法规,各行业出台的数字化发展纲要,两办出台的《关于加强文物保护利用改革的若干意见》都是很重要的政策文件。文物或遗产部门的管理措施中,对于数字化提出的要求,可以说也是这样一种生存环境。当然,我们更加期待符合时代步伐的更系统的新政、新规,为数字文物发展战略护航。

当下,我以为有几个方面的法规值得重视,这也是保障数字文物前行的重要的法律环境。

一是需要更加完善的数字版权的法律、法规。因为,数字文物生存的平台已经和传统的物理空间不一样,虽然,从法律精神层面观察,现在的版权法仍然有许多是适应的,但是,我们更应当看到不适应的一面。这里不仅仅是国内法,还要考虑国际法。数字平台、数字空间的一大特点在于物理边界的消亡,数字跨地区、跨国流通变得十分容易。所以,从一定意义上讲,国际法重要性要占一定份量。

二是数字产权问题。文物数字化了,有什么样的新权利?产权归属谁?价值如何评估?也是值得关心的问题。我曾经历过电子图书不作为"产权"的过程,当时,大家对于虚拟的东西,界定不清,认识层次不高,走了一些弯路。今天,我们希望实施数字文物战略之时,必须要弄清楚这个问题,要在法律层面进行思考与讨论。否则,我们花费了大量心智、资金、时间成本及机会成本等,价值在何处呢?

三是数据安全。文物数据具有类型的多样性特点,如何确保安全,这也是一个十分棘手问题。网络数据遭到攻击,已经在其它行业出现,被攻击数量有递增趋势,安全问题显然是制约发展的潜在因素。这必须从法律上和伦理上两个层面系统解决。数字文物发展,还应当从数据文化、网络文化逐步构建,打好地基。法律是刚性要求,"数字文物"的发展需要法律的支撑与保护。

四是数字遗产保护。当我们正在以数字化的形式保护与利用文物之时,同时,也产生了数字产品为对像的遗产保护新问题。前段时间,敦煌研究院和武汉大学联合举办了一个"数字文化遗产发展"研讨会,有近140名专家参会,共同讨论数字文化遗产保护与利用问题,还签署了一些合作协议。联合国科教文组织于2003年就提出了《数字遗产保护章程》,具体阐明了"数字遗产是人类共同的遗产",进一步阐明了数字遗产的"范围"、"利用";之后又阐明了"数字丢失的危险"、保护的"措施"及"责任",比较系统地作了相关规程。虽然说,今天离规定又前行了十多年,保护问题又变得更加复杂化,尤其是一些新出现的数字形式已经出现。但是,重温《章程》,感到这个章程的历史意义和现实意义很是重大的,一些原则性规范要求仍然指导着当下的保护与利用。所以,我们在规划数字文物发展战略时,要关注这个问题。

# 结　语

以上仅是提出了一个的关于构建数字文物发展战略的初步构想，并从定义、战略选择、基本内容、资源、组织、法规等方面，进行了一些思考。由于问题的复杂性，拙文只能作为抛砖引玉，不当之处，欢迎批评。

# 构建国家文物资源数据库之数据标准基础分析与建议

黄明玉

（北京科技大学）

**提　要**：本文阐述当前国家文化政策与国际文化遗产领域中关于文物资源开放获取的趋势，分析构建国家文物资源数据库建设的需求与现有数据基础，剖析当前行业领域规范与数据创建中存在的问题，并提出两点建议：国家文物资源数据库应实施标准化的文物描述元数据方案，规范文物藏品在数据结构、数据内容和数据值三个方面的数据标准；文物元数据方案的重要元素，应以受控词汇标引，以利信息的查询与利用。

**关键字**　文物资源；开放获取；数据标准；元数据；受控词汇

## 前言：构建国家文物资源数据库的政策背景

近年来，国家高度重视文物工作，其中关于构建国家文物资源数据库、利用数字化保护手段方面，国务院在陆续发布的几项重要相关指导意见中都有明确具体的要求。如《关于进一步加强文物工作的指导意见》（2016）中提出要"健全国家文物登录制度，建立国家文物资源总目录和数据资源库，推进信息资源社会共享"、"为保障人民群众基本文化权益服务"；在 2018 年《关于加强文物保护利用改革的若干意见》中则提出"建立文物资源资产管理机制"；"完善常态化的国家文物登录制度，建设国家文物资源大数据库"。另外在《关于实施中华优秀传统文化传承发展工程的意见》（2018）中，也提出"实施中华文化资源普查工程、构建准确权威、开放共享的中华文化资源公共数据平台"与"建立国家文物登录制度"。在遵循国务院指导意见下，国家文物局于 2018 年也发布了《加强可移动文物预防性保护和数字化保护利用工作的通知》，明确指出"数字化保护利用是提升文物保护利用水平的重要基础手段，要高度重视有关标准、技术的研究、应用和推广"，以及要"利用现代信息技术，系统完整保存文物及相关信息"。上述政令与要求可以说将国家文物资源数据库建设以及博物馆等收藏机构实践文物藏品开放获取的工作提上议事日程。本文拟从文物数据标准的角度出发，分析目前文博领域已完成的相关标准与工作成果，并就国家文物资源数据库在开放、准确、权威、共享等指标的专业需求尝试提出建议。

## 一、文物信息开放获取的概念与趋势

自 2002 年《布达佩斯开放获取倡议》（Budapest Open Access Initiative）发布以来，引发了诸多文化与知识社群广泛讨论此一议题或开始研拟相关举措。2003 年《关于自然与人文科学知识开放获取的柏林宣言》（Berlin Declaration on Open Access to Knowledge in the Sciences and Humanities），进一步提出互联网语境对知识传播的意义，认为互联网彻底改变了科学知识和文化遗产的传播，为今日全球性、交互式展示包括文化遗产在内的人类知识，为保证世界范围内开放获取这些知识提供首次机会。在柏林宣言中，知识机构包括研究机构和现今经常合称 MLA（博物馆、图书馆、档案馆）的文化遗产机构，提出应采用传统方式，并遵照开放获取的范式，促进利用互联网传播知识的新的可能性；开放获取的出版物包括原创科研成果、原始数据和元数据、原始资料、图片和图像材料的数字表达以及多媒体学术材料。柏林宣言影响所及，使得世纪初以来国外博物馆实践文物藏品信息开放获取的趋势也方兴未艾，如荷兰阿姆斯特丹博物馆 2013 年推出 Rijksstudio 项目①，是全球博物馆界首家完全开放图像和版权的应用系统，其中包含该馆藏品两万五千多张高清图像资源，前馆长温姆·派珀斯（Wim Pijbes）即表示该项目的实施是基于互联网的"共享"时代精神。随后，美国纽约大都会艺术博物馆（Metropolitan Museum of Art）、克利夫兰美术馆（Cleveland Museum of Art）、台北故宫博物院等著名博物馆也逐步开放藏品数字影像供免费下载使用。许多博物馆均制定了相关政策，信息化、数字化和藏品信息可获取性的实践成为博物馆日常业务的重要组成部分。前述国家文物资源数据库建设以及"准确权威、开放共享"的要求，正呼应了国际领域对于文化遗产事业可持续发展、博物馆应在品质教育与文化平权方面发挥作用等趋势。

我国文博领域面对信息时代公众对博物馆的需求，以及互联网提供的机遇与挑战，相关从业人员应体认到自身机构对于信息开放负有责任，应对信息获取和用户需求提供相关服务与内容，进一步在专业社群中对于上述任务达成共识，并就国家文物资源数据库的专业内容需求提出具体建议，以符合构建"准确权威、开放共享"的国家文物数据库的目标，并反映博物馆作为知识生产、知识传播的专业角色。

## 二、文物数据标准：现有规范和需求的差距分析

在国家文物数据库的规划建设过程中，由专业文博机构提供、按数据标准建立的文物藏品信息，是保证信息权威性的前提，这也要求文博机构本身要根据这样的需求形成相关的策略和工具。良好的文物展示信息需要在后台数据库系统创建结构化的文物描述元数据作为支撑，需要规范化的元数据结构和标准术语标引，才能提供高质量的文物信息给用户。"标准化"规范在其中扮演核心角色，对于

---

① rijksstudio 项目网址 https：//www.rijksmuseum.nl/en/rijksstudio? ii = 0&p = 0&from = 2020 – 02 – 24T19% 3A10% 3A55. 9504307Z 浏览日期 2020 年 3 月 4 日.

保持文物信息的一致性、改善内容管理、减少重复工作，以及有效检索和数据共享，发挥着关键作用。

文物数字化生命周期需要不同类型元数据发挥不同功能，基本可分为管理、描述、保存、技术、使用五种类型的元数据，其定义见下表 1 所示①。其中，和文物藏品的信息内容直接相关的是"描述元数据"，其中的内容可能包括：由原始元数据创建者和系统产生的元数据、呈报信息打包的元数据、编目记录、检索工具（Finding Aids）、版本控制、特殊索引、研究信息、资源之间的链接关系、元数据创建者和其他用户所做的描述、注解和校订等等。

表 1 数字文物生命周期不同元数据种类与定义

| 元数据类型 | 定义 |
| --- | --- |
| 管理元数据 | 用于管理藏品和信息资源的元数据 |
| 描述元数据 | 用于识别、鉴定和描述藏品及相关可信信息资源的元数据 |
| 保存元数据 | 和藏品及信息资源保存管理有关的元数据 |
| 技术元数据 | 与元数据系统功能如何表现有关的元数据 |
| 使用元数据 | 和藏品、信息资源使用的程度与类型有关的元数据 |

描述元数据标准包括规定聚集文物信息种类的数据结构标准、规定如何描述文物的数据内容标准，以及如何为文物信息项提供术语的数据值标准。数据结构标准应当简洁但能充分揭示文物特征，例如国际博物馆协会（ICOM）采用的 ObjectID 标准，其组成为 9 项元数据加上图片和描述，已包含能准确辨识物件区别于其他物件的大部分信息②；数据内容标准则是针对建立符合专业内容品质及数字化工作著录需要的指导原则，例如某些元素的定义包括哪些范围，须配套元数据标准实施；数据值标准作用是采用受控词汇为元数据元素提供标准数据值，以使不同编目人员采用一致的语境登录文物信息。

回顾我国博物馆信息化建设的历程，通常以 2001 年开展的"文物调查及数据库管理系统建设"项目作为标准化工作的探讨起点。当时发布有《博物馆藏品信息指标体系规范》（试行），以及配套的《博物馆藏品信息指标著录规范》）、《博物馆藏品声像信息指标规范》（试行），指导了许多博物馆信息化初期的工作。2008 年文物保护标准委员会发布《馆藏文物登录规范》（WW/T0017），给出文物藏品登录的标准，但仅就内容做出规定，和藏品记录建档管理数字化工作的标准化未能有机互补。2007年和 2012 年分别开展的第三次全国文物普查（针对不可移动文物）和第一次全国可移动文物普查均出台了相关规范，指导完成了全国范围内数量巨大的文物普查统计工作。上述标准规范落实在实际操作层面上的问题，是信息指标项缺乏对文物个性化特征的有效揭示，在信息著录规范方面又过于简单，无法指导构建有序化的信息内容；尤其在数据值方面，文物数据录入工作由于一直以来缺乏标准术语而导致文物信息缺乏一致性、检索利用率低下③。

---

① Gilliland, A. J. Setting the stage. In M. Baca ed. Introduction to Metadata（3rd Edition）. L. A.：Getty Research Institute，2016：12.

② http：//archives. icom. museum/object – id/checklist/chinese. pdf.

③ 全国馆藏文物名录检索地址 http：//gl. sach. gov. cn/collection – of – cultural – relics/，检索日期 2019 年 11 月 1 日。

　　这些问题的存在导致国内现有相关文物描述数据标准对于未来国家文物资源数据库建设而言尚未能直接应用，应针对国家级数据库发展其适用之元数据方案。下表 2 以盖蒂研究所（Getty Research Institute. GRI）发布的元数据标准"文物名称规范档"（Cultural Objects Name Authority，以下简称 CONA）之核心元素映射《博物馆藏品信息指标体系规范》信息项（即元数据方案），说明目前我国文博系统普遍采用的数据结构标准存在之问题①。CONA 之性质原为文物名称规范档，即收录文物名称同义词之规范词表，为使该词表具有更丰富之文物信息内容，盖蒂词表项目组为 CONA 词表设计了 11 个核心元素，简洁但已涵盖关键信息项，适合作为发展国家文物资源数据库之元数据方案之参考。

表 2　第一次全国可移动文物普查信息项与 CONA 核心元素之映射

| CONA 核心元素 | 博物馆藏品信息指标体系规范相关元素 |
| --- | --- |
| 编目层级* | |
| 类别* | A02 类别* |
| 作品类型* | |
| 名称* | A01 名称 |
| 创作者* | A13 题识内容 |
| 创作日期 | A03 年代 |
| 风格/时代/文化* | A03 年代* |
| 一般主题* | |
| 目前位置 | B02 入馆 |
| 量度 | A16 计量 |
| 材料与技术* | A06 质地 A08 工艺技法 |

（注：标＊号表示该元素以受控词汇标引该元素数据值）

　　从表 2 之映射情况看来，仅和 CONA 对比即缺乏编目层级、作品类型、主题三个重要元素。编目层级在表明该项文物记录的对象的性质和体量，例如一卷或一套、一个单体建筑或建筑群等；作品类型则可通过标准术语避免各不同机构可能因为分类方法不同而将同类型文物归类为不同类别的问题，达到概念的表述一致；主题则可作为关键词的作用收录对象文物区别于其他文物之主题特征概念。在元数据方案的基础上，我国在文物名称规范和受控术语方面也需要进一步建立规范，例如文物名称规范应收录文物的不同名称（包括曾用名、外文名称），应建立文物描述

---

① 此处采用 2001 年发布之试行规范进行比较原因有二：一为该元数据结构在施行"文物调查及数据库管理系统建设"项目中，有许多博物馆采用，具有较多的成果基础；二为 12－16 年施行的"第一次全国可移动文物普查"虽规定有 14 个必填指标项，但其中能揭示文物特征的元素不足，而能充分反映文物特征的多列在附属信息项，然经过调研，基本所有博物馆为在时效内完成普查要求，均只填写了必填指标项。

术语、文物创作者人名规范等受控词汇表，以利用户根据其他文物信息来源检索国家文物数据库资源。

## 三、博物馆藏品数据和文物普查成果分析

我国博物馆藏品数据之信息化内容基本由三方面组成：1. 馆藏品管理系统；2. 根据"文物调查及数据库管理系统建设"项目建设的"馆藏珍贵文物数据库"成果，以及 3. 全国第一次可移动文物普查成果。在藏品管理系统方面，目前我国 5000 多所博物馆之藏品管理系统建设情况良莠不一，许多大馆已开发有根据自身需求量身定制之管理系统，甚至制定了元数据规范，而尚未建立藏品管理系统的博物馆也所在多有。多数博物馆的藏品信息化现状是将过去藏品记录的纸本内容输入计算机，未进行数据标准化处理。"馆藏珍贵文物数据库"包含藏品信息指标群（20 项元素）、管理工作信息（11 项元素）和藏品文档信息、研究论著信息与声像资料信息（3 项元素）。全国第一次可移动文物普查之成果，经调研了解多数博物馆仅完成 14 项必填指标项。此外，各博物馆之纸本编目档案以及曾举办之重要展览图录，也可视为重要的藏品数据基础。

在数量方面，我国于 2012 – 16 年实施的全国第一次可移动文物普查，统计全国国有可移动文物共计 10815 余万件/套，按照普查标准登录文物完整信息的为 2661 万件/套，（实际数量 6407 万件）。亦即，具有相对完整数据的约占统计数据的 24.6%。然在已公布之全国馆藏文物名录中，仅见开放 5 个检索字段（名称、登记号、博物馆、年代、省份、类别）提供用户检索，且无文物图片[①]，此一部分数据或有待从博物馆方再次优化进而转化使用。

根据上述文物数据标准需求，国家文物资源数据库应先建立描述元数据方案（应兼顾可移动和不可移动文物之需求），其元素可以先和已完成实施的第三次全国文物普查和第一次可移动文物普查之信息指标项进行映射，再根据具体需求制定元数据方案和配套之著录规范。在过去博物馆相关工作人员完成的成果基础中，调研发现由于缺乏数据值规范，仅在文物名称一项中就出现诸多问题，如一件文物在不同图录中名称或有不同、图录文物名称与馆藏系统中名称或有不同，文物名称可能存在简繁体或外文名称、文物外文名称翻译规范问题，馆藏文物数据可能存在部门不同步、编号不一致的情况，或馆藏文物数据以 Excel 表格管理、未与图片关联等。而其他如文物类型、材质、技法、主题等元素也需要采用标准术语来统一表述概念，故应发展、采用相关主题词表进行标准数据值的标引，如文物名称中的时代、材质、器形、特征等信息，以及收藏地点、类别等信息。

## 四、文物描述元数据方案示例与建议

本节采用盖蒂研究所 CONA 元数据方案，以首都博物馆文物"伯矩鬲"为例说明元数据方案和标准数据值的应用形式，并对比可移动文物普查数据呈现结果形式，见表 3。

---

① 全国馆藏文物名录检索地址 http：//gl. sach. gov. cn/collection – of – cultural – relics/，检索日期 2019 年 11 月 1 日。

表3　以 CONA 元数据方案编目伯矩鬲示例及普查数据对比

| CONA 元数据方案 | | 可移动文物普查数据 | |
|---|---|---|---|
| 数据结构 | 数据值 | 数据结构 | 数据值 |
| 名称 | 伯矩鬲 | 名称 | 伯矩鬲 |
| 编目层级 | 单件 | 普查编号 | 11010221800 |
| 类别 | 铜器 | | 03710475624 |
| 作品类型 | 铜器 容器 祭器 | 单位名称 | 首都博物馆 |
| 出土地点 | 北京房山琉璃河镇黄土坡村 | 行政区划 | 北京市西城区 |
| 出土时间 | 1974 | 年代 | 西周（前 1046 – 前 771） |
| 创作者 | 伯矩 | 类别 | 铜器 |
| 创作日期 | 西周 | 级别 | 一级 |
| 风格/文化 | 西周早期 | 质地 | 铜 |
| 主题 | 牛 三足 束颈 鼓腹 夔纹 鳞纹 平雕 浮雕 圆雕 牛首兽面纹 写实风格 力量 祭祀 伯矩 戊 | 尺寸（cm） | 高 30.4，口径 22.8 |
| 目前位置 | 首都博物馆 | | |
| 量度 | 高 30.4cm 口径 22.8cm | | |
| 材料与技术 | 铜 铸造 | | |

（图片来源：首都博物馆）

　　根据表3采用的 CONA 元数据方案，核心元数据中的编目层级、作品类型、主题、技术等元素都能进一步揭示文物的独有信息，就检索而言，能满足用户较为广泛的知识或研究需求。其中"名称"可收录文物在不同载体和出版物中的所有中、外文名称，"类别"则依照博物馆本地分类方案著录填写，以和本地记录保持一致。核心元素（标粗体字段）均以标准术语（受控词汇）标引数据值，在系统中可以使用受控词表关联同义词和相关概念。受控词表应按学科领域的标引需求分不同词汇类型建立，文物领域词表通常有通用术语、人名、地名、文物名称、图像学概念等，也能更细分为物件类型、事件类型等，是视需要建立而能弹性应用的技术工具。

　　另一方面，国家文物资源数据库要考虑文物藏品信息开放的呈现机制，以用户的角度考虑信息提供的方式、内容和便利性。好的文物信息获取界面应提供用户足够的信息，协助用户使用整合博物馆资源线上发布的数据库前端，并提供充分的数字图档和元数据，也要考虑数据的呈现方式。例如整合欧洲文化艺术资源的欧洲数位图书馆 Europeana，首页提供多种语言和主题选择，可按图像、音像记录、文本、3D 物件等资源载体选择或不分项选择；在进阶检索条件中设置特殊主题筛选（如 1914 – 1918、考古、艺术、时尚等）、藏品资源类型筛选（如工业遗产、手稿、地图、音乐、自然史、报纸、照片等）、用户使用权利类型（例如是 CC0 协议免费使用或有其他限制），以及资源来源国家或机构等。所有这些获取（access）条件的设置和应用，除了后台数据库中采用的资源本体 EAD（Europeana Data Model）的整合和链接作用，也有赖于合理的元数据方案和术语支撑。

## 五、结语

　　诚如学者庄颖在分析荷兰国立博物馆在开放获取工作成功之道的相关论述中所言，"前瞻性的藏品信息、数据管理策略及与之相匹配的组织架构是保证数字化工作高效开展且具有整体性和可持续性的关键所在"，而数字化工作中所体现出的大局观和服务意识亦是核心竞争力所在；藏品管理系统中信息全面、完成度高且更新及时，考虑对外展示及数据可视化效果等做法，均可为我国进行相关工作作为重要参考①。

要构建准确权威、开放共享的中华文化资源公共数据平台，藏品数据标准是对国家文物资源数据库的支撑和保障。目前，我国各博物馆的藏品信息以及普查的文物信息对于元数据标准的使用尚未规范化，建议在未来国家文物资源数据库的建设中，检视过去国内相关工作在规范和实施成果中存在的问题，在已有的博物馆藏品数据和数字化建设成果的基础上，根据国家文物资源数据库的数据需求，采用元数据标准的工作方法，标准数据值标引文物信息，以利用户检索使用文物信息和馆际数据交换共享。建立适用于我国文博领域、规范的文物描述数据标准和发展文物领域规范词表，对于推动我国文物登录、数据库建设和社会服务工作具有不可替代的支撑作用。

---

① 庄颖. 对博物馆数字化建设可持续性的重估和反思－荷兰国家博物馆交流见闻. 载于中国对外文化交流协会, 2019. http：//en. chinaculture. org/cica/cn/2019－03/08/content_ 1361682. htm.

# 新中国文物利用理论与实践的探索

李宝才

（河北省文物局）

**提　要**：新中国一建立，党和政府即将文物保护与利用列入国家日程。但是早期保护以抢救为主，早期利用以发挥文物的教育和宣传作用为主，经济方面，文物出口贸易为国家发展创汇做出了重要贡献。改革开放尤其是文物法出台和不断修订过程中，探索文物多种利用方式的理论与实践不断深入，新一届中央领导更是将文物利用放在传承弘扬中华优秀传统文化、提高国家文化软实力的高度予以重视，近年来若干新政策的出台和实践探索，使文物工作正在向文物的保用并重之路前进。

**关键词**：文物利用；文物外贸；合理利用；让文物活起来

党的十八大以来，习近平总书记站在传承弘扬中华优秀传统文化、提高国家文化软实力的高度，提出了让文物活起来、让文物说话的新要求，将文物利用工作提到了一个前所未有的高度。

从新中国诞生至今，国家文物事业发展中的文物利用理论和实践在不断的发展和完善，大体经历了初始期、理论探讨期、理论认同期和全面发展期的认识实践过程，伴随着新中国走过了七十年。

## 一、初始期（1949 年 – 1977 年）

解放初期，国家文物保护管理基础十分薄弱，而且面临各种破坏文物的严峻形势。新中国一成立，中央人民政府和有关部门就制定法令，制止文物破坏。1950 年 5 月 24 日，中央人民政府政务院颁布的第一个文物保护法令就是《禁止珍贵文物图书出口暂行办法》。6 月 16 日，接着又发布《古迹、珍贵文物、图书及稀有生物保护办法》、《古文化遗址及古墓葬之调查发掘暂行办法》。到了 7 月 6 日，又发布《关于保护古文物建筑的指示》。这些法规性的文件，对制止各种文物破坏起到重要作用，保护了大量文物。

在进行文物保护的同时，利用文物为国家建设服务，教育群众的观念初步形成。《关于保护古文物建筑的指示》中要求：凡因事实需要，不得不暂时利用者，应尽量保持旧观，经常加以保护。首次在中央人民政府的法规性文件中出现文物"利用"二字。这里的利用显然是指对文物类别中古建筑的利用，证明新中国的中央人民政府一建国就开始关注文物利用工作。1950 年 11 月 27 日，文化部在《对地方博物馆的方针、任务、性质及发展方向的指示》中明示：博物馆事业的总任务是进行革命的爱国主义的教育。通过博物馆使人民大众正确地认识历史，认识自然，热爱祖国，提高政治觉悟与生产热情。《古文化遗址及古墓葬之调查发掘暂行办法》也谈到了出土文物及标本在研究完毕后，送中央或地方博物馆公开展览，以供全国人民及学术界之观览及研究。可见，可移动文物在教育及研究功能上的巨大价值同样引起了中央及有关部门的关注。

随后的 1961 年，国务院颁发了《文物保护管理暂行条例》，其中规定：核定为文物保护单位的纪念建筑物，或者古建筑，除可以建立博物馆、保管所或者辟为参观游览场所外，如果必须做其他用处，应由主管的文化行政部门报人民委员会批准。该《条例》是中央人民政府从行政法规的层面给利用不可移动文物开了个小口，比 1950 年的"不得不暂时利用者"的提法前进了一步。

由于解放初期，国家经济状况不佳，没有更多的钱用于修缮古建筑等不可移动文物，这一时期文物利用的实践，主要体现在利用馆藏文物展开教育研究和利用流散文物（社会文物）出口创汇两方面。

1953 年，国民经济第一个五年计划开始实施，全国掀起了工农业生产的高潮，建设生产中不断发现地下文物。利用出土文物和革命文物对群众进行历史唯物主义、爱国主义和革命传统教育成为热点，各种展览相继推出。1954 年 5 月 21 日，文化部在故宫午门城楼举办《全国基本建设工程中出土文物展览会》陈列文物 3760 件，展期近半年，观众达 17 万余人，毛泽东主席两次参观展览。[1] 展览起到了良好的社会效益，仅 1957 年，全国的 73 个博物馆举办展览年接待观众 1200 万人次。[2] 为了利用文物展览教育基层群众，1958 年 3 月，河北省博物馆在邯郸地区各县、市的厂矿企业举办《革命文物流动展览》，行程一千七百余里，观众多达 6 万人。同年 5 月至 8 月，该馆又先后在唐山、秦皇岛、张家口等七个市镇，举办《历史文物巡回展览》，观众多达 25 万人。这一时期的陈列展览大多是利用新中国成立后人们在工农业生产中发现的历史文物举办的文物展览、战争年代革命题材教育展和新中国工农业发展成就展以及英雄模范人物事迹作为展览内容。这些展览极大地激发了人民群众为建设社会主义新中国的热情，为当时的社会经济发展和文化的繁荣贡献了力量。[3]

解放初期，国家禁止重要文物出口，但并未停止一般历史文物出口，利用文物换取外汇成为此时文物利用的有限途径之一。为此，在 50－70 年代，国家制定了若干文物出口鉴定和文物商业管理的文件。1974 年，国务院批转外贸部、商业部、文物局《关于加强文物商业管理和贯彻执行文物保护政策的意见的通知》，提出了："少出高汇、细水长流"的对外文物商业方针。这种利用是直接换取外汇，支持国家经济发展，利用文物传播中华文化并不是目的。

在文革前的 17 年，工农业生产建设不断，各种政治运动频繁，虽然国家已经注意到了文物利用的问题，但没有成为主要关注对象，也没有成为文物工作对标提质的中心任务，更不是普通百姓常挂嘴边的热门话题。

1966 年文革开始，文物事业受到冲击，文物保护工作一度中断。运动初期，文物被当作四旧受到巨大冲击，文物损失极其严重。此时此刻，国家和文物工作者基本没有更多的时间考虑文物利用。但

---

[1] 李晓东《中国文物学概论》河北人民出版社，1990 年 2 月，第 342、343 页。
[2] 王宏均主编《中国博物馆学基础》，上海古籍出版社，1990 年，第 120 页。
[3] 李宝才《奋斗结硕果 扬帆再起航——新中国成立 70 年河北博物馆事业发展综述》。《文物春秋》2019 第 5 期，第 4 页。

是，文革期间意外发现了满城汉墓、山东临沂银雀山汉墓、马王堆汉墓、睡虎地秦墓等，出于政治需要，出土的大量文物被用来进行阶级教育，从一个侧面彰显了文物的利用价值。1974 年 8 月 8 日，国务院《关于加强保护文物工作的通知》中指出："利用文物保护单位、考古发掘现场和历史文物，揭露批判孔孟之道和林彪的反革命修正主义路线，驳斥苏修社会帝国主义对我国历史疆域的反动谬论，初步取得了较好的效果。"利用文物在文革中被提及，当然这种利用是从阶级斗争和路线斗争的角度出发，丝毫没有从弘扬中华传统文化的角度考虑，这种状况一直持续到 1976 年文革结束。

总之，这一时期，文物利用概念已经形成，但国家和相关部门对文物利用的认识上仅仅停留在直接利用和经济利益的考量。这种"利用"显的十分被动，以至于在一些重要文件中出现了"不得不暂时利用"的语句。从文化战略上主动、开放、有意识的开发利用文物的价值为文化建设服务并不在政府和有关部门重点考虑范围。其原因是文物工作的主要矛盾并没有解决，文物面临人为和自然的破坏长期存在，保护文物始终是文物工作的重点。同时新中国的经济状况也限制了文物利用工作的开展。1950 年，国家文物局用于全国文物保护的资金只有 84 万元，面对一个历史悠久的泱泱大国，一年几十万的文物保护资金无异于杯水车薪，用于文物开发利用的经费就更加无从谈起，因此这一时期文物利用实践活动开展的十分有限，效果不明显，理论研究寥寥无几，这种状况一直延续了近 30 年。

## 二、理论探讨期（1978 年 – 2001 年）

1978 年，党的十一届三中全会召开，国家实行改革开放，文物事业进入二十多年的恢复发展阶段，文物利用工作逐渐引起了国家领导、部分专家学者和社会的关注。

改革开放初期，人们把主要精力放在经济建设上，如何利用文物为国家经济发展做贡献摆在了面前。中国改革开放后，大量境外游客来到中国，旅游业生机勃勃，利用可移动文物的一般历史文物出口和增加外宾供应成为文物部门新时期总任务的一项重要工作，解放以来执行多年的文物创汇任务迅速扩大和加强。1978 年 10 月 18 日，国家外贸部、商业部、国家文物局下发《关于进一步贯彻国务院文件的几点补充意见》，要求全国各地尽快设立文物商店，大量征集和收购文物，除珍贵文物提供博物馆外，乾隆六十年以后，价值一般的文物可以大量提供给外贸出口，争取外汇。同时还要求加强文物复仿制工作，增加创汇途径。1979 年 7 月 30 日，国家轻工部和国家文物事业管理局发出了《关于搞好古代文物复制仿制工作有关问题的通知》，要求在对外开放游览区生产出更多的适销对路为外国游客欢迎的文物复仿制商品。这是国家部委较早涉及文物开发创意产品的一个文件，要求文物部门提供文化元素为工艺美术等部门复仿制文物提供方便。这个文件的一些原则和规定对后来文化产业开发和文化创意产品文件产生了影响。此时文物利用瞄准的主要是旅游市场中的外贸收入，以外籍人群为主。不过，由于出口量大，国内存量急剧减少，极有可能造成近二百年来某些文物的断档和历史空白，不利于乾隆六十年以后的一般文物的保护。为此，国务院在 1981 年 1 月 15 日批转了国家文物事业管理局《关于加强文物工作的请示报告的通知》，对文物出口政策作出调整，强调仍然坚持"少出高汇，细水长流"的方针，逐步减少向国外市场批发，控制外宾供应，加大文物复制品的外销，减少文物真品出口，同时增加国内零售。1987 年 6 月 18 日，国家文物局制定了《文物商店向国内群众销售文物试行办法》要求适应国内各界人士鉴赏与收藏文物的需要。不过因为是刚刚改革开放，文物出口外销效益好，国家的这个文件以及后来的几个文件均执行的十分有限。到了九十年代中期以后，国家经济形势好转，外汇储备增加，国家已经不需要通过出口文物赚取外汇，同时一些国营文物商店经营不灵活，货源枯竭、国内购买力逐步增强等原因，使得利用文物出口赚取外汇的情况得到有效缓解。不过，改革开放初期，利用一般文物外销创汇，为国家的经济建设做出了不小的贡献。

1982 年 11 月 9 日，新中国第一个有关文化方面的法律《中华人民共和国文物保护法》经第五届全国人大常委会通过。其中规定：核定为文物保护单位的属于国家所有的纪念建筑或者古建筑，除可以建立博物馆、保管所或者辟为参观游览场所外，如果必须作其他用途，应当根据文物保护单位的级别，由当地文化行政管理部门报原公布的人民政府批准。这一条告诉人们，各级文物保护单位应当尽可能用于文化用途，如果用于"其他用途"应当符合文物保护单位的文化属性和特点，必须是合理利用，否则将不予批准。这一规定吸收了 1961 年《文物保护管理暂行条例》的一些内容，后来又被 2002 年的《文物保护法》全面继承。首次从法律上确立了文物利用的合法地位，只是没有直接把文物"利用"二字明确写入该法。

几年的改革开放，国家的经济形势得到改善，社会形势有所变化，文物在旅游等行业的价值逐渐显现。此时一些专家学者开始探讨利用文物服务社会发展的理论问题，例如 1986 年王世仁先生撰文，提出了对古建筑要"积极保护，保用结合；全面规划，区别对待。"从古建筑的保护与利用的关系，辩证地分析了文物的保护和利用。[①] 1988 年荣大为先生也撰文提出：依照"科学保护、合理利用"方针制定的文物保护规划本身，既是一种具有现实意义和长远历史意义的综合科学，也是有效保护文物的重要手段。他说：注重文物自身社会效益的发挥，是文物保护规划的核心内容。[②] 文中较早谈到"合理利用"，而其中"注重文物自身社会效益的发挥，是文物保护规划的核心内容"的表述，从一个侧面论证了文物保护是前提，文物利用是目的的辩证关系。

此时，文物利用问题逐渐引起国家的重视。1987 年国务院在《关于进一步加强文物工作的通知》中要求充分发挥文物作用，将保护文物和发展旅游事业很好地结合起来，互相促进，共同发展。改革开放以来首次在国务院文件中出现文物"利用"二字。明确"要利用祖国文物，开展国际文化交流，增进我国和各国人民之间的相互了解和友谊。"。

可见，此时的文物利用已经明显不同于 1970 年代以前的文物利用，开始探讨由被动变主动的新思路，提倡走出去主动而为，发挥文物的传播力和影响力。

到了 1992 年，李瑞环同志在全国文物工作会上作了题为"保护为主，抢救第一"的讲话。尽管讲话突出了保护和抢救文物的主题，但在开篇讲到了中国古代文化对世界的影响，指出："利用文物资源，吸引海内外游客，是发展我国旅游业的一大特色和优势，也是开展国际文化交流的一个重要方面，通过举办文物展，经营文物商店，发行文物图书，提供参观服务等活动"，这里谈到了发挥利用文物资源的优势，传播中国古代文化的几个途径。同时他还对文物保护和利用的关系进行了辩证的论述，指

---

① 王世仁《新形势下古建筑的维修与利用问题》，《文物工作》1986 年第 2 期，第 22 页。
② 荣大为《试论制定文物古迹保护利用规划的几个问题》，《文物工作》1988 年第 4 期，第 14、15 页。

出："强调把保护放在首位，并不是否定文物的合理利用。从一定意义上讲保护文物的目的最终还是利用。实践证明，合理、适度、科学的利用，不仅不会妨碍保护而且有利于保护"。把保护和利用的关系看成了相互促进相互推动的统一关系，而不是相互制约，相互矛盾的对立关系。把文物利用看成是文物保护的最终目的，将文物利用的重要性提高到了新高度。同时李瑞环同志从国家领导人的高度提出了："在改革开放的形势下，把文物事业搞得更活一点，大有文章可做，要大力加以研究。"可见，让文物事业活起来已经引起中央领导的重视，也为今天"让文物活起来"的理论提供了借鉴。会上，国务委员李铁映同志在讲话中把文物利用作为文物保护的一个问题，进行了重点论述，指出：如何利用文物，要解放思想。利用得好，就保护得好，利用得差，保护也难以做好……，充分发挥文物的社会效益，获得必要的经济效益来造福于民。

三年后的 1995 年，李铁映同志在全国文物工作会议上提出了"有效保护，合理利用，加强管理"十二字指导想想。指出："保护利用是文物工作的两项根本任务"将文物利用放到了与保护同等重要的地位。并对文物"利用"进行了解读，指出："我们所讲的"利用"主要是指在充分肯定文物所拥有的科学、艺术和历史价值的基础上，发挥其文化教育作用、借鉴作用和科学研究作用"，利用的方式中谈到了开辟旅游参观点、举办展览、进行国际合作交流，组织专题旅游，出版书籍、图册和音像制品，制作文物复仿制品，开发纪念品等，提出了文创产品开发和文物活起来的途径和方法，进一步从国家层面对文物利用的涵义、以及如何利用进行了诠释。

为了落实中央文件和国家领导人的讲话，探索文物利用的新思路，进行合理的开发利用，全国各地结合本地文物资源的实际进行了大胆尝试，河南安阳为了把殷墟建设成"殷商文化园"，在宫殿区复原了几座宫殿和妇好墓，依照妇好墓出土文物复制了一批石雕，建成了殷墟博物馆。郑州市用三年时间建成旨在保护商城与开发利用相统一的大型露天遗址博物馆"都园"。河南渑池县投资 600 万元开发利用仰韶村文化遗址，在遗址外建博物馆及仰韶模拟村，再现历史生活原貌。河南偃师市政府在尸乡沟商城建设了遗址公园。

## 三、理论认同期（2002 年 – 2012 年）

上世纪九十年代末，李岚清同志在国务院分管文物工作，对几年来文物利用的理论探讨进行了全面总结，深刻阐述了文物保护和利用的关系。他在 2002 年 12 月 20 日召开的全国文物工作会上讲话指出：要在有效保护的前提下实现对文物的合理利用……保护文物和利用文物是相辅相成的。只有有效地保护好文物，才能为合理利用创造必要的前提，而合理的利用又能促进对文物的有效保护。合理利用文物不仅不妨碍文物的保护，面且利于促进保护……在利用文物方面，要有科学的态度，既不能只讲保护不讲利用，也不能急功近利、竭泽而渔，关键是利用要合理……要通过加强管理，实现对文物的有效保护和合理利用。要确定合理利用文物的内涵、途径、手段和办法，努力实现文物的永久保护、永续利用。[①] 李岚清副总理的总结观点得到普遍认同，文物保护和利用关系已经彻底明确，一个时期

---

① 李岚清《认真学习贯彻十六大精神，努力开创文物工作新局面》，《文物保护法指南》第 6、7 页，《中国城市出版社》2003 年。

以来文物保护与利用关系问题的争论基本尘埃落定。

同时，李岚清副总理讲话中对"保护为主，抢救第一"的"八字方针"和"有效保护，合理利用，加强管理"十二字的指导想想进行整合，形成了"保护为主、抢救第一、合理利用、加强管理"的十六字方针，写入了 2002 年修订的文物保护法。

将文物"利用"写入法律，是经过新中国五十年的文物利用理论探讨与实践经验总结的结果，把文物"利用"提升到了法律层面，确立了它的法律地位，体现了国家对文物利用的高度重视，成为后来国家文物工作重点任务之一，为让文物活起来和文创产品的开发奠定了坚实的法律基础。

由于法律地位的明确，文物利用开始依法开展。广州市三元里人民抗英斗争纪念馆先后接待多批驻港部队官兵、全国劳模以及港澳台同胞、部队、学生。同时利用文物举办高质量的精品展览，满足群众的精神文化需求，提高全民素质，实现教育功能，提出了"让文物说话"。① 故宫、国家博物馆以及部分省级大馆举办涉外展览，扩大中华文物影响力，国家博物馆举办了赴美《丝绸之路展》、赴澳门和香港《留学生展》、《中华人民共和国国旗、国徽、国歌展》、《历代妇女形象服饰展》、《美食配美器》、赴非洲埃塞额比亚《中非友好合作成果展》、赴日本《长崎孔子庙中国历代文物展》、中法文化年《景德镇瓷器展》、《东方暨白——二十世纪中国绘画展》。这些展览将中国的古老文明与现代风貌展现给全世界，扩大了中华文化的对外影响。

尽管此时对于文物保护和文物利用的关系已经明确，而且各级领导、文物界和社会对文物利用取得了共识。但这一时期的文物利用的实践与国家的要求和人民的期望仍有一定距离。分析原因包括。解放以来，我国几十年文物机构设置中，无论文物行政部门，还是专业的文物事业单位，鲜有文物利用开发部门的设置。文物机构的内设部门除了一个综合部门办公室外，主管业务的只有两大块，文物和博物。国家文物局设文物保护司和博物馆司，省级的文物行政部门设文物保护处和博物馆处。文物部门的中心工作主要围绕地上、地下文物的保护以及博物馆和社会文物（以往的流散文物）的管理展开。人才选择上，主要选择考古、历史、文学、美术等专业背景的人员。很少有学经营和商业、利用开发人员引进到文物部门。即使在改革开放初期，部分文物事业单位曾设立过开发的部室，其工作范畴主要涉及展厅场地出租，与文物利用关系不大，这样的内设机构不受重视，人员较少，属于边缘部门。同时我国大部分文物行政部门不是政府组成部门，行政架构小，一般是部委和厅、局下的二级局或司、处、科，内设机构少，人员编制不足。多年来国家文物局内设司室基本在 4 - 6 个之间，编制不过百人。全国文物工作者不足十五万。要管理地上、地下，还有 300 万平方公里的海域，靠现有队伍，繁重的文物保护工作都难以完成，文物利用工作就被相对弱化。第二，文物工作面临的主要矛盾始终未能解决。从上世纪五六十年代的盗卖走私珍贵文物、到工农业生产和兴修水利损毁文物、文革破坏文物，到改革开放后国门打开，八九十年代出现大规模的盗窃、盗掘、倒卖和走私文物，再到 21 世纪的大规模土地开发、旧城改造出现的古遗址古墓葬、古建筑的破坏，作为利用的前提条件，保护和抢救文物的任务始终繁重。加上机构人员的限制，各级文物部门没有把更多的精力放在文物利用的实践和研究上，其他部门和社会上由于对文物的内涵、保护和相关知识认知不深刻，常常在文物利用中出

---

① 黎丽明《探索如何合理利用文物，充分发挥博物馆的作用》，《文物工作》2003 年第 9 期，第 19 页。

现偏差甚至出现文物的损坏，如水洗三孔和拆真文物建假古董等问题，使得一些文物利用饱受争议，因此，文物系统内对文物利用关注不够，社会上利用文物始终不得要领，没有找到有效的方式方法和路径。第三是 2002 年以后，经过 20 多年的改革开放，中国经济得到快速发展，国家对文物保护的投入大幅增加，一改我国经济困难时期，文物保护工作主要是救命，维持文物建筑的不塌不漏原则的窘迫局面，大量文物建筑得到维修，大遗址保护全面开展，各地兴起了博物馆建设的高潮，陈列展览迅速提升，多种现代科技手段充分运用，展陈中不断引入现代工艺和材料以及现代科技手段，科技含量高，博物馆发展逐步与世界接轨。使各级文物部门将有限的人员和精力全部投入到文物保护中，客观上使文物利用受到了忽视，表现在这一时期文物利用指导性文件偏少，理论探讨薄弱，实践工作缺少新的方法等。

当然，这一时期国家大规模文物保护资金的投入，使大量不可移动和可移动文物得到保护，博物馆数量明显增加，办馆质量迅速提升，成为文物利用的先决条件，为后来的文物利用打下了良好的基础。

## 四、全面发展期（2013 年 - 今）

经过 30 多年的改革，2010 年，中国成为世界第二大经济体。经济崛起，如何提高中国的国际话语权，增强对外话语的创造力、感召力、公信力，讲好中国故事，传播好中国声音，阐释好中国特色社会主义成为党和政府考虑的重要文化战略，文物所具有的历史、艺术和科学价值成为完成这一战略任务的重要选项之一，文物利用被党和国家提上了重要的议事日程。

十八大后，习近平总书记就弘扬中华优秀传统文化、培育社会主义核心价值观作出了一系列重要指示，特别是 2013 年 12 月 30 日在十八届中央政治局第十二次集体学习时讲话指出："提高国家文化软实力，要努力展示中华文化独特魅力……要系统梳理传统文化资源，让收藏在禁宫里的文物、陈列在广阔大地上的遗产、书写在古籍里的文字都活起来。"

习总书记让文物活起来的讲话是对"保护为主、抢救第一、合理利用、加强管理"文物工作方针的深刻阐发，是国家最高领导人对文物利用工作最精辟、最高度的概括，总书记从重塑国家形象和提高我国文化软实力的高度看待文物工作，把文物利用作为展示国家历史底蕴、民族多元一体、文化多元和谐的重要方式和作为爱国主义、集体主义、社会主义教育，引导人民群众树立和坚定正确的历史观、民族观、国家观、文化观，增强做中国人的骨气和底气的重要手段。习总书记的讲话成为做好文物利用工作的重要指引。

为配合国家的文化战略，落实习总书记讲话内容，这个时期党和政府对文物利用工作进行了全面部署。

2014 年 3 月 14 日，国务院下发《关于推进文化创意和设计服务与相关产业融合发展的若干意见》，要求依托丰厚文化资源，拓展物质和非物质文化遗产传承利用途径，促进文化遗产资源在与产业和市场的结合中实现传承和可持续发展。促进创意和设计产品服务的生产、交易和成果转化，创造具有中国特色的现代新产品，实现文化价值与实用价值的有机统一。

同年 7 月，国家文物局在全国文物局长会上套开"文物合理利用工作交流会"，专题研究文物利用工作。励小捷局长就如何认识合理利用和如何推动合理利用讲话，要求各级文物保护单位要尽可能向公众开放，把保护与利用相统筹落实到文保项目的管理中。提高馆藏文物利用率，让馆藏文物活起来。鼓励社会力量参与文物的合理利用。运用现代信息网络技术提升展示利用水平。这是新中国成立以来，国家文物局针对文物利用首次召开的一个全国性交流会。

之后的 8 月，国家文物局还召开了"抗战文物保护利用工作座谈会"，部署抗战文物保护和展示工程、推进尚未开放抗战文物的开放展示工作。9 月又在福建召开传统村落整体保护利用工作现场会，安排部署传统村落的保护利用工作。

国家文物局在《国家文物事业"十三五"规划》中特别增加让文物活起来部分，要求实施"互联网＋中华文明"三年行动计划，提出了创新文物合理利用模式，支持各方力量利用文物资源开发文化创意产品，拓展文物对外交流合作，建设"一带一路"文化遗产长廊，并推出 5 个文物合理利用工程。

为了进一步利用文物资源在传承和弘扬中华优秀传统文化、实现中华民族伟大复兴中国梦的重要作用，2016 年 3 月 4 日国务院发出《关于进一步加强文物工作的指导意见》，主要目标中包括若干文物利用要求，并单辟拓展利用一节，要求文物利用为培育和弘扬社会主义核心价值观服务，提出了挖掘研究文物价值内涵，以物知史，以物见人，传播优秀传统文化，引领社会文明风尚的具体要求。

该《指导意见》下发后，国家有关部委积极行动，文化部、国家发展改革委、财政部、国家文物局联合出台了《关于推动文化文物单位文化创意产品开发的若干意见》并经国务院办公厅转发全国，要求各地在文物利用中开展文化创意产品，做好包括充分调动文化文物单位积极性，加强文化资源梳理与共享，提升文化创意产品开发水平，加强文化创意品牌建设和保护，促进文化创意产品开发的跨界融合七项主要任务。同时，国家文物局针对文物利用仍然存在着文物资源开放程度不高、利用手段不多、社会参与不够等问题，于 2016 年 10 月 11 日出台了《关于促进文物合理利用的若干意见》，提出扩大文物资源社会开放度，促进馆际交流提高藏品利用率，加强革命文物展示利用，创新利用方式，落实文化创意产品开发政策，鼓励社会力量参与的具体举措。接着国家文物局、国家发展和改革委员会、科学技术部、工业和信息化部、财政部共同编制了"互联网＋中华文明"三年行动计划。提出三年发展目标和推进文物信息资源开放共享、调动文物博物馆单位用活文物资源的积极性、激发企业创新主体活力、完善业态发展支撑体系四大主要任务。

针对革命文物在激发人民群众爱国热情、振奋民族精神方面的独特作用，党和政府从巩固党的执政地位、筑牢意识形态阵地和坚定"四个自信"的高度于 2018 年 7 月，由中共中央办公厅和国务院办公厅发出《关于实施革命文物保护利用工程（2018—2022 年）的意见》，对五年革命文物保护利用的指导思想、基本原则、发展目标、主要任务和保障措施进行了全面谋划和顶层设计。这是新中国成立以来首个以中办、国办名义印发的专门针对革命文物保护利用的中央政策性文件，确定了拓展革命文物利用途径、提升革命文物展示水平，创新革命文物传播方式等五大主要任务和包括百年党史文物保护展示、革命文物集中连片保护利用、长征文化线路整体保护、革命文物主题保护展示、革命文物陈列展览精品、革命文物宣传传播工程六大重点项目。

面对一个时期以来文物保护利用不平衡不充分的矛盾以及文物资源促进经济社会发展作用发挥不够的问题。中共中央办公厅和国务院办公厅于 2018 年 10 月下发《关于加强文物保护利用改革的若干意见》，提出了构建中华文明标识体系，创新文物价值传播推广体系，完善革命文物保护传承体系，实施革命文物保护利用工程（2018 - 2022 年），大力推进文物合理利用，盘活用好国有文物资源，支持社会力量合理利用文物资源，提供多样化多层次的文化产品与服务，激发博物馆创新活力，深化"一带一路"文物交流合作，加强科技支撑等十三项主要任务。

2019 年 7 月 24 日，习近平总书记主持召开中央全面深化改革委员会会议，审议通过《长城、大运河、长征国家文化公园建设方案》。接着，中共中央办公厅、国务院办公厅印发《长城、大运河、长征国家文化公园建设方案》，对巨型线性文化遗产保护利用做出了顶层的安排部署。

党的十八大以来，习总书记关于让文物活起来重要讲话后，中共中央、国务院和文化部（文化旅游部）、国家文物局等有关部委密集式的发出有关文物利用方面的政策性文件并做出重要的工作安排部署，这在新中国的文物事业发展史上是空前的，体现了党和国家对文物利用工作的高度重视。文物利用已经成为国家文化战略的一部分，今后，文物利用将与文物保护一样成为文物工作中最重要的工作任务之一。改变以往理论上承认保护是前提，利用是目的，保用结合，保用并重，但实际工作重保护轻利用的现实。这种工作的调整与当前文物工作面临的形势任务不无关系，一是党中央对文物保护利用重视程度持续提高，文物工作重要性不断彰显，责任更加重大；其次是党和国家机构改革为文物事业改革发展提供了新动能，提出了新任务新要求；三是社会各界对文物工作给予广泛关注支持，对进一步发挥文物作用提出了更高期待；四是不容乐观的总体文物安全形势。

这一时期，为落实习总书记让文物活起来的讲话，贯彻文物工作方针，执行党和国家及有关部委关于文物利用的政策文件，全国各地展开了大规模的实践活动，并取得良好的效果。

江苏苏州市文物局开启了文物活化的苏州实践，鼓励有条件的文物建筑设立文化活动场所，允许一般文物建筑有限制地开展经营活动，制定了政府出资保护利用、政府和社会力量合作保护利用的模式，解决了文物资源长期闲置不用问题。内蒙古博物院主动与学校建立长期合作机制，打造流动博物馆、数字博物馆，将展览，讲座和教育活动送到孩子们的身边。鄂尔多斯利用丰富的文物资源，开展打造 100 家以上"博物馆之城"的探索实践。2017 年北京西城区采取完全托管、部分托管和互助发展的方式使腾退后的文物建筑及时得到利用。河南郑州将古遗址、古城址展示纳入生态建设，以建设遗址生态文化公园为主要手段，用生态绿化方式让古遗址"活起来"，建设了苑陵故城遗址生态文化公园、李家沟文化遗址生态文化公园。四川成都武候祠博物馆，深挖三国文化内涵，拓展文物利用空间，在文化产业发展中传播弘扬优秀传统文化。重庆红岩、歌乐山等 40 多处革命文物遗址，抓住"红色"，打造一流爱国主义教育基地和红色旅游特色品牌，为革命文物利用树立典范。安徽西递村在留住村民，发挥村民在传统村落保护利用中的主体作用上，创新模式，独具特色。上海博物馆以办展为中心，深入研究、精心策划、准确定位、细分受众，推出了一系列深受观众欢迎的文物精品展览，形成了品牌、特色。沈阳铁西区在原有工业建筑的基础上进行功能转化，形成了别具特色的工业遗产博物馆群、工人村博物馆群，走出了工业遗产再利用的新路。恭王府管理中心深挖内涵，拓展文物藏品、丰富展览内容，开展文博产品开发和服务，使中国传统的"福"字文化的活化利用受到了观众欢迎。故宫文创产品远销海内外，取得社会和经济效益双丰收。

国家文物局"互联网＋中华文明"行动计划的实施，促进了数字创新成果与中华优秀传统文化的深度融合，使文物价值和时代精神广泛传播弘扬，中华文明的独特魅力得以彰显，为人民群众提供了高品质的文化服务和文化产品。国家博物馆"数字虎鎣"、故宫博物院"绘真·妙笔千山"、敦煌研究院"数字敦煌"等数字展览通过人工智能、虚拟现实、大数据、交互展陈等技术，动静结合、虚实相宜，在传播与弘扬中华文明中起到了独特的作用。2020年春节前后，新型冠状病毒肆虐，全国各地博物馆在做好疫情防控同时，利用已有数字资源推出一批精彩网上展览，并联合社会力量创新传播方式，为公众提供安全便捷在线服务，为抗击疫情加油鼓劲，以实际行动响应、落实党中央国务院打赢疫情防控攻坚战的号召。国家文物局连续推送包括国家博物馆归来——意大利返还中国流失文物展等网上展览一百多个。河北省文物局通过河北文博——河北数字博物馆公共服务平台，集中推出一批河北各地市博物馆网上资源，在线展示，丰富群众在疫情防控期间精神文化生活，让大家足不出户了解家乡的文化，度过一个特殊难忘的时期。这些实践活动，体现了文物系统在文物利用上的积极探索，展示了文物合理利用的广阔前景。

中国的文物利用之路伴随着新中国的成立一路走来，经过了漫长的几十年，从被动的利用到成为今天国家文化战略的一部分，文物利用理论实践成效显著。但是文物利用工作是一项长期的任务，仍有较大的空间。今后，广大的文物工作者和致力于文物利用的各行各业及有关人士，在以习总书记为中心的党中央正确领导下，积极发挥主观能动性，深钻理论勇于实践，把文物利用这篇文物文章做大做强。

# 以全面、配套的国家遗址公园体制改革统筹大遗址等文物的保护发展问题

## 苏 杨 张颖岚

（国务院发展研究中心管理世界杂志社）（浙江大学艺术与考古学院）

**提 要：**大遗址、农业文化遗产等，难以实现封闭、隔离式管理，且集合多种资源、具备多种功能。这样的文物的保护利用问题，单靠国家考古遗址公园这样不涉及到体制变革的"牌子"难以解决。应该借鉴中央主导的国家公园体制试点，以空间整合、体制整合为基础，构建全面、配套的国家遗址公园体制，确保相关问题能以"权、钱"方面的体制改革来解决，且能全面、及时地将保护出来的成果转化为地方和社区的经济收益，这样才能使文物保护、利用的成果都能体现为政绩，才能统筹解决这样的文物的保护发展问题。

**关键词：**国家遗址公园体制；大遗址；人、地约束；体制整合

## 一、国家考古遗址公园这样的"牌子"解决不了保护发展问题

国家考古遗址公园是我国对大遗址保护利用的新形式，迄今已有三批共 36 个国家考古遗址公园（据 2018 年 9 月国家文物局发布的《国家考古遗址公园发展报告》）。但从管理角度看，国家考古遗址公园并非一个有像国家公园体制试点区那样有体制保障的管理体系，而更类似世界遗产那样的价值品牌，对管理有促进作用，却基本不能解决现实问题。

我国的大遗址中的多数以及线性文化遗产、农业文化遗产等，普遍具有两个特点：①"人、地"约束，难以实现封闭、隔离式管理且迄今没有实现统一管理。即大遗址中的绝大多数，其中有原住民社区，土地中有一定比例的属于集体所有（部分大遗址以集体所有土地为主体），大遗址的边界必然有模糊地带，整个大遗址无法像部分古建筑那样进行封闭、管理式的管理，迄今没有一个遗址管理机构实现了对遗址的保护范围像自然保护区、风景名胜区那样的统一管理，更不用说像国家公园体制试点区那样实质性的统一管理；②集合多种资源、可能跨行政区、必然具备多种功能。像长城、大运河、长征线路等线性文化遗产，殷墟、良渚等大遗址，大多是物质和非物质文化遗产的集合，大运河等甚至是物质、非物质文化遗产和自然遗产、工业遗产、农业文化遗产、灌溉工程遗产的集合。线性文化遗产肯定跨省级行政区，规模较大的大遗址中也有很多跨县级行政区。大运河等仍处于活态的文化遗

产，生产、生活、生态功能兼备，并非主要体现为文物功能，某些区域甚至不主要是文物的功能。还有不少大遗址，土地不仅是文化遗产的载体，有的就是本体，因此其功能必然与土地作为生产、生活资料的功能重叠，对其的管理当然不可能沿用传统的文物管理办法。

而且，某些文化遗产，如果只是挂了文物的牌子并全部套用《文物保护法》管理，甚至可能是有害的。例如，世界遗产委员会在对红河哈尼梯田文化景观（也是全国重点文物保护单位）的评语中写道，红河哈尼梯田文化景观所体现的森林、水系、梯田和村寨"四素同构"系统符合世界遗产标准，其完美反映的精密复杂的农业、林业和水分配系统，通过长期以来形成的独特社会经济宗教体系得以加强，彰显了人与环境互动的一种重要模式。其中，梯田、村寨是四素同构中变化较快、较大的要素。如果只是为了遗产保护就沿用传统生产方式，为了区域发展就引入大企业搞简单的镶嵌式发展，原住民不仅难以从保护中获益，也难以从经营中获利，最后就形成逃离局面，放弃了活态遗产保护必不可少的传统生产。而如果试图通过转变整个区域的生产方式来留住这样的文物要素，又可能违法：《文物保护法》更多的是针对古遗址、古建筑等，对活态遗产尤其是四素同构的多类遗产组合，很多方面不适合，有可能把活态遗产管死。哈尼梯田保护利用问题的本质是：在新的生产力水平下，以维系原有人地关系为前提，重构区域生产关系。未来的发展趋势，取决于新型生产关系的构建情况。一旦形成了新的生产关系，四素同构就能在经济支持的情况下维系，哈尼梯田的主体就不仅不会衰落、还可能形成绿青金银转化的高地，留住更多原住民及伴生于原住民的物质、非物质文化遗产。但对这样的开放的、活态的文物，要形成新的生产关系，靠国家考古遗址公园的"牌子"解决不了任何问题。

## 二、整合设立遗址公园体制试点区是统筹解决大遗址等具有类似管理需求文物的通用办法

对这样的文物的管理，理论分析、实践经验可以得出三方面结论：①保护不是建禁区。文物保护的需要只是限制某些方式或强度的资源利用，很多文物的保护离不开人，甚至原住民的生活本身也成为要保护的文化要素。严格按照《文物保护法》、用文物的传统管理办法去管这样的大遗址，甚至将原住民逐出文物保护范围，是不科学的。②只靠文物部门管不住遗址。从保护角度来说，无论是对原住民的管理，还是防范和追究"法人犯法"，以及日常执法，都超过了文物部门的权限范围。没有对国土空间的用途管制（前端的规划和项目审批和中段的执法），就很难控制自然人和法人有可能伤及文物的土地利用；从利用角度来说，文物部门做好这样的遗址的活化利用，既不专业，也势单力薄，难以使遗址所在的土地在保护前提下焕发产业利用和公益利用的活力；③只管遗址很难管好遗址。这不仅是因为遗址范围内的原住民需要居住和发展空间，单靠遗址保护范围是很难给出或给足这样的空间的，也因为遗址相关资源需要更科学、更规范的产业转化方式，这样的转化方式往往需要遗址外部的产业园区、相关设施等支持。

现实中，云南哈尼梯田那样的文物，大运河那样的文物，因为其管理体制没有体现出对以上三方面结论的适应性，管理中漏洞遍布、管理主体龃龉不断，甚至会出现按《文物保护法》来管理还被作为非法事项查处的事情。以全国重点文物保护单位河北阳原县的泥河湾遗址群（也是国家考古遗址公

园）为例，其管委会遇到的两方面问题就很有代表性：①难以整体保护。要体现国家代表性，泥河湾文化的相关资源必须整合起来。现在不仅桑干河流域的资源难以建立跨行政区的管理联系，即便泥河湾遗址本身（目前以泥河湾遗址保护区管委会的方式在管理）都一地多牌、一地多主（同时还挂国家级自然保护区牌子，河北省国土资源厅直属的保护区管理局也依照《自然保护区条例》对这一区域进行管理），作为张家口市派出机构的泥河湾遗址保护区管委会并没有获得统一的国土空间用途管制权，以致还引发了"事故"：国家文物局拨付的国家文物保护专项资金建设的、完全合法合规的栈道，被河北省国土资源厅直属的泥河湾保护区管理局监督拆掉，理由是违反了《自然保护区条例》，这造成了国家文物局对泥河湾相关工作的极大不信任。②难以体现文化影响和带动绿色发展。分散的管理主体、从单体来看市场影响力有限的自然文化遗产资源、主要来自于县层面的支持，都使得泥河湾难以形成具有市场影响力的文化品牌。没有一个统筹的管理主体、没有较高层面的支持平台、没有涵盖三产的品牌增值管理体系，公益性的文化影响和经营性的经济效益都无从体现，泥河湾迄今为止仍然是国家级贫困县阳原县身上的包袱。

　　显然，优化像泥河湾这样的文物的管理，必须进行资源整合（包括自然遗产之间和自然文化遗产之间）和管理整合（包括空间和体制）。对泥河湾相关自然文化遗产而言，资源不整合体现不出价值，管理不整合（空间和体制）发挥不了功能。要实现空间整合和体制整合，并为加强管理、实现区域发展方式创新提供"权、钱"方面的制度支持，只能像国家公园体制试点一样，对整个区域进行全面、配套的体制改革。这方面，国家已经启动了相关工作：2018 年 5 月，全国政协文化文史和学习委员会调研组就"大遗址保护和利用情况"进行了监督性调研，并形成《关于大遗址保护和利用情况的调研报告》，王沪宁、孙春兰等党中央和国务院领导同志做出重要批示，明确要求研究建立国家遗址公园体制的可行性。为切实落实中央领导同志批示精神，将大型遗址作为中华民族的精神标识和中华文明的物质载体，从坚定文化自信、建设社会主义核心价值体系的高度，进一步明确其历史定位、顶层设计和制度建设等，提升大型遗址保护管理层级，强化国家主导和引导，进一步完善国家资源管理体系，国家文物局拟提请国务院建立国家遗址公园体制。

　　因此，超越国家考古遗址公园，用国家遗址公园体制试点区的形式尝试对大遗址及其周边的保护利用进行全面、配套的体制改革，构建完整的类似生态文明体制那样的从前端、中段到后端的与"权、钱"相关的体制，才有可能"管得住"并"发展好"，且使"发展好"反过来反哺和促进"管得住"。这种体制改革中，如中央的《生态文明体制改革总体方案》那样，自然资源资产产权管理制度和国土空间用途管制制度是基础性的、牵头的。在产权难以全部由国家控制的情况下，对大遗址管理机构从国土空间用途管制赋权开始进行改革，能首先确保"管得住"，将这种管制权扩大到大遗址外围的平衡用地后，还能为"管得住"前提下的"发展好"奠定基础。

　　就前述的两个例子而言，建立国家遗址公园体制试点区，哈尼梯田区域需要在以下两方面进行机制创新和做好相关工作：①要钱，积极申请建立生态文明体制改革特区，获得"权、钱"方面的支持。②挣钱——借鉴国内外经验，探索建立多元共治的治理体系，建立哈尼梯田区域公用品牌增值体系，构建以旅游业为龙头打通一二三产的绿色发展方式，将资源环境的优势（绿水青山）转化为产品品质的优势，并通过品牌平台固化推广体现为价格优势和销量优势（金山银山），最终在自然文化遗产友好和社区参与的情况下，实现单位产品的价值明显提升。而泥河湾遗址群，首先是要实现省市层面的管理体制资源整合。这种整合最好从已经产生管理冲突的自然保护区开始，在泥河湾遗址群管理重叠范围内进行资源、空间和体制同步整合：建议省国土资源厅放权，保护区管理局由泥河湾管委会代管；然后是资源和空间整合，第一步将阳原县境内以桑干河为线索的相关文化和自然遗产整合进来，接着将张家口市的相关文化和自然遗产整合进来；最后是体制整合，由张家口市设立一个特区，特区管委会统筹管理这个范围的文化和自然遗产的保护和发展。

# 现状·问题·对策

## ——浅议符合国情的不可移动文物保护利用之路

### 余建立

（中国文化遗产研究院）

**提　要：** 不可移动文物是我国文化遗产资源的重要组成部分。当前，不可移动文物的保护利用面临的形势较为严峻，问题也错综复杂。新时期，应确立不可移动文物保用的基本原则是应保尽保，能用尽用；为加强保用能力建设，应将落实包括业主制在内的保护利用主体责任作为一项基本政策，构建分类分级的文物价值评估和登录制度，实现文物本体、相关信息准确、公开和共享，保护利用责、权、利的明确和匹配，推进保护利用的制度化和规范化。应尽快研究出台相应的保护利用投入补偿与利益协调机制。

**关键词：** 不可移动文物；保护；利用；关键问题；对策

文物是不可再生的珍贵文化资源，也是特殊的国有资产。不可移动文物是我国文化遗产资源的重要组成部分。第三次全国文物普查显示，我国共有各类不可移动文物 76 万余处，包括古遗址、古墓葬、古建筑、石窟寺和石刻、近现代重要史迹及代表性建筑等 6 大类 59 个小类，具有类型多样、分布广泛、时代跨度长、保存环境复杂、价值和内涵丰富等特点。这些不可移动文物在推进我国文化软实力建设、促进社会经济发展方面发挥重要作用的同时，也面临着保护利用上的一系列突出问题。在新时期加强文物保护利用背景下，亟需深化不可移动文物保护利用体制机制改革，加强政策制度顶层设计，做好保护利用各项工作，努力走出一条符合我国国情的不可移动文物保护利用之路。

## 一、不可移动文物保护利用面临的主要问题

### 1. 不可移动文物保护形势较为严峻

（1）不可移动文物损毁消失严重

根据第三次全国文物普查结果发现，大约 4.4 万处不可移动文物登记消失，在已登记的 76 万余处不可移动文物中，保护状况较差的占 17.77%，保存状况差的占 8.43%[①]，这些不可移动文物也面临着消失威胁。2014 年，国家文物局对 100 个古城不可移动文物的消失情况进行普查，对于地方自查上报的数字，国家文物局选择 10 个县区，用卫星和其他手段进行复核，根据新华社记者核算，如以这 10

---

[①]　文物普查全国消失四万处，http://www.bjnews.com.cn/news/2011/12/30/174832.html。

个县区的文物消失速率折算到全国，大约一年全国就有上万处不可移动文物消失①。

这些不可移动文物的消失原因主要有自然损毁和人为破坏两大类。自然损毁包括地震、洪水等自然灾害以及因不可移动文物本体的老化、劣化而自然消失，如2008年的汶川大地震，造成四川、甘肃、陕西、重庆、云南、山西、湖北7省（市）169处全国重点文物保护单位（其中2处已列入世界遗产名录）和250处省级文物保护单位受到不同程度损害②；2010年重庆67处文物点、5个历史文化名镇因暴雨和洪水受损，其中市级文物保护单位达到47处③。但不可移动文物的消失主要还是来自人为因素的破坏，首要原因是城乡建设发展与文物保护之间长期的矛盾问题，有一半以上毁于各类建设活动④。以黑龙江省为例，2012－2016年9月间黑龙江省消失了285处不可移动文物，其中8处是由水土流失、洪水、雨水等不可抗拒的自然力量导致消失的，而其余277处不可移动文物的消失是乡村规划、农业生产、城镇建设、基础设施建设、工业生产等经济发展活动造成的，例如农业生产中旱田改水田导致60处不可移动文物消失，其中58处为古遗址类；城镇建设活动，包括危房拆迁、棚户区改造、城乡改造、老城区改造等内容，导致49处不可移动文物消失，其中45处为古建筑和近现代建筑⑤。另外，各种行政违法、刑事犯罪也是造成文物点消失的重要原因，前者如因法人违法导致不可移动文物本体被损毁、拆除，像湖北省红安县全国重点文物保护单位红安七里坪革命旧址之"国共合作谈判旧址"被拆毁、河南省商城县省级文物保护单位南街民居被整体拆除、贵州省独山县县级文物保护单位"龙家民居"被强行拆毁案和哈尔滨市双城区刘亚楼旧居等7处不可移动文物被擅自拆除等；后者如对古遗址、古墓葬进行恶意盗掘和盗窃，近年来影响较大的有辽宁朝阳"11·26"特大盗掘古墓葬案、四川眉山"5·1"特大盗掘倒卖文物案、北京明十三陵思陵石五供烛台被盗案、河南安阳"8·25"系列盗掘殷墟古文化遗址案、山西闻喜"6·03"系列盗掘古墓葬案、陕西淳化"7·20"盗掘西汉古墓葬案、青海都兰"3·15"盗掘热水墓群案等，造成这些不可移动文物严重损毁或消失。

（2）不可移动文物安全隐患和问题突出

文物安全是文物保护的红线、底线和生命线。不可移动文物安全主要面临法人违法、盗窃盗掘和火灾事故三大风险。

根据国家文物局通报的近三年文物行政执法和安全监管工作情况，2016年发现各类违法行为550起，发现各类安全隐患43815项，处置文物安全案件事故137起⑥；2017年发现各类违法行为679起，发现各类安全隐患60397项，处置文物安全案件事故401起⑦；2018年发现各类违法行为1467起，发现安全隐患124367项，督察督办文物安全案件事故171起⑧。从中不难发现，针对文物的违法行为和

---

① 单霁翔：关于规范加强各级文物行政管理机构的提案，中国文物报，2015年3月20日第3版。
② 国家文物局：汶川地震造成文化遗产受损情况，http：//www.sach.gov.cn/cchmi_ tabid_ 612/tabid/614/InfoID/10587/Default.html。
③ 南方大范围洪水灾害 洪水过后文物可安好？http：//www.china.com.cn/culture/2010－07/27/content_ 20578976.htm。
④ 全国发现消失4万处文物 超半数被开发商毁坏，http：//house.enorth.com.cn/system/2012/07/12/009626763.shtml。
⑤ 魏笑雨 吴疆 刘瑜：《黑龙江省不可移动文物保护利用现状及对策研究》，《长江师范学院学报》2017年第6期。
⑥ 国家文物局通报2016年度文物行政执法与安全监管工作情况，http：//www.sach.gov.cn/art/2017/4/27/art_ 722_ 140231.html。
⑦ 国家文物局通报2017年度文物行政执法和安全监管工作情况，http：//www.sach.gov.cn/art/2018/4/16/art_ 722_ 148469.html。
⑧ 国家文物局通报2018年度文物安全与行政执法工作情况，http：//www.sach.gov.cn/art/2019/4/23/art_ 722_ 154761.html。

安全隐患呈逐年上升趋势（图1）。

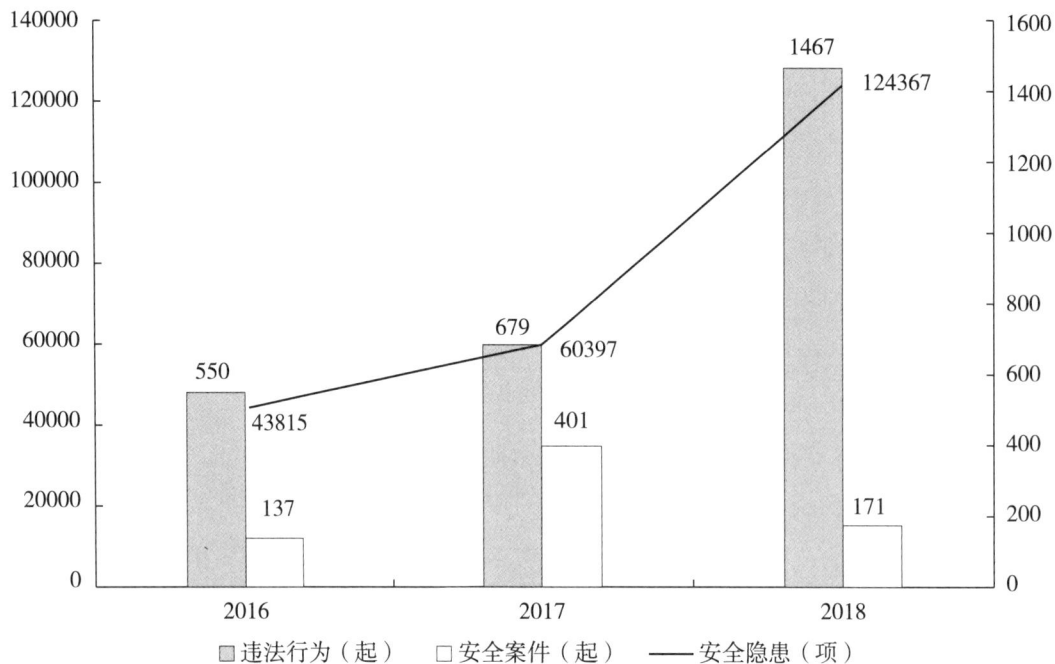

**图1　2016－2018年国家文物局文物行政执法和安全监管工作情况统计表**

在国家文物局督察督办的文物违法案件中法人违法高达76%，2016－2018年共查处文物法人违法案件673起，实施行政处罚349起，责令改正408起，行政追责314人次，刑事追责74人次。这些案件中主要是在保护范围和建设控制地带内违法建设和违法施工，危害本体安全及破坏文物环境风貌①。

在安全案件事故中，防火、防盗是两项重要的长期任务。以2017年为例，共发生盗掘古文化遗址古墓葬案件308起，文物火灾事故13起，其中涉及全国重点文物保护单位的盗掘古文化遗址古墓葬案件14起，盗窃文物案件5起，火灾事故6起②。2018年，公安部会同国家文物局部署开展了为期6个月的打击文物犯罪专项行动，取得了显著成效，共侦破文物犯罪案件1200余起、抓获犯罪嫌疑人2000余名、追缴文物8400余件，破获盗掘文物案件数和抓获犯罪嫌疑人数同比分别上升79.56%、110.32%，仅河南安阳殷墟遗址遭盗掘案，就打掉犯罪团伙14个，抓获犯罪嫌疑人153人，追回文物713件，问责追责51人③。

（3）时常出现"保护性破坏"

除此之外，还有一部分不可移动文物因保护、修缮不当造成"保护性破坏"的现象。保护和修缮工程本来是为了更好地保护文物达到延年益寿的目的，但是常常有过度修缮、不当修缮等现象发生，如有关长城的就有辽宁绥中锥子山"最美长城被抹平"、山西广武"月亮门"坍塌和修缮、山西娘子

---

① 国家文物局督察司就文物法人违法案件专项整治行动（2016－2018年）情况答记者问，http：//www. sach. gov. cn/art/2019/4/12/art_ 722_ 154562. html。

② 国家文物局通报2017年度文物行政执法和安全监管工作情况，http：//www. sach. gov. cn/art/2018/4/16/art _ 722 _ 148469. html。

③ 两部门：去年共侦破文物犯罪案件1200余起 追缴文物8400余件，http：//news. china. com. cn/txt/2019－07/31/content_ 75051552. htm。

关改建城楼修成现代建筑、辽宁虎山长城将原有巨石垒建方式变为包砖且有敌台等设施的"八达岭"式长城等不当修缮事件，安徽凤阳明中都遗址公园在建设中因"野蛮施工""破坏文物"、杭州西湖边文物建筑秋水山庄"变色记"、四川安岳县峰门寺的石窟造像被重新彩绘等也都引起社会争议。

2. 不可移动文物利用面临诸多困境

当前不可移动文物利用主要存在利用不够、利用不当和利用的不可持续性三个主要方面的问题。

第一，利用不够，主要表现在：

（1）利用率低。例如河北省 542 处省级以上文物保护单位中，正式开放的 93 处，自然开放的 31 处，仅占总数的 23%[①]；宝鸡市 73 处古遗址，有 12 处对外开放展示，占总量的 16%，16 处古建筑中，有 10 处对外开放展示，占总量的 62.5%，9 处古墓葬中有 2 处对外开放展示，2 处石刻类文物古迹均未对外开放展示[②]；情况较好的北京市海淀区 80 处文物保护单位中，对社会开放的 40 处，也仅占 50%[③]。文物保护单位利用率如此低，尚未核定为文物保护单位的不可移动文物利用情况可想而知。

（2）利用思路和手段的简单化、模式化、趋同化甚至庸俗化。目前不可移动文物利用主要以旅游开发为主要手段，以收取门票为主要收入来源，在综合利用方面探索不多。古遗址、古墓葬类等不可移动文物由于大多位于野外，展示利用多以现状展示为主，辅以简单的说明牌，其余也大多以建筑物、构筑物和其他标识设施等硬件体系建设的方法来阐释和展示遗址，在软件方面的建设相对滞后，容易出现"讲不清楚、看不明白"的现象，难以发挥公共文化服务和社会教育功能；建筑类不可移动文物展示利用主要作为博物馆、纪念馆等场所开放，在适应性更新和再利用方面探索的不多；在传统村落、历史街区，特别是古镇利用方面，在规划设计、开发方式和经营模式甚至连建筑样式、旅游商品上都存在严重的同质化现象[④]；有些地方打着发展旅游、保护文物的旗号利用庙宇、祠堂等不可移动文物搞封建迷信活动等。

第二，利用不当，主要表现在：

（1）过度商业化。比如兴建过多与展示利用无关的设施，开办商铺、宾馆、游乐场等，使得文化氛围减弱、商业气息日益浓重，造成不可移动文物展示的弱化和边缘化，典型案例如丽江古城、乔家大院等；或者以文物保护名义对不可移动文物周边进行商业地产开发，"文物搭台、地产唱戏"，结果大多是不可移动文物被地产项目包围，逐步由面到点消失，分割成为一个个孤岛，不仅历史环境风貌无存，生存空间也被严重压缩。

（2）开发型破坏。由于现今大多数不可移动文物的利用偏重从经济利益和旅游产业上衡量，存在重形式轻实质、重物质轻文化、重短期轻长远等，忽视对文物本体和环境保护的投入，造成文物损毁，如在历史街区、传统村落、古镇等不可移动文物开发利用当中"大拆大建"、"复建仿建"甚至"拆古建新"、"拆真建假"，近期被通报的大同、聊城、洛阳等历史文化名城莫不是如此，类似的在长城景区开发中也屡见不鲜，如山东章丘县七星台旅游度假区用水泥和水泥预制板在遗址修假长城、宁夏灵

① 刘洁：《浅谈河北省国家级、省级文物保护单位状况及利用》，《文物春秋》2000 年第 6 期。
② 李文强：《宝鸡市省级以上文物保护单位保护现状调研报告》，西安建筑科技大学硕士学位论文，2017 年。
③ 海淀区文物资源状况及保护利用的调研报告，北京文博，2004 年 6 月 28 日，https：//www.docin.com/p－1052443402.html。
④ 邹建琴：《古镇旅游产品同质化问题及对策研究——以大研、大理古镇为例》，云南师范大学硕士学位论文，2017 年。

武县小龙头长城风景区原本用黄土夯筑的长城被包裹上一层空心砖垒的墙等；因用作住宿、餐饮、商店等其他用途对文物建筑内部进行不当扩建、改建和修缮改造，影响结构安全和原有形态和风貌、产生消防安全隐患等。

第三，不可移动文物利用不仅要"活起来"，还要"活下去"，要实现利用的可持续性，但当前可持续性利用也存在不少深层次问题，主要表现在：

（1）开放经营困难，参与企业生存难。如因大规模不计成本建设遗址公园和遗址保护设施带来遗址公园和保护设施维护运营成本十分巨大，绝大多数需要政府巨额补贴才能维持基本的运营，如大明宫国家遗址公园每年运营成本超过2亿元，而运营收入只有2100多万元①；因实施"营改增"造成实际负税加重、投入大利润小、回款周期长等原因使得文保企业生存困境等。

（2）社区参与度低，当地社区居民利益受损造成冲突现象。绝大部分不可移动文物进行开发利用时，并没有考虑原住民民生问题和社区生活的关联问题，普通民众也无法参与到政策的制定、执行、评估的全过程，如对遗址公园建设所带来的大规模拆迁，使居民与原先的生活方式和社会环境彻底决裂，居民生活的边缘化、社会环境的割裂、社区纽带的断裂等带来了新的社会问题，同时也造成出土文物与遗址分离、人与遗址分离的空心化趋势日渐突出；在传统村落、历史街区开发利用中，忽视民众利益，造成参与企业与民众的冲突，如安徽黟县宏村特许经营授权在村民不知情的情况下进行，而且利益分配也没有与村民协商（95%归公司，4%给镇里，1%给村里），引发了村民与经营公司的一系列对抗，并在2002年将黟县县政府告上了法庭（此后利益分成进行了调整，67%归公司、20%给县里、5%给镇里、8%给村里，矛盾得到了一定程度的缓和）②。

（3）研究滞后或者与展示利用脱节，不能及时有效转化成展示利用成果。如考古研究对于遗址类不可移动文物的展示利用有很强的基础性支撑作用，但很多考古项目在开展工作中很少考虑展示利用的需要，遗址公园、遗址博物馆等大规模快速的建设也与需要长期进行的考古研究等工作产生了一定的矛盾，反过来又对展示利用产生不利影响，加之目前资料整理工作滞后、考古报告迟迟未发表、相关研究工作开展不力等，也影响了后续的展示利用。

（4）社会力量参与文物利用手段单一，参与主体多元化探索不足。社会力量目前参与文物利用主要还是简单捐资、专项运营等实施环节，在参与制度设计、进行监督管理、宣传普及等方面参与不多；参与主体大多是企业，遗产保护组织、遗产基金、地方保护组织和联盟等所谓的"第三部门"很少能够参与其中发挥作用。

## 二、不可移动文物保护利用问题原因分析

当前不可移动问保护利用产生的诸多问题，其原因多种多样、错综复杂，有一些是工作上浅层次的直接原因，更多的是法律、制度和管理上的深层次原因。

---

① 中国文化遗产研究院：《大遗址保护行动跟踪研究》，文物出版社，2016年，第588－589页。
② 翟明磊：《宏村之痛》，《南方周末》2002年5月14日。

工作上的直接原因有：

（1）对文物保护利用的重要性认识不足，责任不到位。一些地方政府领导和有关职能部门对文物保护利用和管理的重要性认识不足，没有贯彻文物保护"五纳入"的要求，甚至把文物工作看成财政的包袱，在人员编制和经费上进行压缩；不能正确处理经济建设和文物保护利用的关系，急功近利，贪图一时的经济利益而忽视文物利用的可持续发展；甚至自身违反文物保护法的相关规定，即使受到文物部门的劝阻，也依然我行我素，以权代法、以言代法的行为屡有发生，拆除、毁坏文物和违规建设等行为层出不穷。普通民众的文物保护意识薄弱，缺乏对文物保护的相关认知，不了解、不理解、不支持文物工作，甚至连部分文物部门和文物工作者也存在此类问题，产生日常管理不到位、政策法规执行不到位和文物保护原则理解不到位的现象。

（2）监管力度不够，机构人员缺乏。按照文物保护法规定，由县级以上地方人民政府承担文物保护工作的部门对本行政区域内的文物保护实施监督管理。但地方政府文物管理部门面临着保护管理任务繁重、行政审批事项多、人员编制缺乏等现实问题。以广东省为例，省文化厅文物处承担着全省文物保护、文物修缮、考古发掘、流散文物征集管理、文物监管物品拍卖、文物打私、文物对外交流、文物市场管理、博物馆建设等工作，负责审批、审核、核准、备案等30多种事项，负责文物执法事项20多项，却只有5个编制；全省有9个地级市文化局没有设立文物科，许多市的文物工作由文化局的市场科、艺术科或社文科承担，实际工作中无法有效完成文物管理任务。此外，由于广东没有文物执法队伍，新修订的《文物保护法》赋予文物行政管理部门的20多项行政执法权无法落实，文物走私等违法事件没能及时纠正和有效查处①。

（3）保护经费投入不足、不平衡。一是经费总量仍然偏低，虽然全国文物保护经费每年都在增长（图2），2018年国家重点文物保护专项资金（用于国家重点文物保护项目的文物维修保护、文物安防等所需支出）达到53.32亿元②，这个经费总量相对于当年4296处全国重点文物保护单位来说，仍显不足；二是地区间安排不平衡，"十一五"期间西部和中东部地区文物事业费基本稳定在1:3的比例，"十二五"期间为1:2③，2017年东部、中部、西部和东北地区文物事业费比例约为12:5:8:1④；三是各不可移动文物之间经费投入悬殊，绝大多数投入在国保及省级文物保护单位上，市县级文物保护单位及尚未定级的不可移动文物点几乎没有投入，即使在重点文物投入上，也十分不平衡，以大遗址保护专项资金为例，2005-2012年列入"十一五"和"十二五"的155处大遗址共获得经费49.75亿元，其中有35处大遗址每处获得经费超过3000万元，合计42.24亿元，占比超过84.3%，有52处大遗址未获得专项经费的支持⑤。四是支出范围和内容的不平衡，重工程项目轻日常维护、重硬件建设及轻"软件"投入问题突出，再以大遗址为例，保护工程和保护性设施工程在专项经费中支出比例合

---

① 广东省政协文化和文史资料委员会，关于我省文物保护开发利用的调研报告，http://www.gdzxb.gov.cn/zwhgz/whws/scdy05/201012/t20101209_64678.htm。

② 《财政部关于下达2018年国家文物保护专项资金预算的通知》（财文〔2018〕49号），http://whs.mof.gov.cn/zxzyzf/wbzj/201807/t20180705_2949769.html。

③ 国家文物局：2014全国文物业统计资料。

④ 国家文物局：2017全国文物业统计资料。

⑤ 中国文化遗产研究院：《大遗址保护行动跟踪研究》，文物出版社，2016年，第30页。

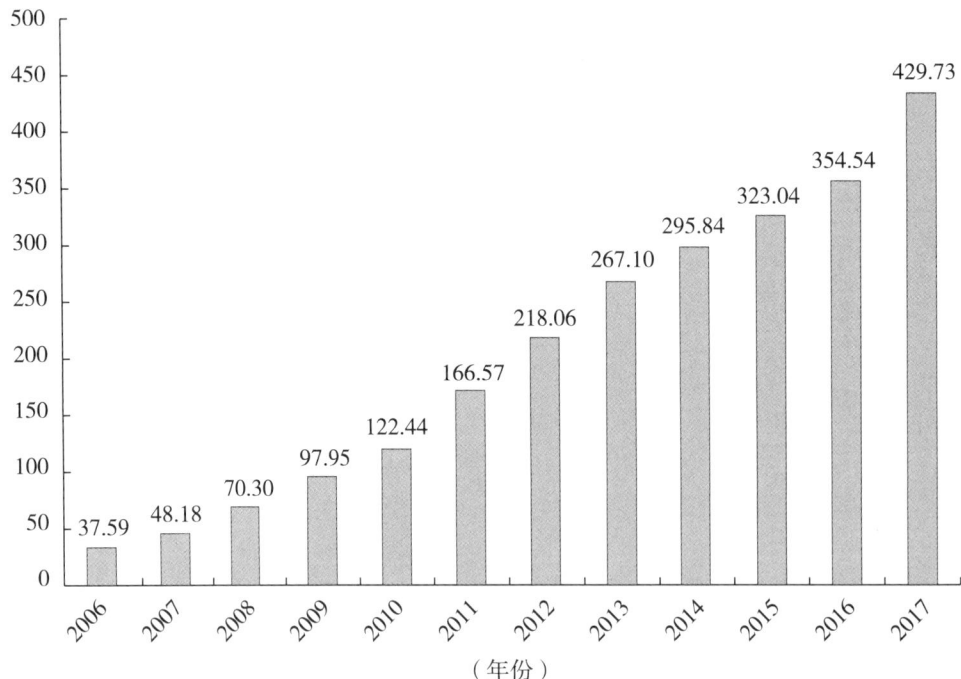

图2　2006－2017年全国文物事业费变化情况（摘自2017全国文物业统计资料）

计达到了75.7%，考古研究只占10%，规划占7.7%①。

（4）人才严重短缺，整体素质有待提高。2017年全国文物系统从业人员有161577人，其中专业技术人员50893人，高级职称9221人，占专业技术人员18.12%，中级职称20136人，占比39.57%，两者加起来占全部从业人员的比例仅为18.2%，从地区分布看，高级职称占专业技术人员比例最高的浙江为24.4%，而海南只有1名正高、14名副高②。从业人员中又以博物馆工作人员占多数。再以考古人员为例，目前全国具有考古项目负责人资质的人员还不到1000人（包括退休人员），考古辅助人员很少，这些人而每年承担的各类发掘项目超过千项，像北京市文物研究所有考古项目负责人12人，而近几年每年承担的各类考古项目超过60项，考古人员长期野外工作状态，无暇从事考古资料的整理和研究工作③。另外，由于文物保护机构编制和职数少，高职低聘的现象比较突出，挫伤了从业人员的积极性。这些因素在一定程度上影响了文物保护利用工作的力度，文物的价值和内涵得不到发掘，势必难以对文物资源进行有效的开发利用。

（5）法律的执行不到位和政策的反复。一方面有法不依、执法不严、违法不究的现象时有发生；另一方面，政策的反复造成保护利用工作难以开展。以基本建设考古费用为例，文物保护法明确规定了凡因进行基本建设和生产建设需要的考古调查、勘探、发掘，所需费用由建设单位列入建设工程预算。但1996年，国家计委、财政部印发《关于取消部分建设项目收费 进一步加强建设项目收费管理的通知》，将考古调查和勘探费作为建设项目收费予以取消。后在国家文物局的力争之下，财政部、国家发改委发布《关于建设项目涉及的考古调查与勘探费问题的通知》，重新履行原来的收费规定。

① 中国文化遗产研究院：《大遗址保护行动跟踪研究》，文物出版社，2016年，第31页。
② 国家文物局：2017全国文物业统计资料。
③ 笔者调研了解的情况。

2012 年 3 月，财政部印发文件，以减轻企业负担为由，取消了一批行政事业性收费，其中就包括山西和江西两省的基建考古费用。以上多个文件中出现的政策上的反复及在局部地区取消基本建设考古取费的行政事业性质，致使一些建设单位错误地理解政策，使考古工作取费困难①。时至今日，仍有部分考古机构因收到审计单位"违规收取基本建设考古费用"的意见而陷入履行工作职责和承担审计风险的两难之中。

除了上述工作上的直接原因，文物保护利用问题产生的深层次原因在于在法律、制度和管理上的缺位、缺陷和缺失，核心问题是文物保护利用权责利的不明晰和不匹配。

（1）文物保护法及实施条例存在的问题

现行的《中华人民共和国文物保护法》颁布于 1982 年，1991、2002、2007、2013、2015 和 2017 年六次修订；《中华人民共和国文物保护法实施条例》根据《中华人民共和国文物保护法》制定，2003 年颁布施行，替代了 1992 年颁布的《中华人民共和国文物保护法实施细则》，并于 2013、2016、2017 年 3 月和 10 月四次修订。文物保护法基本上 5 年修订一次，实施条例则更为频繁，甚至达到了一年修订 2 次的频率，不得不让人对其稳定性和确定性产生一定的质疑；另一方面，虽然经过多次修订，但文物保护利用的状况并没有得到根本性的好转，也不得不对其效用和可操作性产生疑问。总结起来，现行文物保护法及实施条例涉及不可移动文物方面的规定存在以下几方面的问题：

缺少对不可移动文物的法律认定。不可移动文物的认定和标准是什么？文物法与具体实践对此未能给出一个明确答案，而是采取列举法，在列举的五条里面有两条来说明哪些不可移动文物受国家保护。对于认定标准和办法的说法是由国务院文物行政部门制定，并报国务院批准。文保法实施 36 年后，国家文物局在 2018 年印发了《不可移动文物认定导则（试行）》，但里面实际上还是采取的列举法，认定的类别还是文物法规定的几类，因为不能与文物保护法的规定相违背。列举法的弊端在于，除了列举以外的不可移动文物，很难纳入保护的范围，一旦有新的不可移动文物类型出现，就只能再加到列举里面。建议应该参照《中华人民共和国非物质文化遗产法》首先对于非物质文化遗产有一个定义："本法所称非物质文化遗产，是指各族人民世代相传并视为其文化遗产组成部分的各种传统文化表现形式，以及与传统文化表现形式相关的实物和场所。"然后再进行列举，而且这个定义尽可能要宽泛一些，避免出现无法纳入保护范围的情况。

不可移动文物所有权相关规定的缺失和不清晰。文物所有权是《文物保护法》的核心，是最根本的问题。文物保护法规定了不可移动文物的三种所有权形式，即国有、集体和私人文物所有权。问题在于：第一、国有文物所有权的范畴最大，也处于最为优先的地位，集体和私人文物所有权就相应受到了限制，不可移动文物中古文化遗址、古墓葬和石窟寺一律归国家所有，国家指定保护的纪念建筑物、古建筑、石刻、壁画、近代现代代表性建筑等不可移动文物，除国家另有规定的以外，属于国家所有，那么诸如私人所有的房子还有祖坟一旦被认定为文物，就属于国家所有了，这显然不公平。第二、国有不可移动文物的所有权由谁来行使？文物保护法并没有明确所有权的主体，国家所有权名义

---

① 袁靖：明确和完善基本建设考古取费性质和标准，2017 年全国政协提案，http：//www.sach.gov.cn/art/2017/3/6/art_722_137816.html。

上应该属于中央人民政府，根据《物权法》规定，只能由国务院来行使国家所有权，但事实上国有文物的占有、使用、收益、处分的权能是由各级地方人民政府及其相应的管理部门（不仅限于文物管理部门）在行使，各级政府想当然认为自己就是本行政区域内国家文物所有权的主体，在遇到文物保护和经济建设发生矛盾时就理所当然认为可以随意处置，这也是为何法人违法高发、频发的主要原因之一。第三、缺少国有不可移动文物用益物权的规定。作为国有不可移动文物所有权主体的国家对于具体文物的保护利用只是个抽象概念，即使作为代表国家行使所有权的中央人民政府，不可能亲自去使用，要想发挥国有不可移动文物的巨大价值，势必要对所有权等有关权益进行分置、细化，在不随意变更所有权的前提下，设立用益物权，将不可移动文物的占有、使用、收益权集合起来，有效利用社会力量等各种资源，使国有不可移动文物得到有效保护和合理利用[①]。第四、不可移动文物最大的特殊性在于其与土地高度关联，尤其是遗址类不可移动文物。文物法规定"国有不可移动文物的所有权不因其所依附的土地所有权或使用权的改变而改变"，但实际操作中存在很大困难，因为按照土地管理法规定"国有土地和农民集体所有的土地，可以依法确定给单位或者个人使用"、"依法登记的土地的所有权和使用权受法律保护，任何单位和个人不得侵犯"，在这些土地上的不可移动文物归国家所有，而土地使用权归单位或个人所拥有，不可移动文物相关的保护和利用工作开展就会与土地的使用产生矛盾。第四、缺少与所有权相配套的权属登记、转移、保留和消灭等所有权管理内容。

偏重于强调公共利益忽视个人利益。由于不可移动文物的私人所有权受到公法和私法的双重适用，使其完全的所有权变成了有限权利，本身就处于不对等的权力义务关系中；而在文物法在价值取向上过于侧重公共利益，忽视对私人利益的保护[②]，如遗址保护中忽视民生问题、在遇到私人文物所有权与国家文物所有权发生冲突时直接规定国家所有等；除了在所有权上限制外，私人还要承担过多的保护义务，却没有相应的协调、补偿和救济制度，一旦保护不力或擅自处分，就会受到行政处罚甚至负上刑事责任。这种做法违背了《中华人民共和国宪法》规定"公民合法的私有财产不受侵犯"的精神，也有违物权法的基本原理和相关规定。

法条内容的缺失、不完整甚至矛盾，缺乏可操作性的标准。文物法中大多对各级文物保护单位作了相应的规定，但占不可移动文物绝大多数的未定级一般不可移动文物应该怎么认定和保护没有具体的说法；在基建过程中新发现的不可移动文物面临法律中没有明确的定义、法律义务不明确、法律责任未提及而造成执法的困境[③]；一些条文只是原则性的规定，并没有具体的标准，比如"进行大型基本建设工程，建设单位应当事先报请省、自治区、直辖市人民政府文物行政部门组织从事考古发掘的单位在工程范围内有可能埋藏文物的地方进行考古调查、勘探"，这个"大型"标准应该如何理解和掌握，建设单位没有报请进行考古调查勘探工作，侥幸没有发现文物，而建设中破坏文物才予以处罚，这个规定就无法产生约束力；一些条文在"应当"后面用了"尽可能"，应当就是应该承担责任和义务，但"尽可能"又给违法行为留了口子，又比如规定"必须遵守不改变文物原状

---

① 赵冀韬：《关于国有不可移动文物用益权的法理思考》，《中国文物报》2015年3月20日第5版。

② 张舜玺、马作武：《公益与私益之间_论文物保护法的价值取向——以非国有不可移动文物保护为例》，《法学评论》2013年第5期。

③ 刘铭威、袁宏磊：《基建过程中破坏古文化遗址古墓葬案件的执法困境及对策》，《中国文物报》2019年10月11日第3版。

的原则"，但又允许不可移动文物迁移、迁建，不可移动文物的明显特征就是"不可移动"，虽然目前全部不可移动不现实，但被"移动"显然是改变了文物原状，迁移、迁建后的价值受到影响是不争的事实等等。

追责难、处罚力度低、手段单一、强制力不足，使得违法成本极低。法规没有具体规定地方政府的主体责任和责任人角色，使得发生地方政府破坏文物案件时，因为难以确定责任人而往往不了了之，即使确定了责任人，也大多以行政处分代替刑事处罚和行政问责，甚至一些文物部门发现政府违法行为上报，在追责过程中，认真履行责任的文物部门反而成为了被追责的对象，背了"黑锅"；处罚力度低，很多违法行为用罚款一罚了之，但罚款最高也不过五十万元，一些建设单位在施工中肆无忌惮破坏文物，就是因为相比停工损失，这些罚款显得微不足道；在毁坏国有文物案件中，在追究刑事责任的同时，几乎没有附带民事责任追究，没有主张犯罪人应向国家进行赔偿，而是在追究刑事责任后，往往由政府或文物部门负责修复①；文物行政部门的级别低、执法权限不足，在面对比自己行政级别高的地方政府和其他强势部门时，无法有效行使执法权等。

（2）管理体制上的问题

我国对不可移动文物实行的是分级分类管理和属地管理的原则，管理体制形成高度分化的特征②。前者以文物保护单位制度为基本和核心管理制度；属地管理即各级地方政府是文物保护的责任主体。这种管理体制基本上符合我国国家行政管理体制和现今经济社会发展阶段的特点，在以往工作中也发挥了积极作用，但也存在不少值得深思的问题。

文物保护单位制度最大的缺陷在于不能实现应保尽保。首先，文物保护单位制度的保护对象是具有文物保护单位身份的不可移动文物，无级别不可移动文物游离在外，而这部分不可移动文物占全部不可移动文物的80%以上③；其次，文物保护单位制度实行分级管理，各项内容主要是涉及全国重点文物保护单位和省级文物保护单位，这部分只占各级文物保护单位的17%左右，而涉及大量的低级别文物保护单位在保护措施方面的要求很少，标准很低；再者，文物保护单位的管理也主要以工程项目及相应的财政投入为主，缺乏日常运行管理保障机制，而实际上大量不可移动文物在妥善的日常保养下就能满足其保护需要。另外，文物保护单位评定和公布程序的不科学和不公开、缺乏信息的透明、公开、共享以及缺少文物保护单位的退出和问责机制也是制约保护利用的重要问题。

在属地管理上，中央和地方文物事权财权的不匹配是关键问题。根据文物保护法规定，各级人民政府负责本辖区内的文物保护工作，所需经费列入本级预算，经费有困难的，可以申请国家专项补助经费，也就是事权完全由属地管理，支出责任与文物分级管理相对应的各级地方财政为主、中央财政补助为辅的财政制度。因此我国目前文物部门央地财政事权划分现状的基本特征是事权与支出责任"重心过低"、过分下沉，省以下尤其是基层单位负担过重④。现实情况是，越是经济上欠发达的地区，

---

① 张舜玺：《论民事责任制度在文化遗产法律适用中的意义——以法律概念生成为视角》，《法学杂志》2015年第5期。
② 于冰：《文物保护管理制度与改革：意大利与中国比较视野》，《中国文化遗产》2018年第5期。
③ 根据国家文物局2016年全国文物业统计资料显示，目前全国重点文物保护单位4296处，省级文物保护单位17298处，市县级文物保护单位107914处，合计129508处。而第三次文物普查登记不可移动文物数量766722处。
④ 刘尚希：《不可移动文物财政事权如何调整》，《中国财经报》2018年5月15日第7版。

往往越是文物古迹众多，越到基层，文物管理和机构业务人员的水平和能力越弱，经费越是不足①。而1994年的分税制改革，解决了中央财政不足的困境，但也矫枉过正，导致地方财力不足，相应的文物保护经费投入更是捉襟见肘。另一方面，中央财政文物保护专项经费在全国文物事业费总额在"十二五"期间已经接近60%②，但这部分经费基本投入在4296处全国重点文物保护单位中，由此造成基层文物保护经费严重不足而中央投入范围过窄造成的局部供过于求的现象。另外，由于中央财政保护经费仅补助在一次性的工程项目上，大量保护利用相关的日常事务性工作得不到经费支持，而中央财政对工程项目"只建不管"，反过来又加重了地方文物日常维护经费的负担。

在属地管理上的另外一个问题是，国家文物局作为国务院文物行政部门，其所起的作用主要是宏观管理和指导，地方各级文物行政部门与国家文物局并无行政上的隶属关系，而是受到地方政府领导，因此会出现扬州考古人员被打后国家文物局发函"敦请"江苏省文化和旅游厅督办此事件的情形。在这种体制下，国家文物局和地方文物行政部门很难影响地方政府的政策制定和具体执行。

还有一个问题是，很多不可移动文物并不归文物部门管理，而是分散在各个其他职能部门和单位中，多头管理、主体责任不落实产生"无人负责"的现象，而且涉及这些其他部门管理的文物违法案件，文物部门往往也无可奈何。因此有人认为文物保护法只约束了文物部门和文物从业者，从而需要给文物部门更高的行政管理权。

## 三、不可移动文物保护利用的主要对策建议

1. 确立应保尽保、能用尽用的基本原则和思路

（1）应长期坚持以保护为主的方针，实现应保尽保，将所有不可移动文物纳入保护利用管理范畴。保护是利用的前提，不可移动文物一旦本体消失、损毁，利用就无从谈起。在确保不可移动文物安全的前提下，进行合理适度的利用。要充分认识到合理适度利用也是对不可移动的一种保护。

（2）加强基础研究，充分发掘不可移动文物的价值内涵，探索新的综合性保护方式和模式，构建人与文物的良性互动关系。加强科技保护、工程保护、日常维护，促进考古、研究、展示、利用等环节之间的衔接，使之形成良性循环，实现可持续利用。

（3）积极探索文物合理适度的利用方式。对于能够进行利用的不可移动文物，可以采取延续原有功能、再利用、创造性转化等方式加以利用；对于暂不满足利用条件的不可移动文物，也尽可能开放，实现信息公开共享，因为相关的认知、传播、共享也是一种利用。

2. 建立以物人关系为核心的保护利用责任制

（1）确立分级别、分情况、分类型的责任体系和具体文物的责任主体，探索保护利用的业主制度，大到名城名镇名村，小到具体古迹遗址、建筑、墓葬、石刻等，统一责任主体，使得与不可移动

---

① 李晓东：《基层文物保护管理工作现状与对策分析》，《遗产与保护研究》2019年第4期。
② 于冰：《大遗址保护财政制度需求特征与现状问题分析》，《中国文物科学研究》2016年第4期。

文物相关的所有权和责任制落实到位。按照谁所有谁行使责任、谁使用谁行使责任的原则，由相关方承担相关责任或委托相关方承担责任。实行单一主体责任制，确定直接责任人，责任人可由业主申请、相关方推荐、政府指定相结合。这方面可以参照国家文物局《革命旧址保护利用导则（征求意见稿）》[①]，确定责任人：产权为国家所有并已经成立专门保护管理机构的，保护管理机构是保护管理责任人，尚未成立保护管理机构的，使用人是保护管理责任人；产权为集体所有，且集体经济组织已经成立了管理机构的，应由该管理机构承担保护管理职责，并指定具体责任人，尚未成立管理机构的，由所在集体经济组织直接承担保护管理职责，并指定具体责任人；产权为私人所有的，其所有人为保护管理责任人；所有权人不明确或者使用人不明确的，由所在地乡镇人民政府、街道办事处或者县级文物行政部门指定保护管理责任人。

（2）理顺行业内部关系，行业内外关系，管理者、研究者和公众的关系，构建顺畅、高效、便捷的互动与监督监管机制。

3. 完善法律保障和管理体制机制

在法律保障方面：

（1）按照假定条件、行为模式和法律后果的逻辑结构完善法条；

（2）补充完善法律法规存在的有关文物定义、认定、登录及文物产权及其相关权属的管理内容等空白和疏漏之处；

（3）提高违法成本，提升文物行政效力，明确文物行政执法权。

在管理制度方面：

（1）建立不可移动文物认定程序和登录制度。在登录中，即要明确责任和相关要求，实现重要基本信息公开共享，和文物保护单位制度一道构建完整的不可移动文物保护基本制度。文物保护制度和登录制度各自发挥分类保护和登记保护的作用。按照国际的相关经验，分级保护针对的是那些最为重要的、具有显著价值的遗产，登记保护则涉及的是具有相对较小价值的遗产；在保护程序上，分级保护程序强调行政机关主导下的国家与所有权人之间的互动；登记保护强调的是行政机关的主导性和社会的广泛参与性；在法律适用上，分级保护的法律约束明显严于登记保护[②]。

（2）理顺管理体制，合理划分中央地方事权财权，进行管理机构改革。在中央层面，参照自然资源管理模式，依照文物确权登记、所有者权益、保护利用和执法督察等工作环节设立相应的管理部门，并建立文物产权登记中心、信息管理平台和部级联席会议制度等保障机构，在地方分区设立执法督察派出机构，加强文物执法监督工作。

（3）完善分级分类分情况的投入管理和利益共享机制、建立利益分配和保护投入补偿机制。

（4）建立不可移动文物与所在土地的关联制度与相关政策；文物保护利用规划与土地功能区划和规划及所在地区发展综合规划统筹考虑，实现多规合一。

（5）建立不可移动文物本体、关联的土地和景观的正负面清单制度。

① 国家文物局办公室关于《革命旧址保护利用导则（征求意见稿）》公开征求意见的公告，办保函〔2018〕662号，http：// www. sach. gov. cn/art/2019/4/17/art_ 2197_ 65551. html。

② 叶秋华、孔德超：《论法国文化遗产的法律保护及其对中国的借鉴意义》，《中国人民大学学报》2011年第2期。

（6）完善保护利用工程、项目管理、监督、财政等配套制度。实施分类指导，分级实施，精准管理。

4. 完善行业标准、制定操作指南

按照不可移动文物的特点，开展文物保护利用标准体系研究，构建文物保护利用标准体系框架，分门别类制定符合不可移动文物保护利用实际的行业标准，发挥标准化在推进文物保护工作中的基础性作用。

同时，及时总结不可移动文物保护利用的实践经验，编制不可移动文物保护利用操作指南或导则、正面案例和负面清单等，通过建立不可移动文物保护利用示范区、片区等方式，依托不同类型文物资源，推动区域性文物资源整合和集中连片保护利用，有效发挥不可移动文物在促进地方社会经济发展、彰显地方文化特色、凝聚地方文化认同等方面的作用。

总之，将占有我国历史文化遗产重要地位的不可移动文物保护好利用好传承好，是一项系统的社会实践工程，需要政府、管理部门、专家、利益相关者以及社会大众的共同参与，需要从法律法规、政策标准、投入补偿、学术支撑等方面共同着手。文物部门应该乘势而上，通过改革促发展，推动不可移动文物保护利用再上新台阶。

# 可移动文物保护利用问题与对策

刘爱河

（中国文化遗产研究院）

**提　要：** 我国是文物大国，可移动文物数量庞大、类型丰富，博物馆、纪念馆、考古机构是国有可移动文物的主要收藏单位，由于发展基础、工作性质、工作目标不同，因而面临的问题也不尽相同。民间收藏文物也是可移动文物的重要组成部分，其保护利用也应引起足够重视。为进一步提高可移动文物保护利用管理水平，应针对不同情况、不同性质、不同特点区别对待，通过理顺责任权利和义务，建立登录制度、加强科学研究、强化保护措施、提高展陈水平、拓宽传播渠道等途径逐步改进提升，使可移动文物真正"活起来"，更好地发挥其公共文化服务功能，更好地传播中国价值、展现中国智慧。

**关键词：** 可移动文物；保护利用；馆藏文物；考古出土文物；民间收藏；公共文化服务

我国是文物大国，可移动文物是其中的重要组成部分。2012－2016 年，国务院部署开展了第一次全国可移动文物普查，摸清了可移动文物资源总体情况，进一步夯实了我国文物基础工作，推动可移动文物保护管理进入一个新阶段。但由于法律法规、体制机制、工作理念等原因，可移动文物在保护利用中还存在一些问题，需要积极面对并研究解决。

## 一、我国可移动文物概况

我国可移动文物数量庞大、类型丰富。从来源看，主要有两类：一类是通过考古发现的文物，一类是传世文物；从所有权性质看，可分为国有文物与非国有文物。根据第一次全国可移动文物普查数据，全国国有可移动文物共计 1.08 亿件（套），非国有可移动文物暂无统计数据，有人估计其数量远远大于国有可移动文物。

《中华人民共和国文物保护法》规定，考古发现的文物属于国家所有，但事实上考古发现的文物也广泛存在于民间收藏。传世文物也并非均在民间，其主要部分也多为国有文物收藏单位所有。无论是国有文物还是非国有文物，有的为专业收藏（展示）者持有，有的为非专业收藏（展示）者持有。第一次全国可移动文物普查中发现很多国有文物并非专业收藏保管展示单位所拥有，这些文物难以得到专业化的保护、展示和利用，未向社会公开其信息、展示其本体。非国有文物中，有的通过非国有博物馆建设等形式也得到了很好的保护、展示和利用，发挥了应有的公共文化服务功能。

总之，我国可移动文物的权属、保存、展示和利用状况较为复杂。形成如此状况，渊源有自，应针对不同情况、不同性质、不同特点区别对待，研究对策出路。

## 二、可移动文物保护利用的几个关键问题

博物馆、纪念馆、考古机构是国有可移动文物最主要的收藏单位，由于发展基础、工作性质、工作目标不同，因而面临的问题也不尽相同。民间收藏文物也是我国可移动文物的重要组成部分，有的通过非国有博物馆建设得到妥善的保护管理，但整体来看，保护管理水平还比较低，需要引起足够重视。

### （一）馆藏文物的保护利用

根据全国第一次可移动文物普查数据，在登录信息完整的 64083178 件国有可移动文物中，博物馆、纪念馆文物数量为 41963657 件，占 65.49%，因此，博物馆和纪念馆是可移动文物收藏管理研究最重要的阵地。各类收藏单位及其收藏的可移动文物数量如下表所示：

**表1　各类收藏单位及其藏品统计①**

| 收藏单位隶属关系 | 收藏单位数量（个） | 数量占比（%） | 可移动文物实际数量（件） | 数量占比（%） |
| --- | --- | --- | --- | --- |
| 中央属 | 280 | 2.51 | 9375793 | 14.63 |
| 省属 | 644 | 5.77 | 19724076 | 30.78 |
| 地市属 | 1984 | 17.77 | 17773829 | 27.74 |
| 县区属 | 6971 | 62.45 | 16793648 | 26.2 |
| 乡镇街道属 | 1127 | 10.1 | 172883 | 0.27 |
| 其他 | 156 | 1.4 | 242949 | 0.38 |
| 合计 | 11162 | 100 | 64083178 | 100 |

由上表可以看出，中央属和省属收藏单位仅占全部收藏单位的 8.28%，而收藏的可移动文物数量占比达 45.41%；相反，地市级及以下收藏单位占全部收藏单位的 91.72%，而收藏的可移动文物数量占比仅 54.59%。可见不同级别的收藏单位藏品量分布严重不均衡。

从展出利用率看，"展不过来"和"无物可展"现象并存。馆藏文物展出利用率不高是许多大型博物馆的现状。国家文物局曾对央地共建博物馆馆藏文物展出率进行统计，发现展出率最高的不足 5%，最低的仅为 1.2%，平均不足 2.8%。与此同时，也存在一些市县博物馆或者小型博物馆，由于藏品数量小，连基本陈列都难以支撑。如何平衡如此现状，让丰富的公共资源更多地惠及百姓，让更多文物"活起来"，是亟待研究解决的一个重要问题。

---

① 根据国务院第一次全国可移动文物普查工作办公室编《第一次全国可移动文物普查工作报告》数据整理。

从保存状态看，存在腐蚀损毁现象的文物比例较大。根据第一次全国可移动文物普查数据，约40%需要修复，其中37.12%部分损腐，需要修复；1.81%腐蚀损毁严重，急需修复。① 如此大的修复需求，与之相对应的是极度匮乏的修复人员，这也是制约博物馆工作长足进步的一个重要因素。

从信息公开情况看，力度还有待进一步加大。国家文物局于2017年两次向社会公开全国博物馆馆藏文物信息，第一次公开40万件，第二次公开346.13万件，合计386.13万件，占比约6%。为更好地推进可移动文物信息公开共享，创造条件方便公众查询、研究和利用，并接受群众监督，信息公开的方式有待创新，力度也有待进一步加大。

从文创产品开发现状看，尚处于起步阶段。虽然有的博物馆已经取得较好业绩，但总体来看，由于相关政策制度和激励措施还不够完善，相关人才也比较欠缺，一些文博单位的观念还比较滞后，因而整体发展水平偏低，产品的结构单一，特色不够鲜明，与国际先进博物馆有较大差距，需要在充分借鉴国外先进经验并调研国内现状的基础上不断改进、创新、提高。

### （二）考古出土文物的保护利用

我国每年开展数百项考古发掘项目，因而考古机构的文物在逐年增加。就目前情况看，大多数考古机构都已建立起自己的文物库房，主要通过框架、囊匣和储物箱等方式进行保存。目前较为普遍的现象是，文物大量积压、随意堆放，没有得到及时整理。此外，考古库房硬件设施参差不齐，有的考古库房具有较好的保存条件，相关设施设备较为完善，还为重要文物配备了囊匣，但有的考古库房条件较为简陋，设施设备也不够完善，温度、湿度、光照和空气质量等都不能得到有效控制，通风条件、防潮措施也比较差，达不到文物保存对环境的基本要求。在当前情况下，考古出土文物除一部分通过报告、简报和研究成果向社会公布，个别的参与过展览与媒体宣传之外，基本上难以得到分类分级保护利用管理，因而其价值和作用发挥也受到影响。

《中华人民共和国文物保护法》第三十四条规定："考古发掘的文物，应当登记造册，妥善保管，按照国家有关规定移交给由省、自治区、直辖市人民政府文物行政部门或者国务院文物行政部门指定的国有博物馆、图书馆或者其他国有收藏文物的单位收藏。经省、自治区、直辖市人民政府文物行政部门或者国务院文物行政部门批准，从事考古发掘的单位可以保留少量出土文物作为科研标本。""考古发掘的文物，任何单位或者个人不得侵占。"本条规定：考古发掘单位应向文物收藏单位移交出土文物。《中华人民共和国文物保护法实施条例》第二十七条规定："从事考古发掘的单位提交考古发掘报告后，经省、自治区、直辖市人民政府文物行政主管部门或者国务院文物行政主管部门依据各自职权批准，可以保留少量出土文物作为科研标本，并应当于提交发掘报告之日起6个月内将其他出土文物移交给由省、自治区、直辖市人民政府文物行政主管部门或者国务院文物行政主管部门指定的国有的博物馆、图书馆或者其他国有文物收藏单位收藏。"

尽管法律法规中有明确规定，但执行过程中困难较大。目前，"有法不依"现象较为普遍，是多

---

① 数据来源：国务院第一次全国可移动文物普查工作办公室编《第一次全国可移动文物普查工作报告》，文物出版社，2017年11月。

方面原因所致。第一，考古机构人员数量和考古任务不匹配，许多考古人员同时主持多个发掘项目，常年在工地，无暇整理考古发掘报告；第二，有的考古发掘项目周期很长，需要十几年甚至几十年，很难按照《文物保护法实施条例》规定的时限提交考古发掘报告，也没能按时移交出土文物。第三，"博物馆等文物收藏单位在出土文物的保护、研究和利用方面，存在若干问题，其思想理念和机制方法等与新时代要求，存在一些差距，导致考古机构不愿意向其移交文物。"[①] 博物馆希望考古机构移交具有审美价值的精品，而考古机构则希望保留重要标本供科研之用之外全面移交，这一矛盾长期存在。

### （三）民间收藏文物的保护利用

我国民间收藏已有几千年历史，已经成为广大群众广泛参与的一项文化活动，收藏范围广、收藏品类多，形成了悠久的收藏传统和独特的收藏文化。民间收藏文物在满足个人兴趣爱好、增长知识和陶冶情操的同时，可以保护、传承和弘扬中华民族优秀的文化，激发大家对传统文化的关注和了解，增强民族自豪感和凝聚力。因此，民间收藏文物是文化事业的重要组成部分，在发扬民族优秀传统文化进程中有重要作用，从大的方面讲，也是保障国家文化安全的重要力量。我国民间收藏主要存在三大问题：一是家底不清，二是缺少认定标准，真伪、良莠不辨，还有一些非法或不明来源文物，三是信息不明，难以开展科学研究和保护利用。[②] 需要从法律政策层面予以支持和引导，同时也要加强业务培训，提升民间收藏的鉴定、建档、保护、利用和管理、研究水平，从而提供更多更好的公共文化服务。

## 三、加强可移动文物保护利用的途径

我国的可移动文物，主要收藏于博物馆和考古所，博物馆又包括国有博物馆和非国有博物馆。近年来，得益于国家的大力扶持，民间收藏空前活跃，非国有博物馆发展迅猛，到 2018 年已经达到 1600 多家，约占全国博物馆的 1/3，非国有博物馆的重要性越来越凸显。为进一步提高可移动文物保护管理利用水平，应针对不同情况、不同性质、不同特点区别对待，通过建立登录制度、加强科学研究、强化保护措施、提高展陈水平、拓宽传播渠道等途径逐步改善，使可移动文物真正"活起来"，更好地发挥其公共文化服务功能。

### （一）建立登录制度，推动信息公开共享

登录是指用来记录和掌握文物基本情况的一系列政策、程序与活动：例如文物的获得、使用、保护和注销等。登录是非常重要的基础工作，登录制度是国际社会普遍采用的管理制度。我国已经开展了第一次全国可移动文物普查，国有文物的家底基本摸清，这是一个很好的基础，但登录制度还没有

---

①　杜金鹏：《出土文物管理如何改革？博物馆又当是什么角色？》，弘博网，http：//dy.163.com/v2/article/detail/E-89HNU6E0521ISHJ.html，2019－02－18。

②　罗伯健：《民间收藏文物的现状和若干问题的思考》，收录于曹兵武、刘爱河、余建立主编《中国观察：中国文物保护利用理论与实践》，文物出版社，2019 年 10 月。

建立。为更好地开展文物保护管理利用工作，应该尽快建立文物登录制度，制订相应的标准规范，理顺工作机制，无论是国有文物，还有非国有文物，都需进行登录。通过登录，可以使所有文物都记录在册并动态更新，登录信息适当向社会公开，满足公众研究、欣赏、规划和开发利用等需求，便于科学管理，便于加强保护和利用，也便于接受公众监督。

### （二）加强科学研究，夯实保护利用基础

无论是国有文物，还是民间收藏文物，对文物的合理保护利用都需要建立在深入研究的基础上。开展科学研究，需要全面系统采集文物信息，包括材质、年代、地域、形态、特征、来源、流传过程、保护利用过程，以及与之相关的社会、历史、艺术、科学、事件、人物等。总之，信息越全面越有利于其保护利用。在采集基本信息的基础上，还要对同一遗址、同一墓葬、同一文化类型的文物开展系统研究，便于全面准确掌握其时代特征、地域特征和发展脉络，如果有条件，还可以对不同类型、不同时代、不同地域，包括境外出土文物开展比较研究，从历史学、人类学、文化学等多角度梳理，有利于更好地解读中华文明的形成和发展历程，更好地解读社会发展史、文化变迁史和文明交流史，也有利于推出更多更好的陈列展览、纪录片等文化产品，让文物真正走进公众，成为人们生活不可或缺的组成部分，成为弘扬中华优秀传统文化的重要途径。在深入挖掘文物内涵和价值的基础上，文物收藏单位和个人也应该关注经济社会发展趋势，关注社会和公众需求，主动融入大局，让文物更好地为当今社会服务，为公众服务。

研究、教育、欣赏是博物馆的三大目的。推动博物馆由建设由"数量增长"向"质量提升"转变，需要博物馆找准定位，通过制订发展规划、明确研究方向、加大科研投入、加强人才培养，不断提升科研能力和水平，从而提升博物馆的可持续发展能力。考古学是根据古代人类各种活动遗留下来的物质资料，以研究人类古代社会的历史。但目前，考古机构由于疲于应付发掘项目，整理工作相对滞后，迫切需要通过理顺考古机构的管理体制机制、引进和培养专业人员等方式改进，进一步利用好考古出土文物，及时整理出版考古发掘报告，推出更多有分量的研究成果，让考古出土文物更好地发挥出其应有价值。民间收藏爱好者在收藏鉴赏的同时，也要对藏品进行深入研究，充分挖掘并传播藏品价值，让社会各界了解民间收藏的巨大潜力，共同推进民间收藏的保护利用更加科学、规范。

### （三）改善保存状况，强化保护监管措施

近年来，随着文物事业的发展和经费投入的大幅增加，许多博物馆和考古机构的文物保存条件得到很大改善，但目前发展还很不均衡。国家级和省级博物馆的文物保存管理条件较好，但基层博物馆、中小博物馆、区县级博物馆保管条件较差。大多数考古机构都建有自己的库房，少数考古机构通过租赁等方式建立文物库房，但库房条件差别较大。

无论是博物馆，还是考古机构，有的库房设施设备还很简陋，迫切需要得到资金和技术等方面的扶持，大力改善硬件设施，为文物创造适宜的保存环境，做到恒温恒湿、防尘防霉等，同时结合文物质地及其特点，实行分类存放，进行实时监控，把对文物的自然损害风险降到最低程度。鉴于当前保管员队伍参差不齐的现状，一方面要培养保管员爱岗敬业、忠于职守的职业道德，另一方面要加大保

管员的培训力度，努力提高其专业技能，同时改善其待遇，从而提高保管员的工作积极性，为文物安全提供更有效的保障。

随着联展、巡展等的增多，博物馆间、博物馆和考古机构间的交流会越来越多，从库房提取、搬动、包装、运输等过程都会给文物的安全带来一定风险，一方面需要完善相关制度和操作规范，另一方面也需要运用高新技术，对文物包装、出入库、运输、展览进行全流程监控，确保文物在各个环节的安全。

### （四）提高展陈水平，优化公共文化服务

陈列展览是博物馆的核心工作之一。策划制作观众喜闻乐见的陈列展览，是文物价值传播的重要渠道，也是博物馆与观众交流的重要形式，不仅可以促进博物馆科学研究水平的提升，也可以促进博物馆不断提升管理服务水平，更好地发挥其公共文化服务功能。

从目前情况看，展出率不高是许多博物馆存在的普遍问题，因而需要大幅提高展出率。对于藏品数量较大的博物馆，可以通过基本陈列改造提升等手段，定期更换展品，让更多藏品有机会和观众见面，同时，适当增加临时展览的数量和频次，从而有效扩大藏品的展示范围。此外，也可以推广"流动博物馆"模式，让博物馆进校园、进军营、进厂矿、进社区、进乡村，不断扩大博物馆的辐射面。与此同时，也要建立博物馆馆藏资源共享机制，通过联展、借展、巡展等多种形式，加大各级各类博物馆之间的交流合作力度，尤其要加大大馆和藏品匮乏的中小馆之间的交流合作力度，不仅要加强国有博物馆间的交流合作，也要加强国有博物馆与非国有博物馆间的交流合作。只有这样，才能真正提高馆藏文物的展出率，让文物价值在更大范围内得到传播。

2019 年 9－12 月，为庆祝中华人民共和国成立 70 周年，国家文物局、陕西省文物局与清华大学共同举办"与天久长——周秦汉唐文化与艺术特展"，该展览汇集了陕西历史博物馆、陕西省考古研究院、西安碑林博物馆、秦始皇陵博物院、西安博物院、西安半坡博物馆、宝鸡青铜器博物院、法门寺博物馆、韩城梁带村芮国遗址博物馆、陕西省考古研究院等 43 家文博单位最重要、最精美的 300 余件（组）展品，该展览一时间成为爆展，受到观众热捧。该展览的参与单位数量之多、参展文物阵容之强大实属罕见，是博物馆联展的成功案例，引起海内外专家学者和社会公众的广泛关注。该展览结束后，陕西历史博物馆遴选出其中的代表性文物精品 150 件（组），以崭新的形式，在陕西历史博物馆举办同名汇报展，让更多民众有机会集中欣赏"国宝"。

在提升展出率的同时，博物馆也要注重展览的内涵和特色。习近平总书记在参观合浦汉代文化博物馆时强调，"博物馆建设不要'千馆一面'，不要追求形式上的大而全，展出的内容要突出特色。"只有特色鲜明的展览，才是富有吸引力的展览；只有特色鲜明的博物馆，才是富有活力和生命力的博物馆。

在推动博物馆陈列展览水平提升方面，国家文物局和中国博物馆协会通过组织开展"全国博物馆十大陈列展览精品推介"、"弘扬中华优秀传统文化、培育社会主义核心价值观"主题展览遴选推介等活动，引导、鼓励博物馆创新理念，回应时代主题，推出更多文化精品，在充分激活博物馆文物资源的基础上，更好地发挥文物展览引领社会风尚的作用，从而不断扩大博物馆陈列展览的社会影响力，增强优秀传统文化的传播力和生命力。

近年来，高新技术的应用也成为博物馆展览创新的一个重要手段，"音频技术、场景合成技术、触摸屏技术等多媒体技术被广泛应用，使博物馆展陈更生动、更丰富，不仅更有效地传递了展品的相关信息，还增强了观众和展品的互动，为观众提供了更优质的观展体验；全息投影技术、虚拟现实技术被应用，突破了传统的实物展示方式，将文物以数字化的形式逼真地呈现出来，具有很强的立体感和令人震撼的视觉效果。"①

提升考古机构文物利用率也是文博行业强化公共文化服务功能的重要内容。一直以来，考古机构的文物主要为研究之用，能与观众见面的只是极少数。近年来，随着文博事业的蓬勃发展和公众精神文化需求的不断高涨，许多考古机构也开始转变观念，通过借展或联合办展的形式，让更多的考古文物有机会与观众见面，既是对考古发掘工作成果的重要宣传，也是对公众文化诉求的积极回应。江西省博物馆和江西省文物考古研究所承办的"惊世大发现：南昌汉代海昏侯国考古成果展"是近年来颇受欢迎的考古文物展，开展一年就接待游客达 66 万人次。该展览多角度、全方位展示了南昌汉代海昏侯国的考古发掘成果，2018 年又在广泛听取公众反馈的基础上进行了优化提升，内容更丰富、解读更深入，让观众常看常新。此外，中国国家博物馆与四川省文物局、四川省眉山市人民政府共同举办的"江口沉银——四川彭山江口古战场遗址考古成果展"、中国文物报社和河南省文物考古研究院承办的"探寻中原遗产 传承华夏文明——十八大以来的河南省考古成果展"、中国国家博物馆和陕西省考古研究院主办的"周风遗韵——陕西刘家洼考古成果展"也都是近年来影响力较大的考古成果展，受到观众普遍好评，这是考古机构转变观念、创新思路的一个重要体现，值得提倡和推广。

要想让文物活起来，首先应该让文物动起来，让更多的文物有机会和观众见面。我国拥有 5354 家博物馆，近年来每年举办 2 万多个不同类型、不同题材的陈列展览，吸引着 10 多亿观众走进博物馆，文物作为公共文化资源的属性不断彰显，博物馆的公共文化服务功能不断扩展，公众也因此享受到更为丰富、优质、多元的文化服务。

（五）扩宽传播渠道，弘扬优秀传统文化

开展教育活动、制作影视节目、开发文化创意产品等都是拓宽可移动文物展示传播渠道，增强其影响力的有效途径。

随着博物馆事业的长足发展，博物馆理念也在不断创新，积极回应社会需求和公众期待，越来越重视社会教育功能的发挥，近年来每年举办的教育活动超过 20 余万次，丰富多彩的活动受到青少年和社会各界的广泛好评，文物渐渐成为孩子们的教科书，博物馆渐渐成为学校教育的第二课堂，青少年利用博物馆学习逐步成为常态，这一趋势对深化青少年对中国传统文化的了解，弘扬中华优秀传统文化，不断增强全社会的文化自信和文化自觉大有裨益。

近年来，电视台、手机终端热播的《国家记忆》《国宝档案》《国家宝藏》《如果国宝会说话》《上新了·故宫》等节目也极大地增强了博物馆的传播力和感染力。这些新颖独特的节目通过深入挖掘文物背后的故事，解读中华文化的基因密码，不仅改变了公众对文物、博物馆固有的高冷、玄妙的

---

① 刘爱河：《改革开放推动文物事业迈向国际化、科技化、社会化》，《中国文物科学》2019 年第 2 期。

看法，而且成功激发出公众对传统文化的热情，唤起国人对文物保护、文明守护的重视，赢得社会各界高度赞誉和广泛好评。

开发文化创意产品也是扩大博物馆传播力的重要手段。大英博物馆、卢浮宫、美国大都会博物馆在文化创意产品开发方面起步较早，文化创意产品的开发都与博物馆的代表性藏品密切关联，深受观众喜爱，取得很好的经济效益和社会效益。近年来，我国陆续出台政策，鼓励文博单位开发文化创意产品。国务院《关于进一步加强文物工作的指导意见》[①] 明确要求"要大力发展文博创意产业"，"进一步调动博物馆利用馆藏资源开发创意产品的积极性"。2016 年 5 月，国务院办公厅转发文化部、国家发展改革委、财政部、国家文物局四部门《关于推动文化文物单位文化创意产品开发的若干意见》，[②] 提出充分调动文化文物单位积极性、发挥各类市场主体作用、加强文化资源梳理与共享、提升文化创意产品开发水平、完善文化创意产品营销体系、加强文化创意品牌建设和保护、促进文化创意产品开发的跨界融合等七项主要任务。中共中央办公厅、国务院办公厅《关于加强文物保护利用改革的若干意见》[③] 明确提出："文物博物馆单位要强化基本公共文化服务功能，盘活用好国有文物资源。支持社会力量依法依规合理利用文物资源，提供多样化多层次的文化产品与服务"，"鼓励文物博物馆单位开发文化创意产品"。

在国家政策的鼓励和扶持下，许多博物馆把开发文化创意产品作为推动文物"活起来"的一个重要举措，不断创新体制机制，依托馆藏优势资源，结合本馆情况，通过独立、授权、合作等方式积极开发文化创意产品，有的已经取得了较好的社会效益和经济效益，产生了较高知名度和美誉度。故宫博物馆、国家博物馆、上海博物馆、南京博物院、浙江省博物馆、湖北省博物馆等单位的文化创意产品，不仅种类丰富，而且特色鲜明，得到公众普遍好评，有的还成为"明星"产品，起到了很好的引领示范作用。当前，文化创意产品已逐渐成为连接博物馆与公众的一个重要纽带，不仅可以有效提升博物馆的传播力和影响力，而且可以给观众带来新的文化体验，成为博物馆公共文化服务体系不可分割的重要组成部分。

《国家文物事业发展"十三五"规划》中提出"互联网＋中华文明"、智慧博物馆等概念，但由于 4G 的能力相对有限，所以相关领域发展较为缓慢。随着 5G 时代的来临，博物馆的展示传播将发生革命性变革。VR／AR 将带来感知文物新体验，观众可以随时随地感受虚拟场景，体验虚拟文物，参与性、互动性、沉浸感大幅提升，可移动文物的展示传播将迎来一个新的时代，中华优秀传统文化也将在更大范围内得到弘扬和传承。

## 四、结语

可移动文物是弥足珍贵的文化资源，承载着丰富的历史信息，蕴涵着丰富的文化基因，是中华优秀传统文化的重要载体，对弘扬以爱国主义为核心的民族精神与以改革创新为核心的时代精神具有重

---

① 国发〔2016〕17 号。
② 国办发〔2016〕36 号。
③ 中办发〔2018〕54 号。

要价值和作用。

党的十八大以来，党中央国务院对文物工作高度重视，习近平总书记对文物保护利用和传承发展做出一系列重要指示批示，是新时代文博工作的基本遵循。2018 年，中办、国办印发《关于加强文物保护利用改革的若干意见》，明确提出"实施中华文物全媒体传播计划""开展考古出土文物移交专项行动""加大文物资源基础信息开放力度""文物博物馆单位要强化基本公共文化服务功能""鼓励文物博物馆单位开发文化创意产品"等主要任务，为深化可移动文物保护利用改革提供了目标和方向。文物行政部门应紧紧围绕新时代的新要求，聚焦重点难点，推动可移动文物保护利用改革发展，针对不同权属的可移动文物，分类制定政策措施，同时进一步理顺体制机制，加强博物馆和考古机构、国有博物馆和非国有博物馆之间的交流合作，不断提升可移动文物保护利用整体水平；各级各类收藏单位应充分认识自己的职责和使命，不断开阔视野，加强多学科支撑，在确保文物安全的前提下，不断挖掘其深刻内涵和价值，科学合理利用可移动文物，不仅要推出具有学术性、感染力且特色鲜明的陈列展览，而且要广泛运用各类媒体，通过新技术、新手段大幅拓展可移动文物的传播渠道，让可移动文物真正"活起来"；社会力量要依法依规合理利用可移动文物资源，通过开发新的业态、新的领域，努力提供多样化的文化产品和文化服务，不断拉近可移动文物和公众的距离，让公众更好地享用保护利用成果。只有坚持改革创新，加强多方协作，才能不断提升可移动文物保护利用整体水平，努力走出一条符合国情的可移动文物保护利用之路，更好地传播中国价值、展现中国智慧，让中华文化绽放出更加绚烂的光彩，在人类文明的长河中生生不息。

# 探索符合国情的中国文物登录制度

何 流

（中国文化遗产研究院）

**提 要：** 文物登录是文物保护管理的基础工作。20 世纪，世界各主要文物大国先后在文物保护管理实践中建立起各自的文物登录制度。进入 21 世纪以后，我国开始积极探索文物登录制度。文物登录制度是一项系统工程，涉及文物的申请、认定、登录、退出、信息共享、监管等各个环节，其核心是统一、规范、系统，最终实现公开共享动态管理的目标，为保护利用提供支撑。现有的文物管理工作，法律法规、博物馆藏品登记、"四有"档案等为文物登录的制度建设提供了坚实的基础。"第三次全国文物普查"、"第一次全国可移动文物普查"以及多项文物专项调查对文物登录制度进行了有效的探索。当前，我国的文物登录制度从思想认识上尚未统一，全面实施在执行层面还存在诸多机制问题，需要进一步明晰目标方向，分析基础环境和构成现状，梳理关键问题，借鉴相关国家和领域的经验及信息化的最新成果，制定系列性的涉及相关环节的配套办法，促使文物登录制度常态化规范化执行，从而落实两办《关于加强文物保护利用改革的若干意见》，"完善常态化的国家文物登录制度，建设国家文物资源大数据库"。

**关键词：** 文物；登录；制度

文物登录制度是明晰文物资源状况与相关责任、做好文物保护利用管理的基础性工作。

文物登录制度起源于西方，已经成为大多数西方国家掌握文物基本情况的重要方法之一。我国一贯重视文物档案工作，从新中国建立初期就强调建立文物的基础档案，无论是文物保护单位还是馆藏的各级文物，并要求向各级政府文物行政管理部门备案。改革开放后，文物保护管理工作与世界的交流越来越广泛深入，西方的文物登录制度对我们有一定的启迪，我们期望改革我国的文物资源管理，也逐步尝试开放性地面对社会上的文物。2009 年文化部公布了《文物认定管理暂行办法》，首次明确了我国实行文物登录制度。在全国第一次可移动文物普查工作中，参照采用了国外文物登录制度的部分形式，对文物登录制度进行了有益的尝试。但如何建立适合国情的文物登录制度并形成对文物保护利用管理的长效支撑机制，尚需做进一步的研究。

# 一、国外文物登录制度

## 1. 文物登录制度的起源与演变

文物登录制度起源于西方是毋庸置疑的。"文艺复兴"是西方历史上的一个转折，资产阶级开始登上历史舞台，"复古运动"也逐渐开启了西方的文物收藏热。1753 年英国收藏家汉斯·斯隆爵士去世后将其全部收藏约 71000 件藏品遗赠给国王乔治二世，因国王无法接受其条件又转给国会，国会通过议案建立大英博物馆，开始了文物国有化。在欧洲大陆的法国，资产阶级革命更为彻底，没收了国王和贵族的财产，启动了文物国有化，同时，也有大量的文物在革命的烈焰中被毁坏。"针对大量破坏历史古迹的现象，一些有识之士如格雷瓜尔等借助于大革命时期所形成的公共财产的观念，'迂回'地保护了一部分具有较高历史和艺术价值的遗产。""1834 年普罗斯佩·梅里美任历史古迹督查官，他向各省发布命令要求对其管辖范围内的历史古迹进行清点，并要求对历史古迹制作详细的档案。"① 显然，在欧洲资产阶级革命的动荡中，法国的文物损失较为惨重，因此也是法国最早开始由政府主导对文化古迹的"清点"登记保护，历史古迹督察官的设置就反映出法国政府已经关注到文物保护问题。文学家梅里美对文物有深刻的认识，因着职务之便和个人影响促成了历史古迹的"清点"和后续工作，但尚未形成政府的制度化工作，也谈不上文物登录制度，但把他的工作作为文物登录制度的起源是恰如其分的。直到"1887 年 3 月 30 日法国通过了首部保护历史古迹的法律，确立了国家对历史古迹进行保护的义务，② 文物登录制度才正式形成。"法国文物登录制度分为两部分：编列与登记。即以文物古迹名义进行编列和以文物古迹名义进行登记。"③

从文物登录制度形成的过程可以发现，文物登录制度必须具备几个要素：超越王家皇室的新型政府主体的建立，文物为民族国家和国民服务；二是文物作为民族国家的见证物而实行一定程度的公共化、国家有限或产权限制；三是政府通过行政命令或议会通过立法要求常态化地执行文物登录工作；四是工作对象不仅限于国有文物，也可以是私人文物，包括可移动和不可移动的所有文物。其后各个国家的文物登录制度基本都是围绕这些展开，但具体细节则有很大差异，与各国的历史发展、民族结构、政体形式、文化渊源以及文物数量的多少都有密不可分的关系。

## 2. 国外部分文物登录制度基本情况

实行文物登录制度的首要工作是立法，因为现代国家其一切活动的基础是法律。西方国家文物登录制度的立法较早，法国 1913 年对《历史古迹法》进行修订，完善了文物登录制度，1960 年代通过了古迹和艺术财产普查的法律，2004 年汇总成为《遗产法典》。英国 1947 年修订了《城乡规划法》开始了对文物建筑的调查登录制度，但对可移动文物的登录制度则要到 1996 年的《珍宝法案》。意大利 1902 年颁布了补充修订的《文化遗产保护法》即第 185 号法令，随后又在 1909 年颁布了第 364 号政府令，这是一部有关意大利文化遗产保护（包括文物登录制度）的综合性法规，现在统归入 2004 年

---

① 孔德超. 法国文化与自然遗产法历史发展概述 [J]. 理论界. 2010 年第 4 期。
② 孔德超. 法国文化与自然遗产法历史发展概述 [J]. 理论界. 2010 年第 4 期。
③ 国家文物局第一次全国可移动文物普查工作办公室. 第一次全国可移动文物普查专项调查报告 [M]. 2016.

《文化和景观遗产法典》。德国涉及文物登录制度的法律为 1955 年颁布的《禁止德国文化遗产外移保护法》。在西班牙，文物登录制度则是依据 1985 年的《历史遗产法》和 1986 年的《关于部分阐述"历史遗产法"（第 16/1985 号）的皇家法令》。其他国家，如日本在 1950 年颁布《文化财保护法》，1996 年修订后完善了文物登录制度；美国 1966 年《国家历史保存法案》确定了美国的文物登录制度。

　　其次各主要国家逐渐完善了文物登录制度的组织机构、运作方法、登录内容等，并形成较全面且具有各自特点的文物登录制度。政府负责部门是法律授权的国家权力机关，负责组织、审查、批准、发布、监管登录文物。在不同的国家其主管部门也有差异，特别是国家制度的差异会导致负责部门有较大不同。中央集权国家一般由中央政府文化部门负责，地方政府有部分权限，如法国由文化部负责批准认定公布，地方上省长对文物申报有一定权力。而联邦制国家和地方自治国家则有较大的分权，甚至决定权力直接归于地方，可以说是民族国家意识的具体体现。如德国（德意志联邦）其《国家珍贵文化遗产名录》由各州政府自己确定本州的珍贵文物名录后上报联邦政府汇总形成。其他还有瑞士（瑞士联邦）和西班牙（虽为君主立宪王国，但因历史原因地方各民族区域大多为自治政府）。执行机构差异更大，有些是政府下设直属机构，有些是文物保护学会和协会，有些是民间文物保护组织，有些是委托第三方机构。技术咨询机构是由文物专业人员组成的专家委员会，一般由相关的专家学者组成，甚至有些还细分为针对不同文物类型的专业委员会，个别国家还会有民族自治机构人员参加。技术咨询机构的责任是对文物进行鉴定评估，并向权力机关给出具体建议。

　　登录程序方面各国差异较大，多数国家采用强制登录和申请登录相结合的形式，一些国家还会采取普查和调查的形式进行文物登录，如法国。申请登录形式各个国家则有不同，有政府要求申请、所有者自己申请、他人代替申请、某些组织推荐申请等多种形式，其尺度在于国家对文物的国家民族属性与私人所有属性之间的平衡，一般强调私人属性的国家都会要求必须征得文物所有权人的同意以后才可申请登录。登录过程一般经过"申请和材料准备""认定和批准""发布公示和通知"等步骤。另外西方较为特殊的一点就是教会财产。由于历史的原因，教会在西方有强大的势力，同时教会手中也保有大量的文物，特别是天主教国家如意大利、西班牙、法国等，为了使这些文物能够顺利纳入文物登录系统，政府往往和教会达成协议，由教会自己组织财产清查和文物登录的机构负责教会内部的文物登录工作。有些国家除进行日常文物登录工作外，还定期开展文物普查和调查工作，确保重要的文物能纳入国家文物保护范围内，同时扩大、充实、丰富国家文物登录目录，如法国、意大利和英国。在通过登录扩大登录目录的同时，大多数国家也制定了"文物"从文物登录系统中退出的机制。由于老化、损毁等原因，某些文物丧失了其文物价值，甚至灭失，失去了留在文物登录系统中的意义，原则上应通过类似的申请审查手续从文物登录系统中剔除。但也有特别的例外，如美国就允许文物所有者在文物完好的情况下根据自己的愿望可以自由申报退出登录系统。

　　西方是资本主义私有制度，可以说资本主义国家普遍强调私有化，许多文物都在私人手中。但显然文物具有特殊性，人们在对文物的认识上达成共识，承认文物对民族国家的重要性。因此，文物资源成为唯一例外，各国都在进行私有化的逆向操作，期望更大程度的文物国有化或者公共性托管，如意大利、西班牙、法国的法律中都明确国家在文物交易中的优先购买权，同时国家用文物登录制度来掌控本国文物资源。还有一些国家则聚焦于防止文物外流，如德国、澳大利亚；个别国家则更偏向于私有，如美国，这是因为美国是各族移民聚集形成的国家而非民族国家，且建国历史较短。

**各国文物登录制度特点对比**

| | 法国 | 英国 | 意大利 | 德国 | 西班牙 | 日本 | 美国 | 澳大利亚 |
|---|---|---|---|---|---|---|---|---|
| 法律 | j1913年《历史古迹法》2004年《遗产法典》 | 1947年《城乡规划法》1996年《珍宝法案》 | 1902年《文化遗产保护法》2004年《文化与景观遗产法典》 | 1955年《禁止德国文化遗产外移保护法》 | 1985年《历史遗产法》1986年《关于部分阐述"历史遗产法"的皇家法令》 | 1929年《国宝保存法》1996年《文化财保护法》 | 1966年《国家历史保护法》 | 1984年《土著和托雷斯岛民遗产保护法》1986年《可移动文化遗产保护法》1999年《环境和生物多样性保护法》 |
| 政府负责部门 | 国务委员会/文化部/省 | 文化媒体体育部 | 文化遗产部 | 联邦文化事物专员/州政府 | 文化部 | 文部科学大臣 | 内务部国家公园局 | 环境遗产部文化遗产处 |
| 咨询机构 | 文物古迹委员会 | 古建筑保护学会 | 五个技术咨询委员会 | 专家委员会 | 历史遗产鉴定评估委员会 | 文化财保护审议会 | 历史保存咨询委员会 | 文化遗产委员会 |
| 执行机构 | 文化遗产普查委员会 | 历史文物管理委员会/大英博物馆 | 全国文物普查登录所/目录和档案编目中心 | 州政府 | 文化部/自治区政府 | 文部科学省文化厅 | 国家公园局 | 各登录组织 |
| 登录分类 | 分类和登记 | 不可移动和可移动分开 | 国家文化财产目录 | 国家珍贵文物名录 | 具有文化价值和其他文化遗产总清单 | 指定和登录 | 登录 | 国家文化遗产控制清单、州/领地登记册、地方名录 |
| 登录性质 | 强制登录和申请登录 | 强制登录和申请登录 | 强制登录和申请登录 | 强制登录和申请登录 | 强制登录和申请登录 | 强制登录 | 许可登录和申请登录 | 强制登录和申请登录 |
| 退出机制 | 有 | 有 | 有 | 有 | 有 | 有 | 有 | 有 |

# 二、我国的文物登录制度

## 1. 文物资源现状

中国从历史上就对祖先留下的遗物非常重视，收藏古物者上至帝王、下至庶民，流传下来的文物众多。一直到民国时期才有国家的博物馆收藏，但是博物馆数量很少，收藏有限，文物许多都流散在私人手中。直到中华人民共和国成立以后，国家通过接收、没收旧政府、剥削阶级的资产建立了社会主义公有制，其中也包括大量的文物，大批博物馆如雨后春笋般建立起来。其后，一些民间的文物通过捐赠、收购等各种渠道陆续被集中到国家手中。总体来讲文物一直持续不断地向国家集中。

新中国建立后至今，已经进行了三次不可移动文物的普查。2007 年 4 月至 2011 年 12 月，"第三次全国文物普查共调查各类对象 810795 处，其中登记不可移动文物 766722 处。"[①] 其中，"古遗址 193282 处，古墓葬 139458 处，古建筑 263885 处，石窟寺及石刻 24422 处，近现代重要史迹和代表性建筑 141449 处，其他 4226 处。"[②] 根据《中华人民共和国文物保护法》，古遗址、古墓葬、石窟寺及石刻应属于国家所有，对古建筑和近现代代表性建筑等，则国家所有、集体所有和个人所有三种所有制形式全都存在。据"三普"统计，居住场所 172440 处，占 22.49%，属于个人的 159738 处，占 20.83%，也就是私人所有的不可移动文物占了五分之一。随着时间的推移，国家经济建设的发展以及居住条件的改善，私人所有的不可移动文物所占比例会不断减少。

2012 年至 2016 年，"国务院统一部署在全国范围内（不包含港澳台地区，下同）组织开展了第一次全国可移动文物普查，普查对象是我国境内（不包括港澳台地区）各级国家机关、事业单位、国有企业和国有控股企业、中国人民解放军和武警部队等各类国有单位所收藏保管的可移动文物。截至 2016 年 10 月 31 日，普查统计的全国国有可移动文物共计 10815.4907 万件/套、卷。"[③] 同样地，2016 年"中国私人博物馆联合平台"发布了《2016 中国私人博物馆行业发展白皮书》，"中国博物馆登记数量从 2008 年的 2539 家增长至 2015 年末的 4692 家，7 年时间增长了 2153 家，增幅高达 83%，与之对应的是中国私人博物馆的数量由 2008 年的 315 家猛增至 2015 年的 1110 家。"[④] 在 2019 年"5·18 国际博物馆日"，国家文物局局长刘玉珠公布，"截至 2018 年底，全国博物馆达 5354 家。"非国有的博物馆达到 1606 家，这些博物馆的体量相对来讲比较小，加起来估计最多只抵得上一个巨型的国有博物馆。另外，这些博物馆中还夹杂着一些现代艺术和其他杂物博物馆，并不全是文物。当然，除私人博物馆外，还有一些私人收藏尚未公开。结合可移动文物的"一普"数据，私人手中的可移动文物占比不到全国文物总量的 2%，而且随着国家考古成果的增加，私人手中文物所占比例相对会进一步缩小。

2. 现有的文物登录制度基础环境

文物各相关法律法规要求我国全部国有文物应有文物记录档案。新中国第一个文物保护法律性文件 1961 年《文物保护管理暂行条例》中第四条要求"各级文化行政部门必须进行经常的文物调查工作"，确立了我国开展文物普查工作的法律基础；在第五条中要求"对于已经公布的文物保护单位，……划出必要的保护范围，作出标志说明，并且建立科学的记录档案。"[⑤] 说明新中国初期我国就开展了全国文物普查并要求建立文物的记录档案。尽管"建立科学的记录档案"仅限于不可移动文物中的重点文物——文物保护单位，但实际上对所有普查的文物都有相应的记录。1982 年《中华人民共和国文物保护法》颁布，除了保留前述《条例》对文物保护单位的要求，又增加了对馆藏文物的要

① 国务院第三次全国文物普查领导小组办公室. 第三次全国文物普查工作报告. 2012
② 国务院第三次全国文物普查领导小组办公室. 第三次全国文物普查工作报告. 2012
③ 国务院第一次全国可移动文物普查领导小组办公室. 第一次全国可移动文物普查工作报告. 2016
④ 中国私人博物馆联合平台. 2016 中国私人博物馆行业发展白皮书. 2016
⑤ 国务院. 中华人民共和国文物保护管理暂行条例. 1961

求，"全民所有的博物馆、图书馆和其他单位对收藏的文物，必须区分文物等级，设置藏品档案"。①至此，从法律上要求国有单位（文物保护单位、博物馆等）必须建立文物记录档案。2002 年《文物保护法》做出了重大修订，条目从三十三条增加到八十条，其中重要的在于第十三条中补充规定，"尚未核定公布为文物保护单位的不可移动文物，由县级人民政府文物行政部门予以登记并公布。"② 从此，所有的不可移动文物都要求予以登记公布，做到了全国不可移动文物的全覆盖。由此，根据《文物保护法》要求，再结合前面全国文物普查不可移动文物的"三普"，以及可移动文物的"一普"，全部的不可移动文物都应该有相应记录或档案，所有的国有可移动文物都应该有记录或藏品档案。

对私人所有文物，尽管从数量上来看比例很小，私人所有不可移动文物主要为民居，占 20% 左右，私人可移动文物仅占全部可移动文物的不到 2%，其文物等级和重要性上也相对较低，但国家仍然给予管理。从 1982 年《文物保护法》立法之初就有专门的章节为"私人收藏文物"，在最新的 2017 年修正的《文物保护法》已经改为"民间收藏文物"。《文物保护法》中第二十五条规定，"非国有不可移动文物不得转让、抵押给外国人。非国有不可移动文物转让、抵押或者改变用途的，应当根据其级别报相应的文物行政部门备案"，并规定"国家禁止出境的文物，不得转让、出租、质押给外国人。"③ 第五十二条指出，"国家鼓励文物收藏单位以外的公民、法人和其他组织将其收藏的文物捐赠给国有文物收藏单位或者出借给文物收藏单位展览和研究"。另外在第三十二条指出，"在进行建设工程或者在农业生产中，任何单位或者个人发现文物，应当保护现场，立即报告当地文物行政部门"，并要求"依照前款规定发现的文物属于国家所有，任何单位或者个人不得哄抢、私分、藏匿"。还有第二十六条规定"使用不可移动文物，必须遵守不改变文物原状的原则，负责保护建筑物及其附属文物的安全，不得损毁、改建、添建或者拆除不可移动文物。"④ 对私人拥有或房住文物，以及由于历史或其他原因私人占用或房住国有文物都有严格的法律规定。

关于文物的认定登记，国家也有相关的法律、法规或规章。国务院颁布的《中华人民共和国文物保护法实施条例》（2003）中第三十八条规定，"公民、法人和其他组织依法收藏文物的，可以要求文物行政主管部门对其收藏的文物提供鉴定、修复、保管等方面的咨询。"⑤ 依据此项要求，2009 年文化部发布了《文物认定管理暂行办法》，其中第三条指出，"认定文物，由县级以上地方文物行政部门负责"，并在第五条着重提到，"各级文物行政部门应当定期组织开展文物普查，并由县级以上地方文物行政部门对普查中发现的文物予以认定。"⑥ 对于私人所有的文物认定符合第六条，"所有权人或持有人书面要求认定文物的，应当向县级以上地方文物行政部门提供其姓名或者名称、住所、有效身份证件号码或者有效证照号码，以及认定对象的来源说明。县级以上地方文物行政部门应当作出决定并予以答复。县级以上地方文物行政部门应当告知文物所有权人或持有人依法承担的文物保护责任。县级以上地方文物行政部门应当整理并保存上述工作的文件和资料。"对不可移动文物还可以进一步申请定

① 全国人民代表大会. 中华人民共和国文物保护法. 1982
② 全国人民代表大会. 中华人民共和国文物保护法. 2002
③ 全国人民代表大会. 中华人民共和国文物保护法. 2017
④ 全国人民代表大会. 中华人民共和国文物保护法. 2017
⑤ 国务院. 中华人民共和国文物保护法实施条例. 2017
⑥ 文化部. 文物认定管理暂行办法. 2009

级，"第十二条 公民、法人和其他组织，以及所有权人书面要求对不可移动文物进行定级的，应当向有关文物行政部门提供其姓名或者名称、住所、有效身份证件号码或者有效证照号码。有关文物行政部门应当通过听证会等形式听取公众意见并予以答复。"① 所以，私人文物可以申请国家认定甚至定级，国家文物管理机构应咨询专家意见甚至公开听证以给出书面认定或定级意见。至关重要的是在《文物认定管理暂行办法》第十四条中明确提出"国家实行文物登录制度"。

3. 我国文物登录制度的基本构成现状

我国文物登录制度的法律基础是《文物保护法》、《文物保护法实施条例》、以及《文物认定管理暂行办法》。如同有些国外的文物登录制度一样，并不是一个单一的法律法规来规范文物登录制度。由此也可以看出，文物登录是一个牵涉面较广的工作，也是一个复杂的工作。

依据《文物保护法》第八条和《文物认定管理暂行办法》第二条，文物登录制度的负责部门为国务院文物管理机构即国家文物局，执行机构为各级文物管理部门（文物局或文旅局）。《文物认定管理暂行办法》第八条中提到文物行政管理部门认定文物时应充分听取专家意见，但并没有明确专家的性质，而实际上我国有针对可移动文物常设的文物鉴定专家委员会，地方上也有文物鉴定专家组。对不可移动文物的定级，现实是采取不定期的文物保护单位评审制度，从专家库选取专家形成各级专家评审委员会，通过评审会议确定各级文物保护单位。这样形成了完整的负责部门、执行机构和咨询机构。

对于文物登录的程序，从法规中反映来看，主要有三种。1、普查制度：1961 年的《文物保护管理暂行条例》第四条曾要求"各级文化行政部门必须进行经常的文物调查工作"，但在新颁布的《文物保护法》和《文物保护法实施条例》中都未再提及，而《文物认定管理办法》第五条中则明确规定"各级文物行政部门应当定期组织开展文物普查"，但其法律效力要低于《文物保护法》和《文物保护法实施条例》。2、备案制度：根据《文物保护法》，对不可移动文物来说，全国重点文物保护单位由国务院公布，省级文物保护单位报国务院备案，市县级文物保护单位报省、自治区、直辖市人民政府备案，尚未核定公布为文物保护单位的不可移动文物，由县级人民政府文物行政部门予以登记并公布。对可移动文物则是采取各收藏单位报主管的文物行政部门备案。"县级以上地方人民政府文物行政部门应当分别建立本行政区域内的馆藏文物档案；国务院文物行政部门应当建立国家一级文物藏品档案和其主管的国有文物收藏单位馆藏文物档案。"② 3、申报制度或认定制度：即《文物认定管理暂行办法》规范的文物认定、定级公布登记。实际上，体制内的国有文物一般由相应的文物行政管理部门组织专家组进行认定，甚至收藏单位如博物馆自己内部的专家达到足够人数时也会对自己收藏的文物进行认定。所以，《文物认定管理暂行办法》有利于对私有文物进行认定登记。

文物登记后的监管是按照行政区划由各级人民政府文物行政管理部门分级负责。对不可移动的文物保护单位划定必要的保护范围，作出标志说明，建立记录档案，并区别情况分别设置专门机构或者专人负责管理。对未核定公布为文物保护单位的不可移动文物，由县级人民政府文物行政管理部门制定相应的具体保护措施。可移动文物由所有者或持有者进行日常管理保护，这里的所有者或持有者包

---

① 文化部. 文物认定管理暂行办法. 2009
② 全国人民代表大会. 中华人民共和国文物保护法. 2017

括国有的各博物馆、纪念馆和国有机构，也包括社会法人和私人。

4. 文物登录制度存在的问题

首先，《文物认定管理暂行办法》中明确规定国家实行文物登录制度。但在现实中许多人并不知道有此制度，甚至是文物行业内的人也不甚清楚，还有人提出应尽快建立文物登录制度，实际上应该说是健全完善文物登录制度。2016 年《国务院关于进一步加强文物工作的指导意见》着重强调，"健全国家文物登录制度。完善文物认定标准，规范文物调查、申报、登记、定级、公布程序。抓紧制定不可移动文物的降级撤销程序和馆藏文物退出机制。建立国家文物资源总目录和数据资源库，全面掌握文物保存状况和保护需求，实现文物资源动态管理，推进信息资源社会共享。"① 在 2018 年中共中央办公厅、国务院办公厅印发的《关于加强文物保护利用改革的若干意见》中再次重申，"完善常态化的国家文物登录制度，建设国家文物资源大数据库。"② 之所以还有如此困惑的根本原因是文物登录的相关工作还未形成完整的体系。关于文物登录制度的具体内容要到各个法律文件中去寻找，而法律文件并不规定具体的操作办法，同时也没有相应的独立机构具体负责文物登录工作，以及与文物登录相关的机制还未形成，因此需要政府主管部门按照法律法规的精神制定具体的操作办法和规程。

其次，文物的登录程序实施上还存在一系列问题。正如前文所述现在实际登录程序有三种，普查制度、备案制度、申报或认定制度，而这三方面都有一定的难度。严格来说，文物普查工作难以定期展开，尽管《文物认定管理暂行办法》中要求"各级文物行政部门应当定期组织开展文物普查"，但现实中几乎没有常态化操作的可能。新中国成立以来，进行过的三次不可移动文物普查和一次可移动文物普查都是由国务院牵头、各大部委参与、文物部门具体实施，普查的范围也是根据辐射能力基础和环境的限制条件而定，时间间隔也不固定。备案制度是执行的最好的，这是因为备案制度主要是在行业内部进行，各方面都比较专业，作为日常工作有较好的执行力；通过备案将文物纳入保护体系，可以获得更好的人财物资源；另外，备案还和博物馆的级别等相关。申报制度（认定制度）可以说是世界上文物管理先进国家广泛采取的文物登录制度模式，但在我国却是水土不服，其一是申报认定模式的主要对象是私有文物，而私有文物在我国文物数量中的占比较小。其二是申报认定模式依赖文物收藏者的意愿。一部分收藏者虽然愿意自己收藏的文物得到鉴定，但又不愿意登记公开。其三是尽管《文物认定管理暂行办法》要求"县级以上地方文物行政部门认定文物"，但实际上由于文物鉴定专家缺乏，在县级难以开展此项工作，很多地方需要到省一级才能进行鉴定。

再次，文物登录的内容没有统一规范。根据《文物保护法实施条例》第十一条的要求，"文物保护单位的记录档案，应当包括文物保护单位本体记录等科学技术资料和有关文献记载、行政管理等内容。文物保护单位的记录档案，应当充分利用文字、音像制品、图画、拓片、摹本、电子文本等形式，有效表现其所载内容。"但对尚未核定公布为文物保护单位的不可移动文物则没有登录内容的要求。对于可移动文物的馆藏文物要求是第二十八条，"文物收藏单位应当建立馆藏文物的接收、鉴定、登记、编目和档案制度，库房管理制度，出入库、注销和统计制度，保

---

① 国务院 . 国务院关于进一步加强文物工作的指导意见 . 2016
② 中共中央办公厅、国务院办公厅 . 关于加强文物保护利用改革的若干意见 . 2018

养、修复和复制制度。"其中没有提到文物的登记档案内容，这也是迄今为止各个博物馆、纪念馆等的藏品登记记录皆按照自己对文物的认识制定内容格式，这对未来的统一规范是不小的挑战。另外，先后三次的不可移动文物普查，以及第一次可移动文物普查又各自有自己的一套普查登记内容格式。显然，不同的格式各有自己的优特点，这也是各个博物馆藏品各有特色的必然结果，但对文物登录制度则不适宜。实际上，2008 年国家文物局就组织研究、制定、发布了《馆藏文物登录规范（WW/T 0017 - 2008）》和《文物藏品档案规范（WW/T 0020 - 2008）》，第一次可移动文物普查的登录工作就遵循了标准规范。各博物馆由于馆藏数目巨大，没有相应的人力和财力，加之标准为推荐使用，现阶段没有强力的政策驱动或利益刺激，标准的推广使用还有一定难度。当然，标准本身也需要在科学化和现代化上与时俱进。

复次，上述几种方式登录之后的文物信息基本上各自独立建立系统，且信息更新缓慢滞后，难以被共享并发挥应有的作用。如以第一次全国可移动文物普查为基础、由国家文物局网站建立的"全国馆藏文物信息 http：//gl. sach. gov. cn/ collection - of - cultural - relics/index. html"，北京市文物局建立的"北京市博物馆大数据平台（http：//bjmuseum. org. cn/web/html/ collectionList. html）"，中国文物信息咨询中心建立的数字博物馆集群"博物中国（http：//www. museumschina. cn）"，江西博物馆与江西文旅厅建立的"博物江西（http：// www. jxwwpt. com/mip/pc/index. html#/home）"，"苏州文物"官方微信手机平台的"苏州市文物资源大数据平台"等，在数据内容、数据格式、表现形式各方面都不相同，在互通互联方面也有缺陷。因此，应在过去博物馆藏品管理系统和数字化建设成果的基础上，根据国家文物资源数据库的数据需求，采用元数据标准的工作方法，强调数据的科学化、系统化、标准化、规范化、电子化、统一化，重视文物登录数据与数据库结构、电子查询、云空间相结合，做到文物数据的实时动态更新，促进文物信息公开化和共享化，服务社会和社会主义文化事业。

此外，还有诸多需要认真对待的问题。如文物认定的执行程序中的认定资质、文物资源数据库的结构（文物分类、信息层级、保密等级、查询方式等）和数据使用规则等。

5. 完善符合国情的文物登录制度

完善文物登录制度首先要明确文物登录制度的核心目的。我国正处在国民经济快速发展，并逐渐站上世界经济发展引领地位的关键时期，文化事业的重要性越发显现。要成为世界主导性大国，经济实力和文化实力缺一不可，所以文化自信是当前的重要任务。文物作为文明、文化的载体，将在我国民族伟大复兴的发展进程中起着不可替代的重要历史作用。完善常态化的国家文物登录制度，建设国家文物资源大数据库，厘清探明文物资源的蕴藏量和分布，实现科学管理，支撑文物保护与合理利用。

完善文物登录制度的关键是体制和机制的形成。立法是基础，从法律层面将文物登录制度延伸至我国的所有文物，同时明确登录的具体流程，建立统一的规划和登录技术标准，有利于文物工作的开展，而且也只有这样才能真正为依法保护文物建立扎实的基础。组建文物登录的执行机构是文物登录制度的保障。理顺各方工作关系，明确负责部门、执行机构和咨询机构等的职责，建立起文物登录工作体系。还应强化文物登录各环节的一系列工作机制，将文物登录制度建成动态的、更新进化的有机体。并且将文物监管和文物保护的动态信息反馈入文物登录数据系统，有力支持文物监管和文物保护，使文物登录系统融入文物保护和利用事业之中。

完善文物登录制度必须认清我国文物的基本情况和特点，确定文物登录制度的工作方向与轻重缓急。基于我国的文物以国有为主，且重要文物也皆是国有文物，文物登录制度的重点应放在国有文物和重要文物。而且，这部分文物由国家各文物收藏机构或企事业单位管理，属于体制内，便于组织开展文物登录工作，应分阶段稳步推进。私人收藏文物的登录工作是被动工作，需要充分宣传文物登录工作的意义和其对文物收藏的帮助作用，才会促使文物收藏者主动申请文物认定，积极支持文物登录工作。

完善文物登录制度就要明确现阶段文物登录工作的主要工作内容。首先是文物登录内容的统一化和格式化研究，应从文物的基础信息、文物价值、文物作用、文物的特性等多方面研究，保证文物基础信息的通用结构和内容格式的统一，并留出展现独特信息和个性内容的空间。其次是国家文物资源大数据库和管理查询系统的研发建设，应以尊重文物信息和文物研究利用的要求为基础，文物专家和软件专家合作共同开发建设。文物登录内容的统一和文物资源数据库两者应齐头并进，互相沟通，遵循文物专业的特点，强调实用性和适用性，还应兼顾国家各类资源大数据库的协调融合。

完善文物登录制度可充分利用现有资源和各方面的工作成果。对不可移动文物应以文物保护单位为基础，按照文物保护单位"四有"的要求，强化"四有"档案的格式化和电子化，以此设计构建不可移动文物登记档案数据库的数据雏形，结合"三普"成果来充实完善并最终形成不可移动文物资源档案数据库。对可移动文物的登录工作，应以各博物馆等文博机构文物藏品档案为基础进行规范统一，通过建立科学的、适用性强的文物行业标准作为统一各博物馆藏品档案和登录数据的基础。

完善文物登录制度要充分利用当前的互联网、大数据、云计算、人工智能等信息科学技术成果。我国的5G技术已经走在世界的前列，物联网技术也已经有了广泛的应用，办公和业务的电子化应用已经在文博系统普及开来，未来文物系统的联网、并网工作必然会逐步实现，最终会建立开放共享的、互联互通的、便于利用的国家联网文物登录电子系统和文物资源数据库系统，文物资源大数据库必将水到渠成。

总之，面对我国文物数量庞大、类型丰富、所属多元、标准不一、增长迅速的现实，长效机制开展文物登录制度，实现文物数据的标准化、规范化、动态化管理无疑是一项庞大的系统工程，需要一系列配套办法，相应的组织机构、人员编制、专家团队、硬件设备，日常的管理研究和数据维护，从而支撑国家对文物资源的高效管理。

## 三、与文物登录制度相关的问题

1. 文物登录制度与文物保护单位制度

在呼吁建立完善文物登录制度的同时，也有意见认为有了完善的文物登录制度就可以取消文物保护单位制度了，似乎文物登录制度可以覆盖文物保护单位制度。显然这不是一个简单的问题，需要严肃认真研究对待，搞清其各自的性质和作用，以及两者的相互关系。

文物保护单位制度建立在50年代，从苏联学习而来，结合我国的文物管理特点，到1961年《文物保护管理暂行条例》将文物保护单位制度作为文物保护工作的重点加以确立，从此文物保护单位制度成为我国文保工作的一大特色，起到了不可替代的历史作用。文物登录制度则是西方一直采用的行之有效的重要文物保护管理工作。对此不同的文物工作制度应抛开意识形态，从其各个层面进行剖析来厘清其真正的内涵。

工作性质不同：文物登录面向所有文物，特别是尚未公开还未被人们了解的文物，属于是资源探查性质。文物登录需要全面铺开，尽可能覆盖更大的区域而不留死角，某种程度上甚至给出利益或好处来刺激或鼓励有更多的文物所有者将持有的文物进行文物登录。所以，文物登录工作看起来是对物的——文物，实际上很大程度上却取决于人——文物所有者或持有者。文物登录的目的是为后续的文物保护、研究和利用打下基础。文物保护单位制度是针对已经确定的重要文物（准确地说是重要不可移动文物）进行定点保护，因此他的覆盖面是窄的，反映的是文物资源的分级管理理念。首先，"单位"指的是物——重要不可移动文物，而不是某个组织机构。所以，文物保护单位制度的核心是围绕重要不可移动文物采取各种直接有效的保护措施。

工作方式不同：文物登录主要采取定期普查、日常调查和鼓励申报等方式开展文物的登录工作，同时通过定级对文物进行等级分类。文物登录工作可以分为强制登录或申报登录：国家针对反映国家和民族历史文化等非常重要的文物进行强制登录，而不考虑文物所有者的意愿；国家采取优惠政策促使文物所有者或持有者自愿申请国家对自己的文物进行申报登录，以丰富充实国家的文物资源数据库，同时有力支持文物所有者或持有者对文物进行保护。再来看文物保护单位制度，文物保护单位是对已经认定的不可移动文物通过评审后的定级，关键是定级后就必须遵守《文物保护法》进行相应级别的保护和监管。在《文物保护法》中有非常细致的规定，"四有"是文物保护单位制度的基础，并由此展开对文物的监管、养护、修缮以及研究和展示，防止其他或周边的活动对文物以及文物环境造成影响。迄今为止，全国重点文物保护单位共进行过 8 批次的评审，确定全国重点文物保护单位 5058 处。

文物保护单位制度是中国特色的文物保护管理工作。中国文物以国有为主，国家几乎掌控所有的文物，保护文物的责任也基本是国家承担，新中国建立初期没有足够的财力用于保护所有文物，对文物采取分级管理保护是必然的选择，也是最佳的方法。时至今日，我国经济上已经有了长足发展，在文物保护上的投入不断加大，但仍然还需要分级管理。当然我国的文物保护单位数量也有了巨大的增长，文物保护单位制度也需要进一步研究发展。由此可见，文物登录制度与文物保护单位制度目的不同。因此，文物登录制度不能替代文物保护单位制度。

2. 文物登录制度中的文物认定

文物认定是文物登录制度的重要环节，也是文物登录的关键一步。历史上的物品千差万别，是否能够成为文物需要一套认定标准。显然不同国家、不同的时间点，这种标准都不会一样。首先是时间下限的认定上各个国家各有不同，有要求不晚于 100 年以前，也有 50 年以前的，甚至有些国家对特殊的文物类别仅要求 25 年以前。当然，不同国家的历史长短和文明发展各不相同，文物数量的多少也差异极大，这些都对时间的设定有较大影响。其次，则是国际上公认的历史、艺术、科学三大价值的要求，而这三者既有客观性也存在主观性，都需要相应的专业人员来进行评价。一般来讲，各个国家对认定过程都是通过咨询各种专家委员会来认定文物的性质、等级等等，在此基础上对相关文物发布公示、进行登录。

文物认定按照《文物认定管理暂行办法》规定，认定文物由县级以上地方文物行政部门负责，由此，文物认定前推至县级。大家知道，文物鉴定是一个非常专业的工作，需要在文物专业部门长期学习研究，才有可能逐渐积累成长为专业鉴定人员。我国的文物鉴定人员相当匮乏，县一级文物部门的文物鉴定人员更是凤毛麟角，将文物认定前推至县一级有相当的困难。另外，文物作为珍品有难以估量的价值，因此，文物认定涉及巨大的经济利益，文物鉴定人员的责任约束与道德培养是文物认定工作的关键。所以《文物认定管理暂行办法》的核心是管理，一是对认定人员的管理，应建立注册文物鉴定师管理制度，对鉴定人员水平、责任、道德，以及实际工作记录逐年审核注册。二是文物认定责任制，在文物认定后，文物信息和文物认定责任人都应录入文物登录系统；同时严格执行异议复议制度，对通过认定和不通过认定产生的异议皆可复议，以此促进文物认定登录人员的责任感。

文物认定工作一直面对比较艰巨复杂的态势。国有文物在我国的文物总量中占绝对多数，需要文物认定的数量巨大。不可移动文物"三普"登记文物总量766722处，各级文物保护单位已经公布了8批，约占不可移动文物总量的五分之一。文物保护单位制度的成熟为不可移动文物的登录打下了基础，前后三次的"文物普查"为不可移动文物登录创造了必要的条件。对可移动文物则文物登录形势较为复杂。尽管可移动文物国有占绝对多数，而且所有的文物应该都有相应的登记账目，但文物分散在各博物馆、纪念馆和企事业单位手中，虽有账目、名册，格式却五花八门，最重要的是各博物馆对自己的馆藏数量和文物级别根据自身利益会有所松动，不仅增加了文物登录的难度，可靠性也大打折扣，近十多年来国家几次不同层面的调查普查数据的较大差距也反映了这个问题。私人文物的认定难度和争议更大，从"鉴宝热"就可想象民间收藏火热，大多是被经济利益驱使，只愿鉴定而不愿登录，所以真正认定需求却较少。另有一些非常积极愿意认定登录，只是为了将手中的藏品认定为"真文物"，而实际上往往仅是一些赝品。这些都为正常的文物登录工作带来干扰。要转变这两方面的被动局面就应该严格执行法人负责制，以及《文物保护法》规定的"法人离任时，应当按照馆藏文物档案办理馆藏文物移交手续"。同时，设定文物鉴定师年检注册制和文物认定责任制，还应该完善认定抽检机制和争议仲裁机制，保证文物认定和文物登录工作的正常进行。

3. 文物登录制度与文物确权

近期，文物资源化、文物资源资产化的讨论很多，提出文物确权问题。同时，由于文物登录制度中要记录文物的所有权，于是利用文物登录制度来进行文物确权成为一种提议。显然，文物确权与土地山林确权不同，土地山林确权会带来直接利益，而文物确权可能存在间接利益，直接带来的反而是责任。因为无论如何，文物首先受《文物保护法》的保护约束。文物确权的核心是责、权、利的明确和相适应，文物确权的基础是相关法律的规定，如文物保护法、物权法等。确权主要是针对国有文物，包括不可移动与可移动。不可移动主要是落实具体文物的具体责任主体并作为登录内容予以明确。可移动文物主要是明确持有人并结合责任权利义务在登录中予以明确。

文物登录可与文物确权结合，但文物登录不能替代文物确权。文物登录制度中的所有权登记是记录性质，文物登记不能等同于文物确权。文物登录制度的核心工作是认定文物，同时通过登录记录在案以便于文物的监管、保护和利用，并不着重于所有权问题。正如《文物认定管理暂行办法》中要求，所有权人或持有人才可书面申请要求认定文物，并须提供认定对象的来源说明。实际上暗含的要求是认定对象必须是有主人的，而且必须是主人自己来申请认定。在文物登录工作中文物登录内容应该包括所有权，这样才能为未来的文物监管提供基础依据。

国有文物不存在确权的问题，《文物保护法》对国有文物有着明确的规定。"中华人民共和国境内地下、内水和领海中遗存的一切文物，属于国家所有。古文化遗址、古墓葬、石窟寺属于国家所有。国家指定保护的纪念建筑物、古建筑、石刻、壁画、近代现代代表性建筑等不可移动文物，除国家另有规定的以外，属于国家所有"。国家所有文物的所有权由国务院行使代表权，国务院文物行政管理部门即国家文物局代理执行。国有文物不存在所有权的争议，主要是持有权的问题，应进一步明确持有者、使用者、收益者等的相关责任的问题。国家文物局有权代表国务院指定国有文物的持有者，一般是相应的国有博物馆或文管所等。而且国有文物一般不可转让给私人。

民间文物可能存在确权问题。民间文物的所有权属于财产权，但原则上是有限的财产权，也就是文物受《文物保护法》的约束，如不可以转让给外国人，可能限制出境等等。但《文物保护法》不能改变财产权的所有者，文物登录制度也无权确定或改变文物的所有者。民间文物作为财产受《物权法》的约束，其间若有所有权的纠纷，应该由人民法院来依法裁决，文物登录制度和文物行政管理部门国家文物局都无权决定民间文物的归属。

另外，所谓文物确权应该是面对两种情况，一是文物所有权属不明，一是文物所有权属有争执。对于文物所有权属不明此种情况较少见，一般来讲，任何财物都会有相应的权属，所谓的无主只是财物的主人没有主张他的权力罢了，如对路上捡拾的遗失物，有的国家就规定在一个限定的时间内如半年，若无遗失者认领，则该遗失物就归捡拾者所有。同样，国家对国有文物虽有规定，但由于文物的特殊性，如野外或水下"捡拾"到文物而密藏一段时间后，国家很难举证其归国家所有，但捡拾者同样也难以举证是自己的。但因出土文物的特点，捡拾者一般也不敢出示于人，因为《文物保护法》明文规定，"中华人民共和国境内地下、内水和领海中遗存的一切文物，属于国家所有"。对于文物所属权属有争执的情况，相对来说简单，到人民法院举证裁决就行了。

正如前面提到，文物确权提出者指出文物资产化并不是提倡文物资产化经营，而是通过文物确权明确文物权属与其他权属之间的责权利关系，从而更好地达到保护文物的目的。当然这里主要是指不可移动文物，不可移动文物会与周边环境存在各种复杂关系，如地下面的文化遗址与其地上面的农田之间责权利相互关系等。实际上《文物保护法》中对这些情况有明确的规定。首先，第二十九条要求进行大型基本建设工程前，建设单位应报请文物行政部门组织在工程范围内进行考古调查、勘探；第三十二条要求在进行建设工程或者在农业生产中，任何单位或者个人发现文物，应当保护现场，立即报告当地文物行政部门，任何单位或者个人不得哄抢、私分、藏匿，等候相关部门做出决定。其次，对已经确定的不可移动文物，第二十条要求建设工程必须避让文物，若重大工程必须文物避让时，则要求必须得到各级人民政府批准，全国重点文物保护单位避让迁移则必须报国务院批准。另外，对已经确定的文物保护单位还有更细致的保护要求，这就是保护范围和建控地带的要求。第十七条规定"保护范围内不得进行其他建设工程"，特殊情况须经人民政府批准，且批准前必须经上级文物行政部门同意。第十八条规定在建控地带的建设工作必须经相关文物行政部门同意。也就是在保护范围内禁绝其他活动，在建控地带的任何活动必须经过相关文物行政部门同意。这里就明确了文物和其他相关方的权利和义务。若非要明确与文物相关其他方的具体权利，则无论如何明确都会挂一漏万，归根结底其他方的权利必须受《文物保护法》的严格限制。

## 四、结 语

文物登录制度是国家新时代资源化战略的一个缩影，是实现我国可持续发展的重要组成部分。文物登录制度在西方经过数十年的发展，已经是成熟的文物保护日常基础工作，对西方国家的文物保护工作起着非常重要的作用。虽然都是文物登录制度，但各个国家的文物登录制度并不雷同，都是根据自身国情建立起符合本国的文物登录制度。我国对文物登录制度的引进和试行才刚开始，显然我们应该学习西方的先进文物理念和管理方法，但不能盲目地追随西方亦步亦趋。我们国家制度与西方完全不同，有自己的文物管理特点，文物资源的状况也极具特殊性。这些都要求我们立足国情，在实践中探索、研究、完善我国特色的文物登录制度，建立文物资源大数据库，实现国家的文物资源化战略。

# 建筑遗产保护利用的产权机制与
# 政策建议探索

徐进亮

（东南大学建筑学院）

**提　要：** 近年来中央对文物保护利用提出了重大新政策，使得建筑遗产利用、资产管理与产权机制研究成为文化遗产保护学界关注的话题。本文通过分析文物与建筑遗产的产权机制，结合现有建筑遗产保护利用存在的一些现实问题，提出一些涉及产权机制管理的具体建议与创新思路，协调与规范建筑遗产保护利用中的责权利关系，为文物管理部门对文化遗产保护利用的顶层政策设计提供参考建议。

**关键词：** 建筑遗产；保护利用；产权机制；政策建议

2018 年 10 月，中办国办发布《关于加强文物保护利用改革的若干意见》指出："坚持依法保护利用。健全文物保护利用法律制度和标准规范，落实文物保护属地管理要求和地方各级政府主体责任，提升全社会文物保护法治意识"。文物保护利用中的责权利关系、主体责任以及体制机制问题，归根结底都属于产权机制，包括不同产权主体之间的关系，以及涉及占有、收益、使用、处置、经营、管理监督和保护限制等权益责任等。

《意见》还强调："建立文物资源资产管理机制。健全国有文物资源资产管理体系，制定国有文物资源资产管理办法，建立文物资源资产动态管理机制。"文物资源反映的是物质存在，体现其稀缺性和效用性；文物资产反映的权益，体现了排他性和约束性。利用就是在权益约束的前提下，实现效用性的手段与方法。产权是否清晰，是否可以移转，将引导文物保护利用方向和使用功能延续或调整。做好资源资产的管理，必须要在产权机制政策建设有突破与创新。

## 一、产权机制分析

2018 年 4 - 5 月，文物报刊登了两位专家的不同观点引起了人们对文物保护和利用关系的讨论。财经专家刘尚希认为，文物需要尽快资产化，以谋取利益回报；文物专家马自树认为文物不能作为资产经营来换取利益。这场讨论在社会上引起了很大的争议。抛去这两个观点的正确与否，单从经济学的角度来看，文章中资产定义被混淆了，这是由于财会学的"资产"定义与经济学"资产"定义完全不同。财会学对资产的定义是"能用货币计量的经济资源"①，所对应的英文单词是 asset；经济学中资产的英文单词是 property，是指权益、好处和利益②。资产是财产所有权所赋予的权利束，甚至包括其所在的限制性权益，具有排他性和约束性。《意见》提出建立文物资源资产管理机制，就是把握了资产的准确定义。

"资产化"绝非是"资本化"，财经专家所提的概念实际上偏于资本化。"资产化"首先要求明晰产权，厘清责权利关系，确定谁在利用、为谁利用。有位苏州古建专家曾直言："对于古建筑，无论产权限制多复杂，物理状态、经济状态和产权状态都限制也不要紧。只要你能确定告诉哪一部分属于我。一旦定下来就不能变。没有这个确定，所有事情往下都无法去做。没有投资者来接盘的，因为不知道将来能得到什么，允许做什么。任何投资商或使用者首先要告诉他们什么是不能利用的，什么是限制利用的，什么是建议利用的，除此之外都是可以利用的，这些必须要说清楚"。所以人们利用物品时必定要遵循一定的约束性规则，这种规则的前提就是产权机制。

产权是由多项权利构成的权利束，产权界定即将物品产权的各项权能界定给不同主体，主要包括两部分：第一是产权的归属关系（界定归谁）；第二是在明确产权归属的基础上，对物品产权实现过程的各权利主体之间的责、权、利关系进行界定（界定约束）。实际上就是通过设置约束条件，以提供合理的经济次序、产生稳定预期、减少不确定因素，最终实现交易费用的减少。

产权机制最基本的是所有权，最常见的是用益权。

1）所有权

产权制度是经济市场中最重要的前提条件，所有权是整个产权制度的核心。所有权一般具有绝对性、排他性、永续性三个特征。从产权性质来看，建筑遗产所有权主要分为私有产权、公有产权和混合产权。

①私有产权

在私有产权下，社会个人或团体对建筑遗产具有独占的、排他的所有权或使用权。优点是他人以及政府无法在未经所有权人同意的情况下，通过强制性手段对该文化遗产进行整饬改造。弊端同样明显，碎片化的建筑遗产产权使得建筑遗产群落无法得到规模化的改造与利用，出于经济最大化考虑的个人甚至会觊觎眼前的经济利益而倾向于"拆旧建新"等极端行为。

②公有产权

在公有产权下，政府或集体拥有对建筑遗产的所有权或使用权，能够依据城市规划而对其统一安排协调，有利于建筑遗产的大规模保护与利用，使之充分相辅相融于经济社会生活系统中。然而，公有产权使得其保护与利用高度依赖政府的决策制定，当政者往往会采取相似的统一化的政策选择，造成"千城一面"式的建筑遗产改造策略，易摧毁有特色、有色彩、有活力的建筑物、城市空间以及赖以存在的城市文化和历史资源③。

---

① 《企业会计准则——基本准则》
② 资产评估法、RICS 估价标准（红皮书）
③ 周黎安. 晋升博弈中政府官员的激励与合作——兼论我国地方保护主义和重复建设问题长期存在的原因 [J]. 经济研究，2004（6）

③混合产权

包括了产权的公私混杂、私人混杂等。由于历史原因，许多旧城建筑遗产的产权碎片化和不确定性非常普遍，有些古建筑被十几甚至几十个家庭所占有，影响正常居住与生活，根本无法进行适当的维修与保护。另外，古建筑因面临改造与更新，随时可能被拆迁，产权的不稳定使得现有的主体缺乏维护的动力，外来的主体也没有购买意愿，古建筑的交易流转不顺畅①。

2）用益权

用益权是指非所有人对他人之物所享有的占有、使用、收益的排他性的权利。从经济学角度看，隶属于他物权的用益权的产生是社会进步的表现，人们可以通过"用益权"对稀缺资源进行充分利用，使资源利用的交易费用得到降低。

法理上，所有权、使用权和收益权可以分离，但在学术领域却有一定的争论。有些学者反对分离：张晓提出了在遗产资源不改变形态和实质、不进行转让的情况下，所有权的主要内涵就是使用和收益。因此，取得了遗产资源的使用权和收益权等同于取得了其所有权，对遗产所有权与经营权进行分离转让，实质就是改变了遗产公有产权的性质，特别是公有产权②。倪斌坚决反对管理权与经营权的分离，认为企业的任何经济行为都存在着内在的驱动力，就是掩藏其后的求利、逐利、自利的本性，这也是企业直接参与保护文化遗产始终受到社会垢病的根源。分离经营权只会造成以追求利润最大化为目标，无法真正兼顾遗产资源的社会公益性，其经营举措往往是与遗产保护背道而驰③。有些学者支持分离：如张广瑞认为，经营权与所有权的分离不可避免，由于建筑遗产资源的独特性，经营企业必须持有特殊资质才能有资格管理，管理方必须要严格设置条件并监督④。汤自军从新制度经济学出发，认为遗产具有自然垄断性、公共性和外部性。产权制度就是以所有权与经营权为主要内容的遗产产权在政府与市场间如何配置的问题。存在两种选择：其一，遗产所有权和经营权同属政府或市场两者中的任一主体；其二，遗产所有权归属政府，遗产经营权交由市场⑤。

总体上，权益细分是有利于建筑遗产保护与利用，出现弊端的根本原因更多是由于各方权责不够明确。拆分所有权、使用权和监督权，必须清晰阐释各自的权利与责任，建立起对使用者的有效约束机制。

3）其它权益

用益物权除了用益权（使用权、经营权）以外，还有地役权、地上权等；担保物权包括抵押权等。由于篇幅有限，不再表述。

建筑遗产租赁权是具有物权性质的债权，是正常生产条件下建筑遗产出租所产生的直接收益，属于建筑遗产的生产资料使用权收益和正常生产收益补偿。

4）产权限制

由于建筑遗产的特殊性，几乎世界上任何一个国家和地区都对建筑遗产的保护利用有严格规定：在法理上均属于产权限制。

---

① 李敏. 产权理论下的建筑遗产保护［C］. 中国建筑史学国际研讨会，2007
② 张晓，张昕竹. 中国自然文化遗产资源管理体制改革与创新［J］. 经济社会体制比较，2001（4）：65－75
③ 倪斌. 建筑遗产利益相关者行为的经济学分析［J］. 同济大学学报（社会科学版），2011，22（5）：118－124
④ 张广瑞. 海外旅游人造景观成功的奥秘——兼谈中国人造景观建造中存在的一些问题［J］. 旅游论坛，1995（2）：21－26
⑤ 汤自军. 基于产权制度安排的我国自然文化遗产开发保护研究［D］. 湖南农业大学，2010

　　《保护世界文化和自然遗产公约》认为："人类社会应为了保护、保存、展出和恢复这些文化遗产而制定和采取各种适当的措施"。联合国教科文组织《关于在国家一级保护文化和自然遗产的建议》指出："各国应根据其司法和立法需要，尽可能制定、发展并应用一项其主要目的应在于协调和利用一切可能得到的科学、技术、文化和其它资源的政策，以确保有效地保护、保存和展示文化和自然遗产。"具体措施主要有：要求政府合理确定不同建筑遗产的保护等级，以评估结论为依据，依法公布；要求有保护范围、标志说明、记录档案、专门机构或专人负责管理；在保护范围以外，还应划出建设控制地带，以保护文物古迹相关的自然和人文环境①，还会对建筑遗产的结构、布局、功能、高度、体量、色彩、立面外形以及周边环境要素等做出严格控制②；在建筑遗产的产权转让时设定一些前提条件，要求受让人继续履行保护条款，或是在产权人死亡后无人继承或认定产权人无力保护时，优先收回建筑遗产等。产权限制还表现在对建筑遗产的利用、修缮和改建的限制，例如当建筑遗产改良不足，即未达到最大利用状况时，产权人不得擅自迁移或拆除，所有权人具有管理保护建筑遗产的责任③，要求政府根据该建筑遗产的特征和功能来确定。这些规定都是出于对建筑遗产的保护目的，对建筑遗产的使用、处置、收益和占有等权能严格限定，尽可能减少对建筑遗产的损毁破坏，也是考虑了建筑遗产的可持续利用。

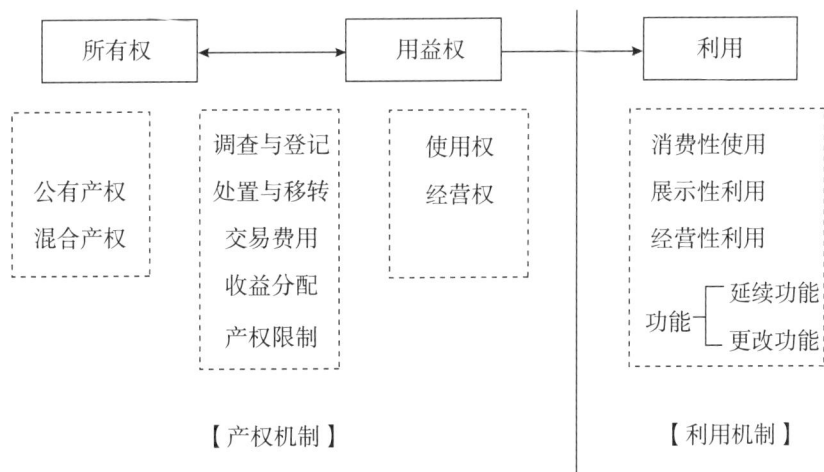

**图1　建筑遗产产权机制逻辑关系图**

　　合理利用能使消费（居住）或收益（经营）的效益最大化。理清产权机制与利用的关系，对于明确建筑遗产利用管理的责权利，完善管理制度有着重要的引导作用。

## 二、目前的产权管理问题

　　根据上图，对照国内文物与建筑遗产权属与利用的情况，较为容易能辨析出当前存在的情况，关

① 国际古迹遗址理事会中国国家委员会. 中国文物古迹保护准则［S］. 中华人民共和国国家文物局，2015
② 中国建筑科学研究院. 历史文化名城保护规划规范（GB50357－2005）［S］. 中国建筑工业出版社，2005
③《苏州市古建筑保护条例》的规定：古建筑为私人所有，所有人为保护管理责任人；古建筑为非私有的，使用单位为保护管理责任人；作为民居使用的，管理单位为第一保护管理责任人，使用人为第二保护管理责任人。

于这类问题的相关文献资料也较多①，本文略加概述：

1）产权确权混乱

由于历史原因，历史建筑由几代人继承，一院多户共有，产权难以理清。其中涉及建筑在村镇但是原住户已经搬迁外地、居住城市等，给建筑确权与登记工作增加难度。直接导致处置或交易困难，更不用说如何进行使用权分离消费或经营。

2）管理范围界定不清

地方政府缺乏技术人员，对文物建筑、登记不可移动文物、历史建筑、传统风貌建筑等类型范围界定不清，地方文物局、住建局等部门无法确定建筑管理责任。公有产权的建筑遗产虽然是属于国家所有或集体所有，但实际上会涉及到地方政府的多个部门控制或管理。这种情形下，由于权利分属不明确，一旦出现问题，同是所有者或管理者代表的各部门就会互相推诿责任，而公众无力阻止，最后造成责任无人承担②。其中最典型的就是：建筑遗产的乱搭乱建无人过问。究其根源，产权划分原本是清晰的，但是由于所有权人对用益权人的使用限制过于宽松，对背离行为几乎没有任何惩罚措施，因而造成所有权的实际缺位，产权界定不明确。建筑遗产保护、修缮也无从谈及了。

3）保护限制设置模糊

目前建筑遗产产权限制的规定不够细致，模糊地带与交叉地带比较多，管理部门公权的自由裁量权过大，甚至根本不了解自身的职责范围。比如，某一地区对建筑遗产是否能够转让给私有产权人产生争议，原因是"会给管理部门介入遗产建筑的保护带来困难。因为产权转让后，管理部门只能从历史文化保护角度提出指导性意见，但不能强制产权所有者接受"③。甚至提出"当产权所有者与政府在遗产建筑再利用方式上出现意见分歧时，允许政府通过市场寻找更有效率的使用者。"从法律上说，建筑遗产发生产权转移后，管理部门是否能对建筑遗产的使用、经营、处置权等进行干涉，是在转让行为发生时，按照契约方式相互规范权利义务而确定。不接受，契约不成立，与是否可以转让无关。如果出现分歧，政府可以责令产权转移或分离，已是走入另一个极端，公权涉及侵犯私权。一个成熟的法律社会，政府部门要严格按照法律规定的范围内执行职责，法无授权不可为。

4）用益权分离形式简单

我国目前的实践情况来看，用益权与所有权的分离形式较为简单，主要以租赁实现。对于复杂的市场环境，如何采用多种分离形式，推动更多的利用模式方面缺乏相关研究。同时在合同中如何规范文物与建筑遗产用益权人的责任、义务，同时给予产权人公平的保护，按照契约的方式规范产权人和用益权人的权利责任等方面，也没有指导性意见。

5）收益与成本管理混乱

资金来源与使用方向过度集中，建筑修缮过度。历史建筑数量众多，一个村多者数十处，但是每年修缮多集中在一两处，过度浪费。成本核算没有统一技术规范，投入缺乏必要监督。对于公有产权

---

① https://www.sohu.com/a/239934349_780094
② 吕晓斌.基于产权视角的自然文化遗产保护机制研究［D］.中国地质大学，2013
③ 肖蓉，阳建强，李哲，基于产权激励的城市工业遗产再利用制度设计——以南京为例［J］.天津大学学报（社会科学版），2016（11）：558－563

建筑遗产，缺少科学的收益与租金计算标准，地方自由裁量权大。对于收益分配，缺乏有效的二次分配，导致所有权人权益缺位，容易出现上海某历史街区居民纠纷事件①。

因此，建立产权机制是为了在使用与配置稀缺资源的过程中，规范人与人之间责、权、利关系。通过设置一些局限条件，来提供合理的经济秩序、产生稳定预期、减少不确定因素、减少交易费用。科斯认为"在交易成本大于零的情况下，由政府选择某个最优的初始产权安排，就可能使福利在原有的基础上得以改善；并且这种改善可能优于其他初始权利安排下通过交易所实现的福利改善"。说明产权制度本身的选择、设计、实施和变革需要由政府来引导，也决定了成本的高低②。

# 三、提出的政策参考建议

本文结合上述分析，提出一些涉及产权机制方面的政策建议，以协调与规范文物与建筑遗产保护利用中的责权利关系。

1）产权调查与登记

| 所有权 | ○国家所有　　○集体所有　　○私有所有　　○其他 | | |
|---|---|---|---|
| 使用情况 | 使用单位（人） | | 隶属 |
| | 用途 | □办公场所　□开放参观　□宗教活动　□军事设施　□工农业生产　□商业用途　□居住场所<br>□教育场所　□无人使用　□其他用途 | |

2018 年国家展开"第三次全国国土调查"工作，目的是全面查清当前全国土地利用状况，全面细化和完善全国土地利用基础数据，满足生态文明建设、空间规划编制、自然资源管理体制改革和统一确权登记等各项工作的需要。文物与历史文化遗产也是国家的重要资源，同样需要全面细致的调查登记。2007 年国家组织的"第三次全国文物普查工作"中偏重于保存与损毁情况，所有权、使用权、功能等调查内容过于简略，并不能满足管理的需要。权益不清则责任不清。而且各地大量的历史文化遗产并未列入文物清单，而这些遗产数量众多、用途复杂，深入城市各个角落，更为民众所了解与使用，这些文化遗产的产权调查与登记也是非常重要。

首先，建议文物管理部门考虑重新制定文物与建筑遗产权属与利用状况的调查标准与内容。按照产权体系，至少包括：

①文物与建筑遗产权属及变化情况，包括现有的所有权、使用权、租赁权和抵押权等、以及近 10 年的权属变化情况；

①　上海某历史街区建筑为住宅用途的公房产权，租户私下改变用途，将其出租给商家进行商业经营，产生的游客与噪音影响到相邻住户，引起纠纷。这个案例实际是用益权滥用，真正受益者是公房原租户与承租人商家，而受损者是相邻关系人与所有权人；因为公房原租户改变用途实际背离了与所有权人的契约，却未受到限制或惩罚，同时影响了相邻关系人利益，也未给予补偿。这就是增值收益未能在各方关系人合理分配的结果。

②　科斯第三定理．百度百科。

②文物与建筑遗产现状保护等级、保护限制条件以及变化情况；

③文物与建筑遗产的历年修缮状况；修缮单位、投资人等；

④文物与建筑遗产的利用现状及变化情况，包括位置、面积、用途、使用或空置状况；

⑤关注利用方式是属于展示性利用、延续功能或更改功能；

⑥其它事项。比如：与公安部门配合，了解居住情况；与税务部门配合，了解租赁情况；与遗产项目投资的单位配合，了解经营情况。

文物管理部门可发起新一轮全面调查工作，重点偏重于权属与利用状况。可先以一个城市的文物与建筑遗产作为试点，然后拓展到一个省或地区，最后覆盖全国。可先以文物保护单位作为试点，再拓展到一般文物、历史建筑，最后覆盖历史名镇、名村以及历史文化街区的建筑等。

其次，在对文物与建筑遗产重新调查的基础上，与地方不动产登记部门配合，调查确定以下情况：

①不动产权属。包括不动产权属证明、登记薄、图纸和权属变更记录等，重点说明权利人、证件种类、证件号、共有情况、权利人类型、登记原因、使用期限、取得价格和不动产登记的他项权利等；特别注意是否存在混合产权或共有产权等复杂权属情况。

②土地权属。包括土地权属证明、登记薄、图纸和权属变更记录等，重点说明土地用途、用地性质、使用期限、使用权人和他项权利等；

③房屋权属。包括房屋权属证明、登记薄、图纸、权属变更记录等，重点说明房屋用途、产别、产权人和他项权利等；

④对于已经权属登记的历史保护建筑，其性质、用途、建筑面积和土地面积等，应以不动产权属证明、房屋权属证明或土地权属证明的记载为准；权属证明记载的事项，应与登记薄一致；记载不一致的，除有证据证明登记薄确有错误外，以登记薄为准。对于未经登记的，可按照市、县级人民政府主管部门的认定处理或标明无产权人；

⑤构筑物权属变化情况资料；

⑥其它附属物的权属资料。

最后，在上述调查与登记的基础上，参照自然资源部门"一张图"工程，及时建立各地文物与历史文化遗产权属情况数据库与地图网，设定相关数据库统一标准与查询系统，努力建设"数据一个库、监管一张网、管理一条线"，为历史文化遗产产权动态监测管理提供相应的技术论据。

2）产权机制的政策建议

《意见》要求合理利用的目的就是要盘活用好文物资源资产。对于一些保存与利用状态不够理想的文物与建筑遗产，文物主管部门应制定鼓励政策，推动产权移转或产权分离。结合上述对产权机制的分析，建议推出如下鼓励政策或措施：

①居住类公有产权建筑遗产的相关政策建议

一种是鼓励产权移转；国有不可移动文物不得转让、抵押等，但对于一些利用不善的公有产权建筑遗产（老旧公租房），是否能够允许转为私有产权，特别是混合产权。建议文物管理部门可以与住建管理部门配合制定一些鼓励公有产权或公租房转制的政策。

另一种是鼓励公有产权统一委托国资平台运营。目前公有产权的文物建筑归属于文物管理部门；

非文物建筑遗产归属于住建管理部门或村镇集体；特别是大量城市公租房存在多元产权、多头管理现象严重。建议文物管理部门与住建管理部门配合，制定公有产权房统一委托政策，交由国资平台或物业管理公司进行统一管理运营。无论公有产权房是集中分布还是分散，统一由一个专业机构进行协调、管理、维修、出租等，将会避免责权利不清的问题。街道或乡镇负责出面协调以及各环节的管理与控制，最终通过市场租金来调整居住使用人群。

②非居住类建筑遗产的相关政策

鼓励产权分离，完善利用模式。对非居住文物与建筑遗产项目建议推出委托给国资平台或企业单位统一经营的鼓励政策。各种利用模式的经营权需要相对统一管理。田子坊模式由于业态引导，吸引相关文化人群入驻，初期是成功的；由于缺乏统一经营，民间自发管理，导致后期田子坊租金上涨，如果能借鉴苏州明月湾古村的民间与国资合作或浙江乌镇的集中经营模式，这些文化人可以不离开的，最初的成功模式也是可以延续的。所有权有的混杂、有的单一，但要做好非居住类遗产项目功能利用的激活，经营权必须相对统一，业态可以是商业、旅游、酒店等。消费人群调整也需有一个长期过程。功能定位与调整就是未来应当引导哪些人来用这个区域。

③非移转产权前提下的长租模式

鼓励产权分离。这些长租模式是社会民间不断尝试的案例，文物管理部门可以予以借鉴，适时推出一些鼓励政策：

一种是相对单纯的单一产权长租，例如大学教授工作室的长租改造模式（图3）。近年来，大学教授走出校园，在合适的环境下租赁或购买一些小型建筑，用于开设个人工作室，打造文化氛围逐渐成为新潮流。如广州华南理工大学老职工居住区（不在校园内、但仅一路之隔）的教授小楼群（三层类别墅，90年代初建造），由于年久失修、建筑布局不甚合理，2003年–2013年期间纷纷被空置，建筑残破、杂草丛生，成为普通职工住不起、教授不愿居住的"鸡肋"项目。所幸的是2013年后一些有识教授将其重新租赁，精心打造成工作室，结果成为华南理工大学的一道新风景线，绿荫丛中幢幢并列的小楼，古色古香。一些专业研讨会、研究生答辩会都放在这些工作室小楼中举行，时尚却不张扬，这种潮流影响到了广州地区其他大学。

另一种涉及混杂产权，例如扬州汶河街道仁丰里历史街区。仁丰里从2012年开始就以街道名义向老百姓长租15年产权，通过街道的控制管理使租金相对稳定、业态统一，防止过于低俗的商业扰乱秩序。居民可以选择长租给街道，由街道统一管理出租，也可以自行出租（要符合街区业态管理要求），但是拥有丰富房产资源的街道会通过一定手段抑制房东随意涨价。如今仁丰里有一些茶室、工作室、民宿通过长租引导做得相当不错（图4）。这种长租模式建议通过国资平台运作，对公租房进行梳理，逐步收回使用权，对空置的民间老宅以鼓励方式予以回收长租，获得更大的话语权；然后重新修复或整治后统一经营，对业态与产业进行一定的调整或规范，对街区房屋租金定价相对控制，进而引导目标使用人群。老宅长租模式以街道为管理主体，国资平台运作，以调整业态与使用人群为目的，不以盈利为目的。不用涉及过多资金，居民信任度高，邻里关系容易处理，业态相对统一控制与规范，老宅修复有一定保证与监督。最重要的是，这样的模式在街道与乡镇层面上就能执行，边保护、边改造，徐徐图之，没有大资金投入，就没有大的决策风险，不用涉及过多政府部门。成本低、容易调整，特别适合在规模较大的古城中历史街区的改造与保护。

图3　中山大学教授工作室的长租改造

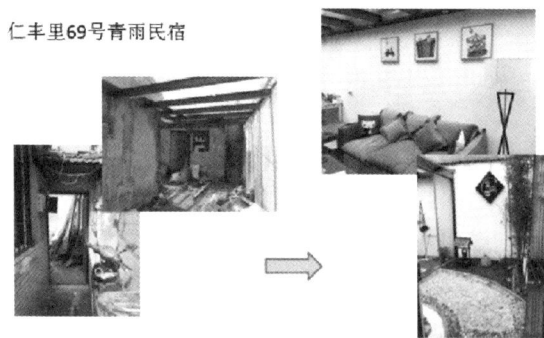

图4　扬州仁丰里的民宿改造

④复杂产权前提下的产权置换模式

鼓励产权移置。现在旧城中一些历史街区存在这样的情况：各利益人群的需求其实很明确，现居住的人群想搬走，国资平台想收产权，很多少时居此的人群有了一定经济实力愿意回来，但是由于各方不同顾虑而难以达成交易。

文物主管部门应会同住建部门、不动产登记部门、金融机构等对历史街区的建筑遗产提供相关的鼓励政策，引入国资平台资本来介入运作。国资平台收购老宅再转让给购房者。在房屋收购过程中，国资平台作为直接收购人值得产权人信赖；在交易未完成前，意向购房者在签订预购合同时，向国资平台以自身房产提供担保或支付担保金，国资平台收购成功后完成交易，未收购成功也无碍，这样将各方风险降至最低（图5）。产权人不需要考虑违约风险，国资平台不用考虑资金沉淀，而购房者不需要考虑复杂谈判、产权风险和资金压力，用自身房产作为担保，交易事项交给国资平台操作，实际上是一种置换模式。这种模式最重要的是鼓励原来搬出去的本地人回归，所以应该对本地人回归给予优惠政策。

3）编制文物建筑遗产的经济价值评估与租金评估的相关专业技术标准

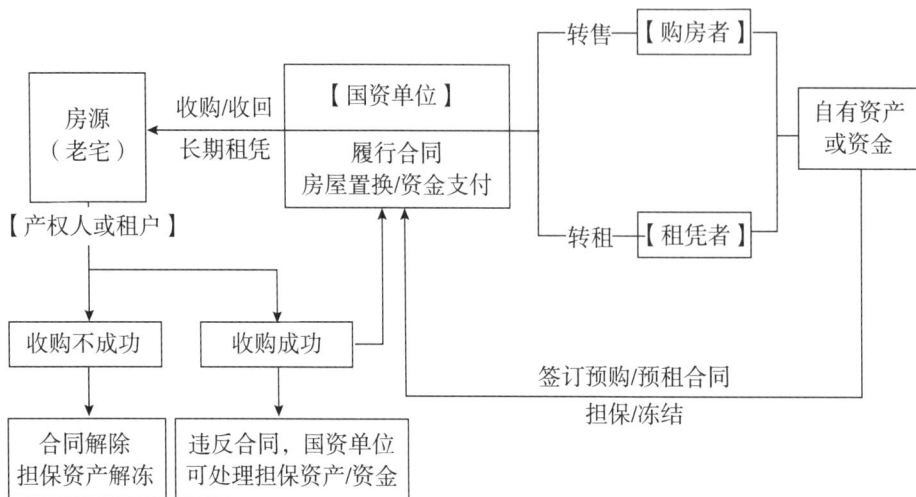

图5　产权置换模式操作方式

文物与建筑遗产在资产管理过程中必然会涉及到所有权转移，使用权分离、租赁、司法处理等行为。2018年7月，国家文物局、最高人民法院、最高人民检察院、公安部、海关总署联合印发《涉案文物鉴定评估管理办法》，其中第十三条：涉案文物鉴定评估机构可以根据自身专业条件，并应办案机关的要求，对文物的经济价值进行评估。虽然第十八条规定：对拟从事涉案文物鉴定评估工作的文物鉴定评估人员进行审核，审核合格的报国家文物局备案。但从事文物鉴定的同志很少有人了解不可移动文物、建筑遗产经济价值评估以及定损价值认定。一方面，没有这一方面的专业知识与条件，另一方面，国家也没有这方面的专业技术标准。

这个领域具体涉及的专业行为包括：

①文物或建筑遗产的转让、核资、收购、定损、抵押业务可能会快速增多，需要经济价值评估。例如2017年，参与上海巨鹿路888号优秀历史建筑损毁定损行政处罚评估；2018年，笔者参与大理古城15处古建筑资产经济价值评估，估价目的是转让给国资平台做整体开发利用；2019年，参与部分城市中的古建筑征收过程中的收购评估等。

②遗产保护项目利用策划、咨询与投资经济评价

项目投资者特别是国资平台，对于投资历史街区项目的整体改造与开发利用是没有概念的，需要科学的项目经济评价。大到一个街区项目投资（利用策划与经济评众），小到某处古建筑的民间投资利用（历史文化遗产利用投资顾问），业务众多。例如2018年，笔者主持参与由苏州古城保护集团委托的《苏州道前街区整体策划与经济评价》项目。

③租金评估，资产保值增值；

许多文物或文化遗产项目资产由国资平台或企业单位所持有，年租金的合理计算，达到资产的保值增值，也是财政管理部门的基本要求。例如2017年，笔者参与了苏州平江路历史街区委托的一次整体性的商铺租金评估。

因此，建议文物主管部门与住建管理部门及时编制并公布历史建筑经济价值评估技术规范、建设项目经济评价规范、以及各地历史建筑重建成本工程定额标准，加强培训专业评估技术人才。

4）利用管理涉及产权机制的政策建议

①梳理合同条款，明确产权限制

建筑遗产功能利用延续或调整需要在政府管理层面给予政策支持，鼓励地方做好区域保护规划、利用规划、区域设计等控制性规范。

加强对所有权与用益权分离的合同条款管理，参照住建部门对工程合同管理的形式，规定一些主要合同格式化条款或建议条款。

鼓励地方梳理现有的文物与建筑遗产保护限制条件（产权限制），使之更有可操作性，对不合适条款进行更换，与所有权人或使用人签订保护与利用协议。

②建立功能利用数据库，加强资产利用动态监测机制

在文物与建筑遗产的权属调查与登记、信息数据库的基础上，及时建立文物与历史文化遗产利用数据库，及时掌握利用和功能业态变化，利用改造、装修的影响程度，投资规模，经济价值与租金变化以及其它与利用相关的信息情况，加强文物资产的利用动态监测管理提供。

## 四、小结

综上，本文通过分析文物与建筑遗产的产权机制，分析现有建筑遗产保护利用存在的一些现实问题，并针对于这些现实问题，从产权调查与登记、鼓励产权移转与分离、编制经济价值与成本计算标准以及利用管理方面提出一些涉及产权机制的具体建议与创新思路，协调与规范建筑遗产保护利用中的责权利关系，为文物管理部门对文化遗产利用的顶层政策设计提供参考建议。

# 我国文物保护科学技术应用历程、现存问题及未来发展

何 流

（中国文化遗产研究院 北京 100029）

**提 要：**中国文物保护事业是伴随着科学技术的发展而发展的。科学技术数度冲击并促进着我国的文物事业发展，推动文物保护工作上了三个台阶。文物保护是社会科学与自然科学的结合，两大门类的跨越、学科基础的复杂性、理论和保护原则的薄弱都会带来诸多问题与冲突。文物保护科技与自然科学前沿的差距、传统工艺与现代技术的脱节、科技人员相对文物保护工作和研发的匮乏等多方面都面临严峻的挑战。展望现代科学技术在文物保护中的应用，应强化理论研究与学科建设的相互促进，以及与实践应用的紧密结合，将传统工艺和现代技术融合起来探索中国特色的文物保护技术，创新科研模式、促进人才流动开放，争取将文物保护科技纳入国家科研体系，使文物保护科技工作突破性地再上一个新台阶。

**关键词：**文物保护；文物修复；科学技术；科研管理；科技应用

## 引 言

中华文明源远流长，中国的文物传统历史悠久。学界对中国文物保护的起源争论颇多。一些专家认为"文物保护科学技术始于修复技术，……中国文物修复技术较早形成行业的，是青铜器修复和书画装裱修复"[1]；英国学者奥蒂（W. Oddy）认为："欧洲的文物保护史在于确认修理过程向修复过程的演变"[2]。显然，人们在创造器物的同时就在对器物进行维护，从古遗址出土的玉器中就发现了大量的修复痕迹，如连缀修复[3]。若以此论，则中国最早的文物修复或可上溯到石器时代；但若以行业而论，则最早的文物修复行业除青铜器修复和书画装裱修复外，还应加上古玉器修复。

科学技术是第一生产力，生产力决定着生产关系。科学技术在社会发展中具有举足轻重的地位，

---

① 路甬祥，周宝中．文物修复和辨伪［M］．郑州：大象出版社，2007：14.

② William Andrew Oddy. The History and Prospects for the Conservation of Metals in Europe［C］//International Symposium on the Conservation and Restoration of Cultural Property. 东京：东京文化财研究所，1993.

③ 王荣，吴在君．中国玉器的古代修复工艺研究——以出土玉器为例［J］．东南文化，2015（3）.

科学技术对文物保护的发展也起着决定性的作用。在中国历史上，科学一词原意是科举之学，而后来从西方传入的西学被称为格（物）致（知）之学，直到近代才由日本回传到国内，特指分科之学，也就是今日的现代科学。技术在历史上常被称作技艺，总是与知名的能工巧匠联系在一起，显示着异于常人的技能和机巧。在西方历史上也有同样的认识，用"art"来表示技艺，隐含着人工技能的意思，也是到近代才逐渐转移到"technique"，和科学联系在了一起。科学技术是客观的，也是人们能够掌握的客观规律。到今天，科学技术已经形成多达上百个分科的有机科学体系，完全渗透到人类社会的方方面面，即使对文物保护这个古老而年轻的行业，也正发挥着越来越重要的作用。

# 一、科学技术在文物行业的应用历程简述

## （一）中国历史上的科学技术与文物修复

应该说中国历史上的科学在世界上还是很发达的，如历法的产生以及圭表、日晷、漏壶等测定时间、日子和季节工具的发明。但随着中国封建社会的禁锢，科学发展逐渐迟滞，表现为社会科学方面从"百家争鸣"走向"独尊儒术"或"儒释道"的融合，自然科学知识则归入"小艺"和"百工技艺"，使中国的社会科学和自然科学长期得不到应有的发展。文物修复等文物保护技术在历史传承上属于"百工技艺"，一直是一种经验技术的传承，技术的发展创新缓慢，更没有相应的理论指导，但这并不是说在文物行业就没有科学技术的应用①。

中国传统文物修复技术尽管没有理论基础和技术文献，但作为一个手工业行业至迟在唐宋之时就已经形成了。最早的文物修复活动应该包括青铜器修复，并早于金石学的形成，伴随着金石学的发展而发展。青铜礼器自"三代"至汉朝都是国之重器，是国家等级制度和宗族制度的标志。当其丧失国家重器的地位，逐渐进入流通领域之后，损伤和破坏必然会成为难以避免的问题，青铜器的修复开始向专业化的方向发展。最令人瞩目的是传统青铜器修复对青铜器锈蚀物已经有了很清醒的认识，虽然还无法像今天可以用现代设备检测分析锈蚀物的化学成分、结构和含量，但古人已经可以将青铜器的锈蚀物区分为有害粉状锈和无害的"绿漆古""水银沁"和"黑漆古"等稳定锈蚀物。

同样，书画装裱技术反映了古代工匠无穷的创造力。造纸术的发明极大地促进了书法和绘画艺术的发展，但纸张材质本身有脆弱的一面，即容易损伤难以久存。书画装裱技术则是通过将书画的载体宣纸装裱在更结实的背衬纸或织物上来增强宣纸的强度并制成卷轴，从而更便于书画作品的展示、收藏和转移。书画作品之所以能够收藏和传播，很大程度上依赖于书画装裱修复技术的形成。尽管人们没有现代的科学知识和理论，但在实际实践中充满了智慧的光芒和暗合的科学思想。

## （二）现代科学提升对文物的认知

文物保护真正发生巨大变化是在西方现代科学传入中国以后。中国现代文物保护事业的开端当属

---

① 何流. 现代科学技术对中国文物保护的影响和启示［J］. 中国文物科学研究，2013（6）.

博物馆的广泛建立。早期在中国建立的博物馆大部分由外国人教会主办，主要分布在沿海城市①。这些博物馆不约而同，除宣传西方现代科学技术的进步外，都把历史文物作为博物馆的一个重要组成部分。尽管目的不同，但这些博物馆客观上起到了开启民智的作用，促进了科学技术的传播。

现代考古学是西方现代科学对中国文物保护事业的主要贡献。现代考古学的基础是田野调查发掘工作，而且具有较完善的现代科学意义上的理论体系和方法论，如地层学、年代学、几何学、材料学等等。重要的是考古学改变了中国数千年对掘坟盗墓深恶痛绝的传统观念，逐渐接受合理的考古发掘活动。

现代科学对中国古建筑保护产生了全新的影响。中国历史上的建筑维修多考虑维护房屋的使用功能和本朝规定，不太考虑维护其原有形制风格②。梁思成等人留洋归来，已经具有现代建筑科学的知识和现代文物保护思想，又通过大量实地调查勘察测绘，结合历史文献对古代建筑的构造方法、发展脉络、以及各代营造法式规则及其特点有了全面的研究掌握，建立了中国古代建筑的历史和理论，开始以历史的、艺术的、专业的要求对待古建筑保护，并以此指导文物古建筑的维修，开始了文物古建维修保护的全新时代。

## （三）现代科学技术助推新中国文物保护事业的全面发展

新中国成立后，随着国家进入全面的恢复建设时期，文物保护事业方兴未艾，有计划有步骤地建立起了国家的文物保护行业体系。1955 年，中国科学院考古研究所副所长夏鼐关注到碳十四测年这项技术，并把它向中国考古界作了介绍，开拓了现代科学技术对文物工作的应用前景。1956 年，我国向东欧波兰派出了首批专攻文物保护专业的公派留学生。1960 年代"在中国历史博物馆、上海博物馆、甘肃省博物馆、河南省博物馆相继设文物保护实验室，开始了应用现代科学技术修复保养文物的探索"③。1973 年，在古代建筑修整所和文物博物馆研究所的基础上，组建成立了文化部文物保护科学技术研究所④。文物保护工作中引入了物理学、化学、生物学、地质学、地理学、建筑学、材料学、档案学等学科，如文物腐蚀老化的科学机理分析、新技术新材料的探索、石窟围岩的化学灌浆加固、遗址和石窟的水文地质勘察等等，现代科学技术在中国文物保护事业中的应用全面启动。

1978 年 3 月，全国科技大会的召开标志着"科学的春天"的到来，文物保护工作跃上了一个新的台阶。其主要表现在现代科学技术在文物研究与保护中的应用方面紧跟世界先进水平，如科技考古方面的航空考古、遥感考古、动植物考古、人骨 DNA 分析等；文物分析检测方面的 X 射线荧光分析和衍射分析、扫描电镜分析、能谱分析、红外光谱分析、拉曼光谱分析和姆斯鲍尔谱分析等；文物测年方面的碳十四年代测定、热释光年代测定等；工程技术方面的古建筑和石窟寺近景摄影测绘、古建维修的计算机绘图等；文物保护材料方面的有机、无机加固材料、金属缓蚀封护材料、漆竹木器脱水定形

---

① 震旦博物院是 1868 年由法国天主教耶稣会士韩伯禄（又名韩德）创建的。中国人创办博物馆，首推 1876 年在北京京师同文馆设立的博物馆和 1877 年上海格致书院建立的"铁嵌玻璃房"博物馆，它主要是为配合学习西方科学技术而设立的。引自：何流．现代科学技术对中国文物保护的影响和启示［J］．中国文物科学研究，2013（6）.
② 梁思成，刘敦桢．大同古建筑调查报告［M］．中国营造学社汇刊（四卷），1933.
③ 路甬祥，周宝中．文物修复和辨伪［M］．郑州：大象出版社，2007：15 – 16.
④ 现中国文化遗产研究院的前身。

材料等。在全国范围内，成立了诸多文物保护科研机构①。

　　值得强调的是科学程序、科学方法和科学理念的重要性得到了文物行业前所未有的普遍重视。一、1982 年全国人大颁布了第一部《文物保护法》，为文物保护工作提供了坚实的法律基础和法制保障。二、针对具体文物保护项目的工作流程，从初始勘察、检测分析，到随后制定周密的科学保护规划和实施计划，实施中规范操作，完成时评估结项验收等，进行科学的系统规范管理。三、与世界文物保护理念和科学思想的接轨。中国传统文物保护的核心思想是"复原和重现"，西方对文物的认识则是历史价值和美学价值并重，而更以历史价值为先，反对为了恢复文物完整性或美学观感而危害其历史真实性。1997 年，中国国家文物局、美国盖蒂保护所和澳大利亚遗产委员会开始三方合作编纂《中国文物古迹保护准则》，旨在使中国的文物古迹保护工作"符合国际公认的文物保护工作应当遵循的共同原则，对一些理论概念性的抽象语言取得理解共识"②。同时开展了一系列国际合作实践，如敦煌研究院与美国盖蒂研究所、日本国立文化财研究所的保护合作，秦始皇兵马俑博物馆与德国和法国保护机构的合作等。

　　2003 年，改革开放已经走过了 25 年，国家文物局依托中国文物研究所③、敦煌研究院等对改革开放以来文物保护科技工作进行了全面深入细致的研究总结，对未来五年乃至中长期的文物保护科技工作进行了宏观周密的规划部署，核心工作是建立文物保护科技体系。形成了以中国文物研究所为顶层，其下为国家文物局重点科研基地、文博单位和高等院校及研究院所内部的文物保护研究机构、从事文物保护的企业等四级机构配置，完善了文物保护科学技术的体制和机制建设。在一年之内先后颁布了《文物保护科学和技术研究课题管理办法》《文物保护科学和技术研究课题招标评标暂行办法》《文物保护行业标准管理办法》《国家文物局重点科研基地管理办法》《文物保护科学和技术创新奖励办法》等五个行业法规，开通了国家文物局文化遗产保护科技平台，2004 年 9 月召开了第一次"全国文物保护科学技术工作大会"，文物科技工作驶入了快车道。至 2018 年已经公布六批共 30 家不同研究领域的文物保护重点科研基地，奠定了我国文物保护领域科学技术发展的基础。"十一五""十二五"期间，按照国家科技支撑计划开展文物行业科技支撑计划课题研究，重点放在行业的关键技术突破，以及科技基础性和文物保护共性方面研发，并进行规范和示范推广，为文物行业的中长期发展夯实基础。现代科学技术成为促进文物保护发展进步的主动力，在中国的文物保护领域起到了全方位至关重要的支撑作用。

## 二、文物保护科学技术工作面临的问题

### （一）学科基础的复杂性

　　从学科体系上来说，文物保护科学技术属于边缘学科或交叉学科。很多大学将文物保护专业置于

---

① 各文物大省先后成立了文物保护中心和古建保护研究所，各省甚至一些较大城市成立了考古研究所，许多大学和其他行业科研机构也都开始积极涉入或参与文物保护工作。

② 张柏.《中国文物古迹保护准则》的编撰 ［Z］// 美国盖蒂保护研究所. 中国文物古迹保护准则. 2002：38.

③ 现中国文化遗产研究院前身。

文博学院或考古系，因为文物保护的起源是历史考古。从宏观方面，它跨越社会科学和自然科学两大门类，从专业方面，它涉及历史、考古、艺术、宗教、地理、物理、化学、生物、地质等学科，很难详细列出全部与文物有关的学科。实际上文物本身就包括人类历史生活中的方方面面，具有广泛性和复杂性，如青铜器涉及铸造学，瓷器烧造涉及化学，丝绸棉麻等涉及纺织学，浑天仪涉及天文学，古代钟表涉及机械学、石窟寺涉及地质学、古建筑木结构涉及力学等等。随着社会进步的加速，现当代的许多事物正在逐渐转变为文物，如交通方面的蒸汽机车、通讯方面的电报机、家居方面的显像管电视机、军事方面的战列舰等等。文物的种类和范围是在不断扩大和发展的，所以甚至可以说文物会和所有学科发生关系。文物的复杂性决定了文物保护科学技术的复杂性。文物保护科学技术的服务对象是文物，是历史的和不可改变的，而对文物保护所采取的科学技术则是发展的和与时俱进的。文物保护首先是研究文物本体的组成、结构和功用，以及其历史的和美学的价值，文物保护的目标则从初级的文物外观，到其内在的结构，直至维护其原有的功用，文物保护的手段包括现有的各种技术和材料，甚至对于具体的文物特性和特点，这些技术和材料可以有各种各样的调整和改变。也就是说，文物保护科学技术自身及其相关的现代科学技术是不断发展的，而被保护对象文物则阻止或限制现代科学技术直接应用于文物本体，因为任何新材料的植入都会或多或少地干扰或破坏文物的历史性和真实性。由此，社会科学和自然科学的跨接以及历史与现代的矛盾冲突引出了文物保护工作中的一系列问题。

## （二）文物保护原则的局限性

对文物来说，其作用和价值主要是社会科学方面的，保护的目的是保证其社会科学方面的价值，而采取的保护手段则是自然科学技术的。面对历史文物，为了保留完整的原始历史信息，最好是维持文物原状而不要人为干预，但若这样文物就会自然老化，或者由于内部或环境的因素加速其老化；当然也可采取某些技术手段对文物进行保护处理使文物延长寿命，但这样可能就会失去部分信息或干扰历史信息的准确获取，文物保护工作就经常处在这种两难境地。因此，人们制定一些文物保护原则，尽最大可能在两方面进行平衡以期获得最好效果，这就是文物保护的最小干预原则，可逆性原则和可识别原则。

对最小干预原则来说，第一，最小是个不确定的量，只能实现其比较意义，对具体文物就更加难以确定。第二，从自然科学角度考虑则最小意味着零，即不进行干预，暗合英国保守主义文物保护学者鲁斯金（John Ruskin，1819——1900）的思想，但从最小干预原则的内容来看，制订者还是希望采取干预手段的。第三，最小没有客观标准，或者说仅是表达一种愿望。

可逆性原则同样存在操作上的困惑：第一，可逆性是想表达施加到文物上的外部材料还可以去除，同时不影响文物或破坏文物及其历史信息。对文物简单的覆盖或支撑这类方法可逆性或许成立的话，对更多的如渗透加固、成膜封护等则很难实现可逆性。第二，若考虑到施加和去除操作都不影响文物，则可以说这种保护操作不是必须的。第三，即使某个处理操作当时存在可逆性，而随着时间发展材质退化，就会发现原来的可逆操作已不可行；或者今日来看某些保护操作看似不可逆，但随着科技的发展，将来未必不能把这种操作造成的影响去除。

可识别原则也存在类似问题：第一，艺术完整性和新旧可识别的差异性之间存在不可调和的矛盾。

第二，可识别存在多种类型和程度，如直接可识别和间接可识别，直接可识别还可分人眼可识别和仪器可识别，间接可识别则可以采用绘图和影像资料来提供证据。第三，今日可直接识别不意味着未来一段时间老化后还能直接识别。从这里可以看出，文物保护原则应是伴随着人们认识的发展而与时俱进的。

## （三）文物保护科学理论的薄弱与保护技术现实中的分离

科学和技术两者有一定的区别：科学更靠近理论，技术偏向实际。科学方法指导技术，两者相辅相承，辩证统一。在文物行业，文物理论研究包括对文物本体和其所处环境的研究，它涉及社会科学和自然科学两方面。社会科学方面从宏观上是文明和文化的研究，这个方向对中华民族伟大复兴和提高民族自信具有重要意义；从细节上是历史和美学的研究，可以极大地丰富人们的精神文化生活。自然科学方面从宏观上可以研究自然变迁，人类社会的科技发展史；细节上可以研究文物本体的材质、制作方法、现存状态，为保护实施打下基础。文物保护方面的研究主要包括保护原则和保护技术。保护原则的基础是社会科学方面的文化、历史和美学要求，或者说是文物价值的要求。文化不同会导致保护理念的差异，从而对保护原则有不同的认识。保护技术也可分为两个部分，一是传统技术方面的经验和技巧，一是现代技术的材料、工艺与装备。

现有文物保护科学技术理论研究薄弱。我们的保护理论基本上是承袭西方，还没有形成自己的文物保护理论，尽管西方的理论也并不完备。理论的薄弱在现实中反映的往往是理论和技术的割裂，导致技术缺乏约束，保护措施的最后效果评价不一、莫衷一是。同时，理论的薄弱也导致对文物的保护前后不连贯，以及各方面工作的割裂。一是文物的价值研究成果不能完全传递到保护技术人员手中，使得保护人员难以全面深入认识文物的价值所在，出现最后的保护效果难以获得大多数人认可的现象。二是在保护处理前，通过对文物的各种研究分析获得了全盘的数据，但在制定保护方案和实施时则与前期研究割裂，很多数据没有被很好利用。三是传统工艺有自己的传承方式，间接地排斥现代理论和工艺；而现代工艺虽然承认传统工艺存在某些独特技巧，但从整体上还是弱视传统工艺，两者有所割裂且分别发展。

## （四）文物保护科研在国家科研体系中的位置尚待确立

文物保护科研管理工作一直处在变革之中，新中国成立初期文物工作的重点是"抢救为主，保护第一"，打击盗掘、走私，配合支持国家经济基础建设，同时建立文物保护单位制度。相对而言文物保护修复项目较多，而相关的文物保护科研较少。1960年代才在一些大型博物馆中建立文物保护实验室，但规模较小，文物保护科研仅是博物馆工作中的一小部分，从国家层面并没有统一的规划。1970年代，文物保护科研工作开始纳入国家统一管理，但科研经费则是与事业经费混合拨付，并没有独立的科研经费。这一时期的文物保护科研费用，主要是部分事业经费和国家财政的文物保护经费中拨出一部分用于文物保护科研。

改革开放后，科学技术作为第一生产力在国家层面得到确定，文物保护科研也开始得到重视，国家财政的文物保护经费逐年增长，文物保护科研经费开始单项列出，国家文物局成立文物保护科技专家组对文物保护科研的立项、验收等进行把关。随着文物科研经费的逐年增高，国家文物局新设了科技与信息处，对文物保护科研课题的立项、执行、经费使用进行监督，同时设立国家文物局科技专家库，从专业上保证文物保护科研的方向符合国家的文物保护科研需求。近年来随着国家政府机构改革的深入进行，排除政出多头的弊病，国家的科研项目开始划归科技部统一管理。科技部是主管自然科学研究的重大项目或国家重点科研发展方向的，它更多地是聚焦科学前沿和科技成果的转化，属意于集中精力办大事。同时也会通过国家自然科学基金大范围地资助面上项目、重点项目和重大项目。"十三五"正在开展的《文化遗产保护利用专题任务》大项目是放在《国家重点研发计划"重大自然灾害监测预警与规范"重点专项》中，从其来源和国家科研体系系统来看，文物保护科研工作在国家的科研体系中的位置仍然难于确定，如何将文物保护科研工作纳入国家科研体系还需要进一步的明确。

文物保护科研与其所涉及的自然科学基础研究的差距较大，其根本问题还是在于文物行业是以社会科学为基础的，而文物保护的核心是自然科学技术，知识的跨越使得文物保护的科研管理面临一些难题。加之文物既有共性又有个性，甚至文物的个性更为突出，每个文物都有唯一性，这就使得文物研究注重于具体文物，看似重复而又非简单的重复，就单一方向上较难以孕育大型科研项目。自然科学领域科研人员一般会紧盯本领域前沿，而文物保护科研属于对自然科学成果的应用研究，自然科学领域不太关注文物保护，使得现代新型技术与文物保护有较大的脱节，文物保护科技难以及时跟上现代科技的步伐，这样或多或少地迟滞了文物科技保护的发展。

### （五）文物保护科学技术人才队伍建设的问题

现阶段已经有多所大专院校建立了文博学院，大多数设立了文物保护专业[①]。我国的文物保护科技人员主要分布在文物保护研究机构、各地的文物保护中心、各级博物馆、考古机构、大专院校的文保专业等。由于人员编制是事业单位难以逾越的问题，近些年文物保护专业人员队伍并没有较大的增长，"2006 – 2017 年文物保护科研人员年均增长 0.78%"[②]，也就是说国有文博行业并不能完全吸收高校文物科技保护毕业生，难以与日益增长的文物保护工作相匹配。

文物保护工作是现代科技成果在文物保护方面的引进和改良应用，其核心工作是对现有自然科学技术是否能够引入文物保护进行实验验证，以及对新型材料用于文物保护的筛选和改造。因此，文物保护科技的核心是应用，在于对现代科技成果的消化吸收而不可能是引领型的研发创新。文物保护科技从业人员大多是自然科学专业背景，但工作后一直从事文物保护行业，一般会逐渐脱离自然科技前沿，其知识和技能会退化而跟不上时代科技，即便是从自然科学领域转岗文物科技保护，若干年后也难以摆脱知识更新的窘境。如何保持文物保护科技人员队伍的知识更新，促进自然科学主业人员向文物保护科技工作流动，将古老的文物与科技前沿完美结合，是文物保护科技人员队伍建设面临的主要问题之一。

时至今日，文物修复较多还是采用传统工艺，并且在弘扬传统的要求下师承制正在逐渐恢复，当

---

① 其中北京大学、西北大学较强，其他还有南京大学、复旦大学、西安交通大学、哈尔滨师范大学、西北民族大学、太原理工大学、山西大同大学等，每年培养毕业学生上百人。
② 国家文物局 . 2017 全国文物业统计资料［R］. 2018：6.

然今天的学徒已经具有了现代科学知识，现代科学技术已经对传统技术产生影响，但更多的还是在恢复和发掘旧的传统工艺。而且，师承制有一定的局限性，从规模上有较大限制只能收少量徒弟，强调传统从而先天带有保守的倾向，科学上不重视文物保护科技原理，难以从根本上解决文物病害的病因。

总之，文物行业的现状特点是门槛高、容量小，现有的学科体系与行业的现状不完全适应，未能满足行业的现实需求。行业科研创新体系不完善，高校、科研院所等优质科技资源尚未稳定投入到文物保护利用领域，相关科技领军人才不足，近年来还出现了文物行业学术带头人向高校逆向流动的趋势。同时文物行业与其他行业相对隔离，沟通较少，人才流通不畅。另外，国家的人员编制是难以逾越的瓶颈问题。科技人才队伍建设是一个行业发展的推动力，人才的来源是大学教育、业内培养和活跃的人才流动，必须制定相应的政策，并且营造富有吸引力的科研环境。

# 三、启示与发展对策

## （一）启示

纵观中国文物保护发展历程，现代科学技术对中国文物保护的影响具有鲜明的特点，某种程度上也是现代科学技术对整个中国社会冲击的一个缩影。首先，这种影响以重大的政治事件为起点和引导，在相对较短的时间内形成现代科学技术较强力的冲击，而且往往是自然科学起先驱作用，思想方面和社会科学相继兴起。其次，在历史长河上有很清晰的时间点，鸦片战争、新中国成立、改革开放形成三个阶段，且明显上了三个台阶。第一阶段以新的现代文物分支学科和机构的形成为特征；第二阶段以政策、组织机构、教育科研等构成的行业体系建立为特征；第三阶段以行业对外开放、自然科学全面深度介入、法律法规的健全和体制机制的完善为特征[①]。现代科学有其社会历史发展的必然性和客观性，"这绝不是偶然的巧合，而是科学的进步导致人们的观念形态变化的反映，是人们对文物价值认识的觉醒"[②]。科技进步解放了人们的思想，提升了人们的文物观念，使文物保护工作得以进一步拓展和深入发展。

在现代科学技术对中国文物保护的影响过程中，我们还应看到中国的科学技术水平与西方发达国家之间的差距。我们的文物保护思想理论以及文物保护科学技术常步西方国家后尘。长期以来我们的文物保护理论还是以雅典宪章和威尼斯宪章为基础，虽然我们发现东西方文物观念和保护理念有一些差别，但囿于西方的强势话语权，以及我们自己文物保护理论的匮乏，一直没有提出自己的文物保护意见。日本比较审慎，通过对西方文物保护理念研究，结合东方文物修复特点，认为可以推出自己的观念，1992年加入《保护世界文化与自然遗产公约》以后，在1994年根据自己的文物认识和理念推动形成了《奈良真实性文件》，强调文化多样性，使东方土木类建筑保护理念在世界范围内达到一定程度的共识，对我们有极大的启发。我国于2005年10月在中国古城西安举办国际古迹遗址理事会第15届大会，并庆祝该组织成立四十周年，会议形成《西安宣言》，以丝绸之路为样本强调环境对文化

① 何流. 现代科学技术对中国文物保护的影响和启示 [J]. 中国文物科学研究，2013（6）.
② 中国大百科全书文物博物馆卷 [K]. 北京：中国大百科全书出版社，1993年1月：5

遗产的重要性，在世界文物保护领域发出中国声音。特别是 2007 年《北京文件》突出了中国文物观念，让世界了解并接受中国传统文物修复，达到物质文化遗产与非物质文化遗产的有机融合。

### （二）文物保护科技现状与发展的对策

利用科技手段支撑、引领文物保护利用，是国际社会的普遍做法和策略。许多国家为抢占未来的文物科技制高点和话语权，纷纷将文物保护纳入本国的科技发展规划。而对我们来说，文物保护科学技术从学科上尚未纳入国家学科建设体系，也可以说文物保护科学还是一个外围边缘学科。虽然从科研管理上已经由国家统一管理，但要融入国家整体科研体系架构和国家科研管理体系之中尚需时日。随着我国社会主义文化的大发展，大繁荣，文物保护必将会有一个历史性的跨越，突破性地上一个新台阶。其特征将是文物保护科技融入国家科技发展体系，国家前沿科技顺畅引入相应日常文物保护工作。文物意识和文物利用将会成为新时代文化生活的重要组成部分，文物内涵的深入研究与中华文明的发展研究结合将有力支撑中华民族的再次崛起。

1. 理论研究与学科建设相结合

目前，大多数学者都不认可有文物保护学科，尽管在大学我们已经有了文物保护专业，但是学科的基础理论尚不十分清楚，同时也很少有人进行文物保护基础理论研究，因此在实际保护工作中理论的指导性不强，也没有严格的约束性。对于文物保护理论研究，实际上在文物保护实践过程中，我们也有一些文物保护理念和指导思想层面或深或浅的探究，但多限于西方观点的分析借鉴，缺乏从理论到实践的系统研究，更无法形成完整的理论体系。如作为学科基础的术语研究还非常落后，业内对术语的认识不够，存在一些文物基础术语的混用和不规范，文物术语研究寥寥无几，而术语是理论的基础，没有术语就没有理论。① 而且，在遍布全国的众多的文物保护科研机构中尚未设立理论研究的分支机构或组织，来聚集一批具有文物保护实践经验的学者，难以营造基础理论研究的学术氛围。

显然，理论研究与学科建设相结合是比较符合实际的道路。学科需要相应的理论，有机的理论体系才能承托起扎实的学科。理论研究也要有学科作为前提，不然理论将失去依托，不成其为理论。只有在学科的框架下，将相应理论融合成理论体系，才能夯实整个文物行业的学科基础，使整个行业有序健康地发展。要达成这个目标，就要设置相应的机构，组织专家学者，分析学科的构成，研究相关的理论，指导具体的工作实践，并从实践中总结、回馈、充实、发展理论。从大的方面来说，文物保护理论分两部分，一是文物本体的研究，包括自然属性和社会属性；二是保护理论和技术研究，包括保护原则和保护方法，不同的文化会有不同的保护原则，这是文化多样性的必然要求。通过学科建设，厘清与其它相关学科的关系，找准学科在科学体系中的定位，会更有利于纳入国家的科学体系。同时，通过学科建设，细化学科的结构，才能发现薄弱环节，弥补文物保护工作中的短板。

2. 加强科学技术研究，促进传统技术与现代技术的融合

文物保护科技研究一直是文物保护业界的主要工作。长期以来，在"保护为主、抢救第一"的方针下解决了一些较复杂的重大难题，取得了长足的进步。在具体的文物保护工作中一直存在两大学派，

---

① 何流. 术语研究是文物学科建设的前提［N］. 中国文物报. 2015 年 2 月 6 日

传统技术和现代科技。传统技术是传承自手工业时代的传统修复技术。现代科技则可分成两个部分，一是近现代通过学习西方新技术新方法而获得认可的成熟技术；二是对最新科学技术成果在文物保护中的新技术研发。加强传统技术研究，挖掘传统修复工艺中的技巧，对现代的文物保护技艺、装备有所启发；加强成熟技术的研究，可以总结文物保护的规律和原则，充实文物保护理论，为新技术的研究提供思路和指出应避免的弯路；加强新技术研究，是要紧跟自然科技的前沿，鼓励文物机构与高校和科研院所密切合作，对新技术、新材料、新工艺在文物保护中的应用开拓创新，不断推进文物保护科技跨越式发展。

文物保护理论的发展必然会推动文物保护技术的发展，现代技术必然会越来越多地用于文物保护工作。就现阶段而言，多数的文物保护科研成果都集中在新材料上，新工艺相对较少。传统技术的核心大多集中在其工艺技巧上，因此值得对传统工艺深入研究开发借鉴。将新材料引入传统技术可以提高传统工艺的技术水平；将传统工艺融入现代技术可以提高现代技术的保护效果。由此可见，传统技术和现代技术的融合将展示出中国特色的文物保护技术。

3. 开放人才流动与促进科研合作

除了大学教育和业内培养这种长期规划以外，人才流动是短期获得优秀人才的捷径，应该通过鼓励和刺激人才流动来促进文物保护事业的发展。内部人才流动是为了整合与优化，外部人员的流动则可以带来新鲜血液，使行业的发展更有活力。长期以来，文物保护科技人员流动不大，而且一般以行业内文保圈流动为主，圈外流动很少。鼓励流动的措施可以从科研开始，要求科研项目开展横向联合攻关，有相关的行业外学术带头人参加，引入当前的科研技术成果。通过与外部的合作科研带动整个行业与外部的科技交流，从而带动与外部的人才交流，实现内外部的合理人才流动，促进行业内部与外部的科研衔接，提高行业内部的科研水平。其次，应该像国家和地方吸引外部人才计划一样，设计文物行业的人才吸引计划，吸引能够促进和提高文物保护科技发展的专业人才和领军人物。

应该将师承制与非物质文化遗产相结合，把传统工艺与传统文化相结合，并将师承学习纳入现代教育体系。甚至可以形成专科学校，扩大受众面，培养不同级别的专业修复师。还可以通过进一步的历史文化深造与专业技能提升，达到高级修复师，与国家技师系列职称接轨，形成修复师技师系列。同时保留传承其技艺精华，并用现代科学加以解释和整理。只有这样，才能打通文物保护科学研究与传统文物修复之间的割裂状态，促进行业的科学化和社会化革新。

4. 集中力量办大事

面对我国文物保护科学技术的现状，我们不妨学习一下习近平主席的讲话："我们最大的优势是我国社会主义制度能够集中力量办大事。这是我们成就事业的重要法宝。"人类已经跨入了二十一世纪，可以预见，随着科学技术的发展和思想的创新，中国的文物保护工作会突破性地再上一个新台阶。现代科学技术将不仅是起到支撑作用，它甚至会内嵌在文物之中成为文物的一部分，反映现代科学技术在不同的时期、不同的领域其表现的状态、作用。文物承载着人类社会历史文明的发展，社会的发展也是科学技术的发展，文物保护的历史也是科学技术发展的历史。

目前文物行业正面临着方方面面的挑战，也存在着时不我待的机遇，要抓住新时代弘扬传统文化，实现中华民族伟大复兴的契机。鉴于建立具有中国特色的文物保护理论体系和文物保护技术方法论是一个系统工程，狠抓科技创新是一场攻坚战，应集中力量适时地推出一些重大科技攻关项目，采取自然科学、工程技术、人文社会科学多学科交叉融合的方法，组织高校、科研院所、文博单位及制造企业共同参与，探索科技协同创新路径。同时还应加强科学管理研究，将科学管理和科学保护结合起来，以应对未来文物保护事业发展的更高要求，开创一个继往开来的新时代。

# 结　语

文物的作用从历史上金石学的"证经补史"，到近现代聚焦到历史社会的政治、经济、文化、科技的考古意义，以及当今的优秀传统文化的继承和弘扬，还需我们不断发掘其现实意义和利用价值。文物保护利用在这新的历史时期应发挥其特殊作用。保护文物就是要保护文物所蕴含的历史、文化、艺术、科学、社会信息，拒绝任何干扰破坏文物信息保存和呈现的活动，将文物从历史见证的固化形态，向人文发展和文明发展的活化形态转变。文物承载着中华文明五千年博大精深的灿烂文化，见证了中华民族历尽坎坷坚贞不屈的顽强精神，也一定会记录下中华民族未来的辉煌成就。

现代科学技术的发展一日千里，新技术新材料层出不穷，文物保护的未来必然会有更加先进有效合理的技术，现有的一些前沿科学技术也会在文物保护领域的应用方面有不可估量的颠覆性前景。科学技术从开始的文物保护材料和工艺研究，到现在已经发展到全程介入文物的出土、保护、保存、展示工作。随着未来文物保护科技纳入国家科研体系，文物行业与各方面全方位的科技协作将加快文物保护的科技进步。将科学和技术真正摆在文物事业优先发展的战略地位，以行业科技创新能力建设为驱动力，带动文物保护事业的全面发展，实证中华文明延绵不断的先进性，成为实现中华民族伟大复兴的重要组成部分。

# 浅谈新时期我国文博机构革命
# 文物资源的活化利用

李　琮

（中国国家博物馆）

**提　要**：2018 年 7 月和 10 月，中共中央办公厅、国务院办公厅先后共同印发了《关于实施革命文物保护利用工程（2018 - 2022 年）的意见》和《关于加强文物保护利用改革的若干意见》。两个《意见》对新时期我国革命文物的活化利用提出了具有导向性、纲领性的要求。我国拥有非常丰富的革命文物资源，它们中的大部分分布在各省、市、县博物馆、纪念馆、美术馆（即文博机构）中。这些资源基本包括了反映我国自 1840 年至今重大事件、重要人物、著名烈士（英烈）和爱国志士的有关文物；反映中国近现当代政治、经济、军事、科技、教育、文化、卫生、体育、宗教等方面发展的文物；反映中国近现当代各民族的社会发展及民族关系、民族团结、民族自治、维护祖国统一等方面的文物及反映中国近现当代各民族的生产活动、生活习俗、文化艺术和宗教信仰等方面的文物。它们是我国众多文物资源中不可或缺的一部分，同时也是反映近现当代中国历史发展的重要物证与资料。长期以来，我国文博机构对这些革命文物已开展了较为丰富的活化与利用。但进入新时期，如何加强对革命文物的活化与利用、提升革命文物活化利用的水平，仍是一个非常值得研究的问题。本文分析了新时期我国文博机构革命文物活化利用的重要意义，并对其活化利用的具体方式进行简要探讨。

**关键词**：革命文物；活化利用；文博机构；文化自信

## 一、我国文博机构革命文物活化利用的重要意义

2018 年 7 月，中共中央办公厅、国务院办公厅印发了《关于实施革命文物保护利用工程（2018 - 2022 年）的意见》①。该意见以习近平新时代中国特色社会主义思想为指导，深入贯彻落实党的十九大精神，聚焦革命文物工作的重点和难点问题，对今后五年革命文物保护利用的指导思想、基本原则、发展目标、主要任务和保障措施进行了全面谋划和顶层设计，旨在进一步加强革命文物资源整合，统

---

① 《中办国办印发〈关于实施革命文物保护利用工程（2018 - 2022 年）的意见〉》，《人民日报》2018.7.30，第 1 版。

筹规划和整体保护，进一步发挥革命文物服务大局、资政育人和推动发展的独特作用①。

短短两个多月后，2018 年 10 月，中共中央办公厅、国务院办公厅又印发了《关于加强文物保护利用改革的若干意见》。该意见以习近平新时代中国特色社会主义思想为指导，全面贯彻党的十九大和十九届二中、三中全会精神，以坚持党对文物工作的领导、坚持依法保护利用、坚持问题导向、坚持创造性转化、创新性发展、坚持整体推进、重点突破为基本原则②。总体目标是到 2025 年紧紧围绕走出一条符合我国国情的文物保护利用之路，文物依法保护水平显著提升，文物保护利用传承体系基本形成，文物安全形势明显好转，文物机构队伍更加优化，文物领域社会参与活力不断焕发，文物工作在坚定文化自信、推动中华文化走出去、促进经济社会发展中的重要作用进一步发挥，文物保护利用成果更多更好惠及人民群众，文物治理体系和治理能力现代化初步实现。该意见的主要任务是：构建中华文明标识体系、创新文物价值传播推广体系、完善革命文物保护传承体系、开展国家文物督察试点、建立文物安全长效机制、建立文物资源资产管理机制、建立健全不可移动文物保护机制、大力推进文物合理利用、健全社会参与机制、激发博物馆创新活力、促进文物市场活跃有序发展、深化"一带一路"文物交流合作、加强科技支撑、创新人才机制、加强文物保护管理队伍建设及完善文物保护投入机制③。

不难看出，两份《意见》存在着诸多共通之处。首先，它们都以加强对文物的保护利用为目标，并依此提出了若干指导性的建议。其次，它们均多次提到革命文物。《关于实施革命文物保护利用工程（2018－2022 年）的意见》正是关于革命文物利用的专题性意见，具有极强的针对性和导向性。而在《关于加强文物保护利用改革的若干意见》中，则进一步明确了要完善革命文物保护传承体系，并明确了对革命文物保护利用工程（2018－2022）进行实施。除此之外，《关于加强文物保护利用改革的若干意见》还提到了要大力推进文物合理利用，支持社会力量依法依规合理利文物资源，并提供多样性多层次的文化产品与服务。

革命文物，包含我国自 1840 年至今反映重大事件、重要人物、著名烈士（英烈）和爱国志士的有关文物④；反映中国近现当代政治、经济、军事、科技、教育、文化、卫生、体育、宗教等方面发展的文物；反映中国近现当代各民族社会发展及民族关系、民族团结、民族自治、维护祖国统一等方面的文物及反映中国近现当代各民族生产活动、生活习俗、文化艺术和宗教信仰等方面的文物。它是我国众多文物资源中不可或缺的一部分，同时也是反映近现当代中国历史发展的重要物证与资料⑤。

据官方统计，截止到 2018 年 7 月，全国革命专题博物馆和纪念馆共 808 家，与近现代重要革命直接相关事件和人物有关的可移动文物共 49 万件套；我国登记革命旧址、遗址 33315 处，其中全国重点文物保护单位 477 处；抗战文物 3000 多处，长征文物 1600 多处⑥。这些革命文物的收藏地，集中在我国各级博物馆、纪念馆、美术馆（统称文博机构）及革命旧址、遗址中。这其中，文博机构是文化、

　①　《中办国办印发〈关于实施革命文物保护利用工程（2018－2022 年）的意见〉》，《人民日报》2018.7.30，第 1 版。
　②　《中办国办印发〈关于加强文物保护利用改革的若干意见〉》，《人民日报》2018.10.9，第 1 版。
　③　《中办国办印发〈关于加强文物保护利用改革的若干意见〉》，《人民日报》2018.10.9，第 1 版。
　④　阳承良：《让革命文物活起来》，《中国文物报》2019.4.9，第 3 版。
　⑤　贾旭东：《革命文物概念及其界定》，《北京师范大学学报（社会科学版）》2018.6，第 141 页。
　⑥　王珂：《我国登记革命旧址、遗址达 33315 处》，《人民日报》2018.7.31，第 4 版。

博物机构的简称，它是以收藏、展示、研究反映自然和人类社会发展见证物并对公众进行教育的场所。文博机构所收藏的革命文物大多为可移动文物，其文物数量大、品类较为丰富、保存和利用条件也相对较好。在为数众多的收藏有革命文物的文博机构中，有一部分是完全脱离革命旧址、遗址而建起的新馆舍，它们以各行政区域内的各级公立博物馆、美术馆为主；还有一部分是依托于革命旧址、遗址而建起的新馆舍，它们多数是以展示文物专题陈列为主的纪念馆、博物馆；另有一部分则完全利用革命旧址、遗址进行展示，譬如在旧址内开辟纪念馆及展厅等，其展览多以原状陈列为主。无论是哪一类文博机构，都肩负着天然的对革命文物的保护和利用的职责，这是文博机构与生俱来的使命。不仅如此，作为宣传阵地，文博机构还起到着掌握意识形态的领导权、管理权、话语权的重要作用。特别是对于收藏有革命文物的文博机构来说，其利用革命文物、弘扬革命精神及传承革命文化主战场的地位更应受到重视。

笔者认为，新时期我国文博机构加强革命文物活化利用的重要意义有以下两点：

1. 加强革命文物活化利用，是新时期党和国家事业发展的必要工作

新时期党和国家的发展，迫切需要加强革命文物资源整合、统筹规划和整体保护，迫切需要深化、挖掘、阐释、传播革命文物价值，迫切需要发挥革命文物服务大局、资政育人和推动发展的独特作用。要从巩固党的执政地位、筑牢意识形态阵地的战略高度，从坚定"四个自信"的战略高度，充分认识和加强新时代革命文物工作的重大意义①。自党的十八大以来，习近平总书记多次提出"文化自信"。文明特别是思想文化是一个国家、一个民族的灵魂。无论哪一个国家、哪一个民族，如果不珍惜自己的思想文化，丢掉了思想文化这个灵魂，这个国家、这个民族是立不起来的。没有文明的继承，没有文化的弘扬和繁荣，就没有中国梦的实现②。习近平总书记在党的十九大报告中指出："中国特色主义文化，源自于中华民族五千多年文明历史所孕育的中华优秀传统文化，熔铸于党领导人民在革命、建设、改革中创造的革命文化和社会主义先进文化，植根于中国特色社会主义伟大实践。"③ 这其中，革命文化和社会主义先进文化均与革命文物息息相关。从这个意义上来说，加强对于革命文物的活化和利用，就是坚定文化自信，同时就是为坚定中国特色社会主义道路自信、理论自信、制度自信奠定深厚的民族文化根基，就是为推动中华民族的伟大复兴做出应有的贡献。

2. 加强革命文物活化利用是贯彻习近平总书记"让文物活起来"的最好实施方法

2014 年 3 月 27 日，习近平总书记在巴黎联合国教科文组织总部发表演讲时，提到了推动中华文明的重要性。"让收藏在博物馆里的文物、陈列在广阔大地上的遗产、书写在古籍里的文字都活起来"。长期以来，我国革命文物资源丰富，不少省、市、县级文博机构及部分革命老区、革命遗址、革命旧址纪念馆内都藏有反映本地区或是与本馆相关的革命文物。但是，由于部分文博机构疏于对其活化与运用，这些革命文物资源未能够体现出其历史价值和教育价值，其对社会的重大意义表现的还不够。随着习总书记"让文物活起来"的提出，全国众多文化机构已经开始重新重视对文物的活化与利用。

① 《中办国办印发〈关于实施革命文物保护利用工程（2018－2022 年）的意见〉》，《人民日报》2018.7.30，第 1 版。
② 习近平：《在纪念孔子诞辰 2565 周年国际学术研讨会上的讲话》，《人民日报》2014.9.25，第 2 版。
③ 习近平：《决胜全面建成小康社会夺取新时代中国特色社会主义伟大胜利——在中国共产党第十九次全国代表大会上的报告》，人民出版社，2017 年 10 月，第 51 页。

革命文物凝结着中国共产党的光荣历史，展现了近代以来中国人民英勇奋斗的壮丽篇章，是革命文化的物质载体，是激发爱国热情、振奋民族精神的深厚滋养，也是中国共产党带领中国人民不忘初心、继续前进的力量源泉①。加强革命文物的活化利用，既是"让文物活起来"的实施方法，也是构筑革命文化传承发展平台、书写中国共产党革命精神谱系、塑造中华民族精神追求、促进经济社会发展、实现中华民族伟大复兴中国梦的实施方法。它的成果将对我们党、我们国家有极其重大的意义，并惠及到更多的人民群众②。

## 二、我国文博机构加强革命文物活化利用的方式

### 1. 细化馆藏革命文物分类体系

加强革命文物活化利用的前提，是要对革命文物进行详细的梳理和细化。文博机构应当在利用好革命文物之前，先对各自的馆藏革命文物进行认真地整理。与重大革命历史事件相关的文物，可以按照文物背后所属历史事件及其年代进行分类，如鸦片战争、甲午中日战争、义和团运动、辛亥革命、北伐战争、抗日战争、解放战争、社会主义革命和建设等历史时期，而在每一大类当中又可细分为若干小类；与重要革命人物相关的文物，可以按照其所属人物进行分类，如毛泽东、周恩来、刘少奇、朱德、邓小平、陈云等。进行馆藏革命文物分类的细化，其目的旨在更加便利于革命文物的后续研究和利用，包括陈列展览、出版研究、宣传教育、文创开发等③。同时，依照两个《意见》的精神，各文博机构应当推动革命文物大数据库的建设，逐步将馆藏革命文物信息上传至革命文物大数据库，并做好后续的革命文物资源信息开放共享等工作。

### 2. 举办更多与革命文化主题相关的展览，并不断提升革命文物展陈水平

展览是文博机构的基础业务，也是其提供给参观者的最为重要的"产品"。作为收藏有革命文物的文博机构，应当首先立足本馆所藏，将最能反映本馆藏品特征、本馆地域特征或是本馆其它基本特征的革命文物进行最基本的展示。这样的展示可以是以革命文物为主体单独呈现的"基本陈列展"，亦可是与反映中华优秀传统文化的文物相组合的"通史陈列展"。除此之外，《关于实施革命文物保护利用工程（2018－2022 年）的意见》中明确提出了有关革命文物利用的六大重点工程，这其中，"革命文物陈列展览精品工程"正是各文博机构加强革命文物活化利用的有利之机。近年来，我国大事多、喜事多、重大活动多、值得纪念的日子多，这其中不乏如纪念中国人民抗日战争暨世界反法西斯战争胜利 75 周年、庆祝中国共产党成立 100 周年、中国共产党第二十次全国代表大会召开等重大时间节点。文博机构应当紧密联系这几个重大历史节点，充分利用馆藏革命文物，举办更多展览。另一方面，各文博机构可针对各自地域特点、馆藏特点、历史背景特点，并在适当时候结合其它重大历史事件、重要历史人物和中华民族传统节庆，举办与革命人物、革命事件、历史社会变迁、新时代精神等内容相关的其它专题性展览。如举办人物诞辰纪念展、某事件或某领域相关人物系列纪念展、重大革命事

---

① 王立伟：《探究革命文物的崇高历史地位及其教育作用》，《文物鉴定与鉴赏》2019.1，第 102 页。
② 《中办国办印发〈关于实施革命文物保护利用工程（2018－2022 年）的意见〉》，《人民日报》2018.7.30，第 1 版。
③ 王霞：《新时期革命文物的保护、利用和管理》，《文物世界》2012.5，第 72 页。

件纪念展、某领域专题成就展等。

《关于实施革命文物保护利用工程（2018－2022年）的意见》中还指出，坚持展示方式与展陈内容相得益彰，适度运用现代科技手段，增强革命文物陈列展览的互动性体验性①。对于文博机构来说，可以在各类革命文物题材展览中适当利用如多媒体展示、场景还原、虚拟现实（VR）、增强现实（AR）、沉浸式体验、交互式体验等高科技力量作为革命文物的辅助，让参观者在参观过程中能够更好地对文物进行感知，以提升其观展体验和观展时的参与度，加深其对展览主题和内容的印象，起到更为突出的革命文化宣传效果与作用②。

3. 进一步加强对革命文物的研究

总体说来，我国革命文物资源数量广大、种类丰富，包含了文件、档案文书、邮品、票据、舆图、绘画、雕塑、证章、织绣、武器、图片等多个类别。而如果对其再进一步分类的话，这些革命文物又可按照自1840年至今反映重大事件、重要人物、著名烈士（英烈）和爱国志士的有关文物；反映中国近现当代政治、经济、军事、科技、教育、文化、卫生、体育、宗教等方面发展的文物；反映中国近现当代各民族的社会发展及民族关系、民族团结、民族自治、维护祖国统一等方面的文物及反映中国近现当代各民族的生产活动、生活习俗、文化艺术和宗教信仰等方面的文物分成四类。部分文博机构馆藏实力雄厚，无论是按照文物的质地类别还是按照文物所属的历史事件、历史人物等方面进行梳理，其文物均较为成体系，而这些文物均具备相当高的学术价值，它们亟待更多的人去重视、去研究。

笔者认为，全社会特别是文博机构革命文物从业者应提高对其馆藏革命文物的关注与思考，深入寻求馆藏革命文物值得探究之处，增加馆藏革命文物研究立项，提升馆藏革命文物研究水平，努力挖掘馆藏革命文物背后的故事，以文章、专著、丛书等多种形式向社会展现研究成果，积极弘扬革命文化精神，让全社会认识到革命文物的价值，这样方是革命文物活化利用的巨大意义。

4. 加强对于革命文物知识的宣传

加强革命文物的活化利用，还需要使其得到更加广泛而有力的宣传。进入新时期以来，以互联网站、微博、微信公众号等新媒体社交平台为主的新媒体传播方式是传播效率最高、辐射范围最广的传播方式之一。各文博机构可融通各种多媒体资源，推进"互联网＋"革命文物传播方式，对革命文物进行全景式、立体式、延伸式宣传，让更多人熟悉革命文物，领悟革命文化。与此同时，近年来部分地区文博机构已开始利用"大讲堂"等其它讲座类形式，向外界宣传馆藏文物及相关文化。这种现场讲座授课的方式，同样可以利用在革命文物的宣传教育上。演讲者可以面向公众详细讲述革命文物故事，并深入剖析其背后蕴含的意义。不仅如此，"面授"的地点可以不局限于博物馆馆舍内。部分文博机构将课堂搬到学校、社区，这些都是非常适宜的宣传方式。除此之外，一些文博机构还可与教育部门和出版社合作，开展"革命文物进学校进教材进课堂"的形式。文博机构可以编纂出版相关革命文物知识读本，并与中小学校建立共享机制，组织相关主题教育活动，利用好革命文物、弘扬好革命精神③。

---

① 《中办国办印发〈关于实施革命文物保护利用工程（2018－2022年）的意见〉》，《人民日报》2018.7.30，第1版。
② 张洛阳：《新媒体视域下革命文物保护现状及发展研究》，《新媒体研究》2019.15，第44页。
③ 包婷：《浅谈革命文物在红色文化传播中的意义与保护途径》，《文物鉴定与鉴赏》，2019.12，第141页。

5. 以馆藏革命文物为原型，开发与其相关的文创产品

各文博机构都有其丰富的革命文物馆藏，各文博机构的革命文物馆藏也都有着其独特之处。笔者认为，各文博机构可以充分结合其地域特色、历史背景特色、馆藏革命文物特色，充分挖掘其馆藏革命文物的价值内涵和文化元素，在条件允许的情况下，开发一批既能够反映馆址特点、馆藏革命文物特点，又能够弘扬革命文化精神，融艺术性、创意性、纪念性、收藏性、文化性、教育性为一体的文创产品。该文创产品应最大限度基于馆址和馆藏革命文物的基本信息，并充分符合消费者的认知与审美。产品应将其物质属性和宣传属性相结合，使消费者在购买文创产品后，既获得了实在的物质，又赢得了满足的内心，既对博物馆、美术馆、纪念馆及该馆产品有了美好印象，还了解了产品原型的内涵，从而提高了对革命文化的深厚认知。

6. 加强相关革命文物遗址、纪念馆、博物馆等机构的交流合作

各文博机构应当增加同其它与革命文化相关机构的交流合作，特别是加强与《关于实施革命文物保护利用工程（2018－2022年）的意见》中提到的"革命文物集中连片保护利用工程"和"长征文化线路整体保护工程"相关地区的革命文化机构的合作①，如晋冀鲁豫革命老区、晋察冀边区、湘赣边区、长征路线上各地区的各机构等。笔者认为，有两类交流合作方式可以开展进行：一是增加人员的互相往来，以互帮互助、互学互鉴的方式开展交流。如：双方机构互相派出保管、展览、文保修复、学术研究、宣传教育、文创等专业人员，指导、参与或是学习借鉴对方的工作经验。相较于之前，这一点实际是对于革命文物活化利用的"间接方式"。；二是增加合作办展，如某馆从别馆带来"革命文物引进展"，或是向各地派出"革命文物巡回展"等展览，还可以双方合作，针对相关展览主题，互出展品，共同办展。此举旨在通过不同文博机构的共同努力，实现文博机构人员与藏品上的间接与直接的相互往来，以达到人员思想上、技能上的提高，并使更多的藏品"走出库房或是单一馆舍"，在更多的地方得以活化和利用。

党的十八大以来，习近平总书记高度重视革命文物工作，对革命文物保护利用作出多次重要指示批示，并多次考察革命旧址、革命博物馆纪念馆。2019年3月，中宣部、财政部、文化和旅游部、国家文物局又公布了第一批革命文物保护利用片区分县名单。下半年，工程推进工作将以革命文物保护利用片区为重点，编制分省、分市革命文物保护利用行动计划，有序推进②。笔者相信，随着更多有关革命文物活化利用政策的出台，随着更多文博机构对革命文物利用的重视，未来我国革命文物活化和利用水平必将有质的飞跃，革命文物也必将在向广大人民群众宣传与展示革命文化、社会主义先进文化，并进而坚定文化自信的过程中起到更为重要的作用。

---

① 《国务院新闻办举行〈关于实施革命文物保护利用工程（2018－2022年）的意见〉新闻发布会内容节选》，《中国博物馆通讯》2018.8，第9页。

② 《〈第一批革命文物保护利用片区分县名单〉公布》，《新西部》2019.10，第90页。

# 少数民族文化遗产活态保护与利用有关问题探析

## ——以贵州西江千户苗寨为例

韦荣慧

（中国民族博物馆）

**提　要：** 中国是一个统一的多民族国家，风风雨雨几千年，各民族在中华大地上繁衍生息，形成了一个具有强大凝聚力的共同体。中国少数民族同汉族一道从远古走到今天，共同开发着这块土地，共同建设和捍卫着这个古老而伟大的文明和国家，共同创造了源远流长的中华文化，保护和利用好中国少数民族文化遗产，不仅是铸牢中华民族共同体意识的需要，是维护人类文化多样性中国态度的表达，也是构建人类命运共同体，实现中华文化复兴，以及文化自觉与自信的使命。

**关键词：** 文化多样性；少数民族；文化遗产；保护利用

## 一、问题的提出及研究的意义

除汉族以外，中国还有 55 个少数民族。虽然历经岁月的变迁，中国的少数民族至今多数都保留着自己独特、鲜明的传统文化，并由此形成了中华民族多元的文化特质，包括语言文字、宗教、音乐舞蹈、建筑、节日、服饰、婚俗、饮食、体育、医药、民间文学等。这些文化遗产是各民族的特殊生活方式及价值观的突出体现，蕴含着中华民族特有的精神价值、体现中华民族的生命力、创造力和凝聚力，是各民族的祖先智慧的结晶，是直观地反映各民族和人类社会发展不可或缺的物证，也是中华文化多样性的具体呈现，是全人类文明的瑰宝。加强民族文化的保护与传承，对连接民族情感的纽带，增强文化认同，增进民族团结，促进人类共同发展，维护世界文化多样性和创造性，维护世界和平意义非凡。

目前，在中国政府的支持和帮助下，少数民族文化遗产特别是非遗得到有效保护和长足发展，近些年来，随着国家出台相关保护政策，中国少数民族不但努力继承和弘扬先祖留下的灿烂文化遗产，而且正在并肩携手，满怀信心地续写着前无古人的历史新篇。然而在繁荣的背后我们也不难发现，一些文化正在面临失传和断裂，一些文化在被碎片化、被旅游化地过度开发利用。保护与发展仍然是一对难以化解的矛盾。

带着如何回答和解决这对矛盾的问题，我们试图用人类学的方法对贵州省雷山县的西江千户苗寨进行参与式观察，观察西江在利用自己的民族文化转化为发展的资本，给这个曾经的贫困村寨带来脱贫的同时，他们的民族文化得到怎么样的保护？观察民族文化遗产在未来的可持续保护与发展以及在这个过程中可能遇到的问题，以及探究西江案例的发展经验与路径选择，对全国民族文化的活态保护与利用的经验及具有的示范和借鉴意义。

## 二、西江实践及其经验

西江位于贵州省雷山县，因居住着一千多户苗族同胞而得名"千户苗寨"，是中国最大的苗寨，也是世界最大的苗寨，简称西江。西江所在的雷山县辖5镇3乡154个行政村，是国家新阶段扶贫开发重点县。雷山从面积、人口、经济和工业来说都是小县，全县总面积仅1218平方公里，其中有近360平方公里处在雷公山国家级自然保护区核心区内，自然生态资源丰富。总人口15.7万人，少数民族人口占91.2%，其中苗族人口占83.2%。2016年全县生产总值28.03亿元，经济总量在全州、全省都是最小，没有工业园区。西江位于雷公山山麓东北部，南距县城36公里，北距州府凯里35公里，目前全村有村民1478户，近6000多人，苗族人口占总人口的99.5%。风景优美，生态资源富足。这个曾经的贫困村寨，民族文化遗产资源得到了较好保护与转化，一跃成为"国家4A景区"和"世界十大乡村度假胜地"，享誉海内外。村寨人均收入从2005年的750元增加到2017年的18086元，户均收入由同期的3439元增加到80721元，增长了24倍，彻底甩掉了贫困帽子，成为名副其实的产业旺、百姓富、生态美、文化兴的"民族文化体验旅游目的地"。

2017年，全村有餐饮、民宿等"农家乐"322户；村内各种业态的企业、个体工商户等共有1300多户。按照已收到调查表10%抽样统计，西江的发展不仅给村民带来前所未有的发展致富机遇，还就近解决了周围村寨2000多人的就业，带动了雷山县和凯里市一二三产的发展，有力地支持了西部民族地区减贫发展。

2007年，西江千户苗寨接待游客15万人次，旅游综合收入800万元。到2016年，西江千户苗寨旅游人数484万人次，旅游综合收入45.6亿元。2017年，西江苗寨景区游客接待量超过753.17万人次，同比上年增长41.23%，旅游综合收入达64.01亿元，同比上年增长49.33%，西江苗寨文化旅游呈爆发式增长态势。

西江的快速发展和成功引起社会的广泛关注，各种荣誉纷至沓来。西江苗寨先后获得"中国历史文化名镇"、"中国十大最美村落"、"中国少数民族特色村寨"、"世界十大乡村旅游度假胜地"、"中国十大优秀国际乡村旅游目的地"等称号，被评为国家4A级景区，目前正在创建国家5A级景区。大力发展乡村旅游业，逐步成为传统村落旅游扶贫样板点，发生了翻天覆地的变化，自然引起了各级党委政府、新闻媒体、旅游界和学界的关注，都积极地从不同的角落总结西江的"经验"或"模式"。

我们认为，西江在以下几个方面的作为是值得认真总结的：

（一）坚持人与自然和谐共生原则，创新转化民族文化遗产活化保护与发展

雷山县素有"苗疆圣地"之称。有世界文化遗产预选地3个：朗德上寨、控拜苗寨、格头苗寨；

朗德上寨是国家重点文物保护单位，全国历史文化名村，国家 4A 级景区和中国民间艺术之乡；雷山拥有苗年、苗绣等 13 项国家级非物质文化遗产和 58 个中国传统村落，是全国获得国家级非物质文化遗产名录最多、中国传统村落密度最大的县。国家级非物质文化遗产项目代表性传承人 2 人，省级 10 人，州级传承人 20 人。在西江开发之前，不少的文化旅游机构，国内外的人类学民族学、社会学相关专家挖掘梳理西江苗寨民族文化遗产，并帮助地方政府做了民族文化遗产活化保护与旅游开发的规划建议。2000 年，我所在的中国民族博物馆开始和雷山县政府对接，签约共建西江苗寨的战略合作协议。2003 年，中国民族博物馆完成了中法文化年的卢浮宫展演之后，第一站是到雷山县开展苗族文化在巴黎成功的宣传，并开展对雷山苗族文化的田野调查，西江是我们的重点田野目的地。我们所看到的西江千户苗寨，是中国西部最典型的贫困山村，这里山高路远，交通闭塞，人多地少，留守老人、妇女在家里从事传统农耕生产，大多数青壮年劳动力都去外地打工谋生，村寨凋敝，空心化严重，老百姓物质匮乏，在温饱线上挣扎。但是，我们同时也看到西江富足的一面，那就是他们保留下来的苗族依山而建的吊脚楼建筑；他们为我们唱的各种苗歌（敬酒歌，飞歌，游方歌，古歌等）；为我们跳的板凳舞、芦笙舞；寨子周边层层叠叠的梯田以及苗族崇拜的枫树；蝴蝶妈妈的故事；招待我们吃的酸汤鱼、糯米糍粑；十三年一次的古藏节、苗年、吃新节、游方节；多种苗绣（平绣、双针锁、辫绣、绉绣等）、最震撼的是这个寨里有一万多件苗族传统盛装，最珍贵的一件是清末的蝴蝶妈妈图案嫁衣；古老的银饰。这些应该都是珍贵的文化遗产。我们首先将这些资源整理出版，并于 2005 年 12 月挂牌"中国民族博物馆西江千户苗寨馆"，西江正式纳入中国民族博物馆合作网成员单位，双方共同制定关于西江苗族文化保护与发展的一系列规划文件。

2008 年 9 月，贵州省第三届旅游产业发展大会在西江千户苗寨召开（当地人称为"旅发大会"，这是西江发展的一个节点），西江苗寨从此走上了一段特殊的发展之路。这次大会之后，旅游以惊人的速度快速发展起来，传统的苗族文化是否还能得到保护与传承，是政府也是学者们最关注的主要问题。我们在调查中发现，政府非常注重活态传承，注重保持传统村落的原真性。他们一直采取措施加强民族文化、活态习俗的保护传承。具体做法，一是专门成立了民族文化交流中心、西江苗族博物馆、雷山县苗学会等机构加强和指导做好村落文化、村落传统工艺、建筑风貌等的挖掘、抢救和传承发展。二是建设和挖掘一批文化景点。建成鼓藏头、活路头、银饰刺绣、蜡染、烤酒等 40 多家家庭博物馆，组建西江艺术团、古歌演唱队、拦门酒队伍等，目前在景区从事民族文化展示活动的群众达到 560 余人。三是坚持举办传统节庆活动。包括一年一度的苗年、吃新节、爬坡节等民族节庆活动，通过持续举办跳芦笙比赛、苗族情歌对唱比赛、姑妈回娘家等活动，传统村落活态文化习俗得到了较好的保护和传承。四是弘扬传承"天人合一"理念，打造"一户一景"。苗族人民崇尚自然、敬畏自然，生态文明"天人合一"理念深入人心，因此，西江苗寨风景林、守寨树成片，家家户户都有生命树，燕子窝都建在房子堂屋里，人与自然和谐相处。这些措施调动了村民保护好本民族文化的内生动力，提高了寨民对开发保护民族文化的自觉性和积极性。也开始了将民族文化资源转化为发展的资本。

（二）坚持规划先行，动员各方力量，激发内生动力

西江千户苗寨的成功实践，是多元主体共同参与，把党委政府的力量、专家学者的力量、企业家

的力量有机结合的结果。其中，地方党委政府的坚强领导和对旅游开发的主导作用，是成功的关键。从旅游开发之前的人类学/民族学专家学者的田野研究，到旅游景观的规划设计，地方政府抢抓发展机遇，积极申请承办贵州省第三届旅游产业发展大会。为了迎接旅发大会召开，地方政府投资 1.4 亿元，改善交通，建设旅游基础设施、规划村寨保护、活化非遗项目。其中投资 8000 万元，打造了一条 12 公里的郎利至西江的旅游公路，仅用 3 个月时间公路建成通车，西江至州府凯里乘车时间从 2 个半小时减为 40 分钟。2015 年底，凯里到西江的高速公路通车，时间进一步缩短到 30 分钟。地方政府还投入 6000 万元改善人居环境，对村容村貌，古街、吊脚楼进行整治维修改造。制定《西江千户苗寨保护性详细规划》、《西江千户苗寨修建性详细规划》等规划，划定建筑风貌、田园观光核心保护区，对景区内房屋建设层数、高度、天际线进行严格控制。建成了景区停车场、游客服务中心、污水收集处理系统、灯光系统等一批基础设施项目，苗寨品味进一步提升。景区现有接待总床位 9360 个，现有就餐接待能力 14600 余人，停车位 4000 余个。

为有效保护、利用好、经营好西江千户苗寨文化旅游资源，2009 年 7 月，雷山县委县政府注资 3348.8 万元，选派得力干部成立西江千户苗寨文化旅游发展有限公司（以下简称西江旅游公司）。西江旅游公司负责景区的经营管理、基础设施建设投资、文化旅游产品的开发，如苗族文化展演、米酒，12 道拦门酒、茶文化体验等。对西江千户苗寨景区的业态和市场培育起到了引领和示范作用。2017 年，西江千户苗寨文化旅游公司对景区公共服务设施投资即达 1 亿元以上。

近年来，雷山坚持以生态文明的理念和思路，走文化引领的传统村落复兴之路，对传统村落进行科学改造和治理，提升村民生态道德水准，激活乡村百态，提升村落价值，积极探索保护和复兴发展道路，取得了一定的成效。雷山入选国家全域旅游示范区首批创建名单，被列入全国休闲农业与乡村旅游示范县，被评为"中国苗族银饰之乡"，雷山控拜、上郎德、格头苗寨被列入世界文化遗产预备名录。郎德上寨是全国重点文物保护单位、全国历史文化名村、国家 4A 级景区和中国民间艺术之乡。

（三）坚持村民自治与法治相结合

由于旅游的发展需要，西江千户苗寨每年都会有 500 多户提出建房申请，但吊脚楼的保护与群众建房之间就会有矛盾。每年只能有 15 户可以被评出可以建，谁建谁不建，村民自治，用苗族的习惯法和村规民约来管理处理村民的问题。建房等问题由村两委和"民族建筑保护委员会"、"老年协会"等来评议解决，群众也服气，违建问题得到解决。整治拆除违建，对村民车辆进行管理等也交给村里来处理，效果很好，没有阻碍执法的。村里把每年的 5 月 1 日至 10 月 31 日定位非建设期，是不允许建房动土的；每年的 11 月 1 日到次年的 4 月 30 日为建设期。景区管理机构，把话语权归还给群众，成了西江又一条重要的经验。

地方党委政府在西江千户苗寨管理中，注意培养选拔当地本民族的干部，发挥本地本民族干部的作用。无论是园区管委会、西江镇，还是其下属职能部门，西江旅游公司，一些关键岗位总能找到当地的苗族干部。他们是土生土长的西江人，熟悉社情民意，做起工作来能有的放矢，得心应手。

（四）坚持利益共享，创新解决发展不均衡机制

党的十九大报告指出，"新时代，我国社会主要矛盾已经转化为人民日益增长的美好生活需要和不

平衡不充分的发展之间的矛盾。"西江经济社会的发展，已经充分证明了这一论断。

在日出而作日落而息的农耕文明时代，西江山上居住的村民富裕程度比山下的居民要好得多。但旅游开发后，情况正好相反，山下的居民，特别是临街的，利用地利之便，开起了农家乐或出租房子，每年都有数十万元的收入，而住山上的或街后的村民，房子开不了店，也没人租，收入的差距逐渐拉大。原有的利益格局打破了，曾经和谐的乡邻关系，因为收入的差距而变得疏远。地方政府如何均衡百姓的利益，让每个老百姓都能分享到旅游发展带来的红利？

自 2011 年起，西江景区的管理层就开始探索制定一套行之有效的旅游红利共享机制，就是《西江千户苗寨民族文化保护奖励评级奖励制度》。西江旅游公司每年从景区门票收入的 18% 作为民族文化保护经费，作为民族文化保护奖励，发到每户村民。仅 2017 年就发给村民 3061 万元，户均 2.13 万元，实现文化保护费"人人有份，户户受益"。按照政策，文化保护费的发放以户为单位，每户发多少取决于吊脚楼"年龄"、受保护的程度和家庭人口数。吊脚楼越古老，保护越好，家里人口越多，拿到的保护费就越多。

前几年，景区还存在乱摆摊的问题，经过清理整顿，雷山文化旅游产业园区综合执法局将小摊规范到指定区域，重新设置 311 多个摊位。这些摊位怎么分配呢？村两委和老年协会提出解决方案，凡是开有农家乐，有门店的，不能参与分配，只面向家庭困难的群体，大家抽签解决。这些摊位每年以极低的价格提供给西江苗寨村民搞经营，每个摊位年获利都在万元以上。

全面建成小康，一个也不能少。为了解决山上和背街小巷群众收入差距问题，西江旅游公司投入 6000 万元，打造"八个一工程"（即一房、一路、一巷、一塘、一河、一坊、一院、一景。）两年前，开发打造了嘎歌古巷，带动了小巷两侧居民的发展。

西江旅游公司还主动去租赁羊排、东引等片区山上贫困户的房子进行提升改造，开发精品民宿、茶楼等业态，老百姓收取房租，减少收入差距。经过三五年的租期示范，教老百姓学会经营。上山步道的沿线，也开发了一些人文景观和家庭博物馆等，如鼓藏堂，活路头、游方场等。

为了引导游客上山，从根本解决山上山下发展不平衡问题，2015 年当地政府拆资上千万元修了一条连接主要旅游路线的上山公路，目前该道路也即将全线贯通，这将会给羊排、东引片区的居民带来均衡发展的机会。

苗族传统文化＋文化旅游，激发出旺盛的市场活力。西江千户苗寨 10 年发展，年收入达千万元的农家乐等经营户达到 16 户，收入百万元以上的有 28 户，50 万元以上的有上百户。当地领导自豪地说，按照国家现行标准，西江没有贫困户，对于全面建成小康社会来说，西江也是先进典型！

地方政府对西江的旅游开发，为何会得到老百姓的认同并形成可持续的局面？答案就是地方党委政府坚持把老百姓的利益放在首位的初心，发展的目的为了当地老百姓。西江旅游公司的经营收益，取之于西江，用之于西江。

除了门票分成，让村民共享文化旅游带来的红利，西江公司还承担西江公共服务设施的投资建设。2011 年，投资数千万元建设污水处理厂，使污水横流的景象得到整治；千户灯火夜景工程、游客服务中心、停车场、观光车、垃圾处理，建成消防水池 12 个，消防栓 202 个，完成了西江村电改工程，这些都由西江旅游公司投资管理。

西江旅游，社会效益明显。为带动当地群众脱贫致富，西江旅游公司821名员工中，有400多人是西江苗寨本村的。以前外出打工的有1000多人，现在已基本全部回本村就业。西江旅游公司还专门成立了旅游扶贫发展公司，履行企业的社会责任。建立贫困户优先就业机制，景区聘用人员优先考虑全县贫困户就业，2009年以来，全县在西江景区就业的贫困人口累计达到2100余人，通过就业脱贫累计1200余人。目前在景区就业的贫困户900余人，人均月收入达到2500元以上。

发展是解决问题的基础和关键，必须坚定不移贯彻创新、协调、绿色、开放、共享的发展理念。必须深化机构和行政体制改革。统筹考虑各类机构设置，科学配置党政部门及内设机构权力、明确职责才是科学的发展。

西江的发展不是一帆风顺的。2008年的旅游发展大会，来得及时，也来得突然。千百年来过着宁静而贫困日子的老百姓，突然面对每天涌进来的大量游客；从来没有做过买卖的苗族同胞，突然迎来商机；原本和谐相处的村民，出现了山上山下，街前街后收入的不平衡差距。县里成立了雷山文化旅游产业园区管委会、西江景区管理局、西江旅游公司等机构来加强对西江景区的管理。而西江镇与西江景区管理局属于平级单位，互不隶属。在工作中往往形成一个局面，遇到困难和问题，大家都觉得是别人的事，别人应该管；碰到有利的事，大家争着管。几年运行下来，体制机制不顺，工作效率低，特别是2012年10月曾出现冲突，社会上专家学者屡屡著文批评。面对这些矛盾和压力，是坚持发展开放？还是关闭西江？无论对西江人还是对县委县政府都是一次严肃的考量！

不忘初心，方得始终。只有坚持科学发展才是解决问题的关键。2012年，县委县政府创新管理体制和运行机制，将雷山文化旅游产业园区管委会与西江镇合二为一，一套人马两块牌子，合署办公。园区工委书记兼西江镇党委书记，是县委常委，副处级配置；园区管委会主任兼镇长，副处级配置。园区管委会和西江镇下设8个正科级单位，有财税局、西江景区管理局（西江景区综合执法局）、卫计局、规划建设局、文旅局、公安分局、西江文化旅游公司等。改革创新管理体制和运行机制，提高了工作效率，使得西江景区和西江旅游公司实现了快速发展。同时，创新的管理体制既有利于旅游管理部门的投资建设项目的实施，又有利于地方党委政府对这些投资项目的监督。十年来西江的道路等基础设施以及店铺客栈的建设租赁中没有出现一起贪腐案件。

## 三、西江经验的借鉴意义

西江千户苗寨目前已经成为一个旅游景区。景区的规划和开发都是在保证居民正常耕作生活的前提下进行的。不是靠"资本投入－搬迁建设"开发景点，而是在当地政府领导下的"全民参与，实现文化保护自觉"，这个传统山寨实现了活化保护和成功开发的有机结合，也是一个在创新的过程中让文化遗产的拥有者不断增强对自己民族文化的自信和保护自觉的典型例证。如果有更多的传统村落能够实现类似的活化保护与开发，能够依靠自己的文化自觉内生出"自力更生艰苦奋斗"的积极性，就可能出现更多的焕发勃勃生机的传统村落。如果把西江千户苗寨的主要做法总结为"西江经验"，这个经验主要有以下几点：

（一）坚持党的正确领导，走文化传承创新发展的道路，争取"全民参与，实现文化保护自觉"。坚持党的领导，把基层党组织建设成坚强的堡垒就能实现密切联系群众，调动群众的内生动力。坚持实事求是和问题导向，解放思想，创新乡村建设思路，转型发展新产业和新业态，创新管理体制和工作机制是雷山县委政府的大胆而慎重的举措。实践证明这个创新发展是符合乡村建设实际的，是成功的。

（二）坚持民生第一，发展为了百姓。在传统村落搞开发是为了这里的百姓的福祉，他们是开发的参与者，更是受益者。

（三）发挥民族文化与生态资源优势，坚持保护与开发统一。充分发挥民族文化遗产富集和自然生态的资源优势。生态环境保护、民族文化遗产活化保护是开发利用的前提。让文化遗产的拥有者不断在开发的过程中增强保护自觉。民族文化遗产是发展的资源，是文化旅游产业的灵魂，要挖掘、传承、活化、依法保护好；要保护好民族村寨，传统村落，依法保护是前提，规划先行是基础，整体保护是关键。既要保护传统村落的历史人文要素，又要保护传统村落的自然生态环境。

（四）发挥村民主体作用，将利益共享作为发展动力。利益共享是提高群众参与民族村寨、民族文化保护积极性的重要基础，全力发展好文化旅游、生态农业、传统手工艺等产业，并建立利益共享机制，让村寨居民充分享受到了传统村落保护发展的红利，强化当地居民的文化主人地位，才能构建社区居民的文化自信和文化自觉，赢得群众的支持和参与。

（五）发挥政府主导作用，加大投入促进可持续发展。在基础设施完善、文化传承、古建筑保护、产业发展等方面需要地方政府发挥主导作用，需要加大资金投入，只有加大资金投入，才能推动保护与发展，民族文化资源才能实现可持续发展。

## 四、西江可持续发展面临的问题和挑战

（一）如何在经济取得了发展，居民生活水平大幅度提高的情况下，做好民族文化传统的保护传承将是一个严峻的课题。随着村寨居民从事的业态变化，面对外来强势文化的冲击，西江千户苗寨特有的古藏文化、活路文化并没有发展起来，民风民俗、民族语言、传统技艺的传承和发展仍然面临很严峻的问题。

（二）在外来游客增多、群众迫切希望改善生活条件的诉求中做到保护千户苗寨的原有景观风貌也将是一个极具挑战的问题。虽然政府对新修房屋有诸如 11.6 米高等具体限定，但实际操作中还是有超标的，破坏了苗寨鳞次栉比的风貌。传统的吊脚楼一般挑手 1.3 – 1.5 米，但现在有些新建房不留余地，没有屋檐了，改变了吊脚楼的风格。

（三）景区商户经营的旅游商品缺乏地方特色和民族特色，当地的特色产品很少。有许多是广东、云南、北京的产品，质量参差不齐。还有餐饮业的苗家特色美食，许多食材也是从凯里进的，缺少当地村民自己种植的绿色食材。

（四）"两个山头"与山下村民之间发展不平衡问题仍很突出。

（五）水资源和供水紧张、电网急需改造升级、夜景照明的消防安全隐患、垃圾没有分类、污水排放、景区车辆管理、村民出入便利化等等层出不穷的问题。每一个问题都对西江的可持续发展造成影响。西江旅游公司的运营管理是否向股份制转化，体制机制探索仍然任重道远。

# 五、思考与建议

## （一）进一步完善西江的管理体制机制

西江目前的管理体制是雷山县委县政府根据西江千户苗寨的发展实践创新的党政一体、政企合一的管理体制。因为西江千户苗寨的旅游管理既是景区的管理也是村寨社区的管理，既是旅游管理又是对乡村乡民的管理。实践证明这个管理体制以及相关的工作机制是行之有效的。但是，这样的管理体制是不符合现行的编制管理要求的。如何取得上级编制部门的同意或认可也需要有关部门的认真研究后得到合理的解决。

## （二）进一步加强景区环境综合治理

一是要实行垃圾分类回收。每户有两个垃圾桶，分为：能腐烂的垃圾（不可回收）和不能腐烂的垃圾（可回收），便于村民分类；二是污水排放全部纳入主管网进入污水处理厂；三是组建"西江义工"队伍，定期和不定期开展景区垃圾清理活动。

## （三）进一步严格保护传统吊脚楼和村寨风貌

景区新修房屋，应事先上报审核设计图纸，经审核通过后才能施工，并加强事中与事后监管，确保新建房不至于破坏村寨风貌。

## （四）进一步加大解决发展不平衡的力度

动员和组织"两个山头"的村民开办手工坊，生产刺绣、蜡染、银饰等苗族传统工艺品，为山下提供民族特色旅游产品；组织山上的村民和附近村寨的村民利用土地资源优势，传承活路文化传统，发展绿色农业，建立绿色农副产品交易平台，为山下提供绿色安全的农产品；发展休闲农业，让游客体验苗族传统农耕文化。

## （五）进一步加大西江教育的投入，人才培养，民族文化传承进校园

教师共享景区津贴，加大教育培训力度，全面提升西江人的素质。中小学设立奖学金、助学金，培育高素质的西江千户苗寨下一代人才。

## （六）加大力度研发当地苗族文化的文创产品，让游客把西江和雷山苗族文化带回家

旅游产品是对文化传承和宣传的最佳载体。随着西江旅游的发展和游客的增加，西江就是雷山产品宣传最好的窗口。然而，在我们的调查中，发现当地的特色旅游产品在设计包装和销售上严重不足，建议组织专业的设计团队对当地产品，比如雷山茶叶、鱼酱、天麻、百合、红米、银饰、刺绣、蜡染这些产品进行研发，满足游客需求，使其成为游客"带回家"的产品。这些旅游产品不仅仅能够拉动

西江及周边的经济，对全县的产品推广意义重大。

（七）不定期召开联席会

我们在调查中，听到不少关于苗界等项目的开发的不同意见，实际上是缺乏沟通和交流的结果，因此建议采取不定期组织各方面的包括群众在内的联席会，可以减少很多误解，也可以为继续发展号脉把舵。

（八）提炼总结西江经验并在西部民族贫困地区推广复制

西江千户苗寨的景观是独特的，但是西江利用传统文化遗产，在正常生活进行时中开发旅游业及其他业态，成功助推其减贫、经济社会发展的经验是可以在传统村落的振兴中得以借鉴复制的。建议有关部门可以对西江经验进行更加全面的研究总结，形成一整套的关于运营管理体制机制、发展规划、资本投入以及问题疏导解决等方面的数据、程序、制度等，使之在西部民族贫困地区乡村文化资源的开发、保护与脱贫攻坚中得以复制推广。

# 六、结语

尽管西江的发展也走过阵痛，但我们认为西江是成功的，西江经验值得在更多少数民族地区和传统文化与景观资源富集地区推广，同时她对我们探索一条符合国情的文化遗产保护与利用之路具有研究价值和参考意义。

西江之路是令人欣慰的，但西江的未来仍然是令人担忧的，因为她是一个活态的新事物，新事物需要新的理论和新的视野来关怀。中华民族的伟大复兴离不开中华文化的复兴，少数民族文化遗产的保护与利用将对推动这一复兴的提早到来有重要意义。

我们将继续关注西江，我们对未来充满信心和自信。

# 中国文物保护单位制度的实践与
# 新时代保护利用的思考

滕　磊

（中国文物信息咨询中心，北京国文信）

**提　要：** 本文总结回顾了中国文物保护单位制度建立和不同历史阶段的探索和实践，结合工作分析和讨论了文物保护单位制度现存的一些问题，并提出了改革和完善的思路和建议，希望对新时代中国文物保护单位制度更加科学、高效的管理有所裨益。

**关键词：** 文物保护单位；不可移动文物；文物管理制度

中华人民共和国成立七十周年华诞前夕，国务院核定了第八批 762 处全国重点文物保护单位，为国庆献上了一份厚礼。自 1961 年国务院公布第一批全国重点文物保护单位以来，1982、1988、1996、2001、2006、2013 年已经先后公布了 7 批次的全国重点文物保护单位名单，加上最新公布的 8 批数量共计 5058 处，可喜可贺。这项以中国文物特点和保护传统经验、保护工作实际为基础，并借鉴前苏联文物保护管理经验[1]发展成为具有中国特色的文物保护管理制度，几乎伴随着共和国七十年的风雨历程，为保护不可移动文物[2]的安全发挥了至关重要的作用。

进入 21 世纪以来，科学技术日新月异，研究成果百花齐放，文物事业蒸蒸日上，保护理念不断拓展和深化，文物保护管理的精细化程度和质量要求也越来越高，涉及到文物保护单位的一些法律层面、管理层面、专业技术层面，乃至一些理念意识层面的问题愈发凸显，成为影响新时代中国文物保护事业更上一层楼的掣肘。笔者斗胆通过回顾文物保护单位制度的探索和实践，分析和思考其中的一些问题，希望对新时代中国文物保护单位制度更加科学、高效的管理有所裨益。

## 一、新中国文物保护单位制度的建立

新中国成立初期，以郑振铎、王冶秋为代表的老一辈文物工作者，积极学习借鉴国外先进经验[3]，经过不懈的努力和实践，结合解放初期积贫积弱、百废待兴的实情提出了文物保护单位制度，它的诞

---

[1] 上世纪五十年代，中国文物保护工作者翻译、学习借鉴前苏联文物保护管理经验可参见罗哲文、王冶秋、陈生等在《文物参考资料》发表的相关文章。

[2] 可移动文物和不可移动文物的对应和分类概念，直到 2002 年修订的《中华人民共和国文物保护法》公布才正式确定下来。

[3] 王运良：《中国"文物保护单位"制度研究》，复旦大学博士论文，2009 年。王运良：《文物保护单位管理制度与国外类似经验》，《中国文物科学研究》2011 年第 4 期，27 - 31 页。

生应该说有三个基础。

### "两重两利"的重点保护思路是文物保护单位诞生的理论基础

新中国成立以后，全国各地面临着恢复生产和城市建设、改造等问题，它们与文物的矛盾冲突时有发生。为此，主管文物工作的郑振铎、王冶秋同志认真调查和研究了基本建设与文物保护的关系问题。1953 年，主管文物工作的郑振铎还专门撰写了《基本建设与古文物保护工作》的小册子，广泛印刷宣传①。同年，王冶秋在调研和处理基本建设和文物保护的一些问题时，提出了可以在一些重要的地区划出一块保护区，暂不在保护区范围安排基建工程，以便有足够的人力、物力在经批准进行基建工程的地区先行钻探，进行重点发掘的方案。这样，既解决了发掘质量的问题，又前置性地保护了一些重要的文化遗址免遭破坏。1956 年 2 月，郑振铎和王冶秋分别在全国基本建设工作会和全国考古工作会议上发表了讲话，着重谈到了文物考古的"重点保护、重点发掘"问题，提出了文物考古工作应"既利于工程进行，又利于文物保护"的基本思想。1958 年 3 月，文化部在北京召集 16 个省、市、自治区文化部门开了一个全国文物、博物馆工作会议，会上，王冶秋在发言中系统归纳了前一阶段文物考古工作的基本经验和基本方法，代表文物局正式提出了"文物保护坚决贯彻配合国家经济建设，重点保护、重点发掘，既对国家建设有利，又对文物保护工作有利"的"两重两利"方针。② 而文物保护单位制度的诞生也正是"重点保护"文物工作方针的具体体现。

### 文物摸家底是文物保护单位诞生的工作基础

早在抗日战争及解放战争时期，梁思成先生根据营造学社对中国古代建筑开展的调查和研究，编撰了《战区文物保存委员会文物目录》（1944 年）和《全国重要建筑文物简目》（1948 年），后者共登录古建筑 450 余处③。这为后来的文物摸家底和公布文物保护单位提供了重要参考。

新中国成立以后，1950 年 2 月 24 日，郑振铎和王冶秋主持召开了文物管理工作会议，邀请郭沫若、向达、梁思成、尹达、范文澜、邓拓、胡绳、马衡等专家、学者讨论了《保护有关革命历史文化建筑物暂行办法》和《古文化遗址及古墓葬之调查发掘暂行办法》等文物法令。5 月 24 日，中央人民政府政务院通令颁布相关文件，明令"各大行政区人民政府或军政委员会及各省市人民政府，应调查所辖境内有重大历史价值的公共或私人所有之古文化遗址及古墓葬，予以保护，并呈报中央人民政府文化部登记。"同年 7 月，文化部文物局在山西试点，组织了雁北文物勘查团，对山西广武汉墓群进行了调查，并出版了《雁北文物勘察团报告》一书。郑振铎为该书作序，强调要重视文物的保护、调查和研究工作④。此后中央、各地文物部门开展了许多调查和发掘工作。1953 年，北京市曾召开过一个会议，与会人员就某些文物该不该保护的问题进行了激烈的讨论。郑振铎表态说："要把北京有价值的文物进行彻底调查，调查清楚再来讨论保护的问题"。这也为新中国史上第一次文物普查摸家底的工作

---

①　中华全国科学技术普及协会主编，郑振铎著：《基本建设与古文物保护工作》，1953 年。
②　国家文物局编：《春华秋实——国家文物局 60 年纪事》，文物出版社，2010 年 12 月，第 18 页。
③　参见罗哲文《"古都恩人"梁思成—文物建筑保护专家罗哲文谈恩师》，《北京城市规划信息》2002 年第 3 期；国立清华大学、私立中国营造学社合设建筑研究所编：《全国重要文物建筑简目》，1949 年 3 月。
④　中央人民政府文化部文物局出版：《雁北文物勘察团报告》，1951 年 2 月 28 日。

提供了良好的铺垫。

1956 年 4 月 2 日，国务院在《关于在农业生产建设中保护文物的通知》中首次提出了文物普查和建立"文物保护单位"的要求，"在本通知到达后两个月内提出保护单位名单，报省市人民委员会批准先行公布，并且通知县、乡，做出标志，加以保护。然后将名单上报文化部汇总审核，并且在普查过程中逐步补充，分批分期地向文化部报告国务院批准，置于国家保护之列。"（第三条）经过普查以后，由省、市、区相继公布了大约 5572 处文物保护单位名单①，这也成为建立中国文物保护单位制度的第一次实践。

### 文物专业培训是文物保护单位诞生的人才基础

新中国成立以后，针对各地文物工作者缺乏的现状，国家文化主管部门加快了文物专业人员的培训上岗工作。

从 1952 年 8 月起，文化部、中国科学院和北京大学联合，每年举办一期考古人员训练班。至 1955 年第四期结束后，共培训毕业了 341 人。从 1952 年 10 月起，文化部又委托北京文物整理委员会不定期举办古建筑培训班，1952 年至 1980 年间共举办四期，培养了 127 人。同时多次派出人员到东欧国家学习文物保护技术②。经过专业培训的学员成为各省、市、区从事考古发掘、文物保护和管理的主要骨干力量，也为文物保护单位公布后的管理和保护工作奠定了人才基础。

通过近十年的探索和实践，新中国的文物保护管理体系初见成效。文物保护单位制度的诞生自然也是水到渠成的事情。文物保护单位制度可以简单归结为"普查登记"、"文物分级"、"建立四有"、"纳入规划"等内容。

通过全国性的、地区性的、专题的普查、调查、勘探发掘等，获取、登录文物信息，此即"普查登记"；在众多的不可移动文物中，历史内涵不同，科技含量不同，艺术水平不同者，则文物价值不同，由中央和地方各级人民政府分级保护和管理，其中文物价值最高的，理应得到国家的重视和保护。这既是"文物分级"。文物保护单位需要建立档案资料、设立保护标志、划定保护范围和建设控制地带、建立保护管理机构，此即"建立四有"。文物保护单位的保护和管理需要编制规划，并纳入城乡规划，按照规划进行实施和安排经费等。这就是"纳入规划"的思路。

上世纪五十年代末期，文化部研究提出了第一批全国重点文物单位共计 180 处的名单；同时，针对文物保护的管理制度进行了研究探讨，草拟提出了《文物保护管理暂行条例》。1961 年 3 月 4 日，国务院向各省、自治区、直辖市人民委员会，各部、各委员会，国务院各办公室、各直属机构，中国科学院正式下发《关于公布第一批全国重点文物保护单位的通知》，同意文化部提出的名单，并要求文化部继续在省级文物保护单位中选择具有重大历史、艺术、科学价值的，分批报国务院核定公布。同时颁布了《文物保护管理暂行条例》，文物保护单位制度开始全面实施，这也成为新中国文物事业具有里程碑意义的一件大事。

---

① 国家文物局编：《春华秋实——国家文物局 60 年纪事》，文物出版社，2010 年 12 月，第 38 页。
② 国家文物局编：《春秋华实——国家文物局 60 年纪事》，文物出版社，2010 年 12 月，第 28 – 31 页。

## 二、中国文物保护单位制度的四个发展阶段及其特点

我国文物保护单位制度的发展与国民经济和社会发展紧密相连，回顾它的发展历程，可以分为四个阶段：

**第一阶段 制度草创阶段（20 世纪 50 年代至 60 年代后期"文革"开始）**

此阶段以第一次全国文物普查，国务院公布第一批 180 处全国重点文物保护单位和《文物保护管理暂行条例》为代表。

1961 年颁布实施的《文物保护管理暂行条例》第二条明确具有重大历史事件、革命运动和重要人物有关的、具有纪念意义和史料价值的建筑物、遗址、纪念物等；和具有历史、艺术、科学价值的古文化遗址、古墓葬、古建筑、石窟寺、石刻等属于文物。第四条规定各级文化行政部门必须进行经常的文物调查工作，并且应当陆续选择重要的革命遗址、纪念建筑物、古建筑、石窟寺、石刻、古文化遗址、古墓葬等，根据它们的价值大小，按照下列程序确定为县（市）级文物保护单位或者省（自治区、直辖市）级文物保护单位：（一）县（市）级文物保护单位，由县、市文化行政部门报县、市人民委员会核定公布，并报省、自治区、直辖市人民委员会备案；（二）省（自治区、直辖市）级文物保护单位，由省、自治区、直辖市文化行政部门报省、自治区、直辖市人民委员会核定公布，并报国务院备案。文化部应当在省（自治区、直辖市）级文物保护单位中，选择具有重大历史、艺术、科学价值的文物保护单位，分批报国务院核定公布，作为全国重点文物保护单位。两年后，文化部又颁布了《文物保护单位保护管理暂行办法》、《革命纪念建筑、历史纪念建筑、古建筑、石窟寺修缮暂行管理办法》，进一步对文物保护单位的保护、修缮、管理提出具体的规定。

新中国成立初期的十几年间，百废待兴，又经历了"反右"、"大跃进"的冲击和三年自然灾害重重困难，文物保护单位制度的探索和草创着实难能可贵。《文物保护管理暂行条例》等也为 1982 年《中华人民共和国文物保护法》的颁布实施奠定了基础。

**第二阶段 动乱和坚守阶段（20 世纪 60 年代后期"文革"开始至 70 年代末）**

此阶段经历了 1966 年开始的十年"文化大革命"浩劫，上述刚刚形成的良性的文物保护局面被严重破坏，没有新的文物保护单位公布，已经公布的文物保护单位也受到很大的冲击，但是在周恩来总理的关怀下，绝大多数的文物保护单位得以保存下来。

据谢辰生先生等回忆，[①] 周恩来总理为保护文物采取了紧急的措施，及时派遣部队进驻故宫，阻挡了红卫兵对故宫的冲击。之后他又专门指示保护北京古观象台、泰山文物、曲阜三孔、杭州灵隐寺等。最重要的是危难时刻出台了两个重要文件。一是 1967 年 3 月，中共中央、国务院、中央军委联合发出《关于保护国家财产、节约闹革命的通告》，其中第四条规定"对文物图书要加强管理和保护工

---

① 彭卿云主编：《谢辰生文博文集》，文物出版社，2010 年，51 - 52 页。

作，不许随意处理和破坏。"二是 5 月 14 日中共中央《关于在无产阶级文化大革命中保护文物图书的几点意见》，重申了各项文物法规规定的原则。这两个文件的及时出台，极大地鼓舞了文物工作者的工作热情，同时也成为各地文物保护单位免遭"破四旧"的免死金牌。

1969 年，国务院成立"图博口"，各地的文物保护工作开始逐步恢复。1973 年 2 月，国家文物事业管理局成立，在评估"文革"造成的损失时发现，尽管孔府孔庙、十三陵等都受到了冲击，太平天国忠王府一度还因为李秀成的"叛徒"身份被取缔了全国重点文物保护单位身份，但除了西藏噶丹寺遭到破坏以外，绝大多数都被比较完整地保存下来①。这也为继续推行文物保护单位制度平添了信心和决心。

第三阶段　制度定型和快速发展阶段（20 世纪 80 年代初至世纪之交）

此阶段以第二次全国文物普查，国务院公布了第二批（1982 年）62 处、第三批（1988 年）258处、第四批（1996 年）250 处、第五批（2001 年）518 处全国重点文物保护单位，1982 年正式颁布《中华人民共和国文物保护法》为代表。

党的十一届三中全会以后，改革开放遍地开花，各行各业都得到了快速发展。从粉碎"四人帮"到 1983 年由国家直接拨款维修重要文物保护单位 450 处左右，其中全国重点文物保护单位 104 处。同时各地加强队伍建设和业务培训，几年间各种培训共达 13350 人次，为全面推动文物保护事业储备了人才。1981 年在全国范围内启动第二次全国文物普查工作。1982 年，时隔二十年，国务院重新开始认定和公布全国重点文物保护单位。同年 11 月，全国人大常委会公布了《中华人民共和国文物保护法》，将文物保护管理上升到法律层面，推动中国文物保护事业进入了快速发展阶段。而《文物保护法》在延续《文物保护管理暂行条例》等保护原则和内容框架体系的同时，也在文物所有权、文物保护单位建设控制地带等方面进行了补充和完善。我国文物保护单位制度基本定型。

截至世纪之交，我国登记不可移动文物近四十万处，各地公布了近六万处市县级文物保护单位，近七千处省级文物保护单位，21 项遗产被列入世界遗产名录。在全国重点文物保护单位中，约有 90%已经完成"四有"工作，基本实现了无险情的保护目标。②

第四阶段　新时期、新发展阶段（21 世纪伊始至今）

此阶段以第三次全国文物普查，登记不可移动文物近七十七万处，各地公布了约十三万处市县级文物保护单位，两万两千余处省级文物保护单位，③ 国务院公布了第六批（2006 年）1080 处、第七批（2013 年）1944 处、第八批（2019 年）762 处全国重点文物保护单位，2000 年出台《中国文物古迹保护准则》，2002 年修订《中华人民共和国文物保护法》等为代表。

2002 年修订《中华人民共和国文物保护法》同样延续了 1982 年版文物保护法的保护原则和内容框架体系，并在几个方面做出了较大的修订：一是正式提出了不可移动文物的概念，在文物保护单位

---

① 参见谢辰生《新中国文物保护 50 年》，《当代中国史研究》2002 年第 3 期。
② 参阅"1999 年全国文物局长会议工作报告"，《张文彬文博文集》，文物出版社，205 页。
③ 刘小和根据地方政府公布文件统计，数据截至 2019 年。

分级保护的同时，开始关注未核定为文物保护单位的不可移动文物的保护问题；二是不可移动文物的分类上，用"近现代重要史迹和代表性建筑"代替了此前的"革命遗址"和"纪念建筑物"。三是对不可移动文物的保护修缮和利用提出了更加具体的规定。

进入新世纪以来，国家文物局与美国盖蒂保护研究所、澳大利亚古迹遗址理事会等国际组织开展了深入了研讨和合作，2000 年研究起草了《中国古迹遗址保护准则》，这也是指导新时期我国不可移动文物保护工作的一项里程碑的工作。2007 年 4 月国务院下发了《第三次全国文物普查的通知》，按照新的理念对我国境内的地面、地下、水下的不可移动文物进行了全面深入的普查和登记。

在这样的国际国内形势下，文物保护单位制度也面临着与时俱进、新的发展机遇和挑战。很多文物工作者、研究者就我国的文物保护单位制度，不可以移动文物的分类方式、年代问题、与文物保护单位的关系问题、所有权等问题进行过探讨，复旦大学的王运良在其博士论文《中国"文物保护单位"制度研究》中有详细的阐述，在此不再赘述。① 管理角度，国家文物局一方面先后颁布了涉及文物保护单位的规划、勘察设计、施工、监理、验收、招投标、审批、资质等的管理办法，推动国务院颁布了涉及长城、大运河等的专项法规，研究制定一批配套的行业标准或国家标准；同时也在积极组织科研机构开展了文物保护单位、不可移动文物认定、分类等方面的探讨和研究。其中较重要的有2013 年刘小和主持的"第一至六批全国重点文物保护单位资料规范整理研究"，"第七批全国重点文物保护单位名录"，柴晓明主持的"不可移动文物分类标准"行业标准研究，全国重点文物保护单位保护管理和利用评估办法研究、《文物认定管理暂行办法》、《不可移动文物认定导则（试行）》（2018）、以及有关利用方面的导则等等。这些部门规章、标准、研究的陆续出台和持续开展不断完善我国文物保护单位制度。

# 三、有关文物保护单位制度的几个问题

## （一）文物保护单位与不可移动文物的关系难题

今天我们在阐述"文物保护单位"时，不可避免地要提到"不可移动文物"。从历史沿革来看，1956 年提出的"文物保护单位"的概念要早于 20 世纪 90 年代开始使用②并于 2002 年在《文物保护法》中明确的"不可移动文物"概念。从现行法律规定来看，在 1992 年之前，各级政府登记认定的"文物保护单位"受到法律的保护，但是大量具有价值的非文物保护单位的文物因为缺少法律条文的保障，长期以来遭到了很大的破坏。"不可移动文物"概念的提出就是为了解决上述漏洞，它是对"文物保护单位"的补充和扩展，既包括"文物保护单位"，也包括未认定成文物保护单位的普通"登

---

① 王运良：《文物保护单位概念及其应用探讨》，《中国文物科学研究》2006 年第 4 期。王运良：《文物保护单位再认识》，《中国文物科学研究》2008 年第 1 期。王运良：《中国"文物保护单位"制度研究》，复旦大学博士论文，2009 年。

② 尽管早在解放前的华北人民政府文物法令中就有"可移动"和"不可移动"古物的称法，但直到1992 年《文物保护法实施细则》才对其进行了规定。参见李晓东撰写的"文物保护单位管理"词条，《中国大百科全书·文物博物馆卷》，中国大百科全书出版社，1993 年，587 页。"不可移动文物"与"可移动"的馆藏文物和民间收藏文物等相区别，名称来源于其"不宜"、"不易"或者不便移动的特点。

录文物点"。

《文物保护法》对于两者的关系并没有准确的解释，只是强调"文物保护单位"是"不可移动文物"中具有"重要"历史、科学和艺术等价值的。那么按照一般的理解，每一处文物保护单位一定对应着一处不可移动文物，它们的内涵、名称、年代、文物类型、单体文物数量等等都应该是一致的，两者的关系很单纯。

但在目前的文物保护体系中，它们的关系并非如此单纯。从认定为一处不可移动文物，到进入市县、省、国家公布的各级文物保护单位名录，两者的内涵、名称、年代、文物类型、单体文物数量发生着巨大的变化。有的市县级别的文物保护单位往往就是一处不可移动文物，而升级为省保、国保单位后则包含多处甚至几十处、上百处不可移动文物。如此以来，它们之间的关系极其复杂，名称、年代、分类、内涵等难以准确界定，在日常保护管理工作中，行政管理部门和专家也常常需要有关部门做出说明才能搞清文物保护单位的保护对象、单体不可移动文物数量等；此外，根据"四有"的规定，每一处文物保护单位都要建立相应的管理机构，在不同的地区既有文物管理所、博物馆、文物局/科等管理一个地区不可移动文物和文物保护单位的管理机构，也有象故宫博物院、管委会等特定文物保护单位的专门管理机构，有些地方文物保护单位的一部分组成列入《世界遗产名录》，他们的管理机构和非世界遗产的文物保护单位也有区别，同样的有些市县保、省保升级为全国重点文物保护单位也存在管理机构的区别，有些区分不够明晰、清楚，就会给保护管理工作造成诸多的困难。

## （二）文物保护单位/不可移动文物的认定、分类难题

由于不同国家、不同历史时期、不同角度认知文物的"历史"、"科学艺术"、以及"社会文化"价值存在很大的不同，这也造成文物认定、分类上都有很大的不同。

新中国非常重视革命文物，并将之与传统的文物古迹并列。《文物保护管理暂行条例》认定的第一类文物即为具有重大历史事件、革命运动和重要人物有关的、具有纪念意义和史料价值的建筑物、遗址、纪念物等。国务院公布的第一批全国重点文物单位依据这个分类标准，将文物保护单位分为"革命遗址及革命纪念建筑物"，"石窟寺"，"古建筑及历史纪念建筑物"，"石刻及其他"，"古遗址"，"古墓葬"等六大类。笔者曾经对第一批全国重点文物保护单位进行分析，从中反映出上述文物保护单位认定工作的特点：除故宫、八达岭长城、山海关、嘉峪关、十三陵、颐和园、清东陵、清西陵、曲阜孔庙、孔府、孔林、殷墟、秦始皇陵、云冈石窟、龙门石窟、莫高窟、布达拉宫等等众所周知的名胜古迹外，代表近现代中国人民反帝反封建的革命文物受到了充分重视，如三元里平英团遗址、江孜宗山抗英遗址、武昌起义军政府旧址、井冈山革命遗址、延安革命遗址等，这类文物在首批国保中占到近20%，共计33处。由于革命文物时间并不久远，因此对于革命文物的认定并没有受到传统文物认定上年代的限制，如年代最近的人民英雄纪念碑是1958年建成的，距离1961年正式被公布为全国重点文物保护单位相隔仅3年而已。[①]

20世纪90年代以来，国际国内形势的变化也推动了文物认定的变化，从"科学艺术"和"社会

---

① 滕磊：《国保札记》，科学出版社，2012年。

教育"价值角度，许多"被革命"的对象价值同样很高，也应纳入文物的范畴。在这种背景下，一种涵盖面更广的分类名称"近现代史迹及代表性建筑"取代了"革命遗址及纪念建筑物"，与"古遗址"、"古墓葬"、"古建筑"、"石窟寺及石刻"和"其他"，自第四批"全国重点文物保护单位"公布开始，成为新的六大文物保护单位/不可移动文物类型。这一文物分类标准也在 2002 年 10 月 28 日全国人大对《中华人民共和国文物保护法》进行修订时确定下来，一直沿用至今。

但是现行的不可移动文物分类标准自身的局限性愈发突出，由于"年代"属性、"材质"属性、"功能"属性、"状态"属性等多重分类标准并存，在第三次全国文物普查过程中，也成为各地普查的工作难点和困惑之一，影响到普查成果的科学登记分类工作。比如年代属性中的"近现代"和"古代"在历史学上本身就存在百余年时间上的交叉，目前尚无明确结论，处于交叉年代段的大量不可移动文物，在类别划分上会出现难择取舍的现象，在一些具体的操作环节上出现了混淆或混乱；而且国内外不同的学界对"近代"、"现代"、"当代"的认识也有分歧。再如近现代重要史迹和近现代代表性建筑在价值认定的角度上也有着根本的区别，近现代重要史迹的认定主要是依据重要的历史事实，强调是其纪念性和社会教育价值，而非历史事实的载体；近现代代表性建筑的认定则很重视建筑本体的科学、艺术等价值要素，把两种截然不同的认定理由作为同一个类型，显然是不妥当的。此外，一些较为复杂的文物，如长城既有"古遗址"，又有"古建筑"类型；许多大型遗址其实也是包罗万象，既有"古遗址"、"古建筑"，还包括"古墓葬"，甚至"石窟寺及石刻"。还有新的文化遗产类型，如"大运河"线性遗产、哈尼梯田文化景观等涵盖了大量的不同类型的不可移动文物，很难给其一个特定文物类型。

（三）文物保护单位评定的标准和"升降级"问题

全国重点文物保护单位 5058 处的数字令人欣喜之余，很多人也表达了同样的感觉，就是现在的全国重点文物保护单位相比早年个顶个的举世瞩目的名胜古迹相差很多，似乎不在同一个档次。这种心理差距至少反映两个层面的问题，一个是价值层面，重要性确实有差距；还有一个是管理层面，不同单位之间的保障条件、管理能力等差距很大，有些全国重点文物保护单位连基层文物工作者都很难找到，更别说慕名而来的游客。

这很值得我们思考，文物保护单位依据"重要性"评定无可非议，但是作为唯一标准走到今天，和人们的心里预期和感觉已经发生偏差。从全世界范围看，包括世界遗产的评定在内，都强调"价值"和"管理"并重。按照教科文组织等对世界遗产的评定标准，世界遗产必须具备人类突出普遍价值的同时，还要达到能够确保世界遗产真实性、完整性得到延续的保障条件和管理能力。教科文组织在《世界遗产操作指南》中逐项、细致地列出了价值、管理等方面的评定标准和要求，使各个缔约国对规则和操作程序一目了然。而我们长期以来不仅缺少统一的评定标准和要求，而且忽略管理对文物价值延续的重要性和作用。

除评定标准外，我国文物保护单位制度对于"升降级"制度长期语焉不详，这也制约了保护管理工作的开展。

对于"升级"制度，《文物保护法》对各级文物保护单位评定的规定是选择"重要"的不可移动文物进行公布。但是从市县级、省级到国家级的"重要"程度是什么？怎样评定和升级？都缺少一套较为固定的规范及标准，对申报评定程序、周期、组织、管理等提出明确要求。这就造成不同的专家、不同的管理者对选择哪些、不选择哪些进行"升级"把握不一致。比如关于文物"打包"就不能简单的一刀切，有些不可移动文物作为单体文物在价值内涵上并不突出，但是与之密切相关的还有一些不可移动文物，只有放到一起才能反映出它们独特的价值特性。当然，这些关联价值属性和特征需要研究者和管理者长期深入、严谨的论证过程。否则就会出现过去"1＋1"价值一定大于"1"，以及把风马牛不相干的文物硬凑到一起打包申报的错误认识和做法。此外，关于革命文物是否一定要具备现存的文物"本体"意见并不统一，这也造成了不同批次文物保护单位的评审结果因为专家的评判标准不一致而有很大的差别，导致一些基层文物管理的同志产生困惑和疑问。

对于"降级"制度，《文物保护法》仅仅规定了涉及工程建设中文物"拆除"等的行政审批要求，并没有明确的"降级"制度。过去，我们只是通过普查对消失的文物进行定期除名。但事实上，从第一次到第三次全国不可移动文物普查的几十年间，大量的不可移动文物以及文物保护单位因为种种原因如"拆除"、"开发"、"盗抢"等最后"消失"或"部分消失"。还有许多文物保护单位由于所有人或者使用人的原因，造成了文物的破坏和价值的损失。针对这种文物部分消失或者价值受损的情况，一方面缺少权威的评估，另一方面缺少相应的"降级"制度。前面提到的世界遗产，会通过"定期评估"、"反应性监测"等进行监督，出现问题会被警告，整改不力还可能被列入"濒危遗产"名录，直至最后从世界遗产中除名。我们国内的旅游景区、星级饭店等也都实行严格的"升降级"制度。最近山西乔家大院被"5A级景区"除名，这些都是值得我们思考的地方，我们实施已经近70年的的这种"重申报、轻管理"，"只升不降"的制度显然已经不利于不可移动文物的保护和管理工作。

### （四）文物保护单位制度中保护程序和资金问题

前文已经阐述了我国文物保护单位制度的主要内容，国家文物局在2000年也明确将这些内容纳入《中国文物古迹保护准则》中的文物保护工作程序。从调查登记，到研究评估，建立四有，制定规划，实施规划，并进行监测管理，这套保护程序在新世纪的文物保护事业中发挥了极其重要的作用，已基本得到中央各部门到地方政府的认可和支持，广大的基层文物工作者也能够熟悉和熟练的执行整套程序，这是几十年以来文物工作积累的成果，很不容易。尽管保护程序中的一些内容在执行过程中遇到了这样那样的问题，如研究评估不足的问题，文物保护项目按照"工程"管理和实施的困境问题，文物保护规划可操作性和衔接纳入地方规划的问题等，但这些不应也不能动摇我们执行保护程序的信心。比如近几年文物保护规划编制工作相比过去明显收紧，令广大文物工作者茫然不知所措！难道是文物保护程序出现了严重失误？其实不然，编制文物保护规划的重要性不言而喻。然而文物千差万别，不宜一刀切，对于大规模、复杂的文物、尤其是涉及到城乡建设等文物，不仅需要立即编制规划，而且在经费上必须保证充足，确保研究编制到位；有些文物本体和环境都比较单纯简单，保护管理利用等方面的内容并不复杂，这类文物只要先期科学划定两线进行保护控制即可；但是在文物保护规划开展的红火时期，文物管理部门在政策、组织、资金、审批方面对所有规划编制一律绿灯，确实造成了不少问题，这在当时就被很多专家和文物工作者所指出。但是保护规划作为保护程序中的重要一环坚决不能弱化，即使到今天，第七批以及刚刚公布的第八批全国重点文物保护单位还有大量的文物保护单位亟待编制规划，否则将极大的影响文物保护单位保护管理工作的前瞻性和统筹性。

　　资金不足是制约文物保护单位制度发展的关键因素。尽管《文物保护法》明确规定文物保护事业经费应纳入地方本级财政预算，但是在"分级保护"原则下，中央政府扶持全国重点文物保护单位，省级政府扶持省级文物保护单位，市县级政府扶持其他的不可移动文物的规则长期以来默认执行。尤其是1994年财税制改革以来，大多数的地方政府迫于发展和建设压力，很难将工作重心放到缺少经济效益的文物保护等领域，而另一个极端是一些地方政府一旦重视文物，往往将其视为地方经济发展的推动力，罔顾文物保护的原则和底线，肆意破坏和开发。从统计资料看，目前中央财政经费仍然是文物保护的主要来源，在文物事业中的比例高达40%－60%，但是这些补助经费的范围只针对全国重点文物保护单位，而占据我国登记不可移动文物97%的低级别的文物保护单位和普查登记点很难获得经费支持，保护基础条件薄弱、保护难度极大，破坏在所难免。极大的"削弱了不可移动文物的有效保护和服务经济社会发展大局作用。"①

## 四、进一步完善文物保护单位制度的若干思考

　　党的十八大以来，中央对文物工作愈加重视。2018年文化和旅游部合并，各地文物、旅游工作都迎来了新的局面，文物保护单位制度的未来之路如何走？如何面对新的机遇和挑战？我们认为：

### 首先，要理顺文物保护单位与不可移动文物之间的关系

　　1957年，郑振铎先生在第一届全国人大第四次会议的发言中这样解释"文物保护单位"："每一个保护单位，都包含有几个或几十个或几百个乃至上万个项目。像曲阜孔庙这一个'保护单位'项下，就至少包含着二三百个的历代碑碣、汉画像石、汉石人、明清建筑群；还有数以万记的明清档案和衣服及其他日用品等等。"从这段解释不难看出，老一辈文物工作者心目中的"文物保护单位"更像是一个真正意义的、如同企事业一样的、发挥保护管理工作的"单位"（机构）。而碑碣、画像石、建筑等不可移动文物，甚至包括可移动文物都是这个"单位"保护的对象。这显然是社会主义国家计划经济时期社会领域"单位"思想向文博行业的延伸。但如果照这样的思路进一步完善制度并实施下去的话，也未尝不可。只要这套管理体系简单明了、便于操作，有利于文物保护就可以。

　　事实上，正如前文所述，我们的文物保护单位最终与不可移动文物划了等号，与社会上普遍理解的行政事业单位的概念渐行渐远。然而"单位"的概念或者称呼很容易造成社会混淆，从而导致"文物保护单位"认知度不高，给社会力量参与和支持文物保护和文物利用带来制度上的障碍。② 笔者认为，不可移动文物和文物保护单位的概念、界定、相互关系必须厘清，这是文物保护单位制度改革完善的首要问题。

---

① 于冰等：《文物保护管理制度与改革：意大利与中国比较视野》，《中国文化遗产》2018年第5期。
② 王运良：《文物保护单位概念及其应用探讨》，《中国文物科学研究》2006年第4期。王运良：《文物保护单位再认识》，《中国文物科学研究》2008年第1期。王运良：《中国"文物保护单位"制度研究》，复旦大学博士论文，2009年。

一方面，对不可移动文物的认定办法进行改革，定名、分类、计量等标准规范进行调整。除全国性普查外，应将调查登记作为日常工作，并结合科研教学单位开展专项调查登记；文物调查认定应坚持化整为零、精益求精；坚持日积月累、不搞突击；坚持经费安排、细水长流；坚持科学规范、统一标准等原则。另一方面，应制定出台不可移动文物的日常经费补助办法，按照不同的不可移动文物类型、日常保护难度等确定年度的养护经费额度，明确资金来源渠道。

在建立不可移动文物详实基础数据库、日常养护管理制度的基础上，借鉴世界遗产和景区、旅游星级饭店等的分级评价管理制度，对各级文物保护单位申报、评定和管理进行改革，统筹考虑各级别文物保护单位的价值评定标准和管理条件、水平要求，明确各级文物保护单位的准入、管理要求（包括机构设置等）、资金奖励（包括日常管理经费补助、专项经费补助等）、考核（包括升降级制度）、社会参与、监督等。

### 其次，加强不可移动文物的科学分类，弱化文物保护单位的分类

如何解决文物保护单位现行分类的种种问题？笔者认为应取消文物保护单位分类或区分现有文物保护单位与不可移动文物的分类体系。文物保护单位可借鉴世界遗产的较为宽泛的分类方式。

那么如何解决不可移动文物的分类难题？笔者在参加文物保护单位资料整理研究工作和"不可移动文物分类标准"研究过程中也与相关专家有一些共同认识。一般认为文物首先应具备"物"的概念，不管是遗址、墓葬、建筑、石窟寺及石刻、壁画还是重要史迹、实物、代表性建筑，都必须具备"物"的本体，而且这个本体要货真价实，才有可能被认定为文物。我国的不可移动文物认定除了纳入上述"物"的概念外，还将一部分原物彻底无存、并不具备本体的货真价实，以纪念为主的属于精神和意识形态的纪念物和纪念地也纳入进来，使我们的不可移动文物存在两种属性：本体属性。指认定对象的本体尚存或有遗迹存在，具有文物价值的。以此属性为主要依据认定的对象有：历代保存下来的具有文物价值的遗址。如：仰韶村遗址（新石器时代）、唐山大地震遗址（近现代）；历代保存下来的具有文物价值的墓葬。如：孔林（春秋）、中山陵（近现代）、鲁迅墓（近当代）；历代保存下来的具有文物价值的建筑物、构筑物。如：故宫（明清），北戴河近代建筑群（近现代）、延安革命旧址（近现代）、第一个核武器研制基地旧址（近现代）、人民英雄纪念碑（近现代）；历代保存下来的具有文物价值的石窟寺、摩崖造像、碑刻等。如：云冈石窟（北魏）；历代保存下来的不能列入上述类别的文化遗存。如：新寨嘉那嘛呢等。纪念属性。指认定对象不具备本体属性，本体无存，但其依附的历史价值突出的，具有纪念意义的。以此属性为主要依据认定的对象有重要历史事件发生地或著名人物活动地、纪念地：如：嘉兴南湖"一大"会址（开会的船只根据董必武等回忆复制），西柏坡革命旧址（原址被淹没，现址后建）。

根据上述的分析，我们发现如果取消年代属性，只考虑本体属性和纪念属性，能够解决过去分类中的不少争议和难点问题，相对更加科学和合理。当然，分类问题是一个复杂的系统性问题，需要结合我们中国文物特点和保护传统经验、保护工作实际，认真予以研究和完善。

### 第三，改革文物保护单位申报、管理模式

各级文物保护单位在具备相应的文物价值的同时，还要达到能够确保价值延续的保障条件和管理

能力。从近两次全国重点文物保护单位的申报通知来看，国家文物局已经开始逐步完善。笔者认为借鉴世界遗产和景区、旅游星级饭店等的分级评价管理制度，对各级文物保护单位申报、评定和管理进行改革势在必行。

各级文物保护单位的金字招牌不能成为各级政府的表面政绩、面子工程，应将切实确保文物保护单位单位价值得以延续的管理条件、水平要求纳入考核，为此应统筹考虑各级别文物保护单位的评定标准，明确各级文物保护单位的准入、撤销、升降级制度；明确管理要求（包括机构设置等）；明确资金奖励（包括日常管理经费补助、专项经费补助等）；明确综合考核、定期评估标准；以及社会参与、监督等。制定标准科学、流程清晰、操作简单的《文物保护单位操作指南》，用以指导各级政府、单位和文物工作者。

第四，适应新时代、新发展，完善文物保护单位的各项保护程序

自 2002 年《文物保护法》文物工作方针中提出"合理利用"以来，文物利用工作得到愈来愈多的重视。2004 年出台的《全国重点文物保护单位保护规划编制要求》将展示利用与保护、管理、研究置于同等重要的地位，对文物保护单位的展示利用模式、内容、形式、配套、游客限制等都提出了要求，已经在故宫、敦煌等众多公布实施的文物保护单位利用过程中发挥着积极的作用；近十年来，国家文物局主导的大遗址综合示范区、国家考古遗址公园等展示利用模式的实践和探索也取得良好的社会效益。同时《革命旧址保护利用导则（2019）》《文物建筑开放导则（试行）》的发布也在不同类型的文物利用模式上进行指导，这些都为文物的"合理利用"积累的实践的经验。2018 年 7 月 6 日，中央全面深化改革委员会第三次会议审议通过《关于加强文物保护利用改革的若干意见》，提出要加强制度设计和精准管理，盘活用好文物资源，在保护中发展，在发展中保护。这为进一步贯彻"保护为主、抢救第一、合理利用、加强管理"工作方针指明了方向；而文化和旅游部的合并为其清除了管理壁垒，有利于解决长期以来文物和旅游之间的部际矛盾。这两年，各地积极探索文物＋旅游的保护利用模式，文物部门可以亲自参与、指导旅游，这是一件极大的好事。但是相应的，我们的保护程序中也必须补充和完善相关的内容和规定，比如文物保护规划中必须对利用方面的规划内容进行补充完善，扩充相应的旅游规划中的一些内容，充分考虑文物资源＋其他旅游资源，以保证能够切实指导文物＋旅游工作。同时，文物部门的相关单位和研究者也应勇于承担责任，将文物＋旅游的探索和实践的重任承接下来，从利用模式、内容、管理服务、资金筹措、利益分享等实操层面替地方政府分忧、为老百姓解困，这样才能在确保文物安全的前提下，发挥文物的当代作用，盘活、用好文物资源，在保护中发展，在发展中保护。

# 裁云翦水扬州梦 承平盛世铸古今

## ——历史文化名城扬州的保护与利用之路

### 丹 青

### （中国文物学会）

**提　要：**扬州是著名的历史文化名城。近年来，扬州在城市考古和城市遗产保护、利用方面加大力度，结合"五位一体""四个全面"整体布局，在城市建设与开发中进行全方位探索，已经初步实现良性可持续发展。这其间，专业工作者、管理部门、政府以及利益相关者的良性互动尤为重要，特别是对历史负责任的政府部门，发挥着关键作用，对探索符合国情的文物保护利用之路具有借鉴意义。

**关键词：**扬州；城市考古；历史文化名城；历史街区；活态保护利用

## 一、文物保护工作必须遵守国家的相关规则，明确责任和历史使命，整体发力，优势互补，才能彰显古城历史价值和文化内涵，彰显特色扬州文化传承的妙曼韵致，重铸古城辉煌。

扬州，位于江苏省中部，长江与京杭大运河的交汇处。是国务院首批公布的 24 座国家级历史文化名城之一，建城史可上溯至公元前 486 年，兴盛于汉、繁盛于唐、鼎盛于清。这座淮左名都，仅从汉唐到明清，烟花三月的竹西佳处，就是诗人们的梦境之地，历史上 2500 多名诗人写过这块追梦之地，现在可考的历代诗词超过了 2 万首。我们今天一踏上这座名城，总感觉视野开阔，到处是绿地和公园，其实广义的扬州古城仅指以"两古一湖"为核心的 18.25 平方公里的扬州城大遗址范畴，包括唐宋城遗址、明清古城区及北郊、西郊等区域。其中 5.09 平方公里的明清古城区（简称古城）是国内极少数保持完好的古城之一，保留完整的风貌区达 1.47 平方公里，包括双东、仁丰里、湾子街、南河下 4 大历史文化街区和北矢巷、牛背巷、弥陀巷等 6 组传统建筑群，拥有全国重点文物保护单位 12 处、省级文物保护单位 18 处、市级文物保护单位 122 处，特别是有价值的传统民居多达 905 处、古井 126 个、古桥 9 座、古树名木 22 株、传统街巷 345 条，较好地保留了原有的空间风貌、街巷肌理、民居建筑以及民俗风情、人文生态环境等。

在构建符合中国国情的名城保护与文物古迹遗址合理利用方面，扬州市文博工作者多年以来在市委、市政府四套班子的历届领导高度关注和支持下，始终坚持优秀传统文化传承在国家"五位一体"和"四个全面"的总体布局上，走在全国名城保护的前面。

他们在古城保护方面坚持"整体控制、落实责任、积极保护、合理保留、拓展利用、全面改善"的原则，严格执行中共中央办公厅、国务院办公厅印发的《关于加强文物保护利用改革的若干意见》及十八大报告中提出的以"经济建设、政治建设、文化建设、社会建设、生态文明建设"这五位一体的内容，组织专业人员培训学习、加深理解、吃透文件精神。特别是对市文物考古研究所的所有人员进行不定期的培训、抽查、问答"四个全面"的基本原则。我在扬州调研考察中，很随便地和当地的文博工作者交流对话，大家都能轻松地告诉你这些基本原则中必须坚守的原则与底线。

扬州市在古城保护上经过多年实践，从政府的决策部门到普通的文博工作者，大家都能够深刻领会名城保护必须坚持保护与利用、改造与复兴相结合。保护是前提，利用是关键，改造是手段，复兴是目的。因此对政府出台的各项措施都能落到实处。"护其貌、美其颜、扬其韵、铸其魂"，这就是古城保护总体思路。这思路的确定，为老城区的环境、风貌、建筑、遗存保护提供了可靠的依据。他们在保护这一切的过程中，通过使用功能优化调整，恢复传统街区的商贸功能，赋予名人故居特定的历史文化展示功能，促进了古城保护与旅游开发、人居环境改善的有机统一。文物资源的特点和活化利用，在这里得到了充分的尊重与展示。

## 二、始终坚持以人为本，把中华文明标识体系构建与讲好中国故事，紧紧联系在一起。

文保建筑是古城历史的重要符号和岁月变迁的见证。从 2000 年开始，政府投入 10 亿多元，按照"修旧如旧、保存其真"的原则，陆续对汪氏小苑、朱自清故居、卢氏老宅、吴道台宅第、逸圃、阮家祠堂、匏庐、丁氏、马氏住宅、李长乐故居、华氏园、壶园、武当行宫、汪鲁门盐商住宅、冬荣园、蔚圃等古宅名园进行抢救性修缮，并将其中近 20 处作为旅游景点和博物馆对外开放！2007 年，市政府从扬州古城区的整体保护规划着手，选择"双东"作为试点区域，全面启动历史街区保护整治工程。工程分为两期实施，一期包括整治马家巷以西的东关街沿线和整修李长乐故居、逸圃、个园（恢复个园历史上原有建筑本体）等，"一片十点"项目。二期包括东关街东侧街景整治以及冬荣园修缮、街南书屋复建、东关农贸市场、三和四美地块改造等工程。同时实施了小街巷翻建、三线入地、污水排放等基础设施完善配套、环境质量提升。仅这项工程就搬迁单位 30 余家。他们在老城区传统民居修缮工程中，一不搞强拆，二不搞恶意稀释原住居民。政府鼓励老城区居民自觉参与古城保护、自愿改善居住条件。在加强与德国技术公司合作的基础上，以文化里作为试点启动民居修缮行动，鼓励居民按照传统风貌要求改造房屋外观，内部增添独立厨卫！适度内部装修，政府的奖励政策是给予每户 30% 左右的修缮补贴，古老的整治区域内百余家原住地居民住房条件得以改善。去年以来，他们按照"我的房屋我做主"的原则，在双东等老城区规划实施整治项目工程中，按照已确定的模式鼓励居民参与民居修缮，目前为止又有 50 多户积极报名参与。

我在东关街调研考察中亲眼目睹原住居民鲜活的市井生活状态。虽然沿街商铺也不少，但所出售的商品 80% 都是传统的地方特色食品和地道的美食文化、传统手工艺制品。如果拿它和世界遗产地丽江古城相比，你就会深切地感受到：何为中华文明标识的体系和构建？谁在讲好中国故事的同时，无声地诉说着我们这个民族人文。

《威尼斯宪章》中说："人们越来越意识到人类价值的统一性，并把古代遗迹看作共同的遗产，认识到为后代保护这些古迹的共同责任"，同时也确定了文物保护和修复的原则，明确了"保护与修复古迹的目的旨在把它们作为历史见证，又作为艺术品予以保护"。虽然我在多年的文物保护工作中发现，其实《宪章》中许多修复原则对我们东方建筑的保护与修复存在着诸多不合情理的问题，它忽略了东西方建筑文化的差异，仅是以欧洲古典石构件建筑保护为对象，而以中国为代表的东亚建筑文化体系，自古以来都是以土木混合结构为主，它不像以砖石材料为主的西洋古典建筑那样随着岁月的流逝有所损坏，不加修缮也能够比较长时间地作残损保存，土木结构的中国建筑必须不断地及时维修，否则很快便荡然无存了。

我这一生因机缘巧合，曾经随众多名城保护界的前辈老专家们，跑遍了中国的历史文化名城，看的多了，自然在心中有个比较。扬州的东关街整治工程，我早就从其他渠道知道了，因为听的假话太多，许多名城领导讲的和做的完全两码事，因此也没有过多地往心里去。这次实地考察，真的让我长见识，我今天可以负责任的讲：这一条全长1122米整治后的老街坊，应该算是中国历史文化名城保护中最鲜活、最有人情味、最含地方特色、最集建筑风貌、历史记忆的一个解读水性扬州的独特的窗口。寻觅亘古"淮海惟扬州"的朦胧倩影，你随处可见，品味绿杨城郭"云锦流淙绿到门"的妙曼韵致，任君自赏。"春风十里扬州路，卷上珠帘总不如"。

我从相关资料上发现，这一条并不算太宽阔的历史街坊，东起古运河，西到国庆路，它是扬州城发展演变的历史见证，也是扬州运河文化与盐商文化的发祥地和展示窗。东关街距今约有1200年的历史，是明清时期扬州城最繁华富庶的街道之一，历经沧桑风雨千年积淀，街区内保存了50多处名人故居、盐商大宅、寺庙园林、古树老井，堪称中国大运河沿线城市中保存最为完好的商业街区。百年老字号谢馥春的品牌店，因和原有的艺蕾小学等不协调地块作了调整，更加提升了东关街的街景风貌，有效保护了完整的明清建筑群及"鱼骨状"街巷体系，保持和沿袭了明清时期的传统风貌特色，充分体现了江淮运河城市的独有风韵。难怪2010年被文化部、国家文物局授予"中国十大历史文化名街"之称号。2013年初，东关街由历史文化旅游区成功晋级国家级4A旅游景区，一个不收任何门票的景区，近年来接待各类游客达800多万人次。

绿色生态一直是扬州的底色，更是大运河文化的特质。围绕打造高颜值的生态环境，从2016年起，为保障南水北调东线源头"一泓清水北上"和淮河入江"清水通道"，在全省率先规划建设1800平方公里的江淮生态大走廊。运河是扬州的根，文化是扬州的魂。公元前486年当吴王夫差在这块土地上开挖了中华大动脉的第一锹土时，"开邗沟，筑邗城"历史就已经给这座未来的名城奠定了基础！中华文明标识的大运河文化带每年、每月、每天都在向世人讲述着永葆童心的中国故事。

### 三、不断完善的文物政策法规与改革发展大势，不断给名城扬州的文物保护利用增添新鲜活力。

对于文物政策法规改革发展等一系列问题，我曾专门和新中国文物工作发展全过程的唯一见证者谢辰生老多次商讨过，作为老人的唯一弟子，三十余年来我跟随先生也见证了许多值得永久珍藏的记忆。特别是近二十年来我帮先生整理一些回忆、日记、往来信札、起草文件的手稿，从中知道了更多当年的情况，我国的文物政策法规的改革发展经历了从周总理的亲自过问，到 1960 年 11 月 17 日国务院召开的 105 次全体会议，此会因周总理外事工作脱不开身，委托陈毅副总理主持，陈老总一看三个文件都非常重要，绝非自己能决定的，就向当时的国务院副秘书长，同时兼任文化部长的齐燕铭申明自己不能主持这个会，齐部长就问陈老总什么意思？陈老总说：这三个文件都非常重要，一个是《文物保护管理暂行条例》，一个是第一批一百八十处全国重点文物保护单位，五千年来我们这么伟大的民族有那么多丰富的文物，你们只保一百八十处，这个名单如果将来子孙知道是我主持通过的，那我得挨骂的啊，不能挨这个骂，这不行，太少了。齐燕铭向陈老解释，现在公布的一百八十处全国重点文物保护单位是第一批，还有第二、第三，这是尖子，最好的先拿出来示范，然后陆续再搞，还有若干批呢。另外省里还有省级文物保护单位，县里还有县级文物保护单位，将来应该保的都保。陈老总这才放心。我从谢老当年的笔记、相关资料上还找到当年陈老总在会议上的讲话，他说："保护文物很重要，保护文物问题宁可保守，不能粗暴，因为什么呢？如果保了一个不应该保的这个错误随时可以纠正。可是一个很重要的文物一旦错拆了的话，那是永远不可弥补的。所以在这个问题上宁可保守一点，不要粗暴。保证一定要保护好。保护文物，特别是这些古建筑，要保持它的古趣和野趣。古趣就是古代的古，野趣实际上就是我们说的原貌，一定要坚持保护原状的意思，不要随便乱动。这都是原则性问题。"今天当我们回味陈老总五十余年前的精辟阐述，当有何感触呢？当然，这个"暂行条例"就是中国文物法的前生，根据陈老总指示，最终还是等待周总理看过，1961 年 3 月 4 日才颁发。

可以说中国文物政策和法规体系的发展一直走到今天，其中凝聚了太多老一辈无产阶级革命家们的心血。特别是改革开放以来，以习近平总书记为核心的党中央、国务院各部委以及习总书记本人高度重视文物保护，多次对中国文物保护事业作出重要指示。

扬州作为首批国家级历史文化名城，其地下丰厚的遗存，重叠着无数的历史记忆。在我国推进城镇化建设的今天，城市考古发掘面临着严峻的挑战，这是个千载难逢的机遇，又是一个不可忽视的挑战。扬州城建城 2500 年，数次兴建，数次因战乱而遭受人为的破坏，历代城址叠压，又被现代城市占压，城市考古发掘困难重重。

我国许多历史城市的延续，都是"古今重叠型城市"的代表。其中既包括北京、洛阳、南京、西安、杭州、开封、安阳、郑州等所谓的"八大古都"，也包括成都、长沙、扬州、广州、徐州等从兴建以来两千多年就没有"挪窝"的历史文化名城，其他在中国历史上扮演过重要角色的文化名城就太多了。这些城市中许多历史记忆深埋地下，既是灿烂历史文化重叠的富矿，更是民族和国家最重要的记忆载体。我记得我国著名考古学家徐苹芳先生在各种场合反复说："古今重叠式城市考古不能一次完成，必须有一个固定考古研究机构负责这项工作，要经过若干年的积累才能逐渐完成"。

扬州也正是这样做的，20 世纪 60 年代中期扬州城就经过初步调查，70 年代中期开始配合基础建设进行了考古发掘，这是中国城市考古具有非常重要的一个特定的历史时期。通过考古发掘，初步探寻掌握了这座国家级历史悠久的文化名城 2500 年岁月流逝里连绵不断：春秋邗城，楚、汉晋、六朝广陵城，隋江都城，唐、宋扬州城，一直延续到元、明、清。特别是唐宋时期，扬州富庶甲天下，遗存的丰厚令人惊叹不已，不少重要的考古发掘，领中国城市考古之先。

扬州市委、市政府历来高度重视加强文物保护工作的两个服从：文物保护服从于古城保护，古城保护服从于申遗；三个一些：舍弃一些眼前利益，控制一些发展冲动，克制一些开发欲望。如隋炀帝墓的发现，市政府花费 10 多亿元，从开发商手中回购土地，最终全部收回，建设遗址公园。又比如：原来决定在唐子城东华门附近选址建设扬州市民中心，设计等前期投入 2000 多万元。文物部门提出意见后，市政府及时调整选址，保护唐子城的完整性。由中国社会科学院考古研究所、南京博物院、扬州市文化局三方正式组建扬州唐城考古工作队，有计划地从事对扬州古城遗址的考古调查、勘探、发掘工作。这次全方位的摆开阵势，是扬州唐城考古队在中国社会科学院考古研究所副所长徐苹芳先生的指挥下，第一次组建都城之外的城址考古队，考古工作队每次出征，收获甚丰。就是 1988 年后，徐苹芳先生因工作需要继王仲殊之后担任中国社会科学院考古研究所所长，虽然工作特别繁忙，仍一直兼任扬州唐城考古工作队队长多年，可想而知，这个考古工作队在徐苹芳先生心中的份量有多重。再比如：在凤凰水岸花园建设项目考古过程中，发现南宋军事设施遗址，市政府及时叫停项目建设，收回土地，组织考古发掘，建设遗址公园，与宋夹城考古遗址公园、北门水门遗址成为一体。

历史太厚爱这块宝地了！岁月如梭，扬州市领导班子也换届了数次，但不管人事怎么变化，名城保护和考古发掘工作从未停下。我从政府的相关文件中查阅到：扬发［2012］204 号扬州政府关于公布扬州市区首批地下文物埋藏区的通知，根据《中华人民共和国文物保护法》和《江苏省文物保护条例》，确定并公布扬州城遗址等 4 处为扬州市区首批地下文物埋藏区，希望各地、各有关部门严格执行法律法规关于地下文物埋藏区文物保护、土地开发、工程建设、考古发掘的规定精神，确保地下文物的安全。紧接着 2014 年 9 月 4 日，扬府规［2014］4 号文，市政府关于印发《扬州市地下文物保护办法的通知》。此办法共计 28 条，更加强调了对地下埋藏文物的高度呵护。市政府紧紧抓住这一次次的机遇，城市考古为配合城乡建设的顺利开展创造了良好的环境，形成了一套具有中国特色和城市特点的考古工作模式，并在《文物保护法》的体系框架下建立了一整套适合其特点的工作机制和相关法律法规制度。

去年（2018）冬天，可能大家还都记得，发生在扬州考古发掘工地上工作人员和该地块值班保安之间的矛盾，一下轰动了整个中国的文博界，中国考古学会、国家文物局都在第一时间发出了声音，扬州市委、市政府主要领导出面协调处理，矛盾纠纷很快排查清楚，给我们文物考古工作者一个公正的交代！最终坏事变好事，大家握手言欢。

这些年来，由于家住苏州，因此和江苏文博界朋友们关系一直处得很好，从季根章厅长开始江苏省文博界的许多事情就能够讲上话，加上徐苹芳先生在世时，常在电话和信函中让我多关注江苏的考古发掘工作，特别是扬州地区，我是时时铭记先生的教诲！公平的讲，全国城市考古发掘工作，河南洛阳和江苏扬州市的考古研究所工作是一直走在最前沿的，我记得单霁翔同志任国家文物局局长时，就曾多次表扬扬州的文物保护工作做得好，特别对扬州的文物考古工作者给予充分的肯定！从城市考古发掘、牵头大运河的申遗，扬州借国家文物保护这股东风，增添了太多令人惊喜的色彩。

## 四、建设国家主导、社会广泛参与的文物工作新体制，扬州文物保护的实践证明，这是一条具有中国特色社会主义理论指导下的改革创新之路，也是未来扬州持续地传承创新发展的必然之路。

扬州的特色在于水，这块人杰地灵的土地，境内河湖密布，水网纵横，水域面积约占国土面积的29%。长江依境东流，淮河入江水道，京杭大运河纵贯南北，邵伯湖、高邮湖、宝应湖、白马湖由南而北依次排列，南水北调东线工程源头亦在扬州境内。水孕扬州，水润扬州，水蕴扬州，水韵扬州，好一幅名城水文化的泼墨卷轴。

中国几千年农耕文明被城市发展史一下改变了原有的生活环境和模式，扬州堪称具有独特魅力的一个华丽蜕变，从地理位置上，它远离政治中心的番国郡县，就是这样一个极不起眼的水乡泽国，凭借自身独特的魅力，从汉唐如梦的展现自己，又亮丽登上宋、明王朝的大舞台，最终一直牛气到清朝乾隆皇帝都要骑鹤下扬州。数度起落，衰而复苏，留下几多诗人的感叹和流芳千古的佳话、风骚。对扬州这个名字的了解，我还是从那本古老的典籍《尚书·禹贡》中找到的，说的是大禹治水，分天下为九州，他把东南部淮河与大海之间的广袤区域名做"扬州"，因"州界多水，水扬波也"。这里需要辨明的是，《禹贡》记载的扬州，是一个广阔的地理区域概念，它包含了今天的扬州在内，却并非今日扬州。在漫长的历史沿革中，一方面是"扬州"一名在不同时代常被用来指称不同地理行政区划，直到唐代以后，才成为今日区域的专名。这块宝地还有其它称谓，如：邗、广陵、江都、维扬，这些称谓都和《禹贡》中多水的东南大扬州一脉相通。"天下三分明月夜，二分无赖是扬州。"这座联合国人居奖城市、中国人居环境奖城市、国家环境保护模范城市、国家森林城市、全国文明城市，是2500余年悠久的历史赋予它厚重的文化底蕴。"早上皮包水，晚上水包皮"，早上点一份早茶，就着历史的底韵慢慢品味，晚上浴室洗澡回家睡觉，扬州人是何等的幸运。

多年来，扬州已经建立了一套完整的"政府主导、市场运作、全社会参与、多渠道投入"的文物保护机制。他们为全面落实历史文化名城保护工作，组建了扬州市名城建设有限公司，作为扬州古城保护的投融资主体；成立了古城保护办公室，主要负责古城保护工作方面的决策与协调；出台了古城保护管理办法；古城传统民居按照"自主参与，政府补贴"的原则进行整治修缮。

以东关街为例：2008年刚整治完准备对外运营，公司首先想到地方的多家老字号品牌企业入驻，他们先后与富春、冶春、共和春等名牌企业联系但许多商家并不看好东关街，特别是二期工程结束后，大量商铺空关。他们在古城保护办公室的支持下，调整招商运营思路，并在招商过程中遵循"尽快启动、先旺人气、逐步提升"和"保持风貌、符合规划、业态均衡、促进旅游"等原则与理念逐步完善街区旅游要素。在这一原则的指导下加大优惠政策、降低业态准入门槛，2010年底，街区商铺全部出租，彻底解决了业态上存在的不足，当年街区游客量迅速提高，达到150万人次。对于铺面招租严格按照市场运营模式，就是"经济行为市场说了算，而不是市长说了算"。在业态选择上充分考虑展示扬州传统文化与扬州元素。过去不愿进入的，也主动找上门来，他们先后引进了谢馥春、绿扬春等多家百年老字号。同时，还引进了扬州剪纸、扬州玉雕、扬州漆器、扬州三把刀等非物质文化遗产项目。

统一布局旅游产业功能区、利用丰富多彩的节点空间，吸引更多的知名品牌，以淘汰一批低层次项目。打造四个主题分区，即：盐商生活主题体验区、传统民俗风情体验区、精品休闲养生区、街坊特色购物区。

当第二批中国十大历史文化名街的头衔成功落在东关街，名城建设有限公司更加放大运营效益，在加大科学利用古城资源的同时，整个街区结合古城特色，先后利用逸圃、李长乐故居旧宅，把其中严重破损的住宅加以重新修缮成古建筑客房，使之成为长乐客栈、福临壶园、七夕客栈、东关客栈等一批精品文化主题酒店，原住居民自己开的民居式旅游休闲度假酒店，在充分尊重的基础上给予一定的鼓励和自由空间。扬州三头宴、吴家粥铺、聚香斋、皮包水等地方特色美食进入了，谢馥春、三和四美、绿杨春、戴春林等一批百年老字号也是干劲十足占领市场份额。现在此街又成为江苏省旅游购物诚信街区，扬州古城老字号最集中的招财宝地。

客流量不断增长，商家开心，管理者必须用心，他们在地方政府和名城保护办公室专家们的统一协调下，一、将原商学院地块和三和四美地块整体规划改造，建设成大型旅游停车场，解决古城区内部交通停车难的老问题，二、通过对观巷、马监巷综合整治以及周边民居解危解困，加快推进街区旅游纵深发展，三、修缮街区现有控保、文保建筑，打造扬州本土文化特色演艺，吸引年轻人群投资他们自己感兴趣的产业，使历史街区在古城内既有文化韵味，又充满了生机与活力，四、整合街区所有文化旅游资源，实行统一运营管理，提升运营效益和社会效益。

我在调研中发现，无论名城保护办的专家、学者，还是名城建设有限公司的高层领导，最难能可贵的是他们不讲空话、大话，实事求是，抬头看路，埋头做事。他们经过实地调查统计，明清古城沉睡或低效利用的各类国有资产共计 56 项，占地面积 36.2 万平方米，建筑面积 29.2 万平方米，这个数据显示了国有资产每年都在无声地浪费，市政府的领导们面对这样一组数据也很吃惊，全力支持他们利用名城建设有限公司的管理模式，整合古城闲置资产，实行整体规划，统一扎口运营，做大做强古城保护实体，提升古城保护投融资能力，形成以资源整合凝聚资本，以资本运作实现产业扩张，以产业发展推动资源开发的良性循环模式，提升古城整体旅游品质和内涵推进扬州古城保护与旅游产业转型升级。通过这一科学合理的整合，同时也加快了周边老城区居民环境的改善，在鼓励公众参与民居修缮的同时，对能够按照统一规划要求，又能够确保传统风貌改造、修缮的私有财产民居建筑，政府补贴资金、技术扶持外大力提升原住居民生活基础配套设施，并通过新增绿化，新建各类文体休闲广场、小游园，特别是街巷整治后既提升了古城人居环境，又再现了"绿杨城廓是扬州"的千古风韵，彰显了地方特色，再铸了古城辉煌。这就是政府主导，社会广泛参与的活标本，古城保护中文物工作新体制最好的现实见证。

作为著名的历史文化名城。扬州的经验表明，只有将城市考古和城市遗产保护、利用放在"五位一体""四个全面"国家战略布局中，在城市建设与开发进行全方位探索，在专业工作者、管理部门、政府以及利益相关者之间建立良性互动才能实现城市的可持续传承创新发展。

# 增强地方政府文物保护主体责任及其监督

郑育林

（西安市文物局）

**提　要：** 地方政府为适应这次国家大部制改革的顶层设计，在自己的机构改革中纷纷对文物管理部门也随之做出了相应调整，引起行业内人士担忧；鉴于之前各地发生的文物损毁事件中的政府责任问题，本文认为，对地方政府文物管理责任监督不善、制约不够，是一个普遍存在的问题。本文建议，按照有关法律规定，通过增强监督制约，尤其是利用社会力量，比如相关专业机构，增强对地方政府的责任监督与行为制约，可进一步加强国家以及全社会对文物资源的有效管理与合理利用。

**关键词：** 文物损毁；主体责任；责任监督

在 2018 年的国务院机构改革方案中，组建了文化和旅游部，不再保留文化部、国家旅游局。据此格局，地方政府也都做了类似调整，譬如在西安市，将原来的文化广电新闻出版局、旅游局、文物局合并成新的文化和旅游局。这样的一个举动在文物行业引起了不小的反应，主要是担忧这样的改革会不会削弱了地方政府在文物管理方面的工作力量。在 2019 年的全国两会期间，国家文物局局长刘玉珠在接受记者采访时说："我在这个地方也想拜托我们各市县的书记、市县长们，现在正在进行的市县级机构改革中，能结合本地实际，多关心和支持一下我们基层的文物行政管理部门和队伍建设，请他们决策的时候能够高抬贵手，在最后一公里上为我们做好基础工作。"在西安，我也感觉到了同事或者同行的某种失落情绪泄露。

疑惑新的变化与发展，这是任何改过程革中难免遇到的问题，怎么看这个疑惑，对改革怎么看，对过去怎么看，对以后怎么看，需要一个实事求是的科学态度。

有两点是必须肯定的：一是相信国家所实施的改革方案是经过充分研究、科学论证的审慎决策，它针对政府以及社会现实问题，符合当前发展实际，各地必须努力贯彻执行好；二是从上到下的担心也不是多余的，因为本来我们的文物工作就事故多多、遗憾重重，行业领导常常觉得力不从心，而在地方政府文物行政职能被直接融合的情况下，地方政府如何切实履行法律所赋予的文物保护义务、尽到工作责任，这不能不说是一个令人十分担忧的现实问题。

在肯定这两点之后，在这里我们自然就会提出第三点，也就是本文要讨论的问题：在政府机构调整（文物管理职能形式上似乎弱化）之后，地方政府如何落实文物工作责任。

首先，我们必须承认三个基本事实。

第1，一些地方政府过去没有严格、或者不积极履行法律所赋予的文物保护责任与义务。这方面案件见诸媒体的几乎年年都有，连续不断，而其中大型基本建设项目的文物违法主体几乎无一例外都是各级政府项目单位。可以说，一些地方政府在文物保护方面，负债数量很多、情节很恶劣、损失很严重。这是客观事实，我们在讨论问题时必须正视，不应该回避。

第 2，四十年来在以经济建设为中心的社会发展总体格局下，地方政府一直把快速发展经济作为头等大事，把一切制约或者妨碍经济建设的政策法律与行业规范一律视为障碍或者绊脚石，地方政府主要领导虽然也知道文物保护的政府法律责任与义务，但在具体工作中不善于统筹解决资源保护与建设发展之间的矛盾，关键时刻总是迫使文物保护让路于项目建设。这可能主要属于工作体制或者机制方面的缺陷所产生的问题。有分析认为，这个问题产生的法律原因，可能属于有关规定不够确定、不够严格，比如在可以使用"必须"的地方使用的了"应该"字样。

第 3，众所周知，其它一些国家，像意大利、英国、日本等文物大国，地方政府也没见有单独设立的文物主管部门，但是，依靠比较完善的法律体系，有效的责任实施与社会监督机制，政府、社会团体、民众等，仅仅是文化遗产项目的具体利益相关方，各自依法享受权益、履行义务，其中最重要的两支强势力量支撑着整个国家的文物保护事业，那就是，中央政府文化遗产（文物）部门的强势管理，社会监督与制约，尤其是专业机构的强力监督与制约。这种他山之石，我们应该认真研究、借鉴。

由此，我提出以下对策建议：

1. 在政府层面，加强地方政府对所在地国有文物尤其是不可移动文物的主体责任，加强上级政府对下级政府的文物行业监督力度。这个工作机制本来就有，但是由于地方政府的文物管理部门往往自己也承担着大量的文物保护项目实施工作，身在事务之中，既是监督责任主体，又是保护工作实施主体，权力与利益交织在一起，很难把监督职责履行彻底。目前，尽管党政纪律监察、司法监督等体制内部监督力度大幅度增强，但都属于事后事故责任追究，达不到有效预防或者彻底杜绝渎职行为的制约目的；进一步说，即使是纪律法律监督可以严密紧跟，但是，由于文物保护的文化性质特点，具体涉及到文物保护的工作程序、方案制定与执行、文化价值判断等等，专业技术性特别强，一般说来，纪检司法部门也无力做出及时的监察监督的预警性判定。所以，我们必须注意到体制内监督作用边界，注意到它的技术性路线缺陷，努力寻找新的弥补途径。

2. 在社会层面，加强社会监督与制约力度。文物的根本性质决定了它的极端强烈的社会资源性质，具体表现为历史文化的延续性与社会利益的广泛性。作为一种特殊性极强的社会文化资源，在权益方面，政府，尤其地方政府，可能只是利益相关方之一，而不是全部，所以，文物法第七条所规定的"一切机关、组织和个人都有依法保护文物的义务。"这一条如何保证落实，必须有一个明确的监督机制，其中包括了义务被告知、行为被约束、责任被监督、价值被评判等等。按理说，社会监督，尤其是利益相关方相互行为制约与平衡，是一个健康社会应该具有的正常机制，从目前的社会实践看，社会力量监督政府还不是十分具有法律政策保障，仍然存在着很大不确定性甚至某种风险；即使是社会成员之间的互相监督，缺乏必要的文化和法律以及政策基础，但实际上，真正关键时刻，也就是事关文物生死存亡的时候，起到关键作用的，大多是社会专业机构；少数政府官员，即使是文物主管部门，也只能依靠专业机构的支持才能小心翼翼地表示个态度、采取个界内程序性行动。西安的情况就是这样，打击文物犯罪主要依靠公安部门行动，处理文物保护与地方建设项目冲突主要依靠文化专业机构态度，尤其针对本级政府的行为，没有高一级的专业机构的支持，几乎是不可以想象的。除了专业机构，其它社会力量的监督几乎难以进行，这主要是由于法律政策极强的行业性以及文物价值判断的极强专业性所致。

3. 基于前两项原则性考虑，这里提出两个具体方案：

一是建立由国家文物局统一、直接领导的文物稽查机构。事实上，近年来国家文物局的文物稽查工作，一直从各地抽调稽查工作人员，这是实践经验，很管用。道理上是，地方文物稽查对本级政府的违规项目的稽查工作难以完全依法执行。在建立全国统一稽查体制的基础上，实行跨行政区划的分片稽查工作区划，最大限度地保证稽查工作少受干扰、强有力量、高具水平。

二是建立由国家文物局或者中国社科院统一、直接领导的全国文物考古研究、保护规划编制、保护利用工程设计等专业技术机构，并赋予它们对地方政府文物保护利用的技术监督职责与义务。实行如上面所说的工作片区，各个片区机构可以立足本地发展业务特点，服务全国。

建立这样两个全国性的工作监督机制，可能会比较好的适应这次大部制改革，增强改革效益，否则，按照过去旧习惯去对待、以旧思路去考虑，可能会削弱改革的设计成效。

4. 进一步完善国家文物法规，完善行业管理政策以及行业技术规范，使得两项监督工作有法可依。鉴于之前文物法修改过程中出现的涉及范围过窄的情况，以后的修改应该多听听地方一线文物工作者的意见，多听听文物之外相关行业的意见，多听听其他不同社会阶层利益相关者的意见，进一步厘清法律、政策与行业规范之间的区别与联系，使得文物法律法规，更能体现法的原则、容易实现法律的规范、引导、协调作用，而不仅仅局限于事后责任追究与惩罚，也使得文物行业具有一套明确、严格、细致、易于执行的工作规范。

# 基层文物保护管理机构标准化建设的思考

## ——以重庆市基层文物保护管理机构建设为例

熊子华　　赖　东　　孙立唯

（重庆市文物局）

**提　要：** 中国特色社会主义进入新时代，习近平总书记对文物工作作出系列重要论述，文物事业发展迎来最好历史机遇期。基层文物保护管理机构既是文物工作的基础环节，也是薄弱环节，基层文物保护管理机构建设是事关消除文物保护利用改革"中梗阻"、打通政策落地"最后一公里"的关键。本文以重庆市区县文物管理所为例，以基层文物保护管理机构现状和问题为导向，聚焦标准化建设的目的性、重要性及可行性，探索如何调动各级文物保护力量，提升基层文物保护管理机构履职尽责能力。

**关键词：** 基层；文物保护；管理机构；标准化；建设；评价

为深入贯彻落实党的十九大精神，进一步加强文物保护利用和文化遗产保护传承，努力走出一条符合国情的文物保护利用之路，全国文物系统正着力文物保护利用改革，消除"中梗阻"，打通政策落地"最后一公里"。在这其中，如何有效发挥基层文物保护管理机构的作用，切实提升基层文物保护管理机构的水平显得尤为迫切和重要。

## 一、加强基层文物保护管理机构建设的重要性

文物保护利用政策落地、文物事业改革发展的关键在基层，其重要性主要体现在三个方面：

一是加强文物保护工作力量建设有明确要求。中共中央办公厅、国务院办公厅《关于加强文物保护利用改革的若干意见》指出：当前，面对新时代新任务提出的新要求，文物保护利用不平衡不充分的矛盾依然存在，文物资源促进经济社会发展作用仍需加强。特别指出，文物保护管理力量相对薄弱，治理能力和治理水平尚需提升。要求地方党委和政府应依法履行文物保护主体责任，明确负责文物保护管理的机构，切实加强文物保护能力建设，使文物保护管理工作力量与其承担的职责和任务相适应，确保文物安全。近期，习近平总书记在甘肃省敦煌研究院主持召开座谈会时，明确要求加强基层文物保护和研究队伍建设。

二是文物保护管理工作的现实需要。国家文物局局长刘玉珠指出：当前，机构改革使得基层文物行政力量减弱、管理缺位。政策落实、落细、落地的关键，往往是在"最后一公里"。并指出，针对

这一情况，经相关部门协商，将根据文物分布的密集程度和重要程度不同，建立市县文物行政部门职能、机构、人员编制设置标准。由此可见，基层文物保护机构的标准化建设非常重要。

三是文物保护利用改革的重要抓手。以重庆市为例，重庆是国家历史文化名城，全市共有不可移动文物 25908 处，其中全国重点文物保护单位 64 处、市级文物保护单位 372 处、区县级文物保护单位 1999 处。面对庞大的文物资源和繁重的工作任务，各区县表现出文物事业发展不平衡、文物保护能力较为薄弱、文物管理水平有待提高等突出问题。为此，重庆市制定《关于加强文物保护利用改革的实施意见》时，将落实文物保护管理的机构和人员，推进基层文物保护管理机构标准化建设列为重要任务之一。

## 二、基层文物保护管理机构现状和存在问题

2009 年以来，针对基层文物保护管理机构存在的问题及不足，重庆市文物局、重庆市文化遗产院多次组织开展了重庆市基层文物保护管理机构专题调研。调研工作分为数据采集、现场调查、对比研究三个阶段。第一阶段为数据采集，对文物保护管理的基本情况、人员、经费、资源状况等信息，下发调查表到各区县，建立完善数据库。第二阶段为现场调查，对重点区县开展全面调查，对基层文物保护管理机构进行深入解剖，获取客观真实的第一手材料。同时，召开片区文物工作座谈会和专家会，充分听取基层文物保护管理单位从业人员和专家的意见建议。第三阶段为对比研究，通过对博物馆、图书馆、文化馆等基层文化行业机构的人员、运行及管理体制等进行分析，总结基层文化行业机构的基本规律，为基层文物保护管理机构建设提供启发。

### （一）调研内容

1. 机构职能。调研重庆市各区县文物保护管理机构职能划分，了解工作职责和主要任务，为进一步界定和统一基层文物保护管理机构的工作职能提供参考。

2. 文物概况。调研重庆市各区县文物保护管理机构馆藏文物、不可移动文物的数量及保存现状等，为确立基层文物管理机构要达到的建设标准提供基础数据。

3. 管理运行机制。调研重庆市各区县文物保护管理机构制度建设、组织管理、人事管理、文物管理等基本情况，为进一步理顺基层文物保护管理机构的内部机制，建立科学合理的文物保护和管理标准创造条件。

4. 机构设置与人员配备。调研重庆市各区县文物保护管理机构独立运行情况、专业人员配备及结构、专业人员职称比例等情况，作为基层文物保护管理机构的文物保护管理能力评价参考。

5. 基础设施。统计重庆市各区县文物保护管理机构办公场所、业务用房、展陈场所、文物库房等使用面积及设施设备配备情况，调研不可移动文物管理业务、安全、交通等硬件配备情况。

6. 经费保障。调研重庆市各区县文物保护管理机构财政收支及人员经费、办公经费保障落实情况，了解常年事业经费拨付、项目工作收支、经营性收入等情况。

（二）机构现状

重庆市基层文物保护管理机构建设起步早，覆盖较全面。1952 年，大足县最早设立文物管理所。经过数十年发展，目前重庆 40 个区县（包括两江新区、万盛经济技术开发区）中有已设立 39 家事业性质的基层文物保护管理机构，两江新区由社会发展管理局负责文物管理职能。目前，重庆市基层文物保护管理机构已从上世纪较为单一的文物管理所占绝大多数，发展为单一性与综合性机构共存的局面。现有三类运行模式：16 个区县设立独立运行的文物管理所；21 个区县文物管理所与博物馆采取"两块牌子、一套班子"的模式；2 个区县文物保护管理机构与文化遗产保护中心合并。基本情况如下：

1. 人员编制存在区域和类别上的不均衡。重庆市各区县文物保护管理机构人员编制数大多集中在 3—10 人，个别区县编制数在 3 人以下。文物保护管理与博物馆合署设置的机构人员编制较为充裕，例如，涪陵、万州、奉节等区县文物保护管理机构人员编制数均超过 20 人，大足石刻研究院人员编制数达 130 人，远超其他区县文物保护管理机构。

2. 人员构成较为复杂，用人形式多元，实际用人数远超编制数。39 个基层文物保护管理机构人员总计 636 人，其中在编人员 357 人，占比 56.1%；聘用人员 279 人，占比 43.9%。大足石刻研究院人员最多，达到 233 人，其中在编人员 108 人、聘用人员 125 人。除此以外的 38 个区县文物保护管理机构中，忠县、奉节、云阳等 6 个文物保护管理机构人员在 30—50 人之间，占比 15.8%；九龙坡、北碚、合川等 3 个文物保护管理机构人员在 20—30 人之间，占比 7.9%；巴南、綦江、江津等 16 个文物保护管理机构人员在 10—20 人之间，占比 42.1%；渝北、长寿、荣昌等 10 个文物保护管理机构人员在 5—10 人之间，占比 26.3%；巫溪、万盛、垫江等 3 个文物保护管理机构人员在 5 人以下，占比 7.9%。

3. 学历构成日渐改善。大足石刻研究院有本科及以上学历 66 人、专科 55 人。其他 38 个区县文物保护管理机构中，拥有本科及以上学历 317 人，占比 49.8%；专科学历 173 人，占比 27.2%；其余为专科以下。与上世纪相比，具有考古、博物馆、历史等专业背景的人员占比有明显提高。

4. 高级专业职称占比较低。大足石刻研究院在编人员中有高级职称 18 人、中级职称 30 人。重庆其余 38 个区县文物保护管理机构的 357 名在编人员中，拥有高级职称 38 人，占比 10.6%；中级职称 115 人，占比 32.2%。合同聘用人员职称评审渠道不畅。

5. 办公场所有较大改善。重庆市 39 个区县文物保护管理机构中，有 32 个拥有独立的办公场所，占比 82%；有 34 个设置有专用的文物库房，占比 87%。

（三）存在问题

1. 职能边界不清。主要表现在部分文物管理所承担文物行政职能，部分区县文物行政部门未设立文物科室或无专职人员，行政职能转移到文物管理所承担；文物与非物质文化遗产保护管理机构合并；文物保护和博物管运营合署办公等。

2. 业务力量不足。一是人员编制偏少。重庆市 39 个区县基层文物保护管理机构中编制数量 10 名以上的仅有 15 个。16 个独立的文物管理所和 2 个与文化遗产保护中心合并的机构平均编制数量仅为

5.9 名、平均在编人员 4.9 名；21 个与博物馆采取"两块牌子、一套班子"的机构平均编制 13.8 名、平均在编人员 11.7 名。多数基层文物保护管理机构自设立以来人员编制数量从未增加，人员编制的严重短缺与日益增长的文物工作需求量极不匹配。二是专业技术人员占比不高。大足石刻研究院有专业技术人员 73 名。其他 38 个基层文物保护管理机构在编人员中共有专业技术人员 240 名，占在编总人数的 68%，占比偏少。因文物保护工作力量不足，38 个基层文物保护管理机构共临聘 33 名业务人员，补充专业力量的缺乏。三是保护能力不足。大足石刻研究院有高级职称 18 名、中级职称 30 名。其他 38 个基层文物保护管理机构平均拥有高级职称 0.97 名、中级职称 2.1 名，大多数机构一半以上人员为非文博专业出身或行政后勤人员，无法搭建起高水平、专业性的基层文物保护管理工作队伍。

3. 场地设施不足。一是办公面积狭窄。未与博物馆合署办公的 18 个基层文物保护管理机构中有 5 个没有独立的业务用房和办公场地，与文化旅游委、文化馆、美术馆等一起办公。其余 13 个平均场地面积为 155.3 平方米，包括办公用房、文物保护场地、文物库房等场所，极为狭窄。二是场所条件较差。部分基层文物保护管理机构的办公场所和文物库房为上世纪 70—90 年代修建，年久失修，破旧残缺，文物无法有效存放和展示，文物保管条件较差，专业技术设施设备有限，文物安全信息化设备匮乏，难以满足文物保管和安全防范的基本要求。

4. 政府投入不足。一是多数没有设置专项经费。基层文物保护管理机构作为公益一类事业单位，无经营收入，但多数区县财政并未设置文物保护专项经费，文博事业经费投入仅能满足日常办公需求。二是财政预算投入不足。近年来重庆市各区县陆续成立了博物馆，履行免费开放工作职能，但由于博物馆和文物管理所是一套体系运行，增加了业务工作和职责，但本级财政预算却未增加，预算仅能基本保障在编人员工资绩效和博物馆基本运行经费，在基础文物保护、县保单位修缮、文物安全巡查、博物馆免费开放及拓展教育等方面并未增加预算。

# 三、推进基层文物保护管理机构标准化建设的思考

基层文物保护管理机构是文物保护管理的一线队伍，是文物保护政策的执行者和落地者。一个地方文物保护工作搞得好不好，与文物保护管理机构建设得好不好、运行得好不好紧密相连。在调研中，深刻感受到标准化建设是基层文物事业发展的牛鼻子、总抓手，是解决当前困境的关键。为此，结合重庆市文物局、重庆市文化遗产研究院编制的《重庆市区县文物管理所评估标准（草案）》，遵循文物工作基本规律，依据各区县文物资源数量和保护工作任务量，提出了县市级基层文物保护管理机构标准化建设的初步构想。主要内容如下：

## （一）评价重点

从重庆市各区县不可移动文物、馆藏文物资源的规模出发，体现工作任务量，合理确定基层文物保护管理机构的人员编制、办公场所、库房面积、业务用房、巡查检查、安全防护、经费投入等评价重点，既不搞一刀切，又明确具体要求，加强主体责任落实，切实促进地方政府加强基层文物保护管理机构标准化建设。

## （二）评价指标

充分吸收基层文化馆、图书馆、博物馆建设既有经验，由文物行政部门组织，定期对基层文物保护管理机构开展标准化评价，主要针对文物资源总量、人才队伍建设、基础设施建设等三方面 18 个指标进行评价（见表一）。

**表一　基层文物保护管理机构评价指标**

| 一级文物管理所 | 二级文物管理所 | 三级文物管理所 | |
|---|---|---|---|
| （一）文物资源总量 | | | |
| 不可移动文物 | 600 处 | 500 处 | 300 处 | |
| 馆藏文物 | 10000 件（套） | 5000 件（套） | 2500 件（套） | |
| 文保单位 | 100 处或国保 5 处 | 50 处 | 25 处 | |
| （二）人才队伍建设 | | | |
| 所长 | 1 名 | 1 名 | 1 名 | |
| 副所长 | 2 名 | 1 名 | 0 名 | |
| 高级职称 | 3 名 | 2 名 | 1 名 | |
| 专业人员 | 10 名 | 7 名 | 3 名 | |
| 整理研究 | 5 名 | 3 名 | 1 名 | |
| 藏品管理 | 5 名 | 3 名 | 1 名 | |
| 专业讲解 | 2 名 | 1 名 | 1 名 | |
| 行政后勤 | 3 名 | 2 名 | 2 名 | |
| 人事财务 | 3 名 | 3 名 | 3 名 | |
| 安全保卫 | 5 名 | 4 名 | 3 名 | |
| （三）基础设施建设 | | | |
| 办公面积 | 800m² | 600m² | 500m² | |
| 陈列室 | 2 个、300m² | 1 个、200m² | 可不设置 | |
| 文物库房 | 500m² | 200m² | 100m² | |
| 业务用房 | 300m² | 200m² | 100m² | |
| 专业设备 | 符合行业规范 | 符合行业规范 | 符合行业规范 | |

建议制定基层文物保护管理机构分级评价标准，分为一级、二级、三级。从文物保护、基础设施、人力资源与科研成果、综合管理、社会服务等方面进行量化评价（见表二）。

**表二　基层文物保护管理机构评分办法**

| 文物保护 | 基础设施 | 人力资源与科研成果 | 综合管理 | 社会服务 |
|---|---|---|---|---|
| 130 分 | 65 分 | 33 分 | 25 分 | 17 分 |
| 一级文物管理所总分达到 200 分以上 | | | | |
| 二级文物管理所总分达到 150 分以上 | | | | |
| 三级文物管理所总分达到 100 分以上 | | | | |

（三）评价结果

一是初步评价结果。按照基层文物保护管理机构标准化建设初步构想，对重庆市40个区县基层文物保护管理机构进行评估，目前，基本达到一级文物管理所标准的有大足、忠县、涪陵、万州4个；基本达到二级文物管理所标准的有巴南、江津、奉节等13个；基本达到三级文物管理所标准的有璧山、潼南、彭水等8个；尚未达到三级文物管理所标准的有垫江、万盛、两江新区等15个。二是亟待加强的工作。第一，努力争取增加基层文物保护管理机构编制，经测算，重庆市40个区县文物保护管理机构人员编制数量从现有的546名建议增加到1000名，文物保护专业技术人员占比应达到75%。第二，优化基层文物保护管理机构专业技术力量，文博高级职称人员从现有的56名建议增加到120名，文博中级职称从现有的145名建议增加到300名。第三，办公场地、文物保护场所、文物库房等达到标准化建设要求。三是标准化建设目标。重庆市40个区县文物管理所标准化建设做到全覆盖，一级文物管理所达10家，占比25%；二级文物管理所达20家，占比50%；三级文物管理所达10家，占比25%。

（四）对策建议

一是加强评估考核。按照国务院《关于进一步加强文物工作的指导意见》（国发〔2016〕17号）要求，把基层文物保护管理机构标准化建设纳入各级政府文物保护责任评价机制的重要内容，持续不断地作为地方政府文物保护工作综合考核评价的重要指标。二是加强队伍建设。根据人力资源社会保障部、国家文物局印发的《关于深化文物博物专业人员职称制度改革的指导意见》（人社部发〔2019〕120号）精神，在文博人才培养、文博中高级职称评定等方面将政策落实落细，逐步建立适应文物事业发展需要的基层文物人才队伍。三是加强项目带动。通过重庆市各区县的文物保护、展示、利用等重点项目实施，将人才实岗锻炼培养纳入重要工作安排，通过文物保护项目实施带动文物保护人才培养，推动基层文物保护管理机构标准化建设。

基层文物保护管理机构标准化建设是一项系统工程，不断完善基层文物保护管理的法律法规依据，建立起科学、系统、专业、完备的基层文物保护管理标准规范和专业队伍，是推动新时代文物事业发展，加强文物保护利用和文化遗产保护传承，打通新时代文物保护利用改革政策落地"最后一公里"的合理有效途径，值得我们进一步探索和研究。

**参考资料**

1.《重庆市区县文物管理所评估标准（草案）暨重庆市区县文物管理所调研报告》，重庆市文物局、重庆市文化遗产研究院编，2009年。

2.《重庆市区县基本建设文物保护工作调研报告》，重庆市文化遗产研究院编，2018年。

# 我国文物保护补偿机制探讨及实践

彭 蕾

（中国文物信息咨询中心）

**提　要：** 在文物修缮、迁移、原址保护等文物保护过程中，相关权利主体的权利和利益往往会受到限制或者减损。基于公共利益依法限制私人所有权本身没有问题，但是私人权益也是受到宪法明确保护的，所以应当对受到限制的权益给予合理补偿。然而我国现行相关法律中，除了有些地区已经开始结合本地文物工作实际，对建立文物保护补偿机制展开探索外，相关规定可以说是缺失的。美国、英国、法国、意大利、日本等国家已经立法规定文物保护补偿，并实践多年，如权利转移或置换、补偿金、税收激励，甚至期待利益补偿。

研究分析文物保护利用中符合国情的文物权益及文物保护补偿机制，建立合法合理合情的物人关系，是探索走出符合国情的文物保护利用之路的关键组成部分。促进我国文物保护的可持续发展，亟待确立公平无差别的补偿理念，明确补偿范围与标准，探索多样化补偿方式，最终形成合理的文物保护补偿机制。

**关键词：** 文物保护补偿；补偿标准；评估机构

随着人民生活水平的提高，文化需求的增强，爱护文物、善待遗产逐渐成为社会共识。幸运的是，文物往往就存在于我们的身边，不经意间，我们就有机会履行依法保护文物的法定义务[①]。理论上说，每个公民都应当承担保护文物的法定义务，为了保护文物，自身权益将会受到一定限制。如果这种限制是最低限度的，是可以被容忍的，也是在法律权利的边界之内。但是有时候为了实现文物保护，相关权利主体往往负担额外义务、做出特别牺牲，或者其权益受到限制或者减损。如果说，出于保护公共利益的需要，依法对私人权益适当限制的做法本身没有问题，但同时也应当充分考虑到私人权益也是受到宪法明确保护的。所以，当因公益保障而对私有主体的正当权利进行限制时，应当依据公平负担和利益均衡的理念给予相关主体及时、合理的补偿。

目前文物保护工作中涉及补偿的主要有以下几种情况：一是对所有人或使用人的出资补偿。出于对不可移动文物采取保护措施的需要，政府对相关权利人的使用权和所有权都作出限制，并且相关权利人还应当履行不可移动文物的保护和修缮义务，付出了额外的资金，政府应当给予合理补偿。二是原有居民的生活经济补偿。在城镇化进程中，对古城镇或遗址进行保护和利用，如果涉及拆迁，当然需要对原

---

有住户给予一定补偿，为其今后在异地开始新生活提供保障。三是耕地补偿。田野文物保护需要建设安装消防、排水、电力等基础保护设施，建设过程中可能会占用农村耕地或基本农田，一旦占用，必须给予当事农民相应的补偿；四是私人财产补偿。有些不可移动文物比如古民居，属于居民的私人财产，无论政府出于保护的目的还是利用的目的，或是基于公共利益的需要，征用或占用私人财产的要给予当事人相应的经济补偿。五是文物保护单位本身及相关企事业单位搬迁或整修的资金补偿。六是市场主体或社会组织参与文物保护的激励性补偿，包括减免税收、购买服务、无息或低息贷款等方式。

但是目前我国并没有真正建立起文物保护补偿机制。所谓国家文物保护经费补偿机制，是由政府代表全体公民（族群）向在文物保护过程中相关利益受损者或者潜在利益受损者给予利益补偿的制度安排。①

## 一、我国文物法律法规中的规定及缺陷

### （一）文物保护法的相关规定

法律对文物保护义务规定通常偏重于非国有产权人应该承担的义务，而政府在文物保护利用中应该承担的义务乃至责任，往往缺乏明确规定。法律规定具有一定不合理性。非国有产权人在修缮、改建、转让文物等方面受到法律严格限制，但是其合法权益得不到有效保障，保护补偿缺失，这是立法上的不足，也不利于文物保护利用。

从现代市场经济视角下看，现行《文物保护法》表现出倾向于公共利益至上的立法思维，一些规定偏重于非国有产权人应承担的义务，比如其在修缮、改建、转让文物等方面受到法律严格限制，但是合法权益却得不到有效保障，保护补偿缺失，透露出"重义务，轻补偿"的倾向。具体说来，《文物保护法》第21条规定："非国有不可移动文物由所有人负责修缮、保养。非国有不可移动文物有损毁危险"，"所有人具备修缮能力而拒不依法履行修缮义务的，县级以上人民政府可以给予抢救修缮，所需费用由所有人负担"。还规定了文物修缮须经文物主管部门批准，由具有资质的单位承担文物保护单位的修缮、迁移、重建工作，不可移动文物的修缮、保养、迁移必须遵守不改变文物原状的原则。第26条同样规定使用不可移动文物不得改变文物原状，还要保证建筑物及附属文物的安全，不能损毁、改建、添建或拆除，否则将会受到当地政府部门的调查处理。可见非国有不可移动文物的所有权人的使用权是受到法律明确、严格限制的。同时，对于所有权人而言最重要的处分权也受到限制，第25条规定"非国有不可移动文物不得转让、抵押给外国人。非国有不可移动文物转让、抵押或者改变用途的，应当根据其级别报相应的文物行政部门备案。"法律对非国有不可移动文物的使用权、处分权作出限制直接损害了所有权人的财产权益，却没有规定相应的补偿措施，这是立法上的不足，不利于文物保护利用。

补偿机制的缺失，还导致《文物保护法》与其他法律之间的衔接出现问题。《城市房屋拆迁管理条例》第十六条规定："法律、法规对拆迁使馆房屋、军事设施、教堂、寺庙、文物古迹等另有规定

---

① 李游：《城镇化背景下国家文物保护的补偿机制研究》，《学习与实践》，2016 年第 8 期。

的，依照有关的法律、法规执行。"把特定拆迁对象的具体补偿方式和标准交由专门法律法规调整。而作为专门法律的《文物保护法》极其配套法规都只强调了包括古建筑在内的文物的保护，却没有涉及古建筑民居拆迁补偿的条文。

当然，现行《文物保护法》对文物保护补偿也有一些原则性的规定，比如"认真执行文物保护法律、法规，保护文物成绩显著的单位或个人，由国家给予精神鼓励或者物质奖励"。（第12第1款）"所有人不具备修缮能力的，当地人民政府应当给予帮助"。（第21条）上述规定可以看做是我国文物保护法律对私人权益的认可与尊重，对在文物保护中损失的法定补偿。但这样概念性的规定显然是不够的，文物法律法规中还需要更加明确、更具操作性的补偿规定来满足实践需要。

### （二）文物保护补偿的规范性探索

我国有些地区已经开始结合本地文物工作实际，展开建立文物保护补偿机制的探索。2019年3月1日起施行的《南京市地下文物保护条例》第24条规定："因地下文物保护给单位和个人造成损失的，市、区人民政府和江北新区管理机构应当予以合理补偿。因实施原址保护导致建设项目不能按照规划条件实施的，市、区人民政府和江北新区管理机构可以变更规划条件、置换土地或者回收土地使用权，并及时调整城乡规划。"该条例明确提出地下文物保护损失补偿，补偿主体是市、区人民政府和江北新区管理机构，补偿条件是因地下文物保护给单位和个人造成损失或者因实施原址保护导致建设项目不能按照规划条件实施，补偿方式是合理补偿或者变更规划条件、置换土地或者回收土地使用权，并及时调整城乡规划。

2018年4月，广东省出台《粤北地区文物保护利用行动计划（2018–2020年）》，为了保护利用好粤北地区历史文化遗产，传承和弘扬岭南优秀传统文化，《行动计划》提出了八大工作任务，其中实施粤北地区文物合理适度利用工程明确提出"积极研究制定切合当地实际的文物保护补偿办法，加大对非国有不可移动文物修缮、保养的支持。"

2018年10月29日，广州市人民政府印发《广州市地下文物原址保护补偿办法》，有效期五年。办法共12条，其目的是为了规范开展本市地下文物原址保护补偿工作，主要规定了补偿对象、管理部门、补偿原则和几种主要的补偿情形。根据本办法，广州市行政区域范围内，因需在依法批准的工程建设中实施地下文物原址保护而造成损失的公民、法人和其他组织，应当依法给予补偿。市政府和各区政府统筹补偿工作，市文物、财政、国土规划、住房城乡建设、审计、城管等行政主管部门协同配合。上述管理部门应当遵循保护为主、抢救第一、程序正当、公平合理的原则依法开展补偿工作。当实施地下文物原址保护需要收回国有土地、征收农民集体土地或者征收国有土地上房屋时候，应给相关权利人补偿。但是办法中并没有规定具体补偿措施，而是规定参照相关规定执行，具体可能是《广州市国有土地上房屋征收与补偿实施办法》《广州市征地补偿保护标准指导意见》等。

总之，文物保护补偿已经明确出现在法规文件中，并且初步提出了补偿的主体、对象、原则、依据等相关内容。可见文物保护补偿开始步入法治轨道，开启了依法管理的进程。但遗憾的是，上述法治实践中，并没有真正提出有关文物保护专门的补偿标准，文物的独特价值无法得到合理体现，这将带来一个问题，即，实际补偿工作中，文物保护补偿究竟如何能做到合理、公平。

## 二、我国的文物保护补偿工作中存在的问题

正如上文所述，当前我国文物保护补偿已经步入法规层面，但是因为还没有制定专门文物补偿标准，实践中也只能参照执行其他规范，由此导致法规中的文物保护补偿某种意义上说没能真正得到贯彻落实。

2011 年 1 月 21 日，《国有土地上房屋征收与补偿条例》（国务院令第 590 号）正式出台，该条例是为了规范国有土地上房屋征收与补偿活动，维护公共利益，保障被征收房屋所有权人的合法权益而制定。这是一部维护公共利益，同时也关注保障相关权利主体的合法权益的良法。并且为了防止"公共利益"的概念被滥用，该条例特别规定市、县级人民政府作出房屋征收决定，必须以为了保障国家安全、促进国民经济和社会发展等公共利益的需要为前提，并以列举的方式明确界定了公共利益的范围，其中包括"由政府组织实施的文物保护"，也就是说出于文物保护的需要，国有土地上房屋可能被国家征收，同时也会得到补偿，这也是一种文物保护补偿。

条例明确规定了补偿内容包括被征收房屋价值的补偿，因征收房屋造成的搬迁、临时安置的补偿，以及因征收房屋造成的停产停业损失的补偿。此外还会对被征收人给予一定补助和奖励。其中对被征收房屋价值的补偿往往是被征收人最关心的。条例规定，此类补偿不得低于房屋征收决定公告之日被征收房屋类似房地产的市场价格。被征收房屋的价值，由具有相应资质的房地产价格评估机构按照房屋征收评估办法评估确定。

为了解决征收房屋如何评估定价的问题，保证房屋征收评估结果客观公平，住房和城乡建设部依据该条例，于 2011 年 6 月 3 日公布了《国有土地上房屋征收评估办法》（建房〔2011〕77 号）。但是该办法并没有特别涉及到文物类房屋的评估问题。也就是说，如果国有土地上被征收的房屋属于文物的，对此目前没有专门的补偿标准，实际中也几乎没有面向市场的专门从事文物类房屋评估业务的机构。比如张家口堡的腾退补偿工作，就存在无专门标准、无专门机构可用的问题。

位于张家口市桥西区的张家口堡，俗称堡子里，建于明宣德年间，至今已有近 600 年的历史。2013 年被公布为第七批全国重点文物保护单位，除城墙外有 32 处院落被列入国保范围。为了推进文物保护修缮工作、落实文物保护措施，对张家口堡进行保护性开发，桥西区政府决定对张家口堡已经老旧的 32 处重点院落实施整体腾退。2018 年 6 月 6 日，桥西区政府发布公告腾退公告，表示根据《中华人民共和国文物保护法》以及张家口市文物局《张家口市文物局关于施行张家口堡 32 处重点院落文物保护措施的函》，拟定了房屋腾退与补偿安置方案，全面做好房屋腾退与补偿工作。补偿安置方案规定，补偿方式原则上为货币补偿，被腾退房屋的价值由具有相应资质的房地产评估机构按照《国有土地上房屋征收评估办法》评估结果确定。上述评估机构和评估办法，并不没有专门针对文物的评估，也就是说，这些被列入国保范围内的重点院落的价值评估，很难体现出其自身具有的历史、艺术、科学等特殊价值，甚至可以说目前对文物古建筑的评估是无法可依的。可见，文物保护补偿出现在法规文件中，这仅仅是刚刚开始。

中华人民共和国成立以来的新中国文物保护历史上，对文物保护补偿是有经验的。20 世纪 50 年

代中期，全国各地兴起打井、修渠、平整土地等农业生产建设高潮，在一些地方发生了破坏文物的严重情况。为了在农业生产建设中做好文物保护工作，1956 年 4 月 2 日，国务院下发《关于在农业生产建设中保护文物的通知》，通知列出了一批重要的古文化遗址，并要求"在上述地址进行农业生产基本建设规划的时候，必须征得文化部同意，以避免遗址的破坏"。为了鼓励群众保护文物，同时提出"各级国家机关工作人员、各地农业生产组织和农民由于及时报告情况或其他努力因而使重要的文化遗迹或文物得以保护、保存者，应该由文化部门予以表扬或奖励"。

以河北省易县燕下都遗址保护为例，为了保护遗址，虽然原本在遗址上生活的群众仍然可以在原地生产生活，但文物部门对遗址上的生产做出一定限制，比如，不能深耕、不能任意取土，哪些位置不能开挖水渠，哪些果树不能种等等，但是在限制的同时，也给农民一些毛巾、化肥等作为补偿，有效化解了遗址保护与生产建设之间的矛盾。1957 年 2 月，文化部文物局、河北省文化局和易县人民委员会（政府）还在当地武阳台村召开了有燕下都遗址内外 20 个村庄、4000 多人参加的"燕下都遗址保护模范单位和积极分子奖励大会"，对模范单位和积极分子进行奖励。这次表彰会对燕下都遗址以后的保护产生了重要影响。[①] 当年为了保护燕下都遗址对生活在遗址上农民的生产采取一定限制措施，对农民生产生活造成一定影响，文物部门的做法是从实际出发，物质补偿和精神奖励相结合，既缓解了文物保护与生产建设之间的矛盾，又使文物保护更加深入人心，为将来的文物保护工作开展打下了良好的基础。

## 三、国外文物保护补偿的立法实践

文物保护补偿在国外已经成长为比较成熟的一种机制，依法补偿成为普遍做法，补偿事由、损失认定、补偿标准、补偿方式等都已经相当明确，相关探索还在不断进行，使补偿机制变得动态、有效、富有活力。国外的文物保护补偿值得我国学习借鉴，下面总结一些国外成熟、普遍的做法，以供参考。

### （一）常见的补偿事由

其他国家可以进行文物保护补偿的情况主要有以下几种：

第一，出资保护文物、修缮文物。许多国家文物法律都规定了为积极履行文物保护义务、自行出资修缮文物的文物所有权人或实际占有人，提供资金支持。根据 1953 年《英国历史建筑和古迹法》，文化大臣及"英格兰史迹"组织，可以向积极维护、修缮具有历史、建筑学意义的历史建筑及其保存和保护所需毗邻建筑或土地的主体发放全部或部分的补助或者贷款。并可把将历史建筑向公众开放作为发放贷款的条件。

《法国遗产法典》规定，列级不可移动文物受到严重损害时，文化部长可以在催告所有权人按时实施修复工程的同时，给予不超过修复费用 50% 资助。对登录不可移动文物进行维护和修缮工程的实际支出，国家有权在不超过 40% 的限度内给予适当补助。

---

① 李晓东：《大型古遗址保护的开创阶段》，《中国文物科学研究》，2006 年第 2 期。

在意大利，不可移动文物的相关权利人在采取《文化财产和景观法典》规定的志愿保存措施过程中所涉及的开支，文化遗产部可酌情承担不超过实际支出额二分之一的开支；对于采取了特别重要保护措施或者将作为保护对象的文化财产向公众开放使用或享用的，文化遗产部可承担全部或者部分费用。

日本《文化财保护法》规定，当重要文化财产所有人或管理团体无法承担重要文化财产的管理费、修缮费已及出现其他特殊情况时，政府应当对重要文化财产所有人或管理团体给予适当的财政补贴，条件是文化厅长官将作出必要指示，指挥并监督使用补贴所做的管理和修缮。

第二，正当利益因文物保护受到减损。有这样一些情况，比如在英国，因有权机关颁发临时停工通知而受到财产损失的主体，或者依照《古迹和考古区域法》相关条款进入古迹或考古区域进行各类执法调查、检查而受到财产损失的古迹或其（毗邻）土地所有权人或利益相关主体，或者依据《（登录建筑和保护区）规划法》履行对登录建筑的暂时保护要求时而受到财产损失的主体，都有权得到相应的补偿。

在意大利，不可移动文物因考古探查而被临时占用时，相关权利人有权获得补偿。补偿可以用货币，也可以根据相关权利人的要求用对国家没有保护价值的全部或者部分发现物品进行抵偿。任何人在监护偶然发现的文化财产的过程中发生的费用，文化遗产部应给予补偿，且给予发现者一定的奖励。奖励可以是货币，也可以是其发现物品的一部分，相关权利人还可以依法向有关部门提出相当于奖金数额的课税减免申请，以代替奖励。

在日本，文化厅长官为了保护"重要文化财产"及"史迹名胜天然纪念物"的整体性及周边环境，可以命令该文化财产周边指定范围内限制或禁止一定行为，或者设置其他必要保护性设施，由此给相关权利人造成损失或者意外损害的，国家给予适当经济补偿。因文化厅长官拒绝颁发重要文化财产修缮（或变更）许可证，或者行为人依文化厅长官颁发修缮（或变更）许可证和同时给出的修缮指导进行修缮，却造成意外损失的；由于不可归责于所有人或者管理责任人或管理团体的原因，依法将重要文化财产公开展示而导致该重要文化财产遭到灭失或者损毁的；文化厅长官依职权对不可移动文化财产展开调查导致使相关权利人受到损失的，全面由国家给予适当补偿。

第三，不可移动文物被征收导致所有权丧失。《英国古迹和考古区域法》特别规定，在评估应登录但尚未登录古迹的征收补偿金额时，应假定拒绝为任何可能对该古迹造成破坏或损害的工程颁发许可。即使是被所有权人故意遗弃、放任的登录建筑的强制收购，也应依法对所有权人，及其他因强制收购而受损失的权利人给予一定补偿。因拒绝颁发或改变"登录建筑工程许可"而使产权人无法再以合理的方式利用其地产的，该产权人有权要求有关部门购买该处地产的产权。

在意大利，不可移动文物被征收时，征收补偿数额按所涉财产若在国内自由买卖中可能获得的公平价格计算，由文化遗产部在咨询相关机构和专业人员的基础上确定，按照公共征用一般性规定确定的方式进行支付。在美国，若因旧城改造而对私有不可移动文物进行征收的，也依照美国宪法第五修正案的要求，给予被征收人"公平补偿"。

### （二）主要的补偿形式

上述各种补偿情况中，最常采用的是货币补偿方式。传统的行政补助与补偿以货币补偿为唯一形式，在补助补偿范围和补助补偿标准上严格依照法律规定执行。行政补偿制度的基本标准为因国家行政行为而使相关主体的正当权利受到的"直接的、物质的和确定的损失"。

除了"直接的、物质的和确定的损失"的货币补偿，间接损失、精神损失和期待利益损失能否获得补偿，则依各国法律的特别规定、有权机关在个案中的认定以及补偿程序的不同而存在差异。比如日本虽然立法未明确将精神损失纳入补偿范围内，但实践中已出现因整个村落的房屋征收而对居民背井离乡的主观情感给予补偿的例子。在美国，行政征收给予被征收人以征收财产的公平市场价值，包括财产的现有价值和财产的未来赢利的折扣价格，从而使被征收人在财产被征收后的状况不会比征收前更差。相对来说，这是上述货币补偿的突破，是一种完全补偿。

除"补"的方式，"减"也是重要的补偿方式。比如税收减免。《法国遗产法典》规定列级或登录不可移动文物所有权人可根据《普通税法典》第 39 条第 1 款和第 4 款享受税收抵减；不可移动文物的交易还可根据《普通税法典》第 795 条享受交易税的免除。

意大利法律规定，不可移动文物所有人、占有人等经文化遗产部或其授权的相关机构依法批准而对不可移动文物进行保护和修缮的，其所支出的必要费用，可从个人所得税的计税收入中予以扣除。同时不可移动文物的所有人、占有人根据《所得税综合法》第 16 条在采取了修缮和行为之后，还依法享受税收的减免，若房屋修缮或重建采取了具有艺术性或者专业性措施，减免的税率更是可高达 50%。此外，根据《文化财产和景观法典》取得的补贴和资助，也不包含在计税收入之内。此外，意大利政府还为主动承担修缮义务的主体提供信贷利息补贴。

美国 1976 年《联邦税收改革法》（Tax Reform Act of 1976）允许符合标准的地役权捐献者获得所得税、赠与税和遗产税的抵减（deduction），之后许多州都相继立法确认了供役者所享受的税费优惠。在政府制订的总税务优惠纲要中，土地或者不可移动文物所处的位置、出让的限制大小，是税务官确定地役权价值的主要标尺。在价值计算上，最常用的衡量方法是直接比较捐出地役权前后的市场价差。这实际上相当于对私人财产权受限造成土地价值和利益减损的实际补偿（亦称完全补偿）。除了直接享受个人所得税的减额，供役者出让权益后，还可在不影响个人使用的情况下使得物业"虚拟贬值"，降低物业税以及物业继承者遗产税。[①]

权利转移的补偿方式以美国"发展权转移"为典型代表。发展权转移（Transfer of Development Rights）是美国文化遗产保护实践中运用较广的一种公私利益平衡和补偿机制，该理念随着 1916 年纽约市出台的城市分区法令而诞生。该法令允许不动产业主将附着于自己建筑物上高空权利（air right）转移至相邻的土地或者建筑上，而使后者可以突破相关规划对建筑物高度、位置和其他相关要求的限制。但是也针对此项权利提出详细要求：对象仅限于重要建筑；通常情况下开发容量按照 1∶1 的比例转移，在特殊的发展项目中，允许 1.5 ~ 2 甚至更高的比例转移；允许符合条件的承受转移用地在高度和总量控制下，获得最大的地面覆盖率；要求申请转移者，具有合理正确的用途并控制闲置率；跟踪记录计划执行后历史建筑的维修情况；除非在严格受控或特殊条件下，禁止对申请转移的重要历史建筑进行破坏和大型改造。与其他补偿方式相比，权利转移将所有权人在其文物上应享有的权利转移至

---

① 沈海虹：《美国文化遗产保护领域中的地役权制度》，载《中外建筑》，2006 年第 2 期。

其他空间行使，在满足文物保护之需的同时，给予所有权人与受限权利相似的权利，在补偿所有权人损失方面也更加完全。

## 四、关于构建我国文物保护补偿机制的建议

1. 完善文物保护补偿立法，加速出台配套法规政策。

虽然目前我国部分地区开始进行文物保护补偿立法方面的探索，但是当前法律法规中缺乏对不同所有权的文物保护补偿的具体条款，补偿标准、适用原则、补偿方式等都没有明确规定。可见，将文物保护补偿制度纳入法治轨道，还存在很大提升完善的空间。建议一方面在《文物保护法》中增加相关补偿条款，尤其是关于非国有不可移动文物保护的补偿。同时制定配套法规和政策，细化文物保护补偿的各种规定，便于将补偿机制落到实处。例如，拟定古建筑民居拆迁补偿细则，明确文物古民居补偿应当与普通房屋补偿相区分，作为普通房屋评估的必要补充，应当专门组建一个古建筑专家评估组，现场评估确定民居的文物附加值应当兑现的补偿金额。古建筑民居价值评估标准由国家文物局制订基本原则，各省市文物部门制订实施细则。

2. 加强文物保护补偿理论研究，探讨建立我国文物保护补偿机制路径。

文物保护补偿的提出，一般认为是基于文化资源权利归属理论和公私权益平衡理论。随着对理论问题认识逐渐深入，会更有利于坚定采取文物保护补偿制度的决心，更有利于想方设法尝试各种补偿方式，以利于文物保护长远发展。补偿，在我国已经加入的1970年《联合国教科文组织关于禁止和防止非法进出口文化财产和非法转移其所有权的方法的公约》和1954年《国际统一私法协会关于被盗或者非法出口文物的公约》中都有规定，善意取得人将得到公正、合理的补偿。此处主要讨论的是在文物保护和生产建设中的文物保护补偿。目前我国可以探讨的文物保护补偿机制既包含专项拨款、专款补助、以奖代补和购买服务等直接资金补贴方式，又包含免税或税收返还、产权置换①、政策扶持和荣誉奖励等间接资助方式。

3. 他国经验与本国经验相结合，以我为主，注重创新。

文物保护补偿机制在很多国家都已经比较成熟，相关规定具体，实践经验丰富。本文第三部分所述诸如财政补助、税收减免、权利转移等补偿方式都值得我国借鉴。但是借鉴其他国家先进经验的同时，要更加注重本土化问题，符合中国的制度土壤。比如意大利法律规定不可移动文物因考古探查而被临时占用时，任何人在监护偶然发现的文化财产时，相关权利人有权获得补偿。补偿可以是货币，也可以是考古品或发现的文化财产。其中实物补偿的形式在我国现行法律框架下就是不适用的。因此，要创建中国特色文物保护补偿机制，应关注中国实践，从本国历史经验中汲取营养，探寻管理智慧，走出一条自我更新、自我造血的路径。

---

① 2011年1月21日公布的《国有土地上房屋征收与补偿条例》（国务院令第590号）规定："被征收人可以选择货币补偿，也可以选择房屋产权调换。"

# 参考文献

［1］王云霞、胡姗辰：《公私利益平衡：比较法视野下的文物所有权限制与补偿》，《武汉大学学报》哲学社会科学版)》，2015 年第 11 期。

［2］王云霞主编：《五国文物法制比较研究》，待出版。

［3］彭蕾编著：《文物进出境外国法律文件选编与述评》，文物出版社，2019 年。

# 探索考古学的中国化之路

## ——以苏秉琦先生为中心的反思与前瞻①

### 曹兵武

### （中国文化遗产研究院）

**提　要：** 考古学的中国路是科学化认知中国历史之路、求索民族之根之路、发现民族之魂之路、支撑民族复兴之路。著名考古学家苏秉琦先生认为中国的基本国情就是拥有"超百万年的文化根系，上万年的文明起步，五千年的古国，两千年的中华一统实体"。这个历史的国情是包括苏秉琦在内的数代考古学者和历史学者筚路蓝缕不断探索的概括。中华民族从远古一路走来，还要向着远方继往开来不断探索走下去。苏秉琦先生不仅提出考古学的区系类型学说和中华民族、中国文明形成的多元一体学说，也曾经提出"考古是人民的事业"的命题并展开了若干实践。人民的考古学、文化遗产时代的考古学，究其实质就是可持续的考古学和公共考古学。考古学是一门科学，既要满足科学家的求知欲望，也要造福时代和人民，支撑社会的可持续发展。新时期的中国考古学必须走科学考古学支撑基础上的可持续的考古学之路，这种考古学应该包括科学的考古学、人民的考古学、公众的考古学和公共考古学等。在这样的考古学里，不仅考古的知识应该为人民所共享，而且由于考古发现和出土文物古迹的资源属性，它们既是考古学的研究对象，也是文化遗产的载体，尤其因为其所具有的不可再生、不可替代性，考古学家与社会大众均具有保护以使其可持续利用的内在需求。公共考古学、考古资源管理学应该成为未来考古学关注的重心之一。普及考古学、保护的考古学、规划与展示的考古学、融入人与社会发展的考古学，所有这些考古工作都应成为科学考古学支撑下的可持续发展的公共考古学的有机构成部分。科学探索与文化责任的融合，将为新时期的考古学开辟新的发展维度。

**关键词：** 苏秉琦；区系类型学说；多元一体学说；公共考古学；开放的全面的考古学

中国考古学是认识中国民族、中国文化和中国文明形成与演进的重要途径，也是支撑文物保护利用和民族优秀传统文化遗产继承创新的重要基础。了解中国考古学的形成、发展，考古学与中国和世界的关系，考古学的中国化过程以及中国特色，乃至中国考古学今后的发展方向，苏秉琦先生是一个

---

① 本文为国家社科基金特别委托项目（课题编号 17@ZH018）、中国文化遗产研究院基本科研业务费资助项目（课题编号 2017 - JBKY - 19）"符合国情的文物保护与利用研究"支持成果。作者为项目首席专家，中国文化遗产研究院研究员。

绕不开的话题。苏秉琦不仅被很多人认为是中国考古学史上一个里程碑①，也是以考古学追寻中华民族、国家和文化传统起源与演变的一个杰出代表。

中国原本拥有世界上最悠久、系统的史学传统，但在清末民初，中国的传统史学认知体系在疑古派和马列主义等西学体系冲击下已经变得支离破碎甚至是大厦将倾，亟需以考古等实证性科学与新的发现认知予以匡扶乃至重建。中国传统的历史学与金石学未能孕育出现代考古学，现代中国考古学是地道的舶来品，早期以传教士为主的西方学者、中国的留洋学者等在中国考古学的形成与发展中起到至关重要的引介和奠基作用②，中国考古学的代表性人物如第一代学者李济等、第二代的夏鼐和梁思永等都是留洋派，苏秉琦先生一生从未出国，但他不仅可以算作第二代国人考古学家的重要代表，也可以说是中国人自己培养及探索考古学中国化的典型范例。更重要的是，苏先生对中国考古学具有跨越不同代际的持久影响力。

考古学的中国化首先表现在地层学和类型学等学科基本理论与方法由引进到中国化，这一方面，很多先辈在了解西方书面理论基础上结合中国实践做了很多摸索，20 世纪 30 年代经过殷墟、城子崖、斗鸡台等发掘与研究的中国考古实践才逐步得以成熟运用；其次表现在研究对象、内涵以及学科目标的中国化，从早期的国立考古机构中央研究院和北平研究院分别以殷墟和斗鸡台作为发掘选址旨在探讨有甲骨金文凭籍的商周国家与民族起源的问题意识开始，就试图直接绕开国史研究中的疑古与信古之争，以实证性探索回到中国历史原点追索民族、文化和文明的实际状况及其源头，并希望能够揭示演变过程、提炼发展规律、发现独特特征。苏秉琦先生是斗鸡台的主要发掘者之一，经历了中国考古从初创到开拓、成熟的全过程③，不仅是重要的见证者和参与者，并且以区系类型理论以及文明起源的满天星斗、民族形成的多元一体、国家演进的三阶段、三部曲、三模式等学说④集其大成，至今仍然发挥着超越考古的持续的影响力。

因此，探讨苏先生的学术思想脉络尤其是心路历程，对于认识中国考古学的发生、发展与中国化历程，研判当下中国考古现状与未来趋势，以及中国考古与中国文化遗产保护、优秀传统文化传承、中国与世界关系等重大问题，都具有承前启后的典型意义。

———— 一 ————

苏秉琦先生 1909 年生于河北高阳，家境殷实并有纺织印染厂，中学毕业后原本打算学习工科，走振兴家业、实业报国之路，但在已经接到北平工学院录取通知后又自作主张转考北平师范大学历史系，希望改学历史，将来能够兴史育人、教育救国，毕业后即加入北平研究院并毕生从事考古事业。苏秉琦先生之子苏恺之最近出版《我的父亲苏秉琦——一个考古学家和他的时代》一书⑤（以下简称《父

---

① 俞伟超：《本世纪中国考古学的一个里程碑》，载苏秉琦《中国文明起源新探》，三联书店 1999 年第一版。
② 陈星灿：《中国史前考古学史研究（1895－1949）》，三联书店，1997 年。
③ 苏秉琦：《中国考古学从初创到开拓——一个考古老兵的自我回顾》，载《考古学文化论集》（二），文物出版社，1989 年；《华人·龙的传人·中国人——考古寻根记》自序，辽宁大学出版社，1994 年。
④ 苏秉琦：《苏秉琦考古学论述选集》，文物出版社，1984 年。
⑤ 苏恺之：《我的父亲苏秉琦——一个考古学家和他的时代》，北京三联书店，2015 年。

亲》），全面介绍了先生的这些早年经历及其从业治学的心路历程，是对从苏秉琦先生的各种公开出版的学术著作了解苏先生的思想和思路的一个很好的补充。苏公子虽非考古人，但此书却可以让我们这些从前主要关心苏先生考古学的人能够从中部分地找到中国考古学从舶来到探索、到成熟并逐步中国化、形成中国特色的历史进程，非常有助于我们了解苏氏考古、中国考古何以如此，成为今天这样的面貌，以及今后可能的路向。

《父亲》一书透露的生活与治学中的苏先生是个好人：好儿子、好丈夫、好父亲、好同事、好老师……但更是一个充满家国情怀的好学者。从性格特点与学术追求上，苏先生是一个顽强、坚守、爱琢磨的人，一个重视方法论的人，更重要的是，他是一个视野和心胸开阔的人。尽管考古学摆弄的常常只是小陶片，但苏先生从一开始就有学史报国的鸿浩之志，在西潮冲击之下，其学术事业起步于北平师范大学的现代历史学教育，而最初工作的那个圈子则是领中国学术一时之风气的北平研究院，他不仅在那里做了他自己最初的考古工作，积累起最初的资料，而和研究院里包括植物、物理等其他学科同仁的交流，也深深影响到他的思维方式与治学方法，尤其是后来产生了长远影响的区系类型学说。当然，解放后中国社会科学院考古研究所与北京大学考古学专业的工作与教学也是很重要的经历与平台，改革开放后他担任中国考古学会副理事长、理事长和新时代则是一个更大的舞台。

苏秉琦先生一辈子所做之事可以概括为学历史、做考古、读地书、写国史、育学生。虽然苏先生一开始琢磨和思考的就是些与中国历史和文化有关的大问题，对资料与课题具有高度的敏感性，但某种程度上他属于大器晚成型的考古学家，他的重要观点和成果基本上都是文革前后和晚年才成文并刊发的。苏恺之说其父的学术生涯大致可以文革为界分为前三十年与后三十年两大段。前一段探索、积累（包括指导学生实习和撰写论文）并形成了区系类型思想（文革后公开发表），后一段在区系类型基础上探索中国民族、国家和文明的形成与发展。而其80岁前后则是后三十年中又一个学术活力的爆发期和意识到老之将至后的探索中华渊源的冲刺期，并开始引起社会的广泛关注。

从1930年代首次参与陕西宝鸡斗鸡台发掘整理和研究开始，苏先生就一直在琢磨如何用冷冰冰的碎陶片和出土文物解读其背后的历史。经过对斗鸡台出土瓦鬲和墓葬的开创性的整理与研究，他不仅复原了瓦鬲的演变谱系，并将其归序到具体的出土墓葬从而厘清了墓葬之间的早晚关系和墓地背后的社会组织系统。解放后他随中科院考古所同仁参加的洛阳中州路等若干调查和发掘，还有在北大讲坛长期教学相长的归纳升华，苏先生结合考古地层学与类型学，逐步从全国各地考古出土实物中，琢磨从陶器等典型遗存中阅读历史信息的方式与方法，从无言的考古遗存中读出了丰富的古代信息以及中国早期文化的谱系框架。但这漫长的时间里，除了1965年《关于仰韶文化的若干问题》，他基本上没有其他重要的发表（斗鸡台的成果尽管写出了，但是在战乱年代寄给出版社时不幸丢失），直到70岁前后区系类型理论成熟与公开出版（1975年他开始公开讲授其区系类型学的观点，1981年在殷玮璋协助下成文发表[①]），创造性地用考古发现的具体材料，将早期中国划分为六个不同的地域特点和传统明显区分又相互联系的文化区。此后先生关于中国早期文化和文明的各种观点和发表汹涌而出，有些观点甚至来不及系统化，仅仅是提纲或者讲话，但同样对当时的考古工作与学术研究发挥了很大的

---

① 苏秉琦，殷玮璋：《关于考古学文化的区系类型问题》，《文物》1981（05）：12－19。

影响。

对于区系类型理论，有人认为这是考古学的中国学派诞生的标志①，有人说这是世界普遍存在的经典考古学阶段时空框架问题的中国版本，是关于考古遗存和文化的谱系学问题中国表达②。无论如何，苏秉琦先生集大成地科学概括了几代考古人的学术成果，为中国考古学树立了一个阶段性的里程碑。

苏先生 70 高龄之后的学术大爆发既是考古学学科特点和苏先生本人长期积累酝酿的必然结果，当然也与粉碎四人帮、结束文化大革命、改革开放新时代的到来、从学校到学会和全社会关注的新讲坛的出现等等有关。1979 年苏先生 70 岁这一年中国考古学会在西安成立时，先生担任副理事长，夏鼐先生去世后又担任了理事长。《父亲》说，为了西安这次会议，先生专门准备了三篇讲如何发展考古学科的各有针对性的文章，自觉发起自身生命的冲刺，吹响考古学新时代的号角。

经过 10 年左右的酝酿升华，80 岁左右的 1990 年代初是先生又一个转折与丰收的关键阶段③。1991 年，他以区系类型学说为基础，以考古学文化演变为据，连续发表了一系列关于中国早期文明起源的重头文章，认为早期中国各地的几大区系都各自走过了从农业村落到古国方国的演化进程，成为秦统一之前几大国的地方文化传统基础，并以古文化 - 古城 - 古国、古国 - 方国 - 帝国概括从早期文化到文明国家的演进道路，最终完成了对司马迁以来三皇五帝夏商周的万世一系的古史体系的颠覆与重建，获得了很大的社会影响；接着，他的第一本文集《苏秉琦考古学论述选集》经过近十年的社会检阅获得了国家图书大奖，同时他的第二本个人文集《华人·龙的传人·中国人——考古寻根记》在学生的推动下得以出版，由先生和其学生策划主编的支撑区系类型学说的四集《考古学文化论集》也先后出版，更重要的是，1994 年他着手对自己一生进行总结，撰写了《六十年圆一梦》一文，并加紧准备他定位为此生最后一本书、试图以通俗的方式将一生所知告诉大众的《中国文明起源探源》并在1997 年他去世时得以出版④。对于此书，他的孩子、学生和他自己实际上都把此视为是他生命中最后一次冲刺和飞跃，最后一个交代，生命之花最后的闪跃⑤。可以说，在生命的最后阶段，苏秉琦先生又实现了自我学术生命的一次新的跨越，也带领中国考古学从区系类型所构建的时空框架向民族、国家和文明社会的形成与发展展开新的探索并取得了丰富的收获。

二

苏秉琦先生是典型的读文物、读地书、读天书的新一代学人。关于他摸陶片、对陶片的熟稔程度，由陶片洞悉其背后人群与文化的能力，学界有很多近乎神话的传说。苏先生还喜欢看地图，苏恺之在

① 王涛：《创建中国考古学派：苏秉琦和当代中国考古学》，《文物春秋》1998（3）：91 - 94. 孙庆伟：《考古学的"中国学派"——历史、现在与未来》，《学习时报》2019 年 5 月 10 日第 6 版；赵宾福：《苏秉琦与中国考古学派》，《中国国家博物馆馆刊》2010（1）：20 - 25.
② 汤惠生：《夏鼐、苏秉琦考古学不同取向辨析》，《中国社会科学》2017（06）：166 - 187 + 210.
③ 朱乃诚：《苏秉琦学术体系的形成和尚待研究证实的两个问题——苏秉琦与中国文明起源研究》，《东南文化》2008 年 1 期。
④ 苏秉琦：《中国文明起源新探》，商务印书馆香港有限公司，1997 年。
⑤ 郭大顺：《捕捉火花——记协助苏秉琦先生撰写〈中国文明起源新探〉》，载苏秉琦《中国文明起源新探》日文版，东京·言丛社，2004 年 5 月版。

《父亲》一书中说他曾经先后翻烂了若干本地图集。我记得 1990 年代初我曾经和信立祥先生到先生在王府井考古所的办公室汇报河南渑池班村遗址多学科合作发掘情况并请教先生，那间不大的办公室他和殷玮璋先生合用，基本上可以说是室徒四壁，连书和书架都几乎没有，但一面墙上一张巨大的中国地图给我留下了极深的印象。我回来后也专门去王府井的书店买了一张当时所能够找到的最大最详尽的遥感卫星地图——是好多照片拼在一起、印刷时边缘都呈锯齿状的那种，挂在自己办公室最大的一面墙上，以方便在上边查看最新的考古发现的具体地理位置。当然，苏先生并不是不读书。他不仅读古书，而且关注当时学界乃至世界最新的进展与前沿。三十年代滕固翻译引进了当时世界上最前沿的考古类型学著作——蒙特留斯的《先史考古学方法论》，苏先生即一读再读，90 年代我曾听考古所一位朋友说，他在该书的借记卡上发现苏先生曾经多次反复借阅该书。

苏先生从田野、从实物和地图、从考古面对的残存古迹和地书天书中的确读出了独特的内涵。他非常善于抓典型——典型器物、典型单位、典型遗址，然后形神俱备地概括出一个考古学文化的典型特征，并将它们当做原子、分子归于一个文化谱系性的时空结构中去认知其各方面的深刻含义。正是这样，他从考古遗物遗迹的类型学研究中总结出区系类型理论，并早在 1965 年的文章中就对史前中国分布最为广泛、内涵极为庞杂的仰韶文化做出了独到概括①。

先生的研究受到北平研究院生物学家等同事很深的影响并富有强烈的生命体意味，这不仅体现在重视仰韶文化尤其是庙底沟类型彩陶上的花纹图案，将其认定为玫瑰和菊花这样的特定种属，而且由庙底沟彩陶上的花纹进一步联想到其使用者可能就是华山周边的华族，即传说中的华胥氏，同时把植物学与动物学上的区系及其模式引入考古学文化分析。苏恺之回忆说，抗战寓居昆明期间，苏先生曾带他到其至交校友、著名植物学家俞德浚的工作室内，静静地看他整理标本，有意地从他那里仔细了解植物学里的分类方法。五六十年代俞德浚先生在他家里做客时还特意介绍过，玫瑰和菊花都是发源自中国，直到近代（两百年前）才传播到国外，而其原产地就在华山、华县一带。直到 1983 年要刊发关于全国性的考古学文化区系类型问题时，苏先生还专门向俞先生请教了植物学中关于植物区系分类的含义。因此，可以说苏先生的类型学是将考古学文化当做生命体的类型学，考古学的区系类型因此和动植物学的分类系统如出一辙。地层学、类型学、考古学作为近代进化论思想的具体表现，在苏秉琦先生这里得到了最深切的体现。

苏恺之回忆说，在昆明期间，苏先生听了俞德浚伯伯讲述的有些彝族地区还处于原始社会形态时非常着迷。还想筹集一点经费去云南偏远地区搞些少数民族原始生活环境、民俗的调查和那里近于原始的陶器制作工艺流程、土法炼铁的过程调查等。尽管未能成行，但是这些动机实际上和后来兴起的民族考古学、实验考古学思想与方法已经很接近了。

在苏先生看来，所有文化其实都是社会发展阶段及人与环境互动的产物。因此，先生非常重视古文化形成的环境，重视环境考古。1991 年第一届全国环境考古学术研讨会即将在西安召开前夕，我和会议筹划者周昆叔老师到先生家里去拜访，先生表示年事已高身体状况不允许自己亲自与会，但欣然命笔为会议题写了自己对环境考古学的希望："环境考古之所以被提出，是社会与考古学科发展的需

① 曹兵武：《区系类型学说与中国考古学的发展——苏秉琦先生两本考古学论文集学习笔记》，《中原文物》1998 年 1 期。

要，在自然与人的关系方面给以科学的阐述，从历史角度提高认识，更自觉地尽力建立人与自然协调的关系"①。

我知道有些人对区系类型学说为核心的所谓中国学派，对苏先生的满天星斗说和中原中心说矛盾是疑虑和警惕的②。但是，在先生看来，学术研究就应实事求是，对早期中国各地文化所体现的强烈的地方性不必避讳，他对此做了系统的归纳和表述，这里不仅有各地区的不同发展道路，也有交互影响和主次之分，他认为以华山为中心的仰韶文化庙底沟类型的脱颖而出，标志着华族的形成，庙底沟彩陶所取像的玫瑰花就是华族得名的由来，而"华"是尊称，以区别于其他族群。华山玫瑰——陶寺磬鼓——夏商周及晋文公，是华夏核心一脉相承的正脉，构成了民族、文化和文明国家的主根系。1982年的晋文化座谈会上，他曾用一首七言律诗来概括其这一思想："华山玫瑰燕山龙，大青山下斝与瓮。汾河湾旁磬与鼓，夏商周及晋文公"。意思是华山脚下的仰韶文化与长城地带的红山文化等碰撞融合的结果，形成了陶寺文化，并成为西周晋国分封的地域文化基础。1992年5月2日他在为中国历史博物馆建馆（今国家博物馆）建馆八十周年与新的通史陈列撰写题词时，更精炼地概括了他对中国历史基本框架的最新构思："超百万年的文化根系，上万年的文明起步，五千年的古国，两千年的中华一统实体"。他还特别在后面的注解道："这是我国的基本国情。"

苏先生在这里揭示的是一个基于考古出土文物的客观的早期中国的历史过程和文明建构的可能方式——作为中国人，你在这片土地上生存、发展，你有您的地方性，但是相互之间并非孤立隔绝而是交流互动的，最终都汇聚到同一条文明的大河中。在严文明先生看来，这些不同的区系在中华文明大家庭中其实仍然保留为一个大花朵周边的不同花瓣③——这就是中国，有主有次，有中心有边缘，是个多元一体的结构——中国并非一开始就有的，其实历史上也从未有一个王朝叫中国，但它就是这样的多元一体并早早就形成了仰韶文化这一花心，经历了一个滚雪球一般的膨大过程和机制而逐步走向大一统并迄今屹立于东亚大地④。

苏先生不仅关注这个具体的考古学所揭示的物质文化演进过程，也关注文化背后的人与社会的动力学法则，关注古代文化与现代族群的血肉与情感联系，其实他是在以最简洁务实和中国化的方式，自觉和不自觉地在走过西方考古从经典的文化史重建、新考古学（过程主义考古学）、后新考古学（后过程主义考古学）的全过程，尤其在其晚年，他的很多学术命题都有一种时不我待的紧迫感和全局性的指导意义。

## 三

苏秉琦先生的这种治学思路、方法及所获认识和他从求学伊始对中国古史与现实的困惑有关，更和他所受的现代史学培养、北平研究院、中国社科院考古所、北京大学考古学专业等的学术氛围学科

---

① 周昆叔主编：《环境考古研究》（第一集），科学出版社1991年。
② 汤惠生：《夏鼐、苏秉琦考古学不同取向辨析》，《中国社会科学》2017年6期。
③ 严文明：《中国史前文化的统一性与多样性》，《文物》1987年3期。
④ 曹兵武：《辐与辏：史前中原文化优势的确立－－兼论早期中国与华夏文明观的形成》，《中原文化研究，》2015年6期。

关系以及时代召唤密切相关。这是真正中国历史与文化问题的考古学，是科学的考古、开放的考古、围绕中华文明中心的考古——中国化的考古学。因此，苏秉琦先生的学术道路堪称中国考古学的缩影，而中国考古学又堪称近代中国由闭关锁国到开放探索、融入世界并求索民族历史、建立文化自信和探索科学发展之路的一个缩影。

苏秉琦先生是较早深刻地掌握了考古类型学与进化论精髓的一代学者。区系类型学作为先生和数代考古学人几十年探索积累的结果，不仅是从考古发现的遗物遗迹以类型学方法系统地归纳出一个中国大地上诸考古学文化的时空框架，而且某种程度上也发现并厘清了史前文化相互关系的演变谱系与源流密码，具有某种文化谱系学与动力学的特点。尽管这是世界考古学在文化史重建阶段的普遍做法，但却是中国学者在与世界学术主流相对隔绝状态下的自我探索并具有鲜明的中国特色。之后再一个一个地区地梳理从古文化到古城再到古国再到融入夏商周王朝和秦汉帝国的全过程，然后探索中国文明的起源与发展进程也几乎是这一理论顺理成章的自然延伸，因为早在30年代，他即受古史辨和现代西学的影响，包括后来马克思主义历史学和郭沫若等史观史识的影响，立志要从考古角度修国史、写续编、探起源。

在1979年中国考古学会成立大会上以及此后的一系列学术研讨会上，苏秉琦先生都曾反复提醒大家："考古学的根本任务在于要对中国文化、文明的起源与发展，中华民族的形成与发展，统一的多民族国家的形成与发展做出正确回答。""并以此为核心、框架，来系统复原中国历史的真实轮廓与发展脉络。""为此，必须建立史论结合的、系统完整的史学理论体系。"这或许就是苏秉琦先生对中国考古学工作总任务的理解，和对考古学工作总目标、总方向的界定和把握吧！

为此，苏先生自己概括说，他一直在探索如何绕出两个怪圈——司马迁以来传统的大一统历史观念和将马列主义社会发展规律当做历史自身去追寻，尝试直面考古材料和恩格斯借鉴人类学家摩尔根提出的家庭私有制国家起源这一社会文明进程在中国的具体表现及其内在动力问题。而苏先生紧紧抓住仰韶文化这个主体，从一种典型器物尖底瓶（也称酉瓶，苏先生认为是当时普遍使用的酒器），一种花纹（玫瑰花，彩陶上的主要纹饰），到文物因素所反映的文化谱系，进行庖丁解牛式探究。将仰韶文化作为研究其他兄弟文化的标杆。这种"文化谱系论"亦可称"文化论"；而在此基础上提出各大区系内的"古文化-古城-古国"三阶段，全国性的"古国-方国-帝国"三部曲，以及文明形成的"北方原生型、中原次生型、北方草原续生型"三模式为核心内容的"中国文明起源、形成与发展道路理论"，则可简称为"文明论"。尽管一些概念与理论也嫌粗糙，但这个文化和文明的体系与要素对于民族（华族）文化（饮酒、礼仪）则确是非常具有解释力的一个考古理论假说。这样，苏秉琦先生得以从书本到实践，从大一统的文明史传说到具体并各有特色的考古发现，重新回到中华文明的实证性、连续性与整体性，最终在否定之否定的历史唯物主义和辩证唯物主义方法论上回归以考古发现探起源、修国史的原点与初心。苏先生称自己的考古可谓是六十年圆一梦①。

至此，谈苏秉琦先生的考古学，还不得不谈到其考古为国家、为人民服务的公共考古学思想。在近代与当下的中国语境下，这绝对是值得浓墨重彩予以描绘的一笔。因为在苏先生看来，中国考古学

---

① 苏秉琦：《华人·龙的传人·中国人——考古寻根记》自序，辽宁大学出版社，1994年。

不仅要揭示传统，而且要传承传统，建设现代，创造未来。以科学的考古和历史唤醒同胞，建设祖国，是他的初心。

解放前夕，他婉拒史语所同仁的邀请而选择留在大陆——自己历史和文化所系之地；早在1950年，他就针对考古事业需要加以改造以适应新中国经济文化建设的议题，发表过了《如何使考古工作成为人民的事业》，1964年他又提出了大遗址及其保护的重要性①。在苏先生眼中，大遗址不仅是认识早期文化与文明发展水平的标杆，也是解开考古与历史之谜的钥匙，是民族国家的命脉所在，考古不是简单地将东西挖出来满足专家学者自己的兴趣爱好和学术需求，"文物局的工作绝不是把几件物品保护好了那么简单"。发现、研究、保护、传承，早在文革之前就已经在他的思想中形成了系统的链条。

1988年，先生的《华人·龙的传人·中国人——考古寻根记》一文的核心思想被作为当年高考的语文试题，数百万学子同时面对一个考古问题冥思著文，这让先生感到异常兴奋，并促使了他以八十高龄仍奋力拼搏，并下决心写作自己的最后一本通俗性并具有高度的学术原创性小书《中国文明起源新探》，将自己所知以让大家看得懂的方式告诉大众。他把这看做是20世纪知识分子的责任和使命，看做是以自己所学，对这块土地、这个民族的一个交代。"对中国文化、文明的起源与发展，中华民族的形成与发展，统一的多民族国家的形成与发展做出正确回答。"其实也正是中国考古学诞生以来一以贯之的逻辑追求，是典型的考古中国之路。

所以，以苏秉琦先生为代表的这条中国考古之路是以科学与世界眼光和方法揭示、接续并升华中华传统之路。苏秉琦先生一辈子没有走出国门，但不代表他不关心国际，不代表他是独自摸索闭门造车，更不代表保守。他曾经认真、反复研读滕固翻译的蒙特留斯的《先史考古学方法论》，汲取植物学、民族学、环境学的营养，晚年也积极创造条件参与对外交流。为了验证区系类型，还专门向昔日的植物学同行虚心求教。因此，苏秉琦先生的考古之路，是考古中国化之路，考古科学化之路，考古多学科化之路，也是考古大众化之路，考古遗产的保护与传承利用之路。苏先生的考古学是开放的考古学，是与时俱进的考古学。苏先生在试图将考古学融入时代，融入民族国家的历史现在与未来。他的考古具有强烈的民族主义和爱国情怀，同时他也是个世界主义者，他在世界考古中看中国，也希望能透过中国看世界，将中国当做世界的一元。在中国考古学会1989年的长沙年会和1993年的济南年会闭幕式讲话中，他都明确地表示过中国考古要古与今接轨、中国与世界接轨的双接轨②观点，也就是如何循古代中国的发展脉络来看现在与未来的中国，如何使中国文化传统中的积极因素变成建设有中国特色的现代化的一种动力。他倡导的中国考古学与世界考古学的接轨，要求我们在认识上把"区系的中国"上升为"世界区系中的中国"。尽管他还没有来得及明确地指出世界性的人类命运共同体的多元和一体是什么，但他坚信人类文明的一元性以及大同社会的合理性。

我们今天检讨苏秉琦的学术之路以及考古学的中国之路，就应该既更加深入地回答与古今中国有关的文化发展传承和创新问题，也要回答中国与世界的协调发展关系，以及过去遗产与现在及未来的关系等等这全人类共同关心的问题。

---

①　李晓东：《1964年"大型古遗址保护工作座谈会"述略》，《中国文物科学研究》2011年4期。

②　参见苏秉琦《中国文明起源新探》最后一部分，商务印书馆香港有限公司，1997年。

四

　　可以说，在中西剧烈碰撞形成千年未有的历史变局中，在中华民族对自己的历史与文化产生怀疑时，以苏先生等为代表的前辈考古学家开始力图用手铲与考古发现重建中国古史的远古和传说时代，这其实也是试图追寻民族根源，重建民族记忆和文化自信。族群的历史记忆是构成群体社会经验与价值认知的基础——那怕是已逝而又重新建构的记忆，其意义也是不言而喻的，只是在此重建过程中，考古学使其具有了超越以往的科学性与客观性，让家国的记忆尽可能建构在事实与理性的基础之上，并最终重建起我们和这个世界物人关系的合理合法性以及文化的自觉自信心。可以说，近代以来由疑古、探古到当下的文博与文物保护利用，苏秉琦先生及其同行以及大多数的中国人实际上就是行进在这样一条道路上。

　　如上所述，苏秉琦先生最大的学术贡献是中国考古的区系类型学说及中华民族、中国文明形成与演进的多元一体学说①。需要指出的是，苏先生的区系类型学不仅仅是通常的考古学方法论中的器物类型学，而且也是遗迹类型学、遗址类型学乃至考古学文化框架及其背后族群的类型学，他将典型考古发现遗物与遗迹现象放在典型的遗迹与聚落单位以及整个地区、文化的典型遗址中进行综合分析，甚至就是对整体的考古学文化进行的类型学和谱系学研究，其目的是建立中国早期文化的体系结构，揭示中华民族的滚雪球一般膨大发展的多元一体结构，唤醒国人的历史自觉与文化自信②。区系类型与多元一体，是以苏秉琦先生为代表的数代中国考古人讲述的一个关于中华民族与中国文明的实证的系统的故事。把这个故事放在疑古派与未来路向的框架中，去看中华文化的来路与取向，就应该能明晰我们考古人今天应该做什么、怎么做。

　　关于后苏秉琦时代中国考古学的发展方向，有人说是新考古学，即在经典阶段考古学所搭建的考古学文化时空框架的基础上，进而研究文化背后的动力学法则与社会发展规律问题；有人说是沿着马克思主义中国化的足迹继续前进——揭示中国式的家庭私有制和国家起源，续写中国历史，追寻中华民族与中国传统的形成与发展历史规律，融入中华民族复兴与文化继往开来的大业，并为世界考古贡献中国视角和中国学派③。两者形异而质同，苏秉琦先生本人更倾向于后者④。他的第二本文集的名字《华人·龙的传人》及其内容就深具此意⑤。他将中国考古学的最终目的归为探索文明、民族与国家的形成、发展，重建当代民族认同、推动中华民族复兴、追求世界大同的考古学。他曾大声提倡人民的考古学，让考古工作成为人民的事业，希望将考古知识交给人民⑥，倡导介

---

①　苏秉琦，殷玮璋：《关于考古学文化的区系类型问题》，《文物》1981（5）：10-17.

②　曹兵武：《区系类型学说与中国考古学的发展——苏秉琦先生两本考古论文集学习笔记》，《中原文物》1998（1）：111-118.

③　查晓英：《20世纪末关于中国考古学走向的争论——以俞伟超和张忠培的观点为中心》，《四川大学学报》（哲学社会科学版），2003（1）：101-115.

④　苏秉琦：《中国文明起源新探》，商务印书馆香港有限公司，1997年。

⑤　苏秉琦：《华人·龙的传人·中国人—考古寻根记》，辽宁大学出版社，1994年。

⑥　苏秉琦：《如何使考古工作成为人民的事业》，载苏秉琦考古学论述选集》，文物出版社，1984年。

入文物保护的考古学①，又明确提出考古学的中国学派问题以及世界区系类型中的中国问题②，提倡在世界中看中国。

这使得苏秉琦的考古学不仅具有强烈的透物见人特点，也具有强烈的入世特点，民族主义、爱国主义和普世主义情怀，从而也具有了某些后新考古学（后过程主义）的特点。相对于具体的器物、遗迹、遗址，他更关心考古学文化及其背后对应的不同的人群和文化传统，相对于过去，他也关心过去与未来，竭力寻找华夏族群与文化的来龙去脉，为华夏传人溯源寻路。因为华夏不仅仅是个历史概念，还是现在仍然活着的人群与文明体系。诞生于风雨如晦、鸡鸣不已的民国时期的中国考古学不仅是借鉴了西学的客观的科学精神、理论及方法，也是带有强烈的民族情感、延续着两千余年著史传统的考自己古的考古学。在苏先生看来，考古发现从新型学术材料向民族遗产的转化，是中国考古学发展必须面对的国情，也是考古学发生发展过程的历史必然。

人接近自己的古代有神话、传说、历史、考古、艺术等多条道路和多种学科。人的文化自觉、自信最终应该是建立在历史唯物主义和遗产自觉的基础上的③。而对于古代遗存，经过好奇阶段和达官贵人的收藏把玩阶段，在考古学的推动下，文物古迹不仅成为科学的探究对象，也成为公众了解历史、提升科学与审美素质、促进社会经济文化发展的具有普遍意义的文化遗产资源④，其最大的体现即是由文化自觉而导致的遗产自觉，以及历史遗存普遍而广泛的遗产化资源化倾向，为族群认同、互动以及文化的传承与创新发展注入的实质性活力。与社会的可持续发展相呼应，遗产领域中科学认知基础上的传承与发展也已成为时代命题。考古学由此显示出极强的支撑性意义，以及对文化遗产工作的基础性意义。

因此，在历史与现实的中国语境下，后苏秉琦时代的中国考古学从某种角度上也可以称为是文化遗产时代的考古学或者是关乎可持续发展的考古学。遗产化的考古学，不仅要科学地重建已逝的人类历史，也兼顾着支撑遗产保护利用、促进文化传承发展与文明赓续的社会实践的相关责任。作为考自己民族文化之古的中国考古，考古不仅是在探索未知，廓清历史，也是在全盘清理和科学认知自己的遗产。考古资源是中华民族可持续发展的重要战略资源之一，也是人类文明多样性丰富性共同的财富。作为连绵发展数千年的文明古国，我们的考古资源极其丰厚，但考古资源的保护利用也的确面临着诸多的现实困境，与现实及未来的需求仍然难以相符。

近年来，中国考古发展很快，探索发现成果不断，也为各地的文化建设、旅游及经济社会发展等做出了很大贡献。比如，殷墟、良渚等由于考古发现与研究成果获得普世公认，已经成功列入世界文化遗产名录。很多考古发现成果也超越传统的考古报告与学术认识，为所在地方留下了遗址博物馆或者考古遗址公园等公共文化服务设施。但是当下考古与经济社会之间也表现出诸多不适应性乃至矛盾。

---

① 郭大顺：《大文物——个新概念的形成——记苏秉琦先生关于大遗址保护的几次谈话》，载《郭大顺考古文集》，辽宁人民出版社，2017 年。

② 郭大顺：《世界的中国考古学的提出——苏秉琦先生学术活动和学术思想追忆之二》，《文物春秋》1998（3）：84－87.

③ 曹兵武：《遗产自觉·文化自信·发展自智——物人关系的考古学文博溯源与遗产化展望》，载《中国观察——中国文物保护利用理论与实践》，文物出版社，2019 年；曹兵武：《文化遗产 文化自觉 文化建设——追寻中国文化遗产事业的发展历程》，《东南文化》2011（3）：7－12.

④ 曹兵武：《古董·文物·遗产——走向二十一世纪的中国文物考古事业》，《东南文化》2000（1）：15－18.

最突出的表现就是，考古资源的急剧破坏和严重浪费，已成为学科与社会文化共同的危机。后苏秉琦时代中国考古学面临的首要一个困境就是，如何确保考古学与社会、文化的同步健康可持续发展问题，考古工作、考古资料、知识作为文化遗产相关社会实践融入人民日常生活的问题，以及考古事业在完善自身学科体系与工作体制的同时融入民族与文明复兴的问题。这些可以再进一步析解为两个更为紧迫的具体问题——如何改善考古与公众的关系问题，以及如何面对文物资源的破坏和对文物资源具有文化自觉意义的更广泛的需求的深层次矛盾问题①。窃以为要改善这些问题，首先应该形成合力，尽快遏止以下不良的学术与社会现象：

第一，文物古迹的大规模破坏。这里边既包括环境演变造成的文物侵蚀劣化甚至灭失等自然破坏，也包括急功近利的建设开发与不当利用造成的人为破坏，更包括疯狂的挖坟掘墓盗卖文物造成的破坏，等等。就考古自身来说，主要包括粗放发掘造成的资源破坏和资料浪费，如学术目标不够明确的大规模发掘、配合基本建设中的应付性发掘——以及更为严峻的是很多根本没有进行发掘，就让文化遗产在推土机下消失无影。由于编制、资金、工期等局限，抢救性发掘虚与委蛇、疲于应付，出土文物与相关资料处境尴尬，已经成为众所周知的普遍现象。据有关统计资料，我国实际从事考古发掘人员、每年实际的考古发掘项目与面积等均远远低于很多面积不大的考古发达国家如日本、韩国、英国等②，而我们的古迹遗址消失速度，则远远高于这些国家。这些应该引起有关方面的高度警惕。

第二，已发掘的资料保护利用程度有限，浪费严重。发掘本身其实就是对遗迹类文物的破坏甚至是彻底破坏。有考古学家甚至说，发掘报告就是考古遗址的死亡判决书。发掘中现场文物保护一直是业界一大难题，出土文物尤其是有机质文物如果不能在出土的第一时间得到有效保护，以后保护的难度会成倍增加甚至造成无法弥补的损失；现场记录不完备或者记录没有很好地保存利用，会造成文物本体之后的第二次信息破坏；由于体制机制不畅，考古出土文物和有关学术资料难以及时共享，基本上谁占有谁使用，后续整理出版、资料移交管理等环节保护利用很不到位。因此，挖宝、挖重要遗址观念盛行，普遍存在重发掘项目申报、轻资料保护利用意识，好东西大家抢着要，一般的则没人管，致使出土文物和相关资料长期难以发挥应有作用，甚至最后不知踪影，形成花公款买破坏的客观效果。

第三，考古研究诠释不够全面、深透，考古成果普及不够，面向遗产时代公众需求的展示、诠释以及社会融合、价值引导不够。即便是已经进入博物馆的文物，也是精美文物、精品文物大受欢迎，晒宝式展览大行其道，深度研究、消化、策划的展览难得一见，大量标本与伴随性资料往往被忽略，已有考古成果往往与博物馆工作失联，难以体现在广受社会关注的博物馆展览中。也就是说，用考古发现讲中国故事，无论是学术上还是科普上，都大有提升空间。考古工作结束后文物资料移交与综合利用、遗址保护、遗址博物馆或者考古公园建设普遍存在后续乏力、体制机制不畅等问题，考古资料与成果综合性创造性转化利用研究探索，都缺乏深入系统研究和谋划。

上述这些，不仅是考古学自身学科建设的问题，也有考古事业在当代中国安身立命的体制机制等深层次问题。考古资源危机，考古发掘与研究难以深化，相关成果难以转化为公众可以接受的精神文

---

① 曹兵武：《文化遗产时代的考古学——兼谈公共考古学或应用考古学相关问题》，《南方文物》2014（2）：10－14.
② 李浪林：《英国考古的政策、管理和操作》，《华夏考古》2002（1）. 陈淳：《美国的文化资源管理与公共考古学》，载《他山之石：国际文物保护利用理论与实践》，文物出版社，2019年。

化遗产和社会发展资源，学术与事业一体化程度不够。

<h1 style="text-align:center">五</h1>

诚如苏秉琦先生指出的，中国最大的国情就是"超百万年的文化根系，上万年的文明起步，五千年的古国，两千年的中华一统实体"①。这是中国考古学得以存在的物质性遗存，也是中华民族与文化继往开来的前提性基础。由于中国考古学的诞生背景和苏秉琦先生那一代考古学家的历史使命感，使得他们很早就将考古与国家和民族的命运紧密联系在一起，体现出强烈的社会责任感。如上所述，苏秉琦先生生前就已经在思考并初步勾勒出了这个文化遗产时代的考古学的大致轮廓，只是在沿着苏先生所倡导的这一方向的考古学进程中，我们今天依然是任重而道远，不仅有很多实践性难题需要破解，也有很多理论、方法乃至工作体制、机制问题亟需廓清。

当考古资源保护与可持续利用成为包括考古学在内的全社会共同的重要目标与责任时，就必须将其纳入科学的理论探讨和现代的社会管理，并在此前提下对调查、发现、发掘、科研、保护、利用等社会实践进行筹划和安排，考古学与考古工作也需要从学术与事业的双重角度进行重新检讨和定位，在考古调查勘探发掘阶段就应该考虑到文物保护以及展示、共享利用等资源的合理配置与管理等后续问题。

尽管文物保护也是在保护考古资料，满足考古学可持续发展的需求，但是在文化遗产时代，由于考古资料的珍稀性、不可替代、不可再生性尤其是公共性特征，对于资料的权力与义务，包括对资料的利用、理解和解释，已不能被考古学家以科学之名所独占，而是必须兼顾多种学科和其他利益相关方的合理正当诉求。当然，这里边应以先后逻辑和科学性为前提，对古代遗存的科学调查、发掘、保护、研究是基础，传播、共享和其他形式的利用是延伸。其中，社会进步与发展的合理需求也会对科学考古形成新的要求和反哺。考古学的进步，除了学科内部动力之外，社会需求和环境影响也至关重要②。这一点在后过程主义考古中已经有所认识和体现。后过程的考古学倡导将考古资料放在其原生和现代两个语境下进行研究和诠释，就现代语境来说，既有考古学科发展阶段的问题需求，也有文物相关方和社会、时代可持续发展的合理需求，以及科技进步等社会支撑条件等，从而促进了对考古资料和古代社会文化以及人自身的多元化探求和解读，因此是具有更多文化维度的考古学③。当然，这种后过程主义对考古资料的多元阐释是建立在经典考古学对人类物质文化的时空谱系重构以及过程主义考古学对古人行为和历史文化进程的动力规律的科学揭示的基础上的。考古学的科学化永无止境，考古学的文化与人性维度也在不断增加和丰富。

在此背景下，亟需中国考古学者转变观念，提高境界，从资源的公共性和可持续发展的视角，在学术和实践上回应遗产时代对考古资料的多元诉求并探索以科学为支撑、以资源为中心、与人全面结

---

① 这是苏秉琦先生 1992 年为中国历史博物馆新版通史陈列的题词，他在题词后特别注明：这是就是中国最大的国情。
② 曹兵武：《考古学进步的社会环境琐谈》，载《中国史前考古学研究——祝贺石兴邦先生考古半世纪暨八秩华诞文集》，三秦出版社，2004 年。
③ 伊恩·霍德、司格特·哈特森著，徐坚译：《阅读过去》，岳麓书社，2005 年。

合的考古学的多维性，充分挖掘考古资料的多学科信息与多元化价值，因为考古学所处理的已经不仅仅是本学科的学术资料，也是文化接续的遗产资源和社会发展的文化资源。这种多元需求与多维度的考古学谱系中，除了传统的科学考古学与过程主义，也包括后过程的考古学与公共考古学——考古资源管理的考古学，因此，文化遗产时代的考古学可以称为是一种开放的全面的考古学——在坚持科学性的前提下探索考古学全面发展与分化细化发展的多元之路，学术的归学术，工作的归工作，并正确处理学术与工作、学科发展与事业及经济社会文化全面协调可持续发展等关系问题，以科研、保护、教育传播为鹄的，以可持续发展为中心，将科学考古学与公共考古学作为文化遗产时代新的考古学之双翼，将遗产本体及其相关信息资料的揭示、保护、研究、传承与利用，作为学术与实践的共同内容。

就新时期可持续发展的开放的全面的考古学来说，首先是要更全面深刻的透物见人，揭示并推进物人关系的科学认知与合理建构。这里的物与人，既包括考古遗存生成阶段的物与人，也包括考古发现与研究过程中的物与人，还包括考古遗存成为遗产之后的物与人，古人与今人，古物与当今时代的社会需求，将通过考古学家的中介实现有机关联，将综合包括经典考古学·新考古学·后过程主义考古学·公共考古学以及其他相关学科的一切理论与方法成果，既关注从遗物遗迹现象所荷载的在过去时空中的物质文化、社会文化、精神文化和文明之光，也关注考古发现实物资料、信息档案资料和科学研究成果的现代公众需求、社区与社会发展、考古学科与大众的良性关系建构，探索新的关于调查、发掘、整理、研究、保护、利用（传播共享转化等）、资源管理的新的系统性考古学理论范式。不仅学术性考古应该加强规划，全面资料提取，全面保护，大力推进多学科综合调查发掘与保护研究，抢救性考古也应该大力推进全面发掘以及资料的全面收集和全面共享，助推文物古迹、历史遗产以及相关的信息和知识在现代社会中的再脉络化，并成为学科与社会可持续发展的科学与文化支撑。

某种程度上，中国高校与业界普遍存在的文博考古学教学与管理模式，围绕出土文物初步构建的考古文博职业链条，在业务链及文物相关的信息－知识－价值递导方面的确具有中国自身的特色，但也需要在新形势下进一步予以加强和完善，按照遗产时代的要求，重新梳理考古文博学科的结构与内在联系、工作流程，探索建立和完善考古实践及考古资料保护利用的全业务链，探索新时期中国考古及文博学科新的统一理论和范式流程①，构建中国特色的考古学理论方法及文化遗产相关文博学科体系。就考古和考古学来说，应进一步推行和加大以下举措：

1. 既重视田野的调查发掘研究，也重视出土文物和相关资料的保护利用，进一步加大考古与文物资料科学抢救、研究、保用与管理力度，促进学术资料和社会发展的文化遗产资源效益最大化和最优化。从调查发掘开始，就科学规划并实施资料的登记、保管、保护、利用与共享制度和实践，完善相关配套体制与环节流程；

2. 在考古发掘之外，更加重视考古调查与文物资源普查登录工作，全面实施包含考古资料在内的可移动和不可移动文物古迹的登录、信息化和社会化共享，为学术研究和经济社会发展规划制定以及保护利用提供坚实基础；

---

① 英国考古学家戴维·克拉克曾经按照埋藏前－埋藏中－出土后的考古对象的存在与认识范式设计新考古学的统一理论，参见戴维·克拉克著，陈铁梅译《考古学纯洁性的丧失》，载《当代国外考古学理论与方法》，三秦出版社，1991年。

3. 对考古发掘项目的规划与实施进行全面论证，科学安排，规范实施；慎重开展主动性学术发掘，系统推行基本建设用地考古前置与全面发掘、资料全面移交和规范化管理；鼓励跨行政区域、多层次、多角度的建设工程考古勘探与发掘竞争竞标，全面全方位满足基本建设考古和考古学科发展需求；探索基本建设考古的责任制、合同化运作，全面系统高质量规范化进行基本建设中的考古发掘和资料提取、保护、保存、共享。

4. 探索全面实施考古项目监理制度和考古出土文物与相关档案资料无条件移交和集中式保存，进一步加强考古工作各环节信息化公开化程度，加大科技与信息技术在考古工作中的应用力度，不断提高行业标准，完善考古资料信息提取、信息研究、信息保存、信息共享和传播等各个环节的标准与流程；加强考古相关信息资料公开公益性社会服务，进一步拓展资源保护利用链条，将相关责任及其社会服务纳入相关行业、部门和地方、社区的主体责任，真正让考古成为人民的事业。

5. 进一步理顺考古工作体制机制，完善考古学术体系与事业体系。在机构改革中在中央和地方根据需要设立包括出土文物及其档案资料在内的文物登录中心（信息）、文物保护管理（本体）中心以及考古发掘及保护利用监理中心，尤其是应加强重点区域性和全国性考古资料中心建设（可由部分事业型考古单位或者文保单位就地转化、分化形成）。探索考古事业、科研和合同服务等不同职能及相关机构的分化、细化发展之路。

6. 进一步加强考古人才培养和队伍建设，包括高校教学、事业型公益性科研机构和社会性服务保障支持部门的队伍建设，完善国家、地区不同层级不同职能面向的专业化、职业化考古队伍，大力发展合同考古力量与社会性考古人才、技术、知识贮备。大幅度增加考古队伍规模，全面提升考古学科与工作水平，加强考古分支的分化细化发展以及整合能力。

中国考古学自传教士与西方学者引介尤其安特生在仰韶村等的田野发掘奠基以来，马上就要走过整百年的历程了，又经过裴文中、贾兰坡等先生学取西火以及李济与梁思永等第一代中国考古人留学归来，在中国摸索考古类型学和考古层位学，经过苏秉琦先生通过瓦鬲与墓葬等典型遗物遗迹遗址的类型学探索到考古学文化的区系类型学，夏鼐先生提出考古学文化命名原则及引进碳十四测年等科技考古学，张光直先生介绍并实践聚落考古学与新考古学，周昆叔先生等倡导和探索植物动物与环境考古学，俞伟超先生等提倡全息考古学并尝试班村遗址多学科合作发掘与研究，及至世纪之交国家启动多学科合作的夏商周断代工程与中华文明探源工程，中国考古不断向科学化、系统化、国际化迈进，而今中华民族伟大复兴进程中的文艺复兴和对优秀传统文化的传承创新之需显然又对考古学科及其资源提出了新的要求。文化遗产时代之后，美国考古在1970年代、英国考古在1990年代分别发生了意义重大的遗产化转向，以考古资源管理和公共考古学为重要目标的合同考古成为学科与事业发展新的增长点，极大地促进了考古学自身的全方位介入以及多学科调查、发掘、研究，并实现了和文物保护、地方经济文化与社会发展的良性结合，以及经费与人才的成倍增长。今天，在对考古遗产、信息、资料的多元需求推动下，在公共考古、遗产化考古思维之下，中国考古也应该继续秉持并不断提升一直以来考古学作为人民的考古学以及多学科介入与合作平台的包容开放理念，加快提升考古工作和考古资料的科学化、信息化和公共化程度，更加广泛地兼容不同学科与社会各界对考古资料及其成果的合理诉求。

总之，新时期的中国考古在坚持科学化、系统化和国际化的优秀传统的基础上，应不断提升其民主化、信息化和资源化水平，走出封闭的金字塔，不断推进工作全面化、学科事业化、实践规范化和资源公共化，让包括考古出土文物在内的考古资源真正成为科学的资料、国家的资源和人民群众提高文化素质与满足精神文化需求的本源，成为支撑学科与社会发展长远的战略资源。

考古不仅考物，也考人、考文、考文明传承。考古之物及其相关的信息、知识作为文化 DNA，应该涵盖古往今来并传诸永远。这，也许正是当下"让文物活起来"的时代吁求在考古中的科学意义与实践归宿。

# 中国水下考古事业：回顾、机遇与挑战

宋建忠

（国家文物局水下文化遗产保护中心）

**摘　要：**1987 年中国水下考古事业正式起步。经过 30 余年发展，无论是机构、基地、装备等硬件建设，还是水下考古理论、方法、技术及科研、人才等软件建设均取得了显著进步。然而，面对中国特色社会主义新时代，面对中国海域丰富的水下文化遗存与复杂的海水、海况及海底环境，我们仍面临着巨大的机遇与挑战。本文简要回顾中国水下考古 30 余年发展历史，梳理当前面临的机遇与挑战，提出未来 30 年发展的目标与措施。

**关键词：**中国水下考古；历史回顾；机遇与挑战；新目标；新举措

2014 年 6 月，中央编办批准国家文物局水下文化遗产保护中心（以下简称"水下中心"）独立建制，主要负责组织实施全国水下文化遗产调查、发掘、保护、科研、培训以及国际交流与合作等工作。2015 年 1 月，中国国家博物馆水下考古研究中心整体划转并入水下中心。目前，水下中心内设办公室（人事处、党办）、预算与财务处、水下考古研究所、水下文物保护所、技术与装备处、基地管理与服务处等 6 个部门，人员编制 30 名。

水下中心是我国唯一的国家级水下考古与文化遗产保护的专业机构。按照国家文物局赋予的职能定位，水下中心是统筹全国水下文化遗产保护工作的"总平台"，是我国水下考古与文化遗产保护工作的"国家队"与"主阵地"。自水下中心成立以来，我们始终以高度的历史责任感和使命感开展工作，在重大项目实施、重要课题攻关、人才队伍建设、国际交流合作等方面均取得了一定的成绩，其中包括"南海 1 号"保护发掘、致远舰、经远舰水下考古调查、西沙深海考古探索、中沙塞林港遗址联合考古、"一带一路"沿线国家水下考古培训班、国家社科重大基金项目"西沙群岛出水陶瓷器与海上丝路研究"等重要项目。

中国水下考古是伴随着中国的改革开放发展起来的，是中国改革开放的重要成果之一，更是中国文物考古事业改革开放 40 年的一个缩影。随着十九大以来党和国家机构改革的全面开展，特别是中办、国办《关于加强文物保护利用改革的若干意见》的颁布，中国文物保护事业新的一轮改革已箭在弦上。在这个千载难逢的改革大潮中，中国水下考古与文化遗产保护事业又面临着一次重要的战略机遇发展期，如何抢抓机遇，迎难而上，主动变革，攻坚克难，以求浴火重生，凤凰涅槃，应该是我们当前的首要大事。

# 一、中国水下考古已取得的成就

中国水下考古起步于 1987 年，当年 3 月，文化部文物事业管理局牵头成立了国家水下考古工作协调小组；8 月，英国海洋探测公司联合中国交通部广州救捞局在广东上下川海域探寻荷兰东印度公司"莱茵堡"号沉船，却意外发现宋元时期的一条沉船，这就是后来被中国历史博物馆馆长俞伟超先生命名的"南海 I 号"；11 月，中国历史博物馆设立水下考古学研究室。1987 年发生的这三件大事可视为中国水下考古诞生的三大标志，俞伟超先生因此也成为当之无愧的中国水下考古事业的开创者、中国水下考古学科的奠基人。

30 多年来，中国水下考古机构经历了从无到有、由小到大、由分到合、由内设到加挂牌子再到独立建制的数次演变。1987 年 11 月，中国历史博物馆于考古部设立水下考古学研究室；1999 年 3 月更名为"水下考古学研究中心"；2002 年 9 月，国家文物局批复中国历史博物馆增设水下考古研究中心，2003 年随新组建的中国国家博物馆划转文化部管辖。2009 年 9 月，国家文物局于中国文化遗产研究院设立国家水下文化遗产保护中心；2012 年 6 月，中央编办批复中国文化遗产研究院加挂"国家文物局水下文化遗产保护中心"牌子；2014 年 6 月，中央编办批准国家文物局水下文化遗产保护中心为独立建制法人单位。2015 年 1 月，中国国家博物馆水下考古研究中心整建制划转并入水下中心。

30 多年来，中国水下考古人才的成长经历了从送出去到请进来再到独立自主培训体系形成的过程。1987 年，国家文物局派出杨林与中国历史博物馆张威赴荷兰考察并参加沉船调查与发掘工作，次年又派出国家文物局王军到日本学习水下考古。1989 年，国家文物局委托中国历史博物馆与澳大利亚阿德莱德大学东南亚陶瓷研究中心联合在青岛举办"第一届水下考古专业人员培训班"，培训 11 人，这些人此后多数成为中国水下考古的主力。经过近十年自身的成长，1998 年我国自主举办了"第二届水下考古专业人员培训班"，培训 16 人。此后约每 3 年左右举办一届，每次培训 20 人左右，自此形成中国水下考古专业人才的独特培养体系，即选拔沿海省份与部分内水省份文博业务单位专业人员参加培训，遇有工作时抽调组队完成任务。迄今为止，中国水下考古专业人员培训班已举办 8 届，共培训 145 人，其中包括为肯尼亚、沙特、伊朗、泰国、柬埔寨五国培训的 8 名外籍学员。此外，出水文物保护培训班举办 3 届，培训 51 人。两类培训合计近 200 人，成为中国水下考古与水下文化遗产保护的生力军。

30 多年来，中国水下考古工作不仅覆盖了中国四大海域及部分内水水域，而且还走出了国门，实现了由近海到远海、由海洋到内水、由国内到国外数次跨越。1988 年对广东省吴川县沙角旋沉船进行的水下考古调查成为中国水下考古的第一次试水；1991 - 1997 年连续对辽宁绥中三道岗元代沉船进行 6 次水下考古调查与发掘，被俞伟超先生评价为"是我国首次全凭自己力量来实现的一项正规的水下考古工作"；1996 年对重庆白鹤梁石刻水下考古调查成为第一次内水考古工作；1996 年中国历史博物馆派出张威等 5 人参加了日本"中部空港"建设水下考古调查，为中国水下考古首次走出国门；1998 年对西沙群岛北礁、华光礁水下考古调查成为首次远海水下考古工作；1999 年对香港大屿山竹篙湾水下考古调查成为香港的首次水下考古；2010 年中肯合作展开对肯尼亚拉穆群岛、马林迪海域的水下考古调查，是为中国水下考古的首次援外工作。截至目前，我国已发现 240 余处水下文化遗存（不含港澳台数据），以各海域发现的沉船为主，调查发掘的有"南海 1 号""华光礁一号"、"南澳一号"、"碗礁一号""小白礁一号"等沉船，时代集中在宋、元、明、清，基本反映了古代海上丝绸之路之兴衰。

30 多年来，中国水下考古与水下文化遗产保护并驾齐驱，范围不断拓展，内涵不断深入。在仍以抢救性考古发掘为主要保护模式的同时，局部试掘、整体打捞、现场监控、原址保护等理念和方法不断实践，努力探索符合中国国情的水下文化遗产保护之路。"南海 I 号"沉船考古历经 30 余年，经历了意外发现、水下调查、整体打捞、室内保护发掘与展示等阶段，成为中国水下考古 30 余年的一个缩影，并且还将进一步见证中国水下考古的未来发展。另外，2009 年重庆白鹤梁水下博物馆的落成开馆，成为世界上第一个真正意义上的水下博物馆，观众可以在水下 40 米的参观廊道里欣赏举世闻名的白鹤梁水文石刻，博物馆以其独特的陈展设计和令人震撼的观感体验得到了联合国教科文组织的肯定。这两项融合了工程、考古、保护与展示不同专业技术的水下文化遗产保护项目已然成为世界水下文化遗产保护的"教科书式"案例。

30 年多来，中国水下考古科研阵地从 1987—1990 年内部刊物《水下考古通讯》（第 1－4 期）到 2012—2016《水下考古学研究》（第 1－2 卷）再到 2017 年底《水下考古》（第 1 辑）创刊，一定程度上反映了这支专业队伍的科研生长。而 2001 年《绥中三道岗元代沉船》报告的出版则成为中国水下考古的第一本专业报告，之后有 2006 年《西沙水下考古（1998－1999）》、2011 年《福建连江定海湾沉船考古》。国外译著方面，1992 年《海洋考古学》（［英］基思·马克尔瑞著，戴开元、邱克译）、1996 年《水下考古学入门》（小江庆雄著、王军译、信立祥校）、2011 年《考古学与船舶社会史》（［英］理查德·A. 古尔德主编，张威、王芳、王东英译）的出版，尤其前两本对我国起步阶段的水下考古产生了重要作用。2007 年由张威主编、吴春明等编著的《海洋考古学》成为我国第一部系统论述水下考古的著作，表明我国水下考古已初步建立起了自己的学术体系。

## 二、十八大以来取得的新成就

没有党和国家的高度重视就没有中国水下考古的诞生，没有改革开放和综合国力的提升就没有中国水下考古事业的快速发展壮大。回顾 30 多年历程，如果将前 25 年中国水下考古发展轨迹视作一条平稳的上升线，那么党的十八大以来的发展轨迹则是迅速攀升，无论从机构建设、基础设施、技术装备，还是从人才培养、学科建设、课题研究均有了新的发展突破，这是渐变到突变、量变到质变的一次跨越。

十八大以来，除了中央编办批准国家文物局水下文化遗产保护中心独立建制外，中国第一艘考古专用船"中国考古 01"的建成使用无疑是另一件重要大事。2013 年 4 月，"中国考古 01"在重庆开工建造，2014 年 1 月下水、8 月于青岛交付、9 月首航丹东承担致远舰水下考古调查，成为集水下考古、临时保护、现场展示、后勤保障的综合工作平台，结束了长期以来租用渔船等非专业用船的历史，也标志着中国水下考古在技术装备上进入世界先进行列，使中国成为继法国、韩国之后第三个拥有考古专用船的国家。

十八大以来，中国水下考古基地建设捷报频传。2014 年 10 月，11000 平方米的国家水下文化遗产保护宁波基地建成交付使用；2018 年 11 月，6400 平方米的国家文物局水下文化遗产保护中心北海基地交付启用；同月，约 32000 平方米的国家文物局水下文化遗产保护中心南海基地开工。这三个水下考古基地将为黄渤海、东海、南海 300 万平方公里海域的中国水下考古与文化遗产保护工作提供重要保障。如果加上原有的为满足"南海 1 号"沉船打捞发掘工作所建的 5000 平方米的阳江基地，中国水下考古基地建筑总面积将达到 54000 余平方米，为中国水下考古与文化遗产保护事业的发展奠定了坚实基础。

十八大以来，中国水下考古突破此前以沉船调查发掘为主的工作模式，以国家文物局水下文化遗产保护中心为总平台，工作范围与对象不断拓展。2013 年 5 月，首次对南沙群岛海域进行水下考古调查，成为国内距离最远的水下考古调查；2013 年 6 月，对湖北丹江口水库均州古城进行水下考古调查，开启了内水被淹没古城的首次水下考古调查；2013 年 9 月，对辽宁绥中沿海"碣石宫"遗存进行水下考古调查，成为首次对沉船以外海洋遗址的水下考古调查；2013 - 2014 年，采用区域调查法对福建海坛海峡进行水下考古调查，这是田野考古区域调查法在水下考古的首次尝试；2014 年至 2018 年，连续 5 年对清末北洋水师沉舰致远舰、经远舰、定远舰调查，将中国水下考古对象拓展到近现代沉舰，开启了对甲午海战沉舰的系列调查。这些工作标志着中国水下考古从西沙走向了南沙，从沉船走向了遗址，从古代走向了近代。初步统计，仅 2013 至 2017 年的 5 年间就实施了 32 项水下考古调查，约占 30 年总项目的 40%，工作领域不断纵深发展，成为中国水下考古发展 30 年来最快的 5 年。

十八大以来，中国水下考古的多学科合作呈蓬勃之势，"南海 1 号"与"小白礁 1 号"沉船发掘保护工作就是其中的代表。2013 年 11 月，"南海 I 号"室内保护发掘正式启动，意味着中国水下考古与文化遗产保护最高水平的"一流发掘、一流保护、一流展示"进入全面实施阶段；2014 年 5 月开始的"小白礁 1 号"沉船发掘保护工作，多学科合作单位达到 10 家之多。这两个项目在组织管理、多学科合作、新科技应用、现场保护展示等方面均有大胆创新尝试，开创了边发掘、边保护、边展示的工作模式，成为中国水下考古沉船发掘保护展示的典范。此外，中国水下考古的课题意识不断加强，从以往研究沉船与外销瓷为主，向港口、码头、海防、船谱、更路簿、海图等相关方面逐步延伸，紧紧围绕古代海上丝绸之路这条主线不断拓展，并于 2016 年荣获国家社科基金重大项目"西沙群岛出水陶瓷器与海上丝绸之路研究"，不断引起学术界的高度关注。

十八大以来，中国水下考古科研成果及国外相关译著集中刊发。水下考古报告方面，2013 年《南海考古—资料整理与述评》、2014《福建平潭大练岛元代沉船遗址》、2017 年《福建沿海水下考古调查报告（1989 - 2010）》《安徽水下考古调查报告（2008—2016）》《南海 I 号沉船考古报告之一——1989 - 2004 年调查》（上下册）、2018 年《南海 I 号沉船考古报告之二—2014 - 2015 年发掘》（上下册）的连续出版，表明中国水下考古的科研成果进入集中收获期。国外译著方面，2013 年联合国教科文组织《水下文化遗产行动手册》、2018 年英国航海考古学会《水下考古—原理与实践之 NAS 指南》、2019 年韩国国立海洋文化财研究所《韩国海洋出水文物保护手册》的翻译出版，则对于我国水下考古和水下文化遗产保护的实践产生一定的指导作用。

十八大以来，在"一带一路"倡议下，我们的对外合作交流不断加强。水下中心先后与韩国国立海洋文化财研究所、法国水下考古中心、英国海事博物馆、沙特国家考古中心签署了合作框架协议，以此增进双方在人员互访、项目合作、资料共享等方面的工作；与希腊、伊朗等国家正在协商双方合作事宜，与斯里兰卡、印尼、菲律宾、泰国、韩国、日本等海上丝绸之路沿线国家的相关机构展开积极的学术交流，旨在推动海上丝绸之路的跨国研究，讲好古代中国海上丝绸之路故事。与此同时，我们积极参与联合国教科文组织水下公约秘书处组织的相关会议活动，不断探讨中国加入联合国教科文组织2001年《保护水下文化遗产公约》的可行性，力争扩大在国际水下文化遗产保护领域的话语权和影响力，努力履行负责任大国的历史担当。

## 三、新时代面临的机遇与挑战

党的十九大标志着中国特色社会主义进入新时代，这是实现中华民族伟大复兴中国梦的时代，是我国日益走近世界舞台中央、不断为人类社会发展做出更大贡献的时代。面对新时代，中国水下考古与文化遗产保护事业面临又一次难得的发展机遇。

一是党和国家对文物工作的高度重视为我们提供了新的历史机遇。党的十八大以来，党中央国务院以前所未有的态势高度重视文物保护工作，习近平总书记对文物保护工作作出重要指示批示100多次，出席或见证文物领域重要活动20多次，考察调研文博单位40多处。党的十九大以来，中办、国办连续出台《关于实施中华优秀传统文化传承发展工程的意见》《关于加强文物保护利用改革的若干意见》《关于实施革命文物保护利用工程（2018—2022年）的意见》等重要文件。在新中国成立70周年之际，国家主席习近平签署主席令，授予42人国家勋章和国家荣誉称号，樊锦诗荣获"文物保护杰出贡献者"国家荣誉称号。这一系列举措表明我国文物保护工作迎来了新时代发展的重要历史机遇。

二是"一带一路"倡议的大力推进使古老的海上丝绸之路焕发出新的活力，对从事水下文化遗产保护与古代海上丝绸之路研究的水下考古工作者提出了更高要求。21世纪海上丝绸之路不仅传承了"和平合作、开放包容、互学互鉴、互利共赢"的古代丝路精神，而且注入了新的时代内涵。中国与海上丝绸之路沿线各国合作层次更高，覆盖范围更广，参与国家更多，将串起连通东盟、南亚、西亚、北非、欧洲、乃至南美洲等世界主要区域，共同构建人类命运体，这是全球发展的新高度。2018年8月，在推进"一带一路"建设工作5周年座谈会上，习近平总书记提出"要推动教育、科技、文化、体育、旅游、卫生、考古等领域交流蓬勃开展，围绕共建'一带一路'开展卓有成效的民生援助"，这是总书记首次将考古与教育、科技、文化等并列，纳入"一带一路"人文交流与民生援助内容。2019年4月，在第二届"一带一路"国际合作高峰论坛开幕式上，总书记再次指出："我们要积极架设不同文明互学互鉴的桥梁，深入开展教育、科学、文化、体育、旅游、卫生、考古等各领域人文合作，…形成多元互动的人文交流格局"。2019年5月15日，在亚洲文明对话大会开幕式上，习近平主席提出"中国愿同各国开展亚洲文化遗产保护行动，为更好传承文明提供必要支撑"。相隔不到一年，习近平总书记连续三次在国际会议上将考古与文物保护纳入到国家战略高度，为我们中国水下考古参与海上丝路沿线国家合作考古发掘、文物保护援助以及人文学术交流提供了广阔的空间。

三是海洋强国战略的推进对我国水下考古与文化遗产保护提出了新的要求。2012 年 11 月，党的十八大首次提出"提高海洋资源开发能力，发展海洋经济，保护海洋生态环境，坚决维护国家海洋权益，建设海洋强国"，将建设海洋强国上升到国家战略高度。2017 年 10 月，党的十九大再次强调"坚持陆海统筹，加快建设海洋强国"。相隔 5 年，党中央两次提出"海洋强国"战略，这是中国重视海洋与经略海洋的重要举措。正如地缘政治学创始人弗里德里克·拉采尔所说"只有海洋才能造就真正的世界强国，跨越海洋这一步在任何民族的历史上都是一个重大事件"。① 我认为，十九大报告中的海洋强国建设不仅包括海洋资源、海洋经济、海洋生态、海洋权益四个方面，也应包括文化方面。西方国际关系现实主义的理论权威汉斯·摩根索（Hans Morgenthau）认为，国家利益应当包括三个重要的方面：领土完整、国家主权和文化完整，三者的本质其实都是国家的生存问题，抑或国家的安全问题。同济大学中国战略研究院刘笑阳指出："海洋强国战略的核心内容主要涉及经济、政治、安全和文化四个纬度"。② 他进一步指出"海洋文化资源，主要指引领性的海洋学说、文教产品以及沿海地区风土人情、文物古迹等，海洋文化资源直观地反映出海洋强国的底蕴和厚度"。③ 当然，除了关注到沿海地区文物古迹外，他可能并没有意识到中国 300 万平方公里海域内还隐藏着大量未知的水下文物资源。而这些未知的水下文物资源恰恰在维护我国海洋权益、重建中国海洋文明史、构建海洋命运共同体等方面有着不可替代的作用。显然，全面摸清中国海域水下文物资源是新时代中国水下考古面临的重大历史使命。

四是"考古中国"与"中华文明标识体系"重大项目对中国考古学科提出了新的挑战。继"夏商周断代工程"与"中华文明探源工程"项目后，近年来，国家文物局又启动了"考古中国"重大研究项目，旨在通过对重点遗址系统的考古发掘，不断加深对中华文明悠久历史和宝贵价值的认识，提升考古在文物保护中的基础性地位和作用。中办、国办《关于加强文物保护利用改革的若干意见》则进一步明确提出构建中华文明标识体系的重要任务，要求通过深化中华文明研究，推进中华文明探源工程，开展考古中国重大研究，实证中华文明延绵不断、多元一体、兼收并蓄的发展脉络，并依托价值突出、内涵丰厚的珍贵文物，推介一批国家文化地标和精神标识，增强中华民族的自豪感和凝聚力。这无疑是对中国考古学乃至水下考古学提出的新要求与新挑战。

## 四、对新时代中国水下考古事业发展的思考

对于任何组织和事业来说，发展是永恒的主题。当前从上到下正在进行的机构改革就是为了促进国家在新时代的全面发展。从根本上说，改革就是要摒除发展道路上的障碍与藩篱，加快促进发展目标的实现。具体到中国水下考古事业的发展，一方面要坚持目标导向改革，另一方面要坚持问题导向改革。目标导向改革就是要紧紧围绕国家文物局赋予水下中心的基本职能与本次改革发展中国家文物局对水下中心的顶层设计，去解决发展中的短板问题。问题导向改革就是要摒除那些阻碍或不适于我

---

① 〔英〕杰弗里·帕克著，李亦鸣等译：《二十世纪的西方地理政治思想》，北京，解放军出版社，1992 年，第 63 页。
② 刘笑阳：《海洋强国战略的理论分析》，《太平洋学报》2018 年第 8 期，第 73 页。
③ 刘笑阳：《海洋强国战略的理论分析》，《太平洋学报》2018 年第 8 期，第 65 页。

国水下考古与文化遗产保护发展的困难和问题。

　　具体来说，水下中心在事业单位分类改革中被划分为公益一类事业单位，在单位性质上定位为文化事业单位。从长远看，这样的划分定位有利于单位和事业的发展。但目前来看，却面临着诸多现实困惑和问题。

　　一是体制与机制不顺。首先，受限于当前公益一类事业单位政策的不配套，水下中心理论上不能承接政府购买服务，不能承担地方转移支付项目，甚至不能承担国家文物局下达的重要工作任务，这势必难以完全发挥全国水下文化遗产保护"总平台"和"国家队"的作用。其次，水下中心财政拨款人员经费严重不足，如果不允许承担政府购买服务项目和地方转移支付项目，将造成水下中心事业性收入枯竭，无法保证各项基本支出，将极大地影响事业正常发展。再次，水下中心被定性为文化单位而非科研单位，一定程度上也限制了水下中心及水下考古事业的发展。比较而言，科研单位的资金来源与使用、人才队伍的建设管理、技术装备的引进，以及国际交流等方面均具有更大优势与灵活性。而事实上，水下考古与文化遗产保护工作恰恰高度依赖于新科技和新装备，明显具有资金、技术及人才密集型属性，同时又具有高度的国际关联性。

　　二是编制不足与人才缺乏。目前，水下中心编制30人，作为业务部门的水下考古所、水下文物保护所、技术与装备处三个部门涵盖了水下中心职能所涉及的所有业务工作，但现有人员却不足20。即使算上全国能够从事水下考古的一线人员也不足百人，显然无法满足全国水下考古与水下文化遗产保护工作的需求。

　　三是技术装备研发不足。在人文社会科学领域，考古学是与自然科学技术最密切相关的学科，而水下考古更是潜水、物探、打捞等科学技术工程发展的产物，没有这些科学技术的发展就不可能产生水下考古。目前，水下中心技术装备工作主要是基本的常规潜水与物探设备采购和维护，尚无能力从水下考古工作自身技术需求出发，组织研发水下考古专用技术与装备。从当前形势看，中国水下考古面临着两大技术瓶颈：一是在浑浊海（河）水环境与泥质海（河）底埋藏下，靠目前的物探技术发现和辨认沉船等水下遗存的能力严重不足；二是在深海搜寻和发现沉船等水下遗存的技术与装备缺失。这两个紧迫的问题直接关系着我们能否摸清中国水下文化遗产的家底。

　　针对以上存在问题，结合新时代历史机遇，提出中国水下考古与文化遗产保护事业发展的思考：

　　第一、关于未来30年发展总目标。从1987年算起，中国水下考古刚走过了第一个30年。第二个30年是中国跨越"两个百年"的30年，也是中办、国办《关于加强文物保护利用改革的若干意见》发布并指导我国文物事业未来发展的30年。面对新时代重要历史机遇，未来30年，我们应将中国水下考古与文化遗产保护事业做大做强。在建国百年实现中华民族伟大复兴的中国梦时，中国的水下考古与文化遗产保护事业应当成为世界一流。这个世界一流不仅体现在水下考古与水下文化遗产保护工作层面，而且还要体现在水下考古与海上丝绸之路研究层面。具体而言，通过未来30年工作，我们应当初步掌握中国水下文化遗产资源的家底，应当初步厘清中国古代海上丝绸之路发展的脉络，力争重写或改写中国海洋文化的历史。

　　第二、关于国家文物局水下文化遗产保护中心职能。国家文物局赋予水下中心的基本职能包括统筹全国水下文化遗产保护业务工作，承担全国水下文化遗产保护政策法规研究、标准拟制和事业发展规划编制，承担全国水下文化遗产保护资源数据管理、系统建设、专业人员培训和资格资质管理工作，实施重要的水下文化遗产调查、发掘、研究项目，负责涉海基本建设水下文化遗产调查、发掘项目的组织、实施工作，承担水下文化遗产保护规划和保护、修复等方案编制工作，实施水下文化遗产保护、展示和相关研究项目，组织全国水下文化遗产保护项目初审和结项、审核工作，开展全国水下文化遗产保护技术研发、推广、咨询与服务工作，承担国家水下文化遗产保护基地的管理工作，统筹指导其它基地的业务工作，承担考古研究船等装备、设备的管理、使用工作，开展水下文化遗产保护国际合作与交流，承担国家水下文化遗产保护部际联络协调日常工作，承担国家文物局交办的其他事项。

从目前的职能看，应该说涵盖了水下考古与文化遗产保护方方面面的全部工作，如果能把这些职能发挥好，各项工作做好，这已经是一个很高的目标了。因此，我们应当继续围绕这些职能定位，改革破解目前存在的主要问题，如体制与机制不顺、编制不足与人才缺乏、技术研发与装备保障不足。反之，这些问题得不到彻底解决就很难充分发挥好各项职能，也很难实现我们的发展目标。

第三、关于组建国家文物局考古研究中心。最近，国家文物局与相关部门正在研究，拟依托水下中心组建国家文物局考古研究中心（以下简称"考古中心"）。我们认为，在当前我国历史学与考古学大发展背景下，特别是习近平总书记对文物考古工作高度重视，并且在推进"一带一路"建设工作五周年座谈会上提出"要推动教育、科技、文化、体育、旅游、卫生、考古等领域交流蓬勃开展，围绕共建'一带一路'开展卓有成效的民生援助"，由此可看出考古工作在中国新时代发展中的重要作用。国家文物局党组审时度势，把握机遇，英明决策，将组建考古中心列为国家文物局机构改革重要目标，十分鼓舞人心。在此，我认为拟组建的考古中心应当在加强原水下中心职能的基础上，增加国家考古相关政策法规研究、统筹规划相关考古工作，加强"一带一路"沿线国家联合考古的规划与实施；可将考古中心定位为国家考古智库、国家文物局助手、水下考古与外国考古的总平台与国家队。这样既不与现有的各级考古机构有任何的重复设置，又能保留水下考古与文化遗产保护原有职能，还能适应新时代国家对考古工作的总体要求。

第四、关于水下考古专业人才的培养。国家文物局文物保护与考古司《考古工作津贴制度调研报告》中提到全国现有58所高校设立考古或相关文博院系，每年毕业学生超过800人。然而，这58所高校却没有一所设置水下考古或海洋考古专业。30年来，中国水下考古专业人才的培养一直遵循国家文物局组织的水下考古专业人才培训班模式，人员来自沿海各省文博机构的专业人员，至今已培训过8期共145人，成为我国水下考古的主力军。但长期的实践表明，这种人才培养模式有一定的局限性，主要表现在注重了潜水技能的培训，始终没有上升到水下考古学科体系的人才培养，直接影响了水下考古的研究水平及学科的发展。有鉴于此，凭借水下中心青岛北海基地与山东大学青岛校区的区位优势，2019年秋季，水下中心与山东大学合作在青岛校区面向考古专业开设了水下考古学概论课程，并计划联合培养研究生，使水下考古逐步成为山东大学的特色专业，以此实现人才培养与事业用人的无缝对接，并逐步引导部分重点高校将水下考古纳入考古学学科体系建设中，从根本上解决中国水下考古专业人才培养的问题。

与此同时，目前应继续定期办好水下考古专业人才培训班。经过2017年"一带一路"沿线国家水下考古培训班的尝试，水下中心对来自沙特、伊朗、泰国、柬埔寨的6名学员进行了培训并获得良好效应，这对于我们开展"一带一路"沿线国家联合考古与海上丝绸之路研究及申遗有重要的意义。

第五、关于水下考古两大技术瓶颈。我国30多年的水下考古发现基本都是依靠渔民的捕捞作业或不法分子的盗捞而发现的，近年来这种被动发现的线索越来越少。茫茫大海主动寻找线索无疑是大海捞针，尤其面对我国黄海、渤海及东海近海的浑浊水环境与南海多深不可及的特点，中国水下考古始终存在着两大技术瓶颈（前已叙述），这是我们水下考古事业前进道路上的"两只拦路虎"，这两个技术难点不能攻克，就不可能实现中国海域的水下文化遗产资源的普查，更谈不上对300万平方公里海域家底的掌握。可喜的是水下中心与中国科学院深海工程与科学研究所已建立了深海考古联合实验室，并联合在西沙群岛海域进行了首次深海考古探索，在深海考古领域走出了关键一步。另一个难点的攻克，水下中心拟与上海大学无人艇工程研究院成立智能化水下考古联合实验室，研究探索针对浅海浑浊水环境的无人艇考古探测。我们希望借助两个联合实验室的攻关研究，力争尽快突破这两大技术瓶颈。

第六、关于加强水下文化遗产保护利用。长期以来，与田野考古及文物保护力量相比，水下考古及水下文物保护专业力量相对薄弱很多；同理，水下文化遗产数量质量与陆地文化遗产也不在一个层级。因此，水下文化遗产的合理利用受到很大限制，与当前"让文物活起来"发挥更大作用有很大差距。为此，我们应加强水下文物保护专业力量，汲取国外先进保护理念、方法与技术，选择一些具有良好示范效应的水下文化遗址加以保护、规划、展示及合理利用，充分发挥水下文化遗产在建设海洋强国、文化强国中的重要作用，实现由业内到全社会的成果共享。

第七、关于"一带一路"沿线国家联合考古与交流。近年来，随着"一带一路"倡议的大力推进，中国考古走出去的步伐越来越快。根据2019年12月23日国家文物局召开的"中外联合考古项目工作会"获悉，2019年我国开展中外联合考古项目46项，其中赴外联合考古项目38项，涉及亚洲、非洲、欧洲、美洲20多个国家。这些项目紧密围绕"一带一路"人文交流主题，积极与合作国开展考古调查、遗址发掘和专题研究，充分展现出古代丝绸之路上的物质交换、族群迁徙、思想交融和文明互动。其中水下中心与沙特国家考古中心联合开展的沙特塞林港遗址考古发现了分布密集、排列有序的大型墓地，并发现了波斯釉陶、龙泉青瓷、景德镇白瓷等文物，展现了塞林港作为古代海上丝绸之路国际贸易港的历史，为探寻海上丝绸之路港口的兴衰与古代中国文化商贸的交流关系提供了重要资料，并为国际社会贡献了中国考古方案，得到了双方的高度认可与赞赏。

然而，面对当前国内考古机构与高校考古师生竞相走出国门涉足国外考古这个新领域时，也暴露了我们自身存在的问题与不足，比如缺乏国家层面的统筹规划，造成赴外考古的无序与盲目；而考古人员知识储备不足，缺少真正懂外国考古与文明研究的学者，又造成表面热闹非凡，实际成效却不相匹配的情况。为此，我们建议国家相关部门制定赴外考古管理办法，将赴外联合考古纳入到国家统一管理中，并加大支持力度。国家文物局副局长宋新潮在2019年12月23日会议上对下一步赴外联合考古也明确提出了要求，即以"一带一路"考古、周边国家地区考古和世界古代文明比较研究为重点，加强统筹规划，开展多学科合作，注重人才培养，保证考古研究水平，以学术交流带动双边、多边人文互动，让每一个项目都成为增进各国人民互信的文化亮点。

随着中国赴外考古国际影响力的扩大，中国考古渐渐被誉为中国的"金色名片"，在我国对外文化交流中发挥着不可低估的重要作用。具体到水下中心而言，其本身担负有中国水下考古国际交流与合作的职责任务，国家文物局又发布了《丝绸之路经济带和21世纪海上丝绸之路文化遗产保护与交流合作专项规划》指导意见，中国水下考古的国际交流与对外合作前景广阔。水下中心近年接触的海上丝绸之路沿线国家有法国、英国、意大利、希腊、土耳其、克罗地亚、沙特、伊朗、印度、肯尼亚、塞拉利昂、塞舌尔、印度尼西亚、马来西亚、泰国、柬埔寨、菲律宾、韩国、日本、墨西哥等。大多数国家对双方联合开展水下考古与水下文化遗产保护领域的合作交流充满期待与信心。因此，如果在国家相关政策的支持下，可以围绕古代海上丝绸之路沿线国家，按照地中海、红海波斯湾、印度洋、东南亚海域、东北亚海域以及墨西哥海域，我们编制出一个海丝沿线国家合作考古研究的中长期规划（2020－2035），统筹协调，按计划、分步骤开展联合考古与国际交流。这一方面有利于推进"一带一路"建设与构建人类命运共同体，不断传播中华文化，讲好中国故事，贡献中国方案；另一方面有利于从全球化视野角度研究中华文明与世界不同区域古代文明的互鉴交流，增强中国学者与中国学术的国际话语权，构建中国作为大国强国的水下考古与文化遗产保护及古代海上丝绸之路研究的学术地位。

第八、关于"十四五"及中长期规划。2020年是"十三五"规划收官之年，也是"十四五"规划编制之年。2021－2025是我国第十四个五年计划时期，也是"两个一百年"奋斗目标的历史交汇期，对我国国民经济和社会各项事业发展具有重要的意义。因此，在国家"十四五"规划及国家文物事业发展"十四五"规划指导思想下，如何编制好水下文化遗产保护"十四五"规划和中长期规划（2020—2035）就显得尤为重要。首先，我们要全面总结评估"十三五"规划完成情况，客观准确把握水下考古与文化遗产保护所处发展阶段，重视存在问题与不足，致力于打破事业发展的瓶颈，找准突破点，解决核心问题，发挥导向引领作用。其次，要做好近中远期的目标衔接，既要制定好"十四五"五年规划，又要做好至2035年的中长期规划，还应关注到本世纪中叶全面建成社会主义现代化强国的战略目标。再次，要重视规划实施的可操作性，既要站在全局考虑问题，又要切合不同区域实际情况，重视不同区域自身特色，挖掘潜在价值，稳步推进可持续发展。

关于"十三五"期间水下文化遗产保护工作，《国家文物事业发展"十三五"规划》指出："加强水下文化遗产保护。开展西沙群岛、南沙群岛及沿海重点海域水下文化遗产调查和水下考古发掘保护项目，划定一批水下文化遗产保护区。推进南海Ⅰ号、丹东Ⅰ号等考古发掘和保护展示项目，实施海上丝绸之路文物保护工程。提升水下文化遗产保护装备水平，建成国家水下文化遗产保护南海基地。"其中"实施海上丝绸之路文物保护工程"又在规划文本的专栏一中被界定为"开展海上丝绸之路史迹调查，基本掌握西沙海域文物遗存状况，加强明清海防设施、窑址、海岛文物调查研究，推进东海、黄海、渤海及内水重点区域水下文化遗产调查，实施一批海上丝绸之路文物保护修缮、展示提升和环境整治项目。"显然，目前我们距离"十三五"规划的目标实现还是有很大距离的。

为此，我们应在全面客观总结评估以上各项任务目标完成情况前提下，依照中办、国办《关于加强文物保护利用改革的若干意见》指导意见，紧密围绕水下考古与文化遗产保护领域全局性、前瞻性和关键性重大问题，进行深入研究，深刻把握"十四五"及中长期形势任务，研究提出"十四五"和2035年的主要目标、重点任务、重大政策、重大项目和重要举措。具体来讲，首先应编制《全国水下文化遗产保护"十四五"规划》与《全国水下文化遗产保护中长期规划（2020－2035）》。其次应依托北海基地、宁波基地、南海基地及武汉基地，分别制定黄渤海海域、东海海域、南海海域及内水水域四个"十四五"专项规划，建立各海域及内水水域水下考古项目储备库。如果再加上前面谈到的制订一个《国际交流与海上丝绸之路沿线国家联合考古中长期规划（2020 – 2035）》，这样就可以制定出中国水下考古在国内、国际上的"十四五"到2035 年的一个中长期基本目标，同时也就奠定了2050 年建国百年实现中华民族伟大复兴的中国梦的其中一个基础。

# 试论国有文物商店的改革与发展

陈　昀

（中国文物交流中心）

**提　要：**计划经济体制下以所有制为核心的国有文物商店，不符合市场经济规律的以产权为核心的运营机制，面对目前的困境，必须以深化体制机制改革为核心，彻底破除"事企不分"、"一店两性"的组织形式。顺应当前全面深化改革总目标，以解放和发展社会生产力为标准，坚持总体设计、事企分开、因店制宜、功能明确、稳步推进的改革策略，积极主动应对，促进文物事业和商业持续健康发展，不断满足人民日益增长的美好文化生活需要。

**关键词：**文物商店；国有；改革；改制；文物市场

## 一、背景和发展

我国的国有文物商店是在相关政策背景下产生、发展的，它是计划经济时代的产物。20世纪50年代，随着社会主义工商业的改造，新中国的文物商业由私营转变为公私合营或合作。1956年，北京的88家古玩店，相继摘匾，改造为公私合营商店。北京六七十年代经有关部门批准的文物经营单位只有6家国有商店：文物商店（经营碑帖、字画、金石、陶、瓷、文房四宝、文物杂项等），荣宝斋（经营碑帖、字画及其水印复制品、文房四宝为主），北京家具厂（今龙顺成中式家具厂，经营旧家具为主），信托公司（今华夏工艺品公司，以委托代销旧货杂项为主），友谊商店（今友谊商店股份有限公司，兼营近现代字画、碑帖），中国书店（以经营古旧图书、碑帖字画为主）。

1958年4月，上海古玩商业系统完成全行业公私合营，专营与兼营古玩业务的单位紧缩为古玩市场、国营旧货商店、新龙、顾松记、仁立、益新成、尊彝斋、荣宝斋、古籍书店等9家。1961年天津市文物公司陆续合并了天津劝业场、瑞宝斋、万昌古玩店等国营和私人的文物经营业务，接管了天津市的文物商业。1959年6月，将广州当时已有的经营古玩文物的合作商店加以改组，成立国营的购销公司，各地成立收购站普遍收购，再由市文化部门从省市文史馆调用有文物专业知识的馆员和有专业知识的商业从业人员经营，并对已有的合作商店加以管理。

1960年9月24日，国务院批准《关于改变文物商业的性质和管理体制的方案》，决定各地由非文化部门负责领导的文物商店的性质，一律改变为实行企业经营管理的国家事业单位，作为国家收集社会流散文物的收购站和临时保存所，统一划归文化部门负责领导。文物商店的主要工作任务就是收集社会流散文物，提供博物馆、研究单位和学校作为陈列展览和研究对象；同时提供国内需求，适当组织出口。另外，代表国家办理废旧物资中的文物拣选。至此，文物商业经营体制机制得以理顺，文物商店的工作得以明确，文物流通中的政府管理得到加强。现有的国有文物商店，不少是成立于20世纪60–70年代。如上海古玩总店（1958年成立）、北京市文物商店（1960年成立）、广州市文物总店（1960年成立）、天津市文物公司（1961年成立）、四川省文物总店（1962年成立）等。

1974年11月，国务院批转外贸部、商业部、文物局关于加强文物商业管理和贯彻执行文物保护政策的意见的通知（132号文件），文件特别提出：文物商业采取"少出高汇，细水长流"的方针，有计划地组织出口，对文物商业市场，应"归口经营、统一收购、统一价格、加强管理"。在文物商业的管理和经营分工方面要求：文物商店应由文化部门领导，没有建立文物商店的省、自治区、直辖市应逐步建立。现由外贸部门领导的文物商店，应即移交文化部门领导，原有文物商店的业务人员和不动产（包括仓库）以及外贸部门和其它部门不准出口的库存文物一并移交文化部门。移交的文物可按原来收进的价格作价。文物部门资金、仓库不足的，可适当增加。今后各地文物应由文物商店统一收购。不属于文物性质的珠、宝、翠、钻由外贸部门统一收购（或委托文物商店等机构代购）。外贸部门出口的文物商品，货源一律由文物商店负责供应。此后，各地纷纷成立国有文物商店，尤其是省级文物商店，如安徽省文物总店（1974年成立）、河北省文物商店（1975年成立）、黑龙江省文物商店（1976年成立）、江西省文物商店（1977年成立）、山西省文物商店和湖南省文物商店（1978年成立）、陕西省文物总店和湖北省文物总店（1979年成立）等。

1981年国家文物局颁发的《文物商店工作条例》明确要求：各地设立文物商店或文物站必须报请国家文物局或省级文物主管部门批准。在国有文物商店内部经营机制上，销售、收购、保管3个部门必须分设。各地文物商店不允许跨地区收购文物。

国有文物商店是在国家政治和经济转变的大环境下成立和发展，对政策的依赖度极高。自成立之日起，其性质由原来的纯商业性质改变为实行企业化管理的文化事业单位。在这特定的历史条件和历史时期，国有文物商店在文物流通领域一统天下，高度垄断。

# 二、作用和贡献

在专管专营文物市场政策下，国有文物商店是文物流通的主要主渠道。几十年来，为流散文物的收购和管理，为博物馆提供藏品，为国家创造外汇，为行业培养人才，为满足人民收藏需求，以及为文化事业的发展做出过积极贡献。

## （一）拯救和收集社会流散文物

鸦片战争之后，我国政治动荡、军阀纷争、外寇频侵、人民困苦，在极其不安定的环境下，大量文物散落民间，或被外人购置运往境外，或无人珍视而毁于国内，板荡间，文化之精华、民族之积淀，视之如草芥，弃之如弊履，海量文物流失与破坏，让国人扼腕痛惜。建国后之政治运动，又让文物蒙难。在拯救社会流散文物，文物商店力量虽小，但功劳巨大，为国家收集和保护了大量文物。例如，

1975 年 -1988 年河南省文物商店以收集保护社会流散文物为己任，几年来，共收集社会流散文物二十余万件，向省博物馆和外地博物馆提供藏品二万多件。1975 年 -1991 年河北省文物商店现藏各类文物二十余万件，其中线上文物万余件、文物精品千余件。文物均按类分库保管，一、二级品及部分珍贵文物则单独建帐、专库保管。江西省文物店自成立至今，累计收购文物总计数十万件，其中珍贵文物超万件。因为文物商店的努力，有效的保护了大量的民间文物，防止了珍贵文物的外流。

## （二）为文物收藏和科研单位提供藏品

国有文物商店作为事业性质的单位，为博物馆、研究单位和学校提供陈列展览和研究对象是主要工作。建国之后国有文物商店的文物成为博物馆藏品重要来源，博物馆凡是成批量的文物入藏基本上都是文物商店提供的。据不完全统计，从 1978 年至 1991 年，全国文物商店收购文物 700 万件/套以上，从外贸部门接收文物 670 万件/套以上，向博物馆提供藏品 15 万件/套以上，其中，三级品以上 3 万件/套以上。[①] 据不完全统计，1960 - 1983 年，北京市文物公司为国家提供的一级文物达 4080 件，许多国家博物馆和艺术机构直接受益于此。仅北京故宫博物院一家，书画、瓷器、铜器、古墨等就达 77 件。在故宫武英殿《石渠宝笈》展中陈列的宋代马和之《鹿鸣之什图》手卷，就是北京文物公司提供的。[②] 1963 年，北京市文物商店仅供应文博系统的珍贵文物多达 800 余件，其中馆藏文物供应故宫 77 件、历史博物馆 43 件、上海博物馆 13 件、广州博物馆 2 件、东北文博机构 8 件；提供内蒙古大学元代碑帖、提供北京大学历史系"中苏定界铜柱墨"等深具史学价值的文物 600 余件。1978 年，上海古玩总店划归文化局领导，并改名为上海文物商店，此后将符合博物馆一、二、三级藏品标准的文物，全部有价调拨博物馆。江西省文物店为江西省博物馆无偿提供了元釉里红楼阁式谷仓、玉壶春瓶、永乐八年纪年款八棱罐等，其中元釉里红楼阁式谷仓是江西省唯一一件入选国家 65 件禁止出境展览的国宝级文物。1980 年和 1986 年山西省文物商店收购的春秋虞候政铜方壶和元代王渊《桃竹锦鸡图》，当年就移交给省博物馆，均为一级文物。[③] 2010 年 2 月 12 日，国家文物局将中国文物信息咨询中心代管的约 40 万件/套文物移交给中国国家博物馆，主要是中国文物商店总店收集及接收的外贸出口文物。

## （三）创造外汇，支援国家建设

在特殊的历史时期，国家有计划，有组织的出口一般文物（乾隆 60 年，即 1795 年之后的文物），争取以少量的文物，换取较多的外汇，补助文物事业的经费和支援国家建设。80 年代之前，文物商店的销售基本以外销为主占到整个销售额的百分之九十以上，为国家创造了可观的外汇。1979 年有关统计显示，全国 80 家文物商店，职工 1361 人，内销文物金额 74 万元，占营业总额的 3.68%；外销金额 1806 万元，占营业总额的 89.81%[④]。这意味着全国文物商店人均创汇 1.33 万元。可资参考的是，当时中国人均国民生产总值 417 元，外汇储备 8.4 亿美元[⑤]（约合人民币 13.06 亿元）。

---

① 马自树：《加强文物商店基础工作，实现文物商品管理现代化科学化》，载《文物工作》1991 年第 6 期。
② 唐吟方. 守护文物成就辉煌——北京市文物公司 55 周年纪念展记 [J]. 首都博物馆：收藏家. 2015 - 11 - 10.
③ 赵志明，毕树文. 山西文物商店 40 年嬗变记 [J]. 太原：发展导报. /2016 年 /9 月 /2 日 /第 003 版.
④ 国家文物局"文物商店管理体制与机制研究"课题组：《文物商店管理体制与机制研究》。
⑤ 国家统计局国民经济综合统计司编：《新中国五十年统计资料汇编》，中国统计出版社，1999 年 11 月。

文物商店创汇没有详实统计，只能从相关资料中窥得一斑。广州市文物总店 1960 年 7 月至 1991 年上缴利税 3458 万元，创汇 5219 万元①。在外贸批量出口被停止的 1992 年，全国 99 家文物商店中，54 家有外销权的文物商店外销额达 1.2 亿元②。同期中国人均国内生产总值 2324 元，外汇储备 194.43 亿美元③（约合人民币 1072.2 亿元）。

### （四）在废旧物资中抢救和拣选文物

建国初期，在各地废品回收过程中，由于广大群众缺乏基本的文物知识和辨别能力，大量珍贵文物夹杂在废旧物品中，如不积极抢救，将玉石俱焚。为此，各地文物主管机构发出通知，要求杜绝文物被熔炼的现象。1952 年 9 月 15 日，中南军政委员会文化部、中国土产公司中南区公司、中南军政委员会财政经济委员会物资管理局联合发出《关于杂铜中之古文物检查、保管、价拨办法》的通知，要求各收购单位在收购、入库、加工时，发现文物及时按规定处理，妥为保存，不得任意破坏、转移或拨售。此后，各地文物、银行、商业、物资和工业等部门密切协作，文物机构与冶炼厂、金属废品仓库和回收站建立密切联系，共同组织和开展了文物拣选工作。

"文革"十年间，北京市拣选出的铜质文物多达百余吨，其中佛像 42 吨、各时代的钱币 22 吨，两项总和占了一半多。对于具有经济价值的近代器物和工艺品，如民国时期的墨盒、镇纸、笔架、铜锁、水烟袋等、也拣选回来，作为文物商店的货源以换取外汇。北京市文物管理处对将数万件具有文物价值的器物全部交首都博物馆，其中一、二级文物多达 200 余件。④ 1972 年北京市文物管理处拣选出了著名的班簋，这是中国西周中期青铜器，穆王时毛班所作，为清宫旧藏，八国联军占领北京时散出，内底有铭 20 行，197 字，现藏首都博物馆。山西省文物商店从 1964 年开始，以太原电解铜厂（现太原公司）为重点，拣选保护了大量青铜器、造像及数十吨历史铸币，如现存于山西博物院的康生豆、土匀錍及成系列的三晋货币等。

### （五）满足人民群众收藏和文化需求

建国以后，国家实行了严格的专管专营文物政策，国有文物商店成为人们获得文物主要渠道，文物商店系统通过商业手段满足人民群众收藏和文化需求。北京市文物商店除在宝古斋、韵古斋和庆云堂三大门市开设内销业务外，还设立了虹光阁内销门市，三年销售文物 11473 件/套，收入 176 万元，为博物馆提供藏品 1490 件/套⑤；安徽省文物商店总店内销门市成立两个月就出售文物 400 余件/套，接待各届人士几千人次⑥。上世纪 90 年代初，全国文物商店的内销商店、内销专柜达 20 余个。⑦ 内销金额稳步上升，内销额与外销额渐趋接近。

---

① 《广州市文物总店改革开放十年来的工作》，载《文物工作》，1992 年第 3 期。
② 李艳：《文物进出境审核制度观察》，载《文物天地》2009 年第 5 期。
③ 国家统计局国民经济综合统计司编：《新中国五十年统计资料汇编》，中国统计出版社，1999 年 11 月。
④ 崔笑竹：《"文革"期间北京市文物拣选二三事》，载《收藏》2015 年第 21 期。
⑤ 《加强文物内销管理工作》，载《文物工作》1991 年第 1 期。
⑥ 汪平：《浅谈文物内销工作》，载《文物工作》1991 年第 1 期。
⑦ 《依法加强文物市场管理》，载《文物工作》1992 年第 6 期。

## （六）培养文物鉴定、经营和管理人才

几十年来，国有文物商店的工作人员因为与文物市场结合紧密，又具有文物系统的特殊身份，所以造就了一批学有素养、业有专长的文物鉴定和管理经营人才，为国家在文物流通鉴定、涉案文物鉴定、文物经营管理方面的储备了大量人才，也为文物市场输出了不少人才，现在一些文物艺术品拍卖企业的业务骨干也来自于文物商店。

# 三、困境与探索

## （一）国有文物商店基本信息统计与分析

根据中华人民共和国文化部编纂，由北京图书馆出版社出版的 2010 至 2017 年《中国文化文物统计年鉴》分析，文化文物系统国有文物商店机构数和从业人员数量在 2010 年时最多，分别是 76 家和 1737 人，此后几年内逐年减少，其中正高级职称，副高级职称和中级职称人员减少明显。从这几年库存文物数量统计观察，2012 年是最多的年份，为 8507934 件/套，其中一级品数量逐年减少，二级品和三级品逐渐增加，三级品增速最快，2010 年为 1001 件/套，到了 2016 年达 33472 件/套，6 年中增长了 33 倍。营业收入在 2011 年达到最高，为 101136，9 万元，此后总体在下降，利润总额也在下降。但这几年文化文物系统国有文物商店总资产总体是在增长，这主要是因为不动产（主要是房产）和文物艺术品在持续增值。

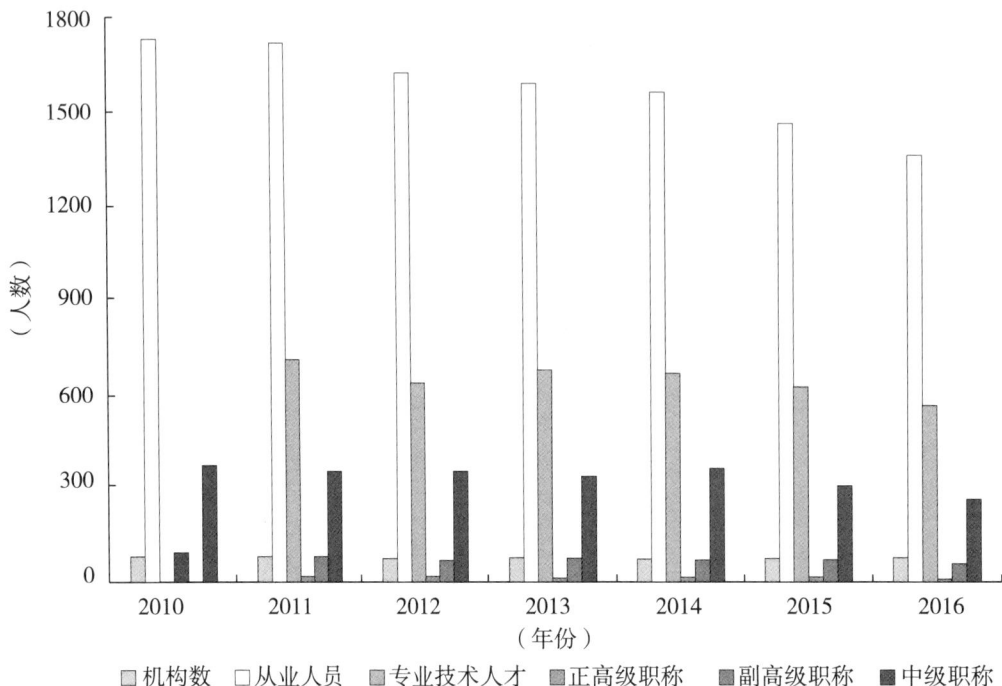

图 1　2010 - 2016 年文化文物系统国有文物商店机构数量和从业人员数量变化图

表1　国有文物商店 2010－2016 年基本信息表①

| 年代 | 机构数（个） | 从业人员（人） | 专业技术人才 | 正高级职称 | 副高级职称 | 中级职称 | 库存文物数（件/套） | 一级品 | 二级品 | 三级品 | 资产总计（千元） | 营业总收入（千元） |
|------|------|------|------|------|------|------|------|------|------|------|------|------|
| 2010 | 76 | 1737 | 0 | 92 | | 376 | 7748943 | 67 | 59 | 1001 | 1546595 | 652086 |
| 2011 | 75 | 1719 | 706 | 9 | 78 | 359 | 7770986 | 71 | 81 | 767 | 2113263 | 1011369 |
| 2012 | 72 | 1623 | 636 | 10 | 66 | 350 | 8507934 | 64 | 96 | 1536 | 2037742 | 858947 |
| 2013 | 71 | 1596 | 675 | 6 | 75 | 339 | 7632366 | 59 | 88 | 2422 | 2173265 | 874874 |
| 2014 | 71 | 1565 | 665 | 9 | 64 | 364 | 7700873 | 60 | 88 | 1994 | 2322576 | 841928 |
| 2015 | 69 | 1466 | 624 | 7 | 62 | 310 | 7280219 | 59 | 102 | 2573 | 2263773 | 585712 |
| 2016 | 68 | 1364 | 558 | 3 | 50 | 262 | 6997098 | 52 | 95 | 33472 | 2320753 | 527773 |

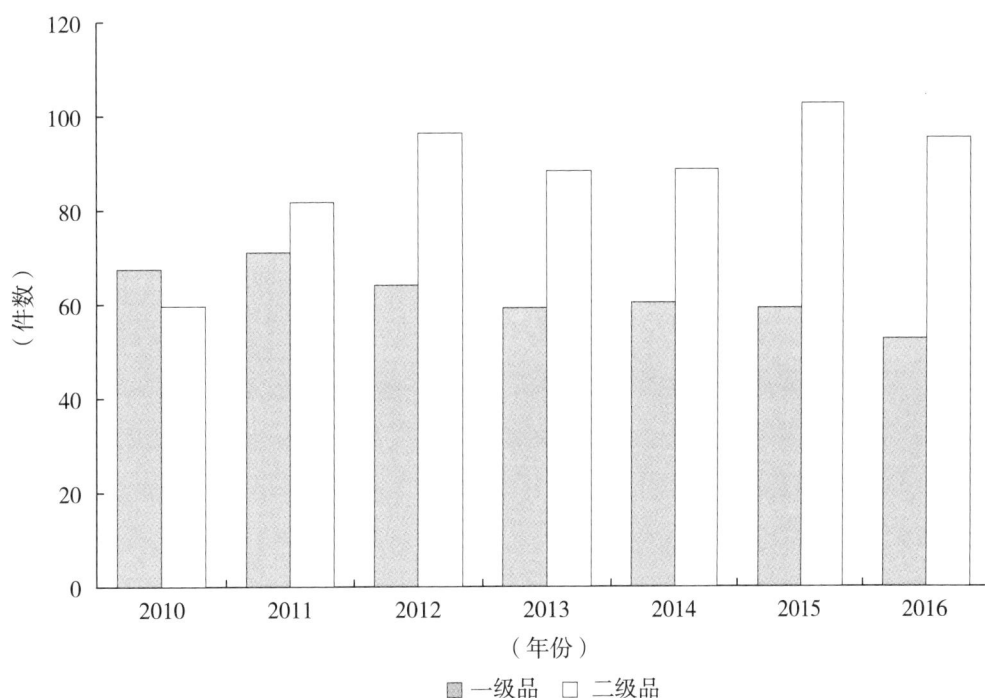

图2　2010－2016 年文化文物系统国有文物商店库存一级和二级文物数量变化图

---

① 中华人民共和国文化部. 2010——2017 年中国文化文物统计年鉴〔M〕. 北京：北京图书馆出版社。

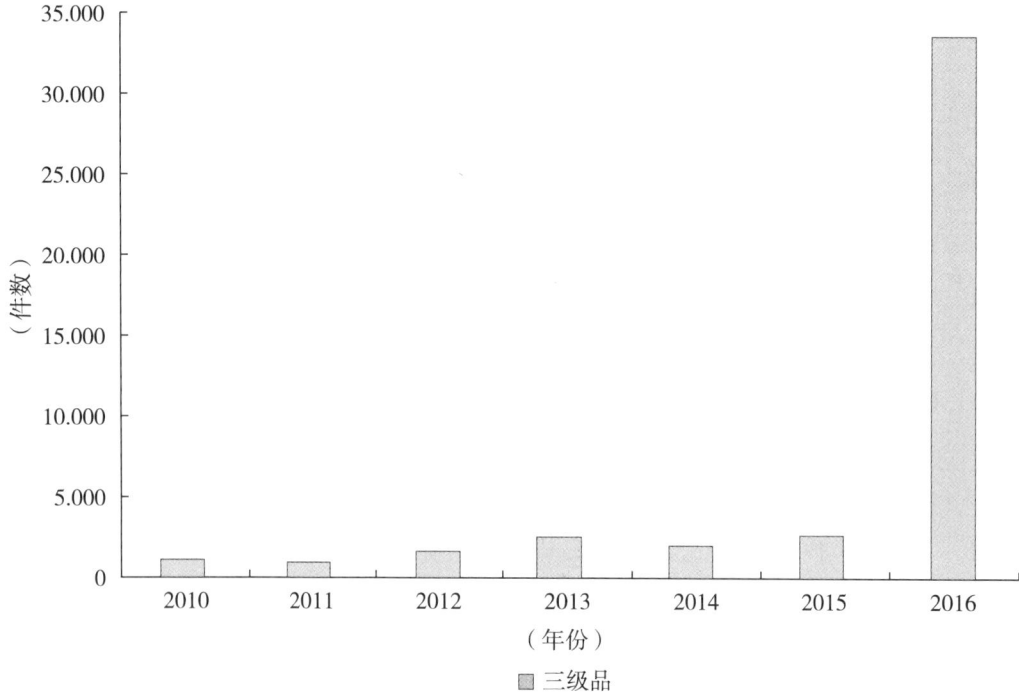

图3　2010－2016年文化文物系统国有文物商店库存三级文物数量变化图

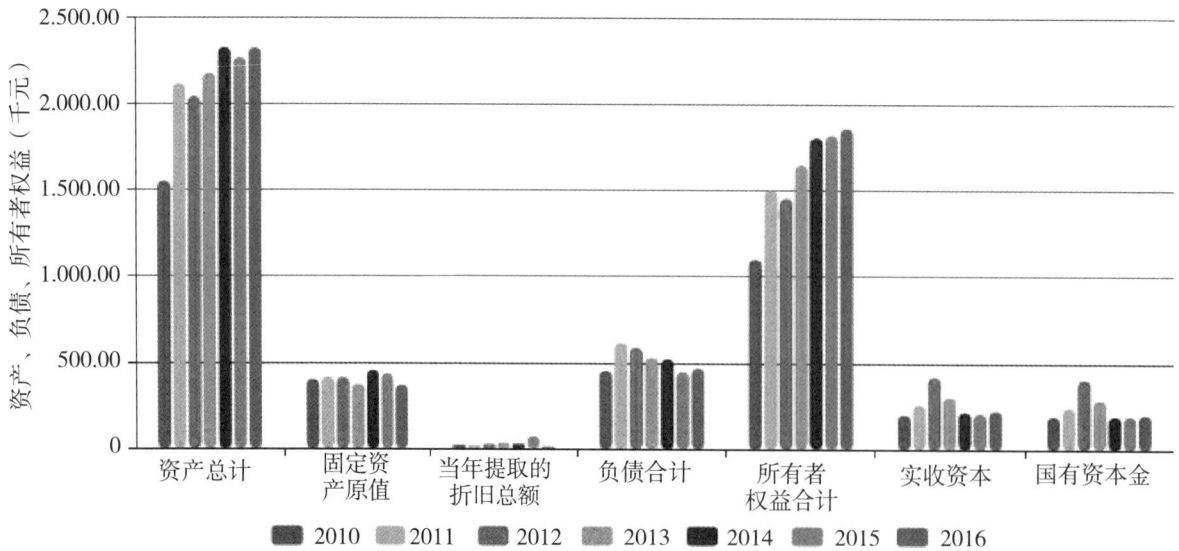

图4　2010－2016年文化文物系统国有文物商店资产情况变化图

（二）困境

随着改革开放的深化，文物市场不断开放，上世纪90年代开始，流散文物在文物流通领域的经营权也由过去规定的国有文物商店独家经营，开放给文物流通监管市场和文物艺术品拍卖市场，文物经营多元化格局逐步建立。文物商店在文物流通领域的主体地位逐渐动摇，此时已不再是国有文物商店一家独大的局面，国有文物商店经营特权也丧失殆尽。

国有文物商店的管理体制是在计划经济年代确定的："国家设立的文物事业单位，在其内部实行企

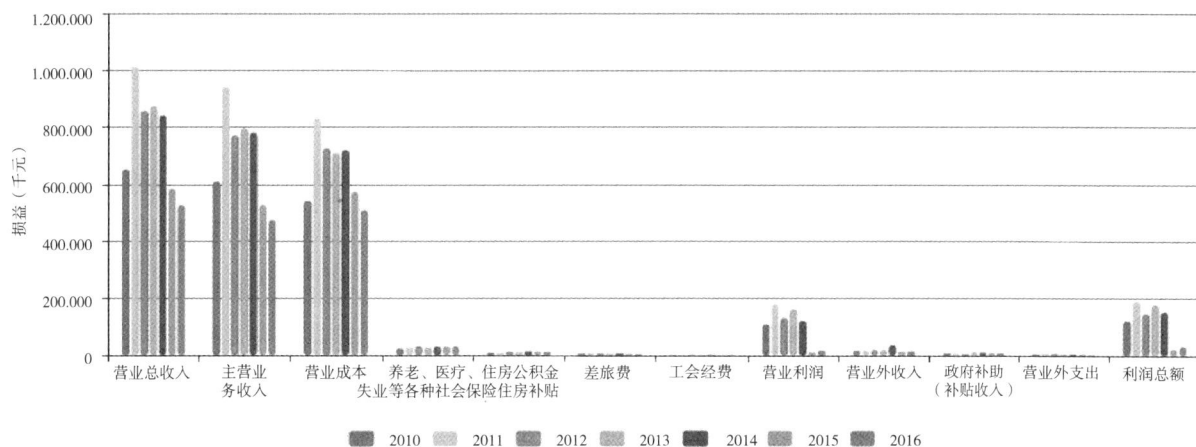

图 5　2010－2016 年文化文物系统国有文物商店损益情况变化图

业管理"，职能表现为半公益性、半经营性。其资源的配置，是以国家强有力的指令性计划调控为手段。体制机制问题是国有文物商店在市场经济条件下发展的最大障碍，也是国有文物商店困境的主要根源，致使国有文物商店长期无法有效配置"人财物"等生产要素。

作为企业要以盈利为目的，运用各种生产要素（资源、劳动力、资本、技术和管理才能等），向市场提供商品或服务，实行自主经营、自负盈亏。但是国有文物商店它不拥有独立的、边界清晰的产权，也不具有完全的经济行为能力和独立的经济利益实现能力，经营上处于半独立状态，事事汇报，处处报批，不够自主灵活。在选人用人上，更是要靠上面任命，靠组织分配，按部就班，人员固化，不利于向社会和行业选拔任用优秀人才，或者优秀的人才无法发挥优秀的作用。分配机制上按资排辈，平均主义，一起吃大锅饭，根本无法调动人员积极性、主动性、创造性。

国有文物商店作为事业单位是社会服务组织，是公益性质的机构，国家却没有支持相应的事业和人员经费保障，又要按公益性事业单位性质调拨库存文物，又需要按照政策不能出售珍贵文物，这造成资产流失和资源闲置。另外，再加上经营观念落户、市场灵敏度低、管理模式陈旧、知识结构老化，与市场经济的发展不相适应，国有文物商店最终像其他国有文化类企业一样困难重重，面临改革改制，再发展的问题。

（三）探索

1. 改革是必由出路

国有文物商店现有体制有悖于市场经济的运行规则。要摆脱当前国有文物商店的困难局面，改革是必由出路，而且越早改革，越有利于整合资源，越会掌握主动，越能促进发展。

国有文物商店改革要顺应改革发展大势，尤其要契合国家在事业单位改革、文化体制改革和国有企业改革的要求，顺势而为，主动作为。改革成社会服务类的事业单位，要以政府为主导，以公共财政为支撑，以满足"文化民生"为目的，发展文化事业。改革为经营性的文化企业，要遵循市场规律，建立现代企业制度，壮大文物商业，满足人民文化生活日益丰富多元的需求，发展文化产业。

国有文物商店改革应根据自身资源和条件，应该实行分类改革、分类发展、分类监管、分类定责、分类考核，推动国有文物商店同市场经济深入融合，促进国有文物商店经济效益和社会效益有机统一。公益类国有文物商店以服务社会、提供公共产品和服务为主要目标，或建立博物馆、或并入博物馆，或建立文物交流中心等，为公益性质的事业单位。商业类国有文物商店按照市场化要求实行商业化运作，以增强经济活力、放大资本功能、实现国有资产保值增值为主要目标。改革中调整生产力与生产关系的相互关系，建立既满足市场经济共性要求，又满足社会主义市场经济体制的特性要求现代企业运行机制，实行所有权与经营权分离。中心环节和核心内容是建立现代企业制度，增强文物商店活力，提高文物商店的经济效益。

2. 探索

2003 年 12 月，国家文物局印发《关于加强国有文物商店改制管理工作的通知》。该《通知》是在国有文物商店原有体制已四面楚歌，各地纷纷探索改制之道之际，专门针对改制转企的管理工作发出的。为了适应新的形势和环境，争取新发展机会，部分国有文物商店或主动或被动的做了一些有益的探索。但是一些没有改革的、仍按旧体制经营的文物商店纷纷倒闭、解体。如江西吉安市文物商店、新余市文物商店、深圳市文物店等。

国家文物局建议，全国各省市级国有文物商店在转型工作中以保护国有文物资源为前提，充分利用文物商店的文物资源和人才资源，科学转型。2004 年，国家文物局对无锡文物店和杭州文物店改制工作有关事宜的回函中提出：国有文物商店文物库存丰富，专业技术人才优势明显，应考虑与当地国有博物馆进行整合或考虑根据库存文物资产特点，将文物商店改制为具有地方特色的民俗博物馆，一方面可以充分发挥文物的公益作用为社会服务，另一方面也可以确保国有资产的属性。归纳全国国有文物商店转型目标主要以下 3 类：

（1）组建新单位

一是成立文物交流、咨询中心，保留原文物商店职能，并增加相关社会服务职能。如：1978 年 11月，为加强文物商业的管理，做好流散文物的抢救保护工作，妥善保管利用文留文物，经国务院、中共中央宣传部批准，正式成立"文物商店总店"，作为国家文物局的直属事业单位。1980 年 10 月 28日，更名为中国文物商店总店。1989 年 3 月，经国务院机构改革领导小组批准，再更名为中国文物流通协调中心，主要任务是"对全国文物商店等文物经营单位进行业务指导；研究修订文物价格，对文物销售进行计划调节""负责对全国文物流通情况进行统计，掌握动态信息，为国家文物局有关决策提供资料""按照《文物特许出口管理试行办法》及有关规定统筹办理特许文物出口""按照有关规定，统筹办理文物拍卖业务"。2001 年，中国文物流通协调中心更名为中国文物信息咨询中心，其文物商业的行政管理职能完全撤消。

湖北省文物总店更名为湖北省文物交流信息中心，保留原职能，增加文物保护项目咨询评估职能，公益二类事业单位；山西省文物商店更名为山西省文物交流中心，公益二类事业单位；安徽省文物总店更名为安徽省文物交流中心，公益二类事业单位；无锡市文物商店更名为无锡文物交流中心，公益二类事业单位；辽宁省文物总店更名为辽宁省文物交流中心，公益二类事业单位。

二是部分国有文物商店组建民俗博物馆，利用国有文物商店文物库存向社会提供展览展示服务。如：黑龙江省文物总店改制并成立黑龙江民俗博物馆，公益一类事业单位；内蒙古自治区文物总店改

全国国有文物商店转型为

- 组建新单位
  - 文物交流或咨询中心
    - 中国文物商店总店、湖北省文物商店总店、山西省文物总店、安徽省文物总店、无锡市文物商店、辽宁省文物商店 → 中国文物信息咨询中心、湖北省文物信息中心、山西省文物交流中心、安徽省文物交流中心、无锡市文物交流中心、辽宁省文物交流中心（工艺二类事业单位）
    - 内蒙古自治区文物总店、河北省文物总店 → 内蒙古自治区文物交流中心、河北省文物交流中心（公益一类事业单位）
  - 民俗博物馆
    - 黑龙江省文物总店、福建省文物总店、九江市文物商店、吉安市文物商店 → 黑龙江民俗博物馆、福建省民俗博物馆、九江市民俗博物馆、吉安市民俗博物馆（公益一类（公益二类事业单位）事业单位）
- 并入博物馆
  - 河南省文物商店、浙江省文物总店、山东省文物总店、江苏省文物总店、重庆市文物商店、武汉市文物总店、景德镇文物店 → 河南博物馆、浙江省博物馆、山东省博物馆、南京博物馆、重庆中国三峡博物馆、武汉博物馆、景德镇陶瓷博物馆（公益一类事业单位）
- 保留原有体制
  - 上海市文物商店、四川省文物商店、江西省文物商店、吉林省文物商店、广西壮族自治区文物商店、甘肃省文物总店、西藏文物总店（一类事业单位）、新疆维吾尔自治区文物总店（国有企业）

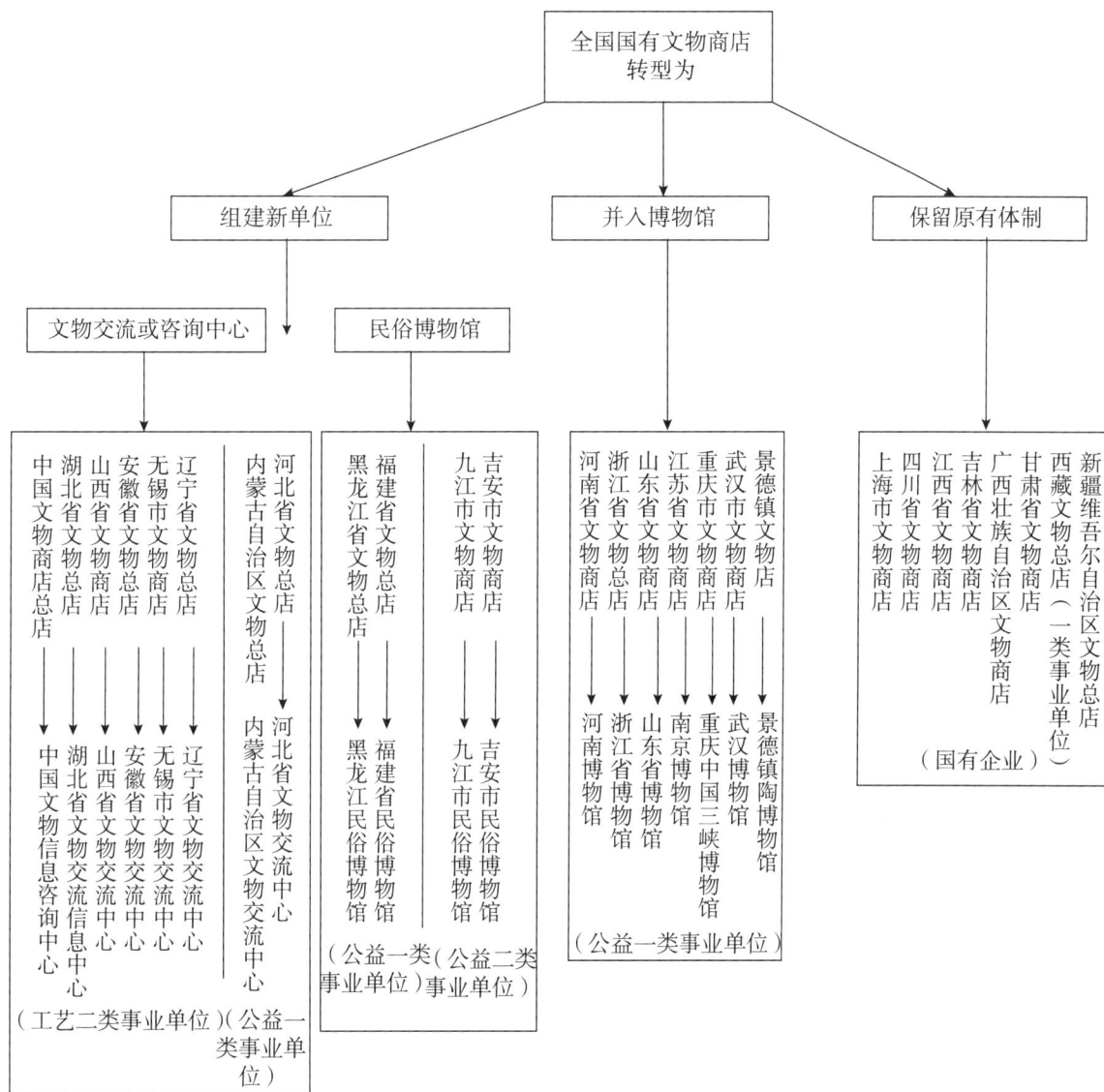

**图 6　国有文物商店探索转型图**

制内蒙古自治区文物交流中心，并管理内蒙古自治区将军衙府博物馆，公益一类事业单位；福建省文物总店转制为福建省民俗博物馆，保留原职能，公益一类事业单位；河北省文物总店改制为河北省文物交流中心，增挂河北省民俗博物馆牌子，公益一类事业单位；九江市文物商店更名为九江市民俗博物馆，公益二类事业单位；吉安市文物商店更名为吉安市民俗博物馆，公益二类事业单位。

（2）并入博物馆

一些国有文物商店与博物馆合并，保留原职能，成为博物馆一个常设部门。如：河南省文物商店、浙江省文物总店、山东省文物总店、江苏省文物总店、重庆市文物商店、武汉市文物总店、景德镇文物店等均并入当地博物馆，变成公益一类事业单位。

（3）保留原有体制

一些国有文物商店是仍未改制，保留原有经营模式。上海市文物商店、四川省文物商店（绝大部分人员已分流至省博物馆）、江西省文物商店、吉林省文物商店、广西壮族自治区文物商店、甘肃省文物商店、西藏文物总店（为一类事业单位）、新疆维吾尔自治区文物总店均尚未改制，仍隶属于文化系统或文博系统。北京市文物商店更名为北京市文物公司（同时管理收藏家杂志），云南省文物总店改为云南省文物总店有限公司，均隶属于省文物局。另外，北京市文物公司组建成立北京翰海拍卖有限公司，南京市文物公司授权将"十竹斋"作为拍卖公司的企业名称，文物公司委托十竹斋拍卖公司常年拍卖其经销的文物艺术品。

# 四、试谈国有文物商店改革思路

## （一）指导思想

顺应当前全面深化改革总目标，适应市场化、现代化、国际化新形势，以解放和发展社会生产力为标准，以提高国有资本效能、增强文化单位活力为中心，坚持总体设计、事企分开、因店制宜、功能明确、稳步推进的改革策略，促进文物事业和商业持续健康发展，不断满足人民日益增长的美好文化生活需要。

## （二）基本原则

1. 既要因事制宜，又要大胆创新；
2. 既要有利于发挥文物资产效能，又要有利于调动职工积极性；
3. 既要切实维护好职工利益，又要使国有资产保值增值；
4. 既要优化在职职工的配置，又要妥善安置好分流人员、离退休人员的生活；
5. 既要统筹兼顾、认真完善各项配套措施和相关政策，又要稳步推进改制工作的顺利进行。

## （三）改革方向

面对目前的困境，必须以深化体制机制改革为核心，彻底破除"事企不分"、"一店两性"的组织形式。

国有文物商店的主要改革方向是功能清晰的公益性质的单位和产权明确的现代企业。并入或组建公益性质的社会服务组织，包括合并进入当地博物馆，成立新的博物馆，或者赋予新的职能，组建新机构，在文物鉴定，文物进出境审核，文物交流展览等领域发挥功能和作用。

改革改制的首要任务是文物商店收藏的珍贵文物应由公益性质的社会文化服务组织收藏、保护和展示。首要目标是要防止国有资产的流失，盘活和放大文物资源的功能。国有文物商店的资产为国家所有，不仅包括文物、房屋和建筑物、土地、机器和设备等有形资产，而且包括货币资金、金融资产、股权投资、专利权、商标权、著作权等无形资产，另外，不应忽视国有文物商店知名度、影响力构成的商标资产。

改革改制方向包括政府、事业、企业和社团。纳入政府的主要是一些人员。改为社团成为独立的行业协会的社团法人，政府可对其授权，履行政府部门的部分职能。如果确实没有资源，没有人员，无法经营，就应该注销。

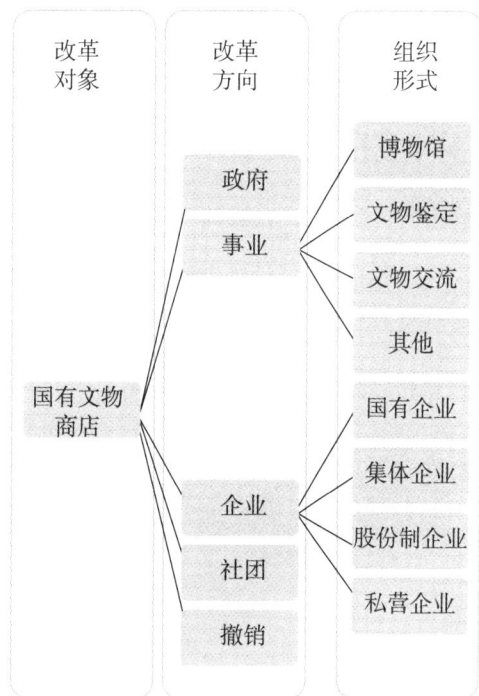

**图 7　国有文物商店改革方向图**

　　改制成企业也是不错的选择，改革过程中要遵循市场经济规律和企业发展规律，所有权与经营权分离，权利、义务、责任相统一，激励机制和约束机制相结合，改制后的文化企业真正成为依法自主经营、自负盈亏、自担风险、自我约束、自我发展的独立市场主体。企业的组成形势多样，可以是国有企业、集体所有制、私营企业、股份制企业、有限合伙企业和联营企业。这要根据实际情况，因地制宜，但前提是确保国有资产的不致流失，人员积极性主动性得以调动。

　　国有文物商店从来不是国家的负担和负能量，而是被时代忘记召唤的一支重要的文化服务预备队，一旦被唤醒，整装上阵，就会成为充实公共文化服务体系的生力军，成为助推文化市场繁荣的战略支援部队。

## 参考文献

［1］赵宏伟、范宏. 浅议文物商店的改革评论推荐［J］. 太原：文物世界，2004（02）.

［2］杨连彬. 关于国有文物商店改革与发展的几点思考［J］. 福建：福建艺术，2004（03）.［3］李万康. 艺术市场学概论［M］. 上海：复旦大学出版社，2005.

［4］于冰. 中国文物市场、流通业及文物商店概况［J］. 北京：中国文物报. 2006（08）.

［5］夏小明. 流散文物的经营走向市场之后——苏州文物商店经营变革之思考［J］. 南京博物院：东南文化，2007（01）.

［6］国家文物局. 中国文化遗产事业法规文件汇编（1949－2009）［M］. 北京：文物出版社，2009.

［7］陈卫国. 文物商店改制问题探析［J］. 东南文化. 2006（05）.

［8］陈昀. 文留文物调查，中国文物报，2019 年 2 月 20 日.

［9］陈昀. 新中国历史上的"特许文物"，中国文物报，2020 年 2 月 7 日.

# 博物馆的媒介化趋势及其实践意义

## 曹兵武

（中国文化遗产研究院）

**提 要：** 收藏、保存、研究、展示、传播、教育……博物馆一直在扩充自己的功能或职能，但是毋庸讳言，当今世界，展示正成为越来越重要的博物馆与观众及社会公众的结合部，博物馆的传播和教育功能正在变得越来越突出、重要。本文初步梳理了有关现象，分析其背后原因，揭示内在的规律，并试图在博物馆学与信息传播学视角下分析探讨相应的博物馆实践中应予注意的有关问题。

**关键词：** 博物馆学；媒介化；去脉络化；再脉络化

## 一、博物馆：越来越强的媒体特性

近年来，博物馆以展示宣传为主要手段的媒介化趋势越来越明显①。其重要表现如：

博物馆建筑往往被视为是所在城市的标志性建筑。所谓标志性建筑，是指具有地标性意义——一是位居城市中心或者重要位置，二是体量、形象具有特别的意义和视觉效果，要传达丰富的信息与意涵——即经过人为设计，达到宣示博物馆定位、所在地方历史文化积淀、价值导向与未来方向的传播意义。

博物馆展览已经成为一种高度综合性的媒介，除了传统的展品、说明牌、展柜、展板之外，几乎所有现代媒介形式都被引入其中，展览被整合成一个具有高度综合性和统一性的面向受众的叙事文本或者互动现场。展览除了向观众与观众传达举办者的意图之外，也成为公众参与体验乃至互动的重要媒介，围绕展览的相关活动——图书出版、广告册子以及其他传播教育活动也呈现出高度的媒介化特征。

与此同时，博物馆也更加注重其明星展品、品牌展览以及相关活动的传播效应，竭力将其打造成为成为博物馆自身形象的代表并融入博物馆工作各个环节。当然，馆长网红化——一个博物馆的馆长或者明星馆员、讲解员，会理所当然地被视为博物馆的代言人。

实际上，在一些管理者心目中也已经将博物馆定位为宣传机构，重要博物馆、具有高度品牌效应的博物馆和博物馆活动直接被划归政府宣传部们管理以示重视。

---

① 曹兵武、李文昌主编，博物馆观察——博物馆展示宣传与社会服务工作调查研究，学苑出版社，2005 年。

总之，博物馆的功能定位与机构使命正在发生显著的变化。相对而言，保藏与科研等传统职能的比重在降低，展示传播和公共服务的职能在提升。

## 二、博物馆化：物·信息·符号

其实，博物馆发展重心的这种转移，与社会、文化背景密切相关。

博物馆缘起于收藏，最初的博物馆被视为是藏品萃集之地。早期收藏无论公私，均缘起于兴趣，因此，早期博物馆也渐渐成为通过藏品进行科学研究的中心，揭示历史、科学等大千世界的奥密。藏品研究促进了科学的进步，而科学研究、探索、探险又反过来补充丰富了博物馆的馆藏，并反过来促使博物馆更加重视藏品的收集、保护、保管，博物馆聚集了大批文物与自然标本发掘、研究和保护的专家，直到 19 世纪大学、专业的科研机构逐步取代博物馆这种核心性科研职能，博物馆科研才从探索发现博物学逐步转向典藏、诠释、展示和宣教性科研的博物馆学，并引发博物馆的职业化和博物馆学作为独立学科的成熟。

人类社会的进步，某种程度上体现为信息处理能力的进步，这使得个体与群体间的交流与协作能力不断提升。随之而来的是，物对于人除了实用性功能，亦具有了越来越多的象征性信息意义。语言的产生是信息处理进程中一次巨大的飞跃，专门用以荷载信息的视觉符号包括文字的产生和运用是又一次巨大的飞跃，两者都是人类进化和文明发展史上的大事，促成了人类智力、知识和社会协作能力的巨大飞跃。因此，当下正在逐步深化的信息化时代具有深刻的文化与社会意义。概而言之，迄今为止人类的信息化已经经历了语言发明、文字产生、印刷术、电报电话、广播电视、互联网、移动互联网多次重大飞跃，而且领域越来越泛化，进步的速度越来越快。其实，随着信息化、交流、协作的逐步扩展和深入，所有的物、尤其是人工物品，除了其在生产生活中的实用功能之外，其文化和符号意义也愈益重要，而进入博物馆的物，则主要就是起信息与符号的作用，并由此而延伸出越来越多的新的价值。

因此博物馆的媒介化趋势和人类进化、时代发展是高度契合的，博物馆天然的意识形态属性、遗产的公共性等也使得博物馆非常容易进入大众传媒的视线。但是，对于上述博物馆媒介化诸现象则需要放在社会、文化以及博物馆自身的发展历程以及信息时代、生态文明建设的大背景中进行深入系统的研究，以认清这种媒介化的实质，并准确把握未来博物馆的发展方向。

博物馆作为媒介，应充分分析自身特点及其优势、劣势。博物馆既不同于新兴的互联网，也不同于传统的电视、广播、报刊、图书等媒体形式。博物馆媒介的核心是藏品，是实物——人类过往的生存及其环境物证。物就是博物馆最基本的信息载体。物经过人类活动从最初的纯自然状态进化为人类社会不同场域中的实用品或者装饰品、墓葬中的随葬品、向神灵献祭的供品、礼仪用品等具有意识形态意义的物品，原有的信息不仅没有丢失，新的信息又不断叠加，因此其信息与符号功能越来越丰富。而成为藏品、展品，则是博物馆这一机构赋予物的新的功能与价值，以及更为复杂的社会关联①。

---

① 曹兵武，博物馆里的物人关系——信息化与生态文明视角下的若干思考，中国国家博物馆馆刊，2019 年 3 期。

物进入博物馆，要经过博物馆化过程的处理，博物馆学将其概括为去脉络化和再脉络化——博物馆之物要全部或者部分地退出原来的场景、功能，但同时要进入另一个价值体系和意义建构过程。博物馆的物，实际上就是不同人、文化之间的一种信息搬运和赋能的介质，通过博物馆机构、博物馆化过程，它从过去时态、从原生背景中，进入到当下或者未来时代观众、公众的信息、知识和价值系统中去，实现信息与价值的传播和增生。

因此，无论博物馆如何发展，都不能背离物的收藏和以收藏为核心的业务架构①。以物作为博物馆这种媒介的信息载体和表达传播的最基础的语素，将贯穿在藏品、展品和集成它们的展览展示等博物馆业务活动中。因此，博物馆的藏品、展品作为一个特别的信息载体，在博物馆化的过程中，以及在和其他的展品组合起来向观众传达信息的展览中，如何保持相关信息的真实性、准确性、完整性、代表性、系统性等，同时又能够很好地将物自身所拥有、以及博物馆人所期望的信息传播出去，传承下去，加入时代进步，是当代博物馆学与博物馆实践的重要命题。

## 三、博物馆传播：物·人·媒介

博物馆有自己的基本遵循，传媒有自己的基本原则。博物馆顺应时代潮流加强自身的媒介性，不能以牺牲博物馆的核心价值②和人类及其环境物证的传统的保藏等功能为代价。两者必须找到相得益彰的理论框架与实践范式。为此，我曾经专门著文对藏品、展览、博物馆自身的媒介特性进行过初步分析，并提出了一个相对于新博物馆学对人的关切的博物馆作为一种媒介的后新博物馆学的初步架构③，这里再就博物馆媒介性的有关实践问题再予申述，并期引发同行进一步的思考和探讨。

首先，作为媒介的博物馆必须加强博物馆定位研究。博物馆是一种内嵌于社会的公共机构，在日益复杂的社会文化体系中，它有自身特定的使命定位。博物馆的媒介性是建立在其作为社会记忆器官的基础之上的。但是，尽管理论上博物馆藏品可以无所不包，而落实到一个一个具体的博物馆，则应该根据自身条件与所在社区经济社会和文化背景等明确自身的战略定位，为自己确立明确的行动边界与方向，有所为有所不为。尤其是每一个博物馆都应面向稀缺却不断拓展、变化的相关人类生存及其环境物证，制定科学合理的与自身定位相匹配的藏品征集战略并长期坚守。这些藏品不仅应能体现博物馆定位领域中相关信息的真实性、代表性和系统性，同时应努力追求高品质——这是博物馆的存身之本和信息之源。这种明确的定位，同时也是包括博物馆建筑和整体形象设计与表现的重要依据，本身就是博物馆传播的重要内涵。

第二，作为媒介的博物馆应该不遗余力地加强藏品和所有业务领域的信息化工作。现在，信息化在各行各业都已经很时髦了，这里所说的藏品信息化包括但不完全等同于通常的不断推陈出新的藏品数字化、多媒体，而是藏品离开其原初背景到成为展品这整个的中间过程中的信息处理，包括通常的

---

① 史蒂芬·康恩著，傅翼 译文，博物馆还需要实物吗？中国博物馆，2013 年 2 期。
② 多位博物馆专家论述关于博物馆核心价值的论点，可集中参见《中国博物馆》杂志 2013 年 1 期"博物馆的核心价值"专题中的系列文章。
③ 曹兵武，作为媒介的博物馆——一个后新博物馆学的初步框架，中国博物馆，2016 年 1 期。

所谓去脉络化、再脉络化，登录、保存、研究、诠释、表达等，包括一切以其原有信息的博物馆化过滤、保存，新信息的博物馆化研究、挖掘，以及相关信息的关联、使用和管理等工作。博物馆的信息化不仅是随波逐流的自身之需，也是藏品与信息保存之需和博物馆媒介化的传播利用之需。但是，就博物馆而言，在这个过程中只宜于做加法，不宜于做减法，只宜于忠实于信息的真实性、完整性，不宜于混杂伪信息、杂信息。我们可以在信息化思维的指导下，将藏品的博物馆化分为入藏前、展览前与展览后三大阶段，其成为藏品之前的有关信息是其基质性信息，比如材质、工艺、流通、使用等相关的信息；入藏后经过博物馆研究、挖掘、关联、升华的新的历史、科学、艺术、社会等信息与价值，是博物馆对藏品的信息与价值增值；藏品公开与展出之后其与观众、社会互动的信息追加，也会如同古器物的包浆一样，赋予该藏品新的社会文化关系以及价值和意义，当然也可逐步加入藏品的信息与价值系统。因此，每一件博物馆的藏品与展品，都会有一个比之一般物品更长更复杂的信息与价值链条①。不断发展的数字化技术为这样的信息化提供了极其便利的挖掘、研究和管理手段。

第三，作为媒介的博物馆应加强陈列展览的策划、设计和制作，打造更具传播价值的精品展。精品展不特指用藏品中的精品办的精华展，也是充分挖掘和释放藏品信息、阐释藏品内涵、用藏品组织好主题、用科学近人的媒介手段讲好故事的优质整体性媒介产品。作为媒介的博物馆的主要特征就是以展品为最核心的语素，以展览为最重要的文本和媒介产品，策划选题，设置主题，提炼话题，回答问题，吸引观众参与信息的传播和意义的接力。博物馆的物——藏品，经过去脉络化、再脉络化，以展品形态在展览中面对观众呈现信息时，其真正重要的价值才体现出来。如果没有藏品，博物馆的展品与展览就和展览馆、展销会、商场等没有实质性区别。而用藏品、展品传播信息价值和讲故事的展览，尽管也会应用文字解说、图片影像辅助，甚至是场景复原、三维呈现和互动等科技手段，但无论如何都不能忽视以藏品为主要展品的物的主角作用。博物馆展品应该尽量坚持真实性原则，复制品、辅助展品应该尽量减少，不喧宾夺主，并坚持可识别原则；物的基质性信息与特性和展览主题、展厅氛围等应该相互协调，在科学、艺术的基础上和其他展品、辅助展示手段等实现再脉络化的关联。无论是展览设计中的"物+物"还是"物+人"的信息关联与表达，相关的物、人、事的真实性都是博物馆所呈现的科学性、历史性、艺术性、社会性价值的信息本源，以及所宣导的真善美的客观基础。

博物馆之物是因为人而生、而有价值的。博物馆传播当然要透物见人，用物讲故事。故事为什么在博物馆展览设计中如此重要、如此容易吸引人？是因为故事本身就是人世间已经发生或可能发生的事件，是包含有"物+物"、"物+人"乃至"人+人"的文化模式和情景模板，通过它将相关的信息与价值镶嵌、组合，从而使受众便于理解、接受和传播，并进而激发文化的传承与创新。

因此，博物馆的展览包括展厅，作为特设的物与人进行媒介性融通交流与互动的框架和空间，既要基于物——藏品、展品，又不能局限于物，具有对物在博物馆学与信息学视角下的超越性，为物与人的对话创造条件。博物馆的信息传播和价值塑造要透物见人——首先是见物之故人，即与物的基质性信息相关的人，他们和物之材质的选择、物之形式设计加工的工艺、物所荷载的当时的科学知识与价值观，以及物所参与的社会关系与文化关联直接相关；其次是见物之观众，包括未来可能与此博物

---

① 曹兵武，本体·信息·价值·作用——关于文化遗产保护传承的几个理论问题，中国文化遗产，2019 年 1 期。

馆、展览、展品、藏品发生观看或者其他关系的公众，要考虑到他们与物合理的互动与理性关联的建构性。至于将这一切组织起来的策展人等博物馆人，大可去做那种背后的看不见的手，并尽量要做高明的手。从这个角度来说，博物馆以物为本向以人为本的转变，其实是个经不住推敲的命题。博物馆是物与人之间一道独特的桥梁。

当然，作为媒介的博物馆也必须更加深入地研究观众作为媒介受众的特点与需求，也要注意对自己的展品、展览和形象作为文化产品的营销推广。但是，围绕展览的宣教等配套活动、相关文创等，都应立足于藏品、展品、展览甚至是博物馆自身的整体形象，以期获得相得益彰的传播效果。

## 结　语

一件物品被大自然馈赠或古人创造，又经过千淘万汰成为了博物馆藏品，经过博物馆化，在真善美的导航下，成为展品与观众面对时，它已经成为一件具有历史、科学、艺术、社会价值的文物，是一个非常丰富的文化信息包或者文化基因片段。但它是否能够有效地将信息释放出来，命中今人乃至未来人的心中灵犀，展示其应有的价值，实现文博工作助推文化传承和创新发展的初衷，则要看博物馆和博物馆学对它的研究与处理，博物馆与博物馆学也需要与时俱进，不断调整自己的视角与视野，完善自己理论与方法的武库。而信息时代与信息化为博物馆和博物馆学的发展提供了新的理论视野与技术支持。

# 基于公共文化服务均等化要求看市县级
# 博物馆的地位及作用

李宁民　　朱姝民

（甘肃天水市博物馆）

**提　要：** 近年来，我国博物馆事业蓬勃发展，特别是随着免费开放政策实施以来，博物馆数量快速增长，体系不断健全，服务社会的能力越来越强，人民群众对博物馆的关注度越来越高。与此同时，受地域、经济、文化等发展水平的影响，各级、各地博物馆之间发展不平衡的问题也逐渐凸显出来，尤其是西部中小型地方性博物馆在发展过程中出现的一些问题，直接影响到博物馆功能的发挥。本文主要以西部市县级博物馆为视角，基于均等化服务要求重新分析新时期市县级博物馆的地位及作用，并探讨市县级博物馆如何紧跟时代步伐，解决发展瓶颈，践行新时代的使命与担当，实现可持续发展，使广大人民群众更好地感受到公共文化服务均等化和普惠制所带来的红利。

**关键词：** 公共文化服务；市县级博物馆；地位与作用

"没有文化的繁荣兴盛，就没有中华民族的伟大复兴。"保护文物是传承中华优秀传统文化的必要内容。党中央、国务院历来重视文物博物馆事业发展和文物保护利用工作。党的十八大以来，习近平总书记站在实现中华民族伟大复兴中国梦的战略高度，围绕走出一条符合国情的文物保护利用之路，就传承发展中华优秀传统文化、切实加强文物工作、推进博物馆事业发展发表了系列重要论述，作出重要指示批示，对提升文物保护利用水平提出了更高的要求，并身体力行地推动文物保护和抢救工作，多次参观考察各地不同类型和主题的博物馆。明确提出要让收藏在禁宫里的文物、陈列在广阔大地上的遗产、书写在古籍里的文字都活起来。同时指出：一个博物馆就是一所大学校。要把凝结着中华民族传统文化的文物保护好、管理好，同时加强研究和利用，让历史说话，让文物说话，推动中华优秀传统文化创造性转化和创新性发展。这些重要论述充分体现了以习近平为核心的党中央对文物博物馆事业的高度重视，为新时期文物博物馆事业的发展提供了根本遵循，是我们做好文物博物馆工作的行动指南，对新时期中国特色博物馆学理论建设也大有裨益。博物馆作为公共文化服务的重要组成部分，总书记的这些重要论述同样对文博单位践行好公共文化服务均等化、为观众提供丰富多彩的文化服务具有重要的指导作用。为了贯彻落实好总书记讲话和论述精神，十八大以来，中央连续制定出台了许多关于发展公共文化服务的政策，2017 年，又颁布了《中华人民共和国公共文化服务保障法》，这些法规政策都为博物馆做好公共文化服务提出了新的要求。各级博物馆如何在新形势下准确地认识自己的地位和作用，把握自己的使命与担当，需要重新审视其发展现状，思考发展之路，明确发展的方向和目标。

## 一、新时期市县级博物馆的地位与作用

据文化和旅游部统计数据，2010－2018 年之间，我国博物馆数量由 2435 个增加到了 5354 个；博物馆参观人数由 4.07 亿人次增加到 11.26 亿人次（见表1、表2）。从统计数据看，将近 10 年时间，我国博物馆数量增加了 2919 个，增长了 119%；参观的人数增加了 7.19 亿人次，增长了 276%。博物馆数量和参观人数快速增加，说明 2008 年开始实行国有博物馆、纪念馆免费开放政策以来，国家层面出台的政策得到了很好的落实，也同时反映出人民群众对传统文化越来越向往，对博物馆的关注度、参与度与日增强。而新增加的博物馆投资、管理层级多样，且涌现出大量民办博物馆和专题性博物馆，使我国博物馆体系更加健全。各级博物馆也紧抓机遇，实现自我发展壮大，在规模、功能、效益等方面有了显著的变化。文化旅游日益成为公众旅游的新选择，文博单位日益成为公众参观、学习的新去处（见表3）。

**表1　2010－2018 年我国博物馆数量统计**

| 年份 | 2010 | 2011 | 2012 | 2013 | 2014 | 2015 | 2016 | 2017 | 2018 |
|---|---|---|---|---|---|---|---|---|---|
| 数量（个） | 2435 | 2650 | 3069 | 3476 | 3658 | 3852 | 4109 | 4721 | 5354 |

**表2　2010－2018 年我国博物馆参观人数统计**

| 年份 | 2010 | 2011 | 2012 | 2013 | 2014 | 2015 | 2016 | 2017 | 2018 |
|---|---|---|---|---|---|---|---|---|---|
| 数量（亿人次） | 4.07 | 4.71 | 5.64 | 6.38 | 7.18 | 7.81 | 8.51 | 9.72 | 11.26 |

（数据来源：文化和旅游部）

**表3　2010－2018 年我国文物机构接待观众人次及未成年人观众人次**

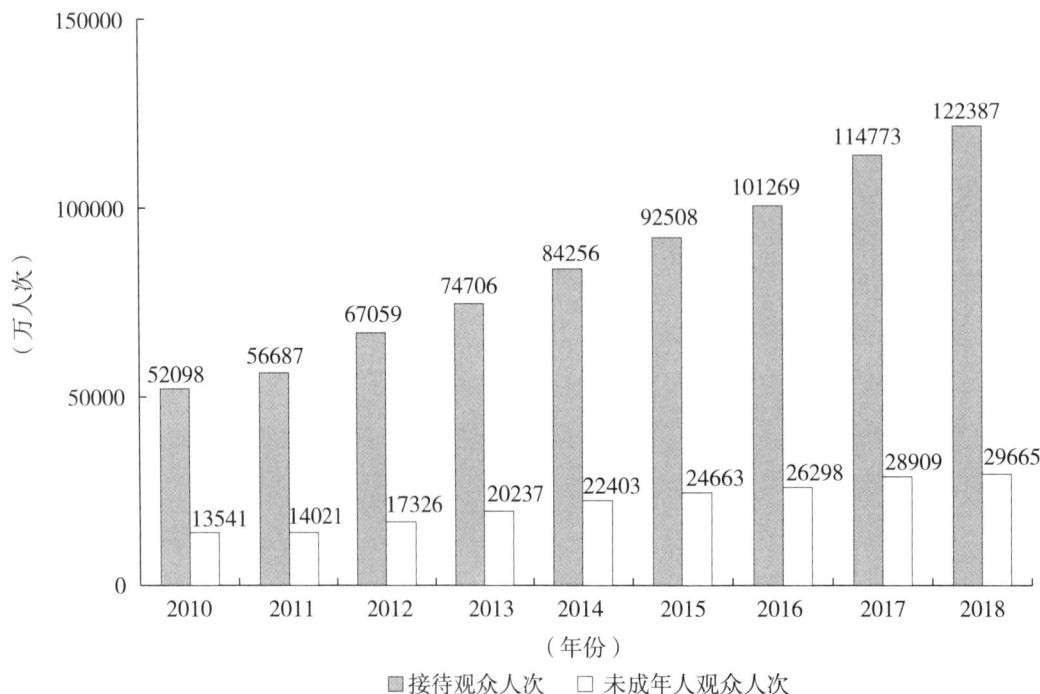

（图表来源：文化和旅游部 **2018** 年文化和旅游发展统计公报）

在我国博物馆数量快速增长和服务能力全面提升的过程中，中小型博物馆特别是市、县级博物馆发展最快，服务公众的能力得到全面提升，广大人民群众从中感受到的优秀传统文化最直接。据不完全统计，在全国5000多个博物馆、纪念馆中，市县两级博物馆、纪念馆占比约在70%左右。以甘肃省为例，截止2018年底，甘肃省登记备案的博物馆、纪念馆共224个，除14个省级馆外，其余210个馆均为市县级馆，占比高达93.8%。2018年全省市县级博物馆共举办展览1388个，开展"四进"和青少年教育活动3434次，接待观众2679.74万人次，分别占全省的比例为99.36%、93.11%、88.95%。从这些数据分析，市县级博物馆、纪念馆在数量上占绝对优势，开展的文化活动数量和接待的观众约占全省的比例达90%左右。且这些市县级博物馆大多数是国有性质的，他们除拥有博物馆共同的属性外，是一个地方文化的主要承载者和对外展示地方文化的窗口和平台。随着人民物质生活水平的提高，对多元化、高品质的文化需求不断增长，走进博物馆的观众会越来越多。市县级博物馆以地域、交通等优势，成为当地市民和游客了解地方文化的主要途径，其所承担的社会职能也在不断增加，在文物保护、文化交流、文物展示、非遗保护、社会教育、科学普及等方面发挥着不可替代的作用。不少学校、培训机构、旅游机构等也看中博物馆所拥有的文化存量，逐渐将目光投向博物馆，寻求与博物馆交流合作。

## 二、新时期市县级博物馆发展中存在的问题

在我国博物馆事业整体呈现繁荣发展的同时，我们也应该看到，受地域、经济、文化等发展水平的影响，同时由于市县级博物馆业务发展起步较晚，一些市县级博物馆与文化馆、图书馆合署办公，后来随着业务工作不断扩大，这些博物馆才逐渐独立出来。即使原来单独设立的博物馆，受客观条件的限制，也是显得势单力薄。

进入本世纪以来，特别是国有博物馆、纪念馆免费开放以来，国家对博物馆工作给予高度重视和支持，各级各层次博物馆都得到了快速发展，但是在新时期背景下，随着博物馆角色定位与运行方式的转变，公众文化需求的不断变化，其发展中存在的问题还是逐渐显现了出来。主要是：各级、各地博物馆发展不平衡不充分的问题逐渐显现出来，呈现出"区域间博物馆发展不平衡"，"大馆热、小馆冷"的状况。特别是在我国西部地区，市县级博物馆囿于基础设施薄弱、藏品量少、经费不足、人才短缺等因素，在发展过程中凸显出展陈单一、文物保护技术落后、学术研究水平不高、文化服务能力较低等问题，致使馆内配套设施更新速度跟不上观众需求，对观众的吸引力渐渐降低，影响了博物馆功能的发挥，与人民群众不断增长的多元化、高品质的文化需求越来越不相适应。随着时间的推移，这些问题会越来越明显。

（一）馆舍局限大、基础设施薄弱。近年来，国家在博物馆藏品保护方面投入了一定的资金，使藏品保护条件得到了一定的改善，但投资修建博物馆的资金较少，使市县级博物馆存在的馆舍面积不够、基础设施薄弱的状况没有得到根本性改变。这一硬件条件的不足，严重制约了市县级博物馆的发展。主要表现在：文物库房面积不足，普遍缺少藏品养护室、提看室；藏品库房达不到专业化标准，仅仅是起到保存藏品的作用，无法实现按藏品类别分库存放，保存环境单一，不利于对环境敏感的藏

品存放，日常养护不够；展陈提升空间不大，常设展览受空间所限，内容较为单一、形式简单，文物展示条件不理想，临时展览较少举办；无法更好地为观众提供除展示外的其他文化服务，如互动体验类项目、相对较大规模的社会教育活动、休息等；文物保护利用数字化、智慧化程度较低等；安防消防设施更新不及时，不能适应智能化、现代化的防火防盗等安全需求。

（二）思想观念落伍，管理理念滞后。部分馆对新时期党中央和国家关于弘扬优秀传统文化、做好文物博物馆工作的政策规定学习理解不深不透，对博物馆为广大人民群众提供公共文化服务的重要性和意义认识不够，对新时期博物馆的使命和担当思想准备不足，对当前面临的新形势、新政策、新要求认识不足、把握不准，对博物馆工作和免费开放工作的要求、标准学习不够，理解不透，思想观念落伍，缺乏开拓创新精神；部分馆在促进文物合理利用，让文物"活起来、动起来"方面缺乏明确的思路和措施，管理理念滞后，联合办展、互换展览、巡回展览等馆际交流活动开展较少；有些馆对公众文化需求研究不够，提供的公共文化服务内容和形式单一，质量不高。一些市县级馆虽然举办一些临时展览，但多为地方书画、摄影和图片展，内容单一，缺乏吸引力。流动展览的广度和深度不够，社区文化促进和青少年教育活动缺乏创新，整体服务质量与公众的要求还有差距。

（三）藏品更新不足。藏品是博物馆存在的物质前提，没有一定数量和价值较高藏品的博物馆，就难以发挥博物馆特有的功能。藏品数量的多少、上级别文物的占比如何，是衡量一个博物馆地位的主要标志。相比较大中型博物馆，市县级博物馆不仅馆藏品数量少，上级别的精品文物更少。从相关统计数据看，一些市县级博物馆馆藏品仅有几百件或上千件。长远看，藏品更新不足，是市县级博物馆在免费开放获得一个快速发展期后遇到的一个新的发展瓶颈之一。

造成市县级博物馆藏品量少的原因，既有市县级博物馆先天条件的不足，也有后来发展中各种因素的制约。首先，资金缺乏，使一些市县级博物馆不能经常性开展文物征集。博物馆的事业经费主要用于保障博物馆的日常运行，相当一部分市县级博物馆没有专门的文物征集经费。其次，考古所发掘出土文物移交迟滞。改革开放以来特别是进入本世纪以来，各类建设项目不断增多，盗墓的事件经常出现，考古所普遍忙于配合重大项目建设进行考古发掘或进行抢救性发掘，后期研究性工作普遍滞后，考古发掘报告迟迟不能发表，出土文物无法及时移交博物馆。另一方面，也出现了一些考古所有走向"博物馆"的倾向，举办各种形式的展览，使市县级博物馆特别是县级博物馆获得新出土的文物少。另外，市县级博物馆接受捐赠的文物也较少。

（四）经费限制。目前国内国有博物馆从经费保障的程度上大体上分为全额财政拨款、差额财政拨款、自筹资金三种类型。据不完全调查，约有三分之二博物馆存在经费短缺的情况。其主要原因在于，相比大中型博物馆有自创的如特展收入、文创收入等，市县级博物馆经费来源比较单一，基本上是靠当地财政拨款和中央免费开放资金，而政府财政拨款一般是保证在编职工工资和办公经费。除此之外，几乎很少有其他资金。仅靠这些资金只能维持博物馆日常运行，文物征集、展览提升、文物保护等很难获得资金。因此，市县级博物馆在实现免费开放之初经过了一个相较以往快速发展的时期之后，均不同程度地出现发展后继乏力的问题。特别是在藏品更新、展览创新、智慧化建设、社会教育等方面提升缓慢，影响市县级博物馆在公众文化服务方面的持久吸引力，保持持续发展的势头更为困难。

（五）专业人才缺失。博物馆本应是一个知识丰富、人才汇集的机构，但是目前各级博物馆在人力资源配置方面存在着不少问题，特别是市县级博物馆专业人才队伍建设问题更多。主要表现在：从业人员数量不足。市级博物馆的在编人员一般在 20 人左右，县级博物馆在编人员一般在 10 人左右。人员配比少，使博物馆难以发挥博物馆所应有的基本功能；专业人员数量缺乏。国家对事业单位的规定是专业技术人员配置一般不低于在编职工的 70%，但实际情况远达不到这个标准。据相关部门公布的数据，全国文博系统从业人员共有 16 万余人，其中专业技术人员仅有 5 万余人，不足三分之一；专业门类不全，既缺乏传统的藏品管理、鉴定人员，也缺乏文物保护、信息技术、策展、文创人员，更缺乏集管理与专业为一体的复合型人才。而市县级博物馆馆长中，懂业务、会管理的馆长本身就较少，免费开放后，一些地方的馆长更换频繁，严重影响了博物馆的长远发展；受编制所限，引进人才困难，引入后留住人才也比较难，致使职工结构多年得不到有效改变。况且，随着广大人民群众对优秀传统文化需求的不断增强，迫使文博事业必须快速发展，文博机构专业人员需求的矛盾短期内依然很大（见表 4）。

**表 4　2010 – 2018 年我国文物机构及从业人员情况**

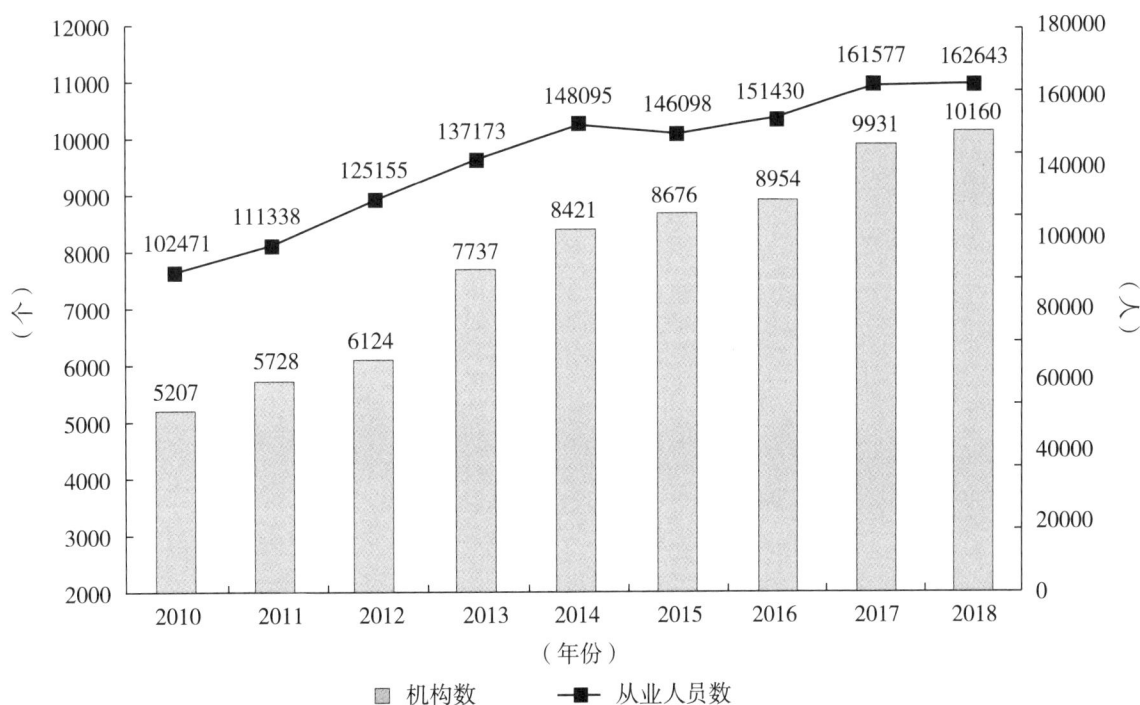

（图表来源：文化和旅游部 2018 年文化和旅游发展统计公报）

市县级博物馆人才队伍建设困难重重的主要原因在于：一是"缺"——受传统观念的影响，绝大部分高校毕业生还是希望进入体制内工作，但受编制限制和基层博物馆在选人用人、职称评审制度等方面原因，一方面文博专业毕业生进入不了文博行业而不得不转行，另一方面博物馆面临业务人才短缺却招不进急需的专业人才的困境。即使一些学生愿意在编外工作，基层博物馆也很难解决其待遇问题。二是"失"——行业待遇偏低且缺乏有效的激励、晋升机制，人才活力得不到有效释放，一些人才又流向其他行业或高校和科研院所，人才流失问题日益凸显。

## 三、新时期市县级博物馆发展的对策建议

随着国家经济和社会的全面发展，人民生活水平和国民素质的不断提高，对文化生活的需求会越来越旺盛，而在未来的文化需求中，博物馆必然是重要的选择之一。十八大以来，以习近平同志为核心的党中央对文物博物馆事业高度重视，出台了许多鼓励支持博物馆事业发展的政策措施，进一步激励了文博事业的发展，同时对文化惠民工作提出更高要求。而市县级博物馆是落实文化惠民、实现文化均等化普惠化的重要单位。为此，必须要重新审视博物馆的功能定位，明晰发展之路，不断满足公众对博物馆需求结构的快速变化，实现博物馆健康可持续发展。

面对新时期的机遇和挑战，市县级博物馆要充分理解新时代博物馆的使命和担当，破除僵化思维，把握发展的良好政策环境和社会氛围，找准角色定位，增强活力，创新性探索博物馆管理体制和运营模式，在管理体系、文化资源挖掘、智慧化建设、社会教育、人才培养等方面找寻新的发展路径，充分发挥博物馆的研究保护和文化传承、公共服务、终身教育等功能。针对市县级博物馆发展现状，可以从以下几个方面做一些探索。

（一）加大政府投资，彻底改善基础条件。近多年来，国家投入到文物保护和利用事业的经费不断增长，一些文物保护领域长期存在的问题得到了比较好的改善。特别是不可移动文物、考古、博物馆馆藏文物保护条件改善较为明显。博物馆免费开放政策的实施，又使博物馆基本的运营得以正常开展。但是，中央财政投入到博物馆建设的经费非常少，使一些地方尤其是经济不发达的西部市县级博物馆长期存在的馆舍面积小，或者环境差、保管不达标的问题没有得到解决。而博物馆馆舍是博物馆除藏品以外开展工作的重要条件。随着博物馆事业的发展，进入到博物馆人群逐渐增长的新形势下，博物馆的功能势必不断得到扩大，文物库房的分库管理、修复养护、社会教育、观众休息、文物保护利用数字化、安防消防等近年来新的要求和增加的公众服务都需要一定的空间条件，同时文物保护和观众对博物馆的参观环境也越来越有比较高的要求，而过去建设的一些博物馆尤其是西部市县级博物馆本身面积小、环境较差，甚至存在与其他单位联合共享的情况，观众参观和社会教育无法开展或达不到应有的效果，影响了博物馆功能的发挥。对此，应引起高度重视。建议在当前文物保护与利用基本设施得到改善的情况下，集中财力、分阶段建设西部市县级博物馆。同时国家出台一些优惠政策，鼓励调动地方政府修建博物馆或与中央、地方共同投资修建，并根据各地文化、人口、藏品、观众数量和不断发展的需要，制定修建标准，如建筑面积、功能等。

（二）探索资源共享、运行高效的总分馆管理体系。博物馆的资源，尤其是市县级博物馆的藏品资源和管理、人才等在短期内很难有大的增加和改善，必须寻求资源共享的发展模式。在这方面，国家在国有图书馆管理体制方面进行了有益的探索，实行县级图书馆统一管理乡镇和村级图书室，解决乡村两级图书资料室资源和管理运营的难题。

近年来，国家文物局和一些地方文物单位探索在博物馆领域实行总分馆体制，国内如南京市博物馆总馆、重庆中国三峡博物馆等，在业界引起了广泛关注。而天水市博物馆统管部分市一级文博单位，则是另外一种总分馆体制。结合我国实际，破解市县级博物馆在发展中遇到的困境，结合地域的关联

性、交通联系的便捷性，建议由国家相关部门协同共抓，实行市级博物馆为总馆，县级博物馆为分馆，相关联的一些小的文物保护机构参与，市级馆为法人，人、财、物统管，有效地解决市县级博物馆人力资源不足、藏品短缺、陈列展览单一、学术研究水平不高，一些县级馆管理能力低下的问题。对于条件暂不成熟的地方，先实行联盟制，逐步过渡到总分馆制。实行这一体制，除了可以有效的解决以上问题外，还可以大大节约博物馆管理成本，扩大专技人员比例，凝聚各方发展力量，提升市县级博物馆综合实力，整体提高市县级博物馆服务水平，为进一步发挥博物馆功能起到重要的作用。

（三）加强政策引导，拓宽人才引入培养机制。市县级博物馆较之大中型博物馆在地域、待遇、发展空间等明显处于劣势，对人才的吸引力不强，加之市县级博物馆编制数少、现有体制缺少一定的激励机制与个人职业的上升空间等原因，造成中小型博物馆缺少业务骨干，业务能力提升遭遇瓶颈，且从长远发展来说，很难组建完整的学术研究、社会教育体系，文物保护利用数字化、智慧化还有漫长的路要走。

解决市县级博物馆专业人才缺乏及提高人才吸引力等问题，离不开政府的政策引导。参考学校、医院等事业单位的人员配比做法，建议由国家文物局联合中央编办、人社部等部门出台针对市县级博物馆人员编制、职称限额方面的指导意见，如市级博物馆编制在50人左右，县级博物馆在20人左右；职称限额由现在的专业技术人员占编制的70%，其中中级占50%，高级占10%，其余为初级人员，按照这一规定，市县级博物馆几乎没有正高级职称，县级博物馆副高级也基本达不到。针对市县级博物馆实际，参考中小学校职称限额政策，提高市县级博物馆高级职称限额比例；充分考虑博物馆专业特殊性，政府部门在人员配置时给予博物馆一定的选人自主权，在招考及人才引进时倾向专业测试，而非统一化的行政测试，将博物馆真正需要的人才招进来。引入人才后，完善晋升通道，为人才提供良好的发展空间。此外，市县级博物馆自身也要多下功夫，调动、激发职工的积极性，通过各类培训班、学术研讨会等，将人员推送出去进行业务培训、交流，提升业务水平，推动人才队伍建设。

（四）依托地方文化打造特色馆。近年来，博物馆依托自身文物资源争相推出形式多样的展览，积极开展与展览密切相关的教育活动，通过多种手段吸引观众参观学习，呈现出良好的发展态势。但部分博物馆在这一过程中，因自身定位不清，出现"特色不明"、"千馆一面"等问题，市县级博物馆这一问题尤为突出。

我国幅员辽阔，历史文化资源丰富，各博物馆文物藏品各具特色。市县级博物馆要充分认识到其主要职能是集中展现当地地域文化，着力解决近年来出现的"千馆一面"的问题，重点在于深入挖掘地方文化资源，突出地方文化特色，打造特色陈列馆，不追求"齐、全、广、通"的效果，而是立足本土、突出特色，把弘扬优秀传统文化和发展现实文化有机统一起来、紧密结合起来，实现"特色立馆"。

（五）制定针对性的政策规定和考核标准。市县级博物馆免费开放考核一般由省级文物部门组织进行，且考核结果与来年拨付的免费开放资金挂钩，这一考核机制既对博物馆提出了工作要求和标准，同时也给部分条件较弱的博物馆造成了一定压力。建议考核标准忌"一刀切"，在某些指标下，可以适当给实力较弱的市县级博物馆"开小灶"，如文创、文化产品等指标。故宫文创的成功，有其特殊的文化背景和地域条件。市县级博物馆限于工作人员数量、设计理念和观众数量、购买力等因素，一些单位文创开发流于表面，并没能真正挖掘出特色的产品，吸引观众"买单"。并且，限于资金、场地和国家有关事业单位经营活动财务、税收的规定，再扩大业务范围去搞文创，既影响博物馆正常业务和管理工作，也搞不出像样的、成功的文创产品。因此，国家在政策引导、考核标准制定和舆论方面，要区分对待，适度引导博物馆开展经营性活动，促使博物馆把主要精力投入到基本的职能中去。

## 结　语

党中央、国务院高度重视文博事业发展，为做好新时期的博物馆工作创造了良好的政策环境和社会氛围，同时也强调了推动博物馆由数量增长向质量提升转变。要实现这一转变，博物馆整体发展不充分、不平衡的问题不容忽视，特别是占我国博物馆总数比例很高的市县级博物馆的发展更应被高度重视，尤其是西部市县级博物馆，其发展需要国家和社会更多支持和关注。从市县级博物馆自身而言，应该积极应对当前博物馆发展过程中出现的新情况，打破固有思想观念，改进工作方式方法，着力挖掘地方特色文化，以藏品、研究、展览、社会教育为重点，保持对公众的持续吸引力，不断推动公共文化服务均等化，积极践行新时期博物馆的使命与担当。

### 参考文献

［1］新华社：《"平语"近人——习近平谈文物工作》，［2016 - 04 - 13］，http：//www. xinhuanet. com/politics/2016 - 04/13/c_ 128889802. htm.

［2］王春法：《关于新时代博物馆事业发展的若干思考》，《中国国家博物馆馆刊》2018 年第 5 期。

［3］刘玉珠：《在"新时代新气象新作为：全国博物馆馆长论坛"上的致辞》，《中国国家博物馆馆刊》2018 年第 5 期。

［4］程武彦：《重庆中国三峡博物馆总分馆制的探索》，《中国文物报》2019 年 3 月 26 日。

# 让文物活起来的初步思考

## ——兼谈全民参与文物保护利用体系建设有关问题

曹兵武

（中国文化遗产研究院）①

**提　要**：让文物活起来，将文物用起来，顺应时代要求与呼声，关键是在历史大趋势和可持续发展的生态文明背景下，理顺文物与人的关系以及相关的利益格局，处理好公共性与责权利的关系，充分发掘并共享文物价值与信息，创新文物保护利用的体制机制，营造全社会参与文物保护利用的环境氛围，其中文物行业应发挥枢纽和支撑作用，国有文物应发挥示范和引领效应。为此，应深化文物工作改革与发展，进一步明确文物保护利用的主体责任及其他相关责任，推动业内与业外、事业与产业、公有与私有的良性互动，让文物融入人民群众的生产与生活，实现历史文物在现代社会的理性再脉络化与永续保用。

**关键词**：让文物活起来；文物保护利用；文物国情之路；再脉络化；文物登录制度

习近平总书记明确要求让文物活起来②，要努力走出一条符合国情的文物保护利用之路③，既突出了文物古迹和文化遗产作为可持续发展资源在建设中国特色社会主义和中华民族伟大复兴事业中的重要地位与作用，也对文物工作提出了与时俱进的新时代的新要求。

让文物活起来至少可以分为两个层面，一是要尽可能将文物本体保护好利用好，二是文物中蕴含的历史科学艺术社会等信息与价值应尽可能挖掘出来、展示出来、传播起来，实现社会共享，促进人的素质及社会文化与经济等发展。也就是说，文物活起来不仅有物的层面，更重要的是在精神层面，要与新时代现代人的合理需求和可持续科学发展实现对接，让传统与现代实现对接，从而助推中华民族的伟大复兴和时代的进步。因为文物是文化的物化，文明的证体，历史记忆的载体，和人们的精神文化生活息息相关。

但是，文物本身不会说话，也无法自动地活起来，只能是尽可能多地让人看到、感到、用到、想到，通过与其相关的人和事建立链接、互动，即让文物活起来，和保护它、利用它、管理它的人是密

---

① 本文为国家社科基金特别委托重大项目（课题编号17@ZH018）、中国文化遗产研究院基本科研业务费资助项目（课题编号2017－JBKY－19）"符合国情的文物保护与利用研究"课题成果之一。作者为项目首席专家，中国文化遗产研究院研究员。

② 习近平在中共中央政治局第十二次集体学习时强调：建设社会主义文化强国 着力提高国家文化软实力，新华社北京2013年12月31日电。

③ 习近平：努力走出一条符合国情的文物保护利用之路，新华社2016年04月12日电。

不可分的。因此，只有让人对文物的认识提升了，相关的实践活动改进了，走出了符合国情的保护利用之路，将文物保护好、利用好了，文物的价值与作用发挥出来了，文物背后的历史科学审美等价值才能得以很好地传承，文物才算是真正的活起来了。文物活起来与文物的保用，是同一事业的两个面相。由此也可以看出，让文物活起来并非是一件容易的、一哄而上、一蹴而就的事情，是需要深入研究、系统谋划、科学实施的大文章。因此，如何让文物活起来仍然有进一步提高认识的巨大空间，以及探索作为的巨大空间。

比如说，文物利用包括文旅融合的最简便方式——看文物，要让人能够看到本体的文物遗产，要让所有的人能够欣赏到所有的文物遗产，或者让应该看的人看到其想看或应该看的文物，这是几种不同的情况，但囿于现实的条件，都不是一下子就能够很好地实现的。全国 70 余万处不可移动文物，上亿件国有可移动文物，一下子都开放并实现与公众需求的合理配置几乎是不可能的。据统计，全国 11 家央地共建博物馆馆藏文物展出率也最高的不足 5%，最低的只有 1.2%，平均为 2.8%。不可移动文物中全国重点文物保护单位也有不少未能做到对外展示开放。而那些看了文物遗产的人，对相关信息入目入耳可能还相对容易些，但是要能够入脑、入心，有所发现有所收获认识上有所提高，则更是难上加难。

因此，让文物活起来，将文物用起来，应当是在扎扎实实做好保护等基础工作的前提下，不断创新体制机制，将文物作为可持续发展的宝贵资源，探索与百姓的日常生活实现全面链接之道，探索在复杂多样的社会现实中让历史文物重新脉络化的安身立命之道。

作为文物从业者，我们应该清醒地认识到，让文物活起来、将文物用起来不仅仅是当下的领导要求，也是当今的群众需求——正如十九大报告明确提出的，当前我国社会主要矛盾已经转化为人民日益增长的美好生活需要和不平衡不充分的发展之间的矛盾，随着经济社会发展，文化消费与需求日益增长，文物古迹相关旅游、文化产品与精神方面的需求正呈现几何级增长。因此，把文物用起来，让文物活起来，实乃时代趋势，在我们所说的文化自觉和自信中，其实是应该有一个遗产自觉作为基础的，在我们所努力追求的民族复兴中，其实也是应该有一个传统文化复兴或者中国式的文艺复兴作为前提的。

人类历史为我们留下了丰富的经验教训、文物古迹和文化遗产，能够正确认识到它们的存在、价值、作用，则是一个伴随社会进步的不断发展的过程。文物古迹等文化遗产中包含丰富的历史科学信息和古往今来人们的价值观念，它们从达官贵人喜好把玩的古董，到成为文物考古的科学发现与研究资料，再到现在保护与利用的全社会呼求，实际上我们已经步入了一个全民性的文化遗产时代，全社会都开始自觉地将文物古迹历史遗存作为发展的资源来加以合理保用和传承创新，以实现继往开来的可持续发展①。但是，相对于其他遗产而言，文化遗产能否用好，和我们后人的认知水平、主观能动性以及实践能力等密切相关。

中国作为文化遗产极其丰富、历史悠久连绵不断的大国，今天我们要实现民族复兴，就必须首先对自己的历史遗产进行全面盘点，科学挖掘保护，合理利用传承，在继承优秀传统文化、借鉴域外先

---

① 文社编：《古玩·文物·遗产：为了未来 保护过去》，北京燕山出版社，2001 年。

进文化、探索科学发展文化的基础上，去探索民族复兴之路和中国特色社会主义道路。同时，我们也应该充分地意识到，伴随当下由经贸交通等开辟的空间上的全球化，历史文物考古等学科也已经从人类的起源、演变、发展角度达成了人类物种与历史在时间上的一体化——我们人类有着共同的生物起源、心理基础和命运追求，尽管为适应不同时空环境而形成了丰富多彩的文化和文物遗存，但其实人类四海一家，寰球同此凉热，应该从人类命运共同体的层面去处理历史现在与未来、我们你们和他们的关系，人与自然与世界包括与历史遗产的关系，探索和衷共济、科学可持续协调发展的康庄大道。

因此，将文物用起来，让文物活起来，是一个巨大的时代命题。它首先是应该让与文物有直接责任和利益关系的人动起来，要对文物与人、遗产与人尤其是与广大社会公众的关系和利益联系在提高认识的前提下进行一场以保护利用为中心的紧密而理性的重构。我们常常说文物是民族的、国家的甚至是全人类共同的遗产，但是具体到一处遗址，一件物品，对保护和利用的具体事项该由谁来行使？如何行使？到底谁对它拥有保用的主体责任、法律责任，它和其他利益相关者乃至社会公众有什么关系？很多方面都需在学理法理上予以深究，在政策法规与体制机制上有所安排。

其实，一件物品或者一处遗址被定性为文物，尽管它仍然还是之前的那个客观存在，也许还延续着其原先的功能，但是从社会与文化价值层面，它已经实现了脱胎换骨的转变，实现了向文化符号、历史信息载体的主要功能的嬗变，或者是价值与作用的拓展。用博物馆学对待入藏品的术语来说，它要完成去脉络化——与原来的语境、功能、作用等进行一次剥离或切割，并再脉络化——按照博物馆工作的要求展开编号、信息采集、登录、研究、典藏、保护、展示、诠释、文创等等一系列新的工作。尽管在再脉络化过程中，会尽量保存和记录其原有状况、功能、历史经历及相关背景、相关人员等信息，但它之后将主要是以信息载体、文化符号的形式存在并示人。它和人和事的关系也将随之发生根本性变化。其实，不仅是博物馆的藏品与展品如此，博物馆以外的文物古迹，包括不可移动文物的活化利用，也包括文物旅游等，实际上都有一个在现代社会、不同语境之下与人实现有机结合、再脉络化的问题。我们通常所说的用文物讲出好故事，即是这种脉络化的典型体现之一①。

因此，让文物活起来，将文物用起来，就需要在新时期、新形势下分析它们和谁有关、有什么关系？对谁有用、有什么用？这些方面和人的世界观、人生观，和价值认知及精神文化的需求，和具体的社会环境、制度安排等是密切相连的。所以，对文物和藏品在现代社会的再脉络化，让文物古迹融入百姓生活，既包括对其本体与信息、价值的发现、保存、整理、研究等，也包括分析研究它们在现代乃至未来可以发挥什么样的作用，并积极探索在藏品体系、展厅、旅游活动以及保用实践和社会文化等具体的社会语境中为其建构科学合理的物物和物人关联。

这里也必然会涉及对与其相关的人及其需求的认识、分析与关系调整。比如，通常我们将与文物和文化遗产相关者分为专家和大众，前者是保护者和诠释者，是业内；后者是看客、游客，是业外。这种划分很有意义但却相当粗浅，而且主要是基于文物和遗产国有、共有的主位视角。其实抛开现代产权问题，文物和文化遗产有着远比一般物品复杂得多的社会关联。如果我们将文物的保护利用能力视为是遗产领域的生产力，将文物与文化遗产视为是工作对象、生产资料和发展资源，那么科学、合

---

① 曹兵武：《博物馆的媒介化趋势及其实践意义》，《博物院》2019（5）.

理、合法、全面、完善的物人关系就是这个领域对保用能力包括文物旅游业发展起决定性作用的生产关系，只有在良好的物人关系的基础上，遗产的公共属性，抽象价值，以及专家所拥有的专业知识、科学技术、先进设备等才能合理应用，发挥更好的作用。因此，动员全社会广泛参与文物保护利用不仅仅是一个时髦的口号，文保志愿者的良心奉献，或者简单地将文物交给旅游企业去经营运作，而是要全面建构文化遗产领域科学合理合规的物人关系或者责任权利义务体系，这不仅是提升文物保用能力的前提条件，也将是文物工作和遗产领域影响深远的一场革命，是一个历史大国从传统迈向现代的必经之路。

传统上专业人士或者文博行业内的人习惯于将文物作为物以证史的学术研究资料，习惯于讨论和开展保护与研究工作。这当然是重要的基础性工作。但是，其他丰富多样科学合理的利用形式包括文物旅游的发展，就需要在社会实践和公众行为与心理需求中去创新，就得发动其他人，尤其是让利益相关者也成为保与用的实践主体，因此，文物研究既要研究物，也要研究人，研究物人关系，包括开展游客研究，博物馆观众研究，文物社会学研究。

新时代人民群众升级换代的新要求和新需求为此提供了契机。但是，应该强调的是，文物具有远超一般物品的复杂属性和公共性、公益性要求，诚如法国文豪雨果所说："文物可以属于某人，文物所包含的美则属于所有人"①。这就是在文物保护与利用实践中关于文物所有权、保管权、使用权、收益权、保护责任等权利义务等基本理念长期存在较大争议的深层原因②。即便对具体的文物可以明确上述权益与责任人，但是所有文物无论公私，都拥有无可争辩的公共性和公益性质，所有时代所有人对文物都只能拥有有限的权利（或受限的权利），并对公众和子孙后代担负着守护传承的无限责任。因此，文博界应该在学理、法理、法律与制度安排方面对上述各项权益和相关实践予以廓清，以充分调动更多相关者参与文物保护利用的积极性，将国家所有的文物的保用责任具体化，将私人拥有的文物的公私责任明确化。同时，要积极完善与文物本体有关的信息、资料、价值体系以及保用实践包括开展文物旅游的行业标准，为公众的参与提供支持和指导。

由于文物的特性，让文物活起来，将文物用起来，必须以本体的妥善存在为前提，以原真性为第一原则，保护利用都应该尊重文物特性和文物工作的基本规律与要求，不仅应充分保证文物本体的原真性，也应力所能及地保存文物信息的真实性和完整系统性，在此基础上挖掘和传播共享其科学、历史、审美与社会文化以及经济等方面的价值。包括开展与文物、文化遗产有关的文创，开展文物旅游，同样也需要遵循文物本体、信息和价值的属性与规律要求。因为这正是文化传承、社会发展中建基于科学之真、历史之善和艺术之美的重要源泉。因此，应该高度警惕文物古迹展示传播利用、文物旅游以及文创中的迪斯尼化现象，尤其要警惕以欺骗为目的的文物造假与相关信息造假。否则，传播传承的将无疑是混乱视听和价值判断的文化之癌，必将引起广大公众的价值观和世界观的错位、混乱甚至是低级趣味。

---

① 转引自【墨西哥】豪尔赫·A·桑切斯·科尔德罗著，常世儒译：《文化遗产：文化与法律文集》，文物出版社，2014年。
② 陆建松：《论国有文物的国家所有权——对文物单位所有权与经营权分离现象的质疑》，《中国博物馆》2002（03）：10－14；毛少莹：《探索建立文物所有权 监护权 经营权"三权分置"管理制度的思考》，载荣跃明、黄昌勇 主编《"一带一路"：城市空间新格局，文化发展新动力》（世界城市文化上海论坛·2017），上海书店出版社，2018－10－01。

因此，将文物用起来、让文物活起来，是一篇需要各方面共同探讨和书写的大文章，探索符合国情的文物保护利用之路，是需要全社会共同参与和践行的盛举。这里尝试就建设全社会参与文物保护利用体系建设提出以下一些不成熟、不系统的思考和建议，或可参考：

首先，应明确文物主体责任，尤其是国有文物保护与利用的主体责任，做到每一处或者每一件文物都有具体的责任人（法人或者自然人），全面推行国有文物资源确责确权和五纳入制度①，并可以考虑参考自然资源的离任审计制度，将国务院要求的文物保护的五纳入真正予以落实，同时要用好不动产权确权、国家公园、生态补偿、国土空间多规合一、公益诉讼等现有政策工具，包括借鉴农地和林地等自然资源确权、河长制、湖长制等其他行业的实践经验。

其次，应与此相配合，探索新的政策机制，比如全面推行文物登录制度，努力做到文物相关信息动态更新与管理，为保护利用和规划管理提供信息与科技支撑，尤其是为全面实行工程项目考古勘察和发掘前置、不可移动文物保护利用纳入地区性多规合一等制度提供支撑。

再次，要优化文物保护利用的财税政策与投入机制，探索建立面向责任主体的文物保护利用正负面清单制度和财税补偿制度，在更加科学合理地使用国家投入的同时，扩大保用的社会力量参与度与利益覆盖面。

复次，要进一步加快行业改革，合理配置放管服举措，加强自身能力建设与服务供给，包括加强科研、政策、法律法规、行业标准和体制机制研究，加强文物保护利用理论、方法、价值评估、科技手段、实践标准、服务平台等软实力供给。

最后，要进一步强化监督管理，加强问责，全面实施依法管理。

在文物事业的改革发展中，文博界要率先解放思想，转变观念，与时俱进，改革创新，才能在其间发挥积极的引领与支撑作用。当下对于文物保护利用的重要性已经讲得很充分了，相关理论与方法的探讨也不少了，现在应该是真正启动改革促发展，包括改革自我、从我做起，发挥专业和行业的示范引领效果。具体来说：

一是要认识到用也是文物工作的重要目标与内容，合理适度的用在某种程度上正是一种积极的保护，尤其是文物管理部门要转变观念，鼓励探索在利用中保护，在保护过程中利用，保用并举，既强化自身的用，也鼓励社会的用，打破一些传统的思维定式和工作模式，甚至是既得局部利益；

二是要建立综合性全覆盖的文物保用管责任体系相配套，坚决捍卫国有文物产权，防止国有资产流失、损耗，强化有关保用责任；

三是在充分尊重民间文物私有产权的基础上，引导强化其公共性底线，对其保护利用发挥切实的指导帮扶保用，负起真正的管理之责；

四是以建立全面和谐合理合法的物人关系为目标，着力理顺业内与业外、管理者－专家－公众、行业内部考古－文保－博物馆等具体职业职能关系，系统梳理与完善文物的名义所有者、实际拥有者、具体使用者、直接或间接受益者相互之间的责任权利和义务关系，按照守土有责的原则，推行谁管理、

---

① 1997 年国务院发布《关于加强和改善文物工作的通知》（国发〔997〕13 号），要求各地、各部门将文物保护纳入经济和社会发展计划，纳入城乡建设规划，纳入财政预算，纳入体制改革，纳入各级领导责任制。

谁使用、谁受益、谁负责的涵盖保用管的责任制和业主制，构建文物遗产与人的适应新时期社会发展需求的新型关系，形成保用合力和全社会参与保用的体制机制；

五是加快文物确权和确责，进一步完善文物登录制度和信息公开，建设面向全社会的资源库与服务平台。

六是行业内的部门与专家应强化文物本体、信息以及与保用实践相关的理论、方法、技术、标准、法规等的研究与供给，通过建立完善的认定、登录制度为相关各方提供动态的管理和服务支撑。

七是国有文博单位对自己实际保有和拥有的文物，要发挥保与用的示范和引领作用。

我认为在上述各项中最重要最紧迫的，是以完善文物登录制和责任制、业主制为核心，让全面建立新时期和社会发展状况相适应的物人关系与保用责任体系并纳入经济社会发展的各界预期真正落地。这方面，文博行业自身具有枢纽性地位和作用，应率先垂范，由内及外将责任制建立起来。物人关系理顺了，相关方面的积极性起来了，业界要加快推动科学理论方法的广泛运用，管理与工作水平的不断提升，以及效果的完善与不断优化，形成全社会参与文物保护利用的良性循环和反馈。而如果没有全社会的觉醒、公众的参与包括监督，这些则是很难实现的。

总之，要真正把文物保护好、利用好、传承好，让文物活起来，融入民族复兴与人类可持续发展命运共同体建构的伟业中去，就必须认真学习领会一系列新的中央精神，尤其是习近平同志一系列重要讲话、指示精神及中共中央办公厅国务院办公厅《关于加强文物保护利用改革的若干意见》，统筹推进文物保护利用传承，切实增强中华优秀传统文化的生命力影响力，更好地促进经济社会发展，不断满足人民日益增长的美好生活需要；就必须加快行业改革，立足全局，谋划文物保用和优秀传统文化遗产传承事业，就必须加强面向公众的宣传引导，加强依法依规管理和体制机制创新，大力促进新技术新媒体等在在文物保护利用和管理中的探索和运用；就必须给予文物利用以更高的地位，认识到加强文物利用是领导要求，群众需求，时代呼声，认识到加强文物利用对于行业是挑战也是机遇。

古代文物在现代社会中的再脉络化，首先必须进行如同中医中中药材的那样的归经，在中华民族伟大复兴伟业的"五位一体"总体布局和"四个全面"战略布局中，在生态文明的视野下，根据文物自身特点和社会现在与未来的正当需求，进行系统的分析与对接，缔造文物与人的新型关系。而在所有这些关系中，文物行业与文物行政管理部门是轴心，是枢纽，在与各方关系中有纲举目张的地位与作用。在当下文博事业的改革发展中，应加快探索建立统一的文物认定与登录及动态信息服务机构和支撑平台，在登录的过程中对相关的所有权、保管权、用益权以及保护责任等关联事项进行明确规定与协议。为此，就必须加强文博行业自身的改革，完善和加强基层文物保护管理所的定位与职能，增强勘探、考古、文保、博物馆等行业专业机构和鉴定评估等社会中介性服务力量，加强人才培养队伍建设，完善行业规范职业伦理，加强学术研究、学科建设和理论方法法律法规行业标准供给，深入挖掘文物蕴含的信息价值，理顺文物与时代及利益攸关方的关系，落实文物保用的主体责任，激活公众参与文物保用和监督的积极性，完善相关的制度安排，强化依法管理，依规管理，科学管理。

最后，我特别想要强调的是，应在机构调整与改革过程中，加紧探索在中央和省市县分级设置文物登录与监管中心，或探索完善和强化基层文物管理所的定位和职能，将其作为相关责任主体缺位、错配的文物实物与档案资料的归集与管理中心，以及为社会和公众提供规范有序的公共服务中心，同时开放文保、考古与博物馆等文物保用业务实施机构的设置和运作，全面推行面向行业与社会的资质化、专业化、法规化、责任化管理，为相关方面参与文物保护利用提供引导、规范以及支持、保障，才有可能形成全社会参与文物保护利用监管的良好局面，做好让文物活起来的大文章，真正走出符合国情的文物保护利用之路。

# "析情探路——符合国情的文物保护
# 利用与改革发展"会议综述

何 流

（中国文化遗产研究院）

## 引 言

"析情探路——符合国情的文物保护利用与改革发展"学术研讨会（2019 年 11 月 1 - 2 日，北京）是中国文化遗产研究院依托国家社会科学基金特别委托项目"符合国情的文物保护利用之路研究"（批准号为：17@ ZH018），继"他山之石——国际文物保护利用理论与实践学术研讨会"、"中国观察——文物保护与利用学术研讨会"之后组织的又一次全国性学术研讨会。研讨会上与会专家学者针对文物保护和利用的政策法规、体制机制、机构改革与发展、文物理论和学科建设、文物价值与功能、文物保护科技、文物的活化利用等各方面，展开全方位多视角的探讨和积极坦率的建言献策。

## 一、健全法规体系、创新体制机制以保障文物事业健康规范发展

全面依法治国是中国特色社会主义的本质要求和重要保障，体制机制则是推动国家治理管理体系现代化的重要抓手。改革开放以来，文物法律法规建设不断加快，随着国家经济的发展和城乡建设的深入，文物保护、利用发展的空间与经济、社会发展的空间频繁重叠交合，相互冲突和相互促进曲折跌宕。必须完善文物保护法治体系才能规范协调文物与各方的关系，只有创新体制机制才能找到顺应时代发展最佳路径。

北京大学考古文博学院孙华教授作了题为"文物保护的法规与机制"的报告。他认为，要实施对文物的有效保护必须有法可依。从 1961 年国务院颁布《文物保护管理条例》以来，经过近 60 年持续不断的努力，我国的文化遗产保护法规体系应该说已经基本建立。不过，在迄今为止的文化遗产保护实践中，还是存在不少问题，追根溯源，这些问题都与法规、政策和相关机制不完善有关。孙华教授通过实例列举了以下保护难题：1、古遗址的保护和管理难度日益增大，城镇发展占压遗址、乡村建设破坏遗址的现象日益严重。2、自上世纪 80 年代以后我国的古墓葬被盗现象日益严重，盗墓之风屡禁不止。3、传统村落保护有利于家国情怀，而当下我国传统村落正在快速消失和变异，不少被列入历史

文化名村、中国世界文化遗产预备名单和国保单位的传统村落也面目全非。4、线状遗产/线性遗产包括文化线路如古蜀道（广元段）、茶马古道、丝绸之路，有的被农民开田挖掉，有的被拓宽作为地方公路。5、我国许多重要的文物建筑和石窟寺，当通过大修工程修缮一新后，不久就出现墙脚泛碱剥蚀，柱梁油漆脱落，房顶瓦沟长草，雕塑尘垢累积等问题。6、文物保护工程，本来按照"最少干预原则"，应该局部修补或局部替换的部件，最后却成为整个构件以新换旧，从而造成了修缮性破坏。7、许多重要的文物古迹和名山大川，包括国家级文物保护单位和国家级风景名胜区，其管理权、经营权和收益权被转卖或委托给地方企业、民营企业或宗教社团。8、我国不可移动文物的保护，是以文物保护单位为基本保护单元，形成了国家、省市自治区、区县三级文物保护体系。但文物保护单位的责任主体是文物所在地的县区政府，其次是公布文物保护单位的省市自治区政府，最后才是国家文物行政主管部门。这样的制度设计是否合理？

　　他认为，解决这些问题，不能仅依靠遗产保护技术，更主要的是法规、政策和机制问题。这些问题不解决，将会极大地制约我国文物保护利用事业。首先，是文物所在地的土地问题。我国现在存在的文物及其它遗产资源管理混乱的问题，很大程度上是土地权属和管理权益不够明晰造成的。土地是文物难以分割的载体甚至本体，土地对于古遗址、古墓葬、传统村落、线状遗产等都是文物得以存在的根本。他进一步指出，我国的土地制度是社会主义公有制，但包括了全民和集体两种形式，后者是不完全的小公有制形态，而其基础正在不断遭到削弱和破坏。我国作为全民共有财产的文物，在保护和利用方面当然要优先考虑全民的利益，而不能优先考虑遗产所在地个人或小群体的利益。因此，我国的文物保护事业需要国家文物局组织专家进行调研、归纳总结文物保护与土地权益的关系问题，并联合诸如国家自然资源部、住房和城乡建设部等涉及保护用地的部门，共同提出解决文物和自然资源保护用地的办法。他提出，首先，应完善土地法（土地承包法）、物权法及其相关法规与文物保护法的协调法规体系，那种将具有公共属性的文物的管理权、使用权、收益权卖给（而非购买物业服务）私人或少数群体，不符合国家公园的基本属性，也违背社会主义的基本原则，应该旗帜鲜明地反对和制止。其次，是国家级文物的管理机制问题。国家级文物实行的是属地分散管理办法，国家文物行政管理部门只是监督管理和财政补助责任，并且中央财政补助也只用于文物本体保护和环境整治，不承担土地流转和基础设施建设的费用。而只有承担相应的责任，才能拥有相应的权益。其三，是文物的日常维护和保护工程问题。本来我们文化遗产保护管理部门如果能够切实履行起自己的日常维护职责，即便是土木结构的建筑也能够保持许多年不用大修，这就需要在相关制度中设立日常维护经费。

　　国务院发展研究中心研究员苏杨以殷墟为例提出"有国土空间用途管制支撑的配套体制改革才能使大遗址的保护和利用都成为政绩"。他认为，大遗址有两个特点，一是大遗址受到人（原住民）、地（原住民生活用地）的约束，难以实现封闭隔离式的管理；二是大遗址从空间上往往会跨越多个行政区，集合了多种资源且具备多种功能，而其中文物的保护利用可能并不是第一位的。由此两个特点引申出大遗址的管理需求。1、大遗址的保护不能建禁区，而只能限制资源利用的方式和强度。2、仅靠文物部门无法管理大遗址范围内的全部人类活动，如大遗址范围内的人员、单位生产生活，文物部门对文物本身的活化利用方面专业性和能力也显不足。3、文物系统主要采用行政许可、审批、项目扶持等行政管理手段，只要过程依法、力度足够，其对可以封闭、隔离管理的不可移动文物而言较为有效。

但对其内有原住民、只能开放式管理的大遗址而言，如果缺少对国土空间的用途管制权，就难以从前端和过程中控制开发行为，更难以实现与大遗址周边的区域统筹规划与利用，难以使大遗址的经济社会功能全面体现出来。对于此类大遗址，他提出借鉴比较成功的三江源国家公园大型区域管理经验，成立国家公园管理局，整合所涉国土、环保、农牧等部门编制、职能及执法力量，实现国家公园范围内自然资源资产、国土空间用途管制"两个统一行使"。国家公园管理局是第一责任主体，地方政府是第二责任，形成相关权力集中统一的真正的特区。

他强调，构建这种"文物保护和利用都成为政绩"的制度是集成创新。首先是基于当地历史文化的完整性、预防考古的需要及区域联动发展的需要对空间管理进行整合，而不是仅仅限于历史文物。其次是兼顾保护与发展，为本地居民提供替代性生计和居住空间，提出整合后的空间的绿色发展模式。三是与国家的体制机制改革任务衔接，给出系统的体制改革、机制创新方案，对现有的机构进行整合，由统一的机构行使管理，配套全新的组织架构。以殷墟为例的相关体制机制集成创新的总体设计，可以从国土空间用途管制权入手，在更大范围构建国家遗址公园体制试点区。国家遗址公园体制具体由管理单位体制、资源管理体制、财政投入为主的多元化资金保障机制、文物政绩观落实机制、文物合理适度利用机制、社区协调发展机制、社会参与机制构成。

中国文化遗产研究院副研究员余建立在"不可移动文物保护利用的关键问题和主要对策"的报告中认为，当前，不可移动文物的保护利用面临的形势较为严峻。主要问题是损毁消失严重、安全隐患突出，如第三次全国文物普查发现大约4.4万处不可移动文物登记消失，其中有一半以上毁于各类建设活动，同时也存在着法人违法、盗窃盗掘和灾害事故三大风险因素。不可移动文物利用也普遍存在利用不够、利用不当和利用的不可持续性方面的问题。究其原因，除了对文物保护利用的重要性认识不足、保护机构人员缺乏、保护经费投入不足且不平衡、法律执行不到位等工作上的直接原因外，更多的是法律、制度和管理上的缺失、缺陷和缺位等深层次原因造成的，核心问题是文物保护利用责权利的不明晰和不匹配，如不可移动文物所有权相关规定的缺失和不清晰、文物保护单位制度不能实现应保尽保、中央和地方文物事权财权的不匹配等等。在新时期，应确立不可移动文物保护利用的基本原则是应保尽保、能用尽用；为加强保护利用能力建设，应将落实以物人关系为核心的保护利用责任制作为一项基本政策。在法律法规方面，应补充有关不可移动文物的定义、认定、登录、文物产权及其相关权属方面的空白和疏漏之处，并提升文物行政效力，明确文物行政执法权。在管理制度方面，构建分类分级的文物价值评估体系，建立不可移动文物登录制度，实现文物本体及相关信息的准确、公开和共享；完善分级别分情况投入管理和利益共享机制，尽快研究相应的投入补偿与利益协调机制；建立不可移动文物本体与所在土地的关联制度与相关政策；参照自然资源确权和不动产登记及其管理、基本公共服务领域中央和地方财政事权支出责任划分改革等完善不可移动文物保护利用相关管理体制机制。在具体操作层面，研究和制定符合不可移动文物特点的行业标准，编制符合保护利用实际的操作指南或导则，建立不可移动文物保护利用示范区、片区等。通过以上几方面共同着手，将不可移动文物保护好、利用好、传承好。

中国文化遗产研究院副研究员郑子良作了题为"我国文物财政政策发展历程及相关思考"的报告。中国财政政策体系主要包括资金投入政策（包括中央与各级财政），预算管理政策，转移支付政策，税收政策及国债政策等方面。建国初至今，我国文物财政政策经历了以重要专项资金投入、国家重点文物保护专项补助经费、转移支付、预算管理等发展过程。目前我国文物财政政策存在的突出问题是：1、经费投入方面总量仍显不足，仅覆盖较窄范围，即国有文物资源中的高等级文物，经费投入重点支持的是工程，对于日常养护和科研性项目考虑不够。2、行业科研单位承担能力及科研活力严重不足，行业后续发展堪忧；3、项目管理模式渐趋僵化滞后，经费使用严重制约了事业的发展。4、税收等优惠政策不到位，其他资金难以或者没有积极性进入文物保护利用领域。下一步完善的建议：一是坚持国家财政为主，明确建立公共财政对文物保护与利用工作的长效投入保障机制；二是合理设计中央与地方财权，完善财政转移支付制度，加大文物财政资金覆盖面，基本实现文物资源保护资金全覆盖。三是增大科研性研究项目和日常保养工作项目比例，以项目促进文物行业科研工作开展与人才培养。四是探索形成符合文物工作实际的经费与项目管理模式，完善相关管理程序、标准与规范。五是构建统一、完善的文物事业税收激励政策体系，积极鼓励非营利组织发挥作用，积极引导和激励社会资金进入文物保护领域。

文物信息咨询中心研究员彭蕾作了题为"文物保护补偿机制探讨及实践"的报告。她认为，权利、义务和责任是法律需要规范的重点内容之一，为了公益目的，受损义务人的补偿问题也是重要方面。现行《文物保护法》中严格规定对非国有不可移动文物所有人的使用权和所有权给予限制，且该法也规定了对保护文物应给予奖励，以及"所有人不具备修缮能力的，当地人民政府应当给予帮助"。这些规定可以看做是法律对私人权益的认可与尊重，对文物保护的法定补偿。但是这样的规定就操作性来说，过于原则化，不易落实。实践中，地方结合各自情况，也进行了一些立法上的探索。比如2019年3月1日起施行的《南京市地下文物保护条例》第24条规定："因地下文物保护给单位和个人造成损失的，市、区人民政府和江北新区管理机构应当予以合理补偿。"设立了地下文物保护损失补偿机制，并且明确了补偿主体和条件。2018年11月23日，广州市人民政府印发《广州市地下文物原址保护补偿办法》，有效期五年。这是构建补偿机制的专门办法，明确补偿对象、管理部门，和三种补偿情形。但是上面两例，都没有规定文物保护的专门补偿标准。外国立法中，对于主动出资修缮文物、正当利益因文物保护受到减损、不可移动文物被征收等文物保护利用中存在的补偿情况都有明确的补偿措施，比如金钱补偿、税收优惠、权利转移等方式，都是已经比较成熟的措施，都可以为我国的立法带来一些有意义的启示。

## 二、强化主体责任、优化基层机构以维护文物系统稳定有序管理

保护利用好文物是各级政府义不容辞的主体责任，各级政府特别是市县级政府要不辱使命，守土尽责，充分认识到文物资源的重要价值和作用，切实加大文物保护力度，推进文物合理适度利用，在保护机构、队伍建设、经费投入上予以重视。特别是2018年的国务院大部制改革，组建文化和旅游部，工作目标为彰显和增强文化自信，统筹文化事业、文化产业开发和旅游资源开发。地方政府为适应这次国家大部制改革的顶层设计，也随之做出了相应调整，引起行业内人士担忧此次机构改革势必削弱地方政府在文物管理方面的工作力量。实际上文物保护工作的重心在基层组织，他们是各级文物

的直接守护者和管理者，而我们基层组织的建设恰恰是最为薄弱的，如何解决这种矛盾，各级政府应该给予足够的重视并进行认真的研究。

西安市政府参事郑育林做了题为《增强对地方政府文物保护责任监督》的报告，他指出，地方层面的文物工作存在三种现象：1、大型基本建设项目的文物违法主体几乎无一例外是各级政府项目单位。2、在以经济建设为中心的社会发展总体格局下，地方政府一直把快速发展经济作为头等大事，不善于统筹解决资源保护与建设发展之间的矛盾，关键时刻总是文物保护让路于项目建设。3、众所周知，像意大利、英国、日本等文物大国，地方政府并没有单独设立文物主管部门，但是依靠比较完善的法律体系，有效的责任落实与监督机制，政府、社会团体、民众等各自依法享受权益、履行义务。他分析认为，我国现在基层文物工作的问题可能有法律方面的原因，可能属于有关规定不够严格，比如在可以使用"必须"的地方使用了"应该"字样。另外也有工作体制或者机制方面的缺陷所产生的问题。他认为，改革的方向应该是加强中央政府文物部门的管理，以及社会尤其是专业机构的强力监督与制约作用。他提出以下对策建议：1、在政府层面，加强上级政府对下级政府的文物行业监督力度，即使是事后追责，也有一定的警示作用。2、在社会层面，加强社会监督力度，基于文物的专业性尤其需要文化专业机构的监督。3、基于前两项原则性考虑提出建立两个全国性的工作监督机制以适应这次大部制改革：一是建立由国家文物局统一、直接领导的文物稽查机构；二是建立由国家文物局或者中国社科院统一、直接领导的全国文物考古研究和保护规划编制等专业技术机构。4、进一步修改完善文物法律法规以及行业规范，使得两项监督工作有法可依。修法应该多听地方一线文物工作者的意见，多听文物之外相关行业的意见，多听其他不同社会阶层利益相关者的意见，进一步厘清法律、政策与行业规范之间的区别与联系，易于实现法律的规范、引导、协调作用，而不仅仅局限于事后责任追究与惩罚。

重庆市文物局文物保护与考古处处长熊子华以重庆基层文物保护管理机构建设的经验谈了对基层文物保护管理机构标准化的思考。基层文物保护管理机构既是文物工作的基础环节，也是文物工作的薄弱环节。通过对基层机构设置和运行机制、人员编制和构成、基础设施和经费保障等多方面进行调研分析，以及重庆地区的探索，提出应加快推进基层文物保护管理机构标准化建设，对目标任务、人员编制、办公场所、经费投入、库房面积、业务用房、安全防护、保护巡查检查等方面提出具体要求并严格考评，从而提高工作人员的专业化水平，优化文物保护管理的日常运营，建立起科学、系统、专业、完备的基层文物保护机构。在全国文物系统正着力文物保护利用改革，消除"中梗阻"，打通政策落地"最后一公里"的大背景下，重庆的探索对于调动各方面的资源和力量，提升基层文物保护管理机构履职尽责能力，具有相当的启示作用。

中国文化遗产研究院研究员刘爱河作了题为"新时代的文物保护公众参与"的报告。她通过详实的数据得出以下结论，我国现阶段文物事业处于快速发展期，社会需求不断增长，公众的精神文化需求日益高涨；相对而言，在文物业内，博物馆机构和人员增长较快，其他机构变化不明显甚至有下降趋势。各地政府机构的改革导致文物机构和人员严重短缺，省级、市、县层层削弱，越到基层越薄弱。从国内外的对比，以及与其他系统和行业相比，我国的文物系统机构和人员都相对较少，与我国文物资源数量极不相称。因此，文物系统应加强自身的建设，广泛动员社会力量参与正在展现越来越强的必要性。目前，国家推出一系列政策鼓励社会力量参与文物保护利用，民间致力于文物保护的企业、社会组织、志愿者数量快速增长，涌现出一批活跃的机构和组织，如中国文物保护基金会、社会力量参与文物保护论坛、古村之友等，开展了薪火相传、拯救老屋行动、撑伞行动等一系列具有广泛影响的活动。参与深度广度不断拓展，规模不断扩大，管理更趋规范，协作机制不断完善，参与形式越来越多元化。

　　天水市博物馆馆长李宁民作了题为"新时期市县级博物馆的使命与担当"的报告，近年来，我国博物馆事业蓬勃发展，但是受地域、经济、文化等发展水平的影响，各级、各地博物馆之间发展不平衡的问题也逐渐凸显，西部中小型地方性博物馆尤其困难。他以具体数据对市县级博物馆的现状进行了分析，并对市县级博物馆未来发展的方向和作用做了较深入的探讨。他认为，市县级博物馆是当地文化的主要承载者和对外展示地方文化的窗口和平台，不必追求"齐、全、广、通"的效果，而应立足本土，依托地方文化打造特色收藏与陈列，以藏品、研究、展览、社会教育为重点，保持对公众的持续吸引力，着力解决近年来出现的"千馆一面"问题，把弘扬优秀传统文化和建设当下文化有机统一起来，实现"特色立馆"。应依据地域、交通等优势，使地方市县博物馆成为当地市民和游客了解地方文化的主要途径，在促进地方文化传播、交流、社会教育、科学普及等方面发挥不可替代的作用。

　　中国文物信息咨询中心陈昀作了"试谈国有文物商店的改革与发展"的报告，他回顾了文物商店的发展历程，文物商店在计划经济和国家经济发展中的特殊作用和贡献。近年来在市场经济的冲击下，失去了专营地位的文物商店营收下降。面对文物拍卖和古玩市场的两面夹击，竞争能力不强，市场占比萎缩。同时，文物商店地位不清，在事业单位和企业管理之间徘徊，运营艰难。在此困境之下，文物商店开始不断探索新形势下的改革出路。有些实力较强且具有比较优势的依然坚持原有文物商店格局和品牌；有些则采取改制，建立或并入当地博物馆，有些则改制成立文物交流信息中心。总之，文物商店一直在开阔视野试水探路，坚定地沿着改革之路砥砺前行。

## 三、加强中国文物保护利用理论方法研究和学科建设，助力事业长远发展

　　科学理论是系统化的科学知识，是关于客观事物的本质及其规律性的认识，是经过逻辑论证和实践检验并由一系列概念、判断和推理表达出来的知识体系。我国文物保护科学技术理论研究薄弱，现有的保护理论基本上是承袭西方，虽然也有一些文物保护理念和指导思想层面或深或浅的探究，但缺乏从理论到实践的系统研究，更无法形成完整的理论体系。文物领域长期以来一直是以保护实践为主，然实践若不能上升到理论，再多的实践也只是孤例。学科建设需要相应的理论，有机的理论体系才能承托起扎实的学科。文物保护理论的完善依赖学科基础建设，行业的发展依赖相关的科学，文物保护理论和学科建设将对行业的创新发展起到积极的引领作用，也是建设中国特色文物保护事业的基石。

　　西北工业大学文化遗产研究院教授李颖科、程圩论述了"中国文化遗产保护发展体系的构建"。他们认为构建新时代中国特色文化遗产保护发展体系，应该从构建这一体系的必要性和重要性入手，立足于我国文化遗产特性和传统审美崇尚、价值取向。在确立文化遗产保护发展理念的基础上，强调"保护为主、发展为要，保护与发展并重；传承为主，创新为要，传承与创新并举"，从理论依据、事实依据、研究方法、主要内容和价值系统等方面进行探索论证。长期以来，各国在探讨适合本国的遗

产保护发展理念和方法上，均对国际普遍遵循的保护原则展开"本土释义"，提出原真性应该尊重各地区不同民族和文化差异。文化发展是一个扬弃和创新的过程，每一个时代的文化总是在继承前一时代的文化精华并剔除其糟粕，同时再融入本时代新的文化成分而不断加以创新的基础上发展起来的。文化遗产作为文化的物化表现，其发展也必然是一个扬弃和创新的过程。文化的发展如此，对其保护也应如此。对任何一种文物古迹的维修保护，应根据其本身的特性及现存的实际情况，采取局部或整体加固措施，特殊情况下，为了使其更好、更长久地留存于世，也可改变其原有结构或材质加以维修保护。中国文化遗产有自己的固有特性，以建筑物和大遗址构成为最主要的类型，而砖木、土木结构建筑体系又是中国古代建筑的主体。因此，中国文化遗产保护应当采取有别于西方以石质材料为主要建筑构件的西方的保护理念和原则。

中国人的审美倾向在于"美即是善"，核心思想是"尚善"，以善为美的具体内涵是重教化、尚伦理。中国传统文化重和谐、包容，主张天人合一，顺其自然，强调曲线与含蓄，尚悟性，表现内向。东方建筑讲求意境，特别重视人居与环境的统一，也融入了崇尚自由、崇尚自然的精神。中国传统的文化遗产保护观念，主要考量文化遗产与社会主流价值观的关系，其价值主要体现在与之相关的历史事件、历史人物，以及由此而产生的美学价值和社会价值，文化遗产的物质性和精神性是统一的，甚至重内在意蕴而轻外在表现，因此更多地关注整体风格、人文环境与象征意义。当今中国文化遗产保护，正面临着前所未有的机遇与挑战。我们应该尊重文化遗产的多样性，在学习、借鉴国外先进思想和技术的同时，在保护实践中我们应该树立符合中国文化遗产特性和遵从中国传统审美崇尚、价值取向的保护发展理念，构建系统完善、富有特色、易于操作的中国文化遗产保护发展体系。惟其如此，才能切实有效地保护好、传承好、发展好我国种类繁多、特色鲜明、底蕴丰厚的文化遗产，也才能充分发挥好文化遗产推动经济社会发展的现实功用。当代文化遗产保护要向"混合遗产""动态遗产"保护方向发展，重视文化遗产"点""线""面"的全方位保护。我们要立足中国国情，按照"基础在环境、核心在文化、发展在产业、保障在制度、目标在价值"的总体思路，通过遗产环境、遗产内涵、遗产产业、遗产管理和遗产价值的保护、重塑来构建中国文化遗产保护发展体系。

北京科技大学科技史和文化遗产学院院长潜伟教授作了题为"文化遗产科学刍议"的报告。他认为，文化遗产人才培养和学科建设整体滞后，作为新兴交叉学科，尚处于积极摸索阶段，需借助多学科理论和方法。国外文化遗产学科相应的学科建设价值取向各不相同，美国是人类学、考古学；英国是考古学、遗产管理；意大利是遗产保护；奥地利是文化遗产保护应用；日本是文化财保存科学。我国1998年的普通高等学校本科专业目录中有考古学（060103）、博物馆学（060104）、文物保护技术（060106W）；2011年学位授予和人才培养学科目录是考古学（0601），最新的专业学位授予和人才培养目录则有文物与博物馆（651），其他相关学科有建筑学、城乡规划学、历史学、科学技术史。因此，可以将文化遗产学视为是一个学科群，包含一切以文化遗产为研究对象的哲学、经济学、法学、历史学、教育学、管理学、科学技术，共同为文物与博物馆行业服务。

文化遗产是人类发展过程中从前人那里承袭而来的人类创造和使用的物质和精神财富的总和。文化遗产研究大体可以分为见"物"的自然科学（包括工程技术），以及见"人"的人文社会学科。因此，围绕文化遗产学应开展三个方面的研究——文化遗产科学认知：利用现代科学技术手段对古代文化遗产进行研究，结合田野考古资料和历史文献，揭示其历史、艺术和科学价值，展现其对人类文明的重要作用；文化遗产科学保护：在对文化遗产本体材料研究分析的基础上，运用各种现代科学技术手段探明其腐蚀损毁机理，研究制定合理保护方案并实施，以更充分地发掘其历史文化价值；文化遗产科学利用：在文化遗产保护的基础上，积极拓展文化遗产传承利用渠道，考察民族民间工艺技术，探讨其与人类文明发展的关系，探讨科学技术文化传播，为实现提升国家文化软实力提供智力支撑。若单纯针对文物保护，则文化遗产科学主要是研究分析和认知各类文化遗产的性质和组成，研究保护和利用各种文化遗产的理论、方法、材料和工艺等。文化遗产科学是现代科学技术和传统工艺相结合，并加以创造和发展的产物。文化遗产科学是一系列综合性的科学技术，它不仅涉及化学、物理学、生物学、地质学、测绘学等基础科学，而且还与土木、建筑、冶金、纺织、造纸和陶瓷等技术科学以及农学、医学、管理学等密切相关。

中国社会科学院民族学与人类学研究所研究员张继焦作了题为"从新古典'结构－功能'论，看文化遗产的现代转型"的报告，从非物质文化遗产角度探索文化遗产"结构－功能"转化引起的文化遗产传承和发展问题。他认为，物质文化遗产是"形"，非物质文化遗产是"神"，两者是一个整体，如果只研究其一，很难揭示其真谛。他认为，人们的风俗习惯、行为方式、道德伦理、价值观念等在发生结构性变动时，会形成一种巨大的、潜在的力量。经过几十年的探索，到20世纪90年代，内源型发展模式逐渐地成为联合国重视和鼓励的一种新发展观。文化遗产不仅是基于当地的内源性独特资源，而且是有利于当地形成具有独特竞争优势的产业集群的关键要素。如对广西特色文化名镇东兴市江平镇京族的踩高跷捕鱼，从新古典"结构－功能论"来看，其功能已经发生了变化，已经从一种渔业生产方式变成了海边休闲观光的一种表演方式。文化资源的积累是一个动态的功能转变与结构转型，历史文化遗产具有一定的物化形式与现实载体。由于主要以历史文化遗产这个关键要素为基础，一些特色小镇才逐渐形成了目前的文化旅游产业规模和影响力。各个特色小镇可以以当地的历史文化遗产为内源性竞争优势，建设可持续发展的文化旅游特色小镇。我国各地的一些特色小镇正在逐渐走出主要依赖生产要素的阶段，逐步走向投资导向阶段。要使各地特色小镇的文化旅游产业不停滞在萌芽期，应该充分利用各种关键的生产要素，进行垂直或水平的产业扩散（如民宿和酒店、地方风味餐饮、乡土食品、民间游乐等行业），引导产业向更高层次的形态发展。一个特色小镇的发展目标不应只是成为本地的知名旅游小镇，更应该发展成为全国知名的、独具历史文化特色的小镇。

中国文化遗产研究院研究员曹兵武作了题为《考古学的中国路》的报告。考古发现是文物资源的重要组成部分，考古学是文物价值认知和保护利用重要的基础性支撑，他以苏秉琦先生为个案，简略回顾了中国考古学诞生与不断发展以及推进国人认识国情和促进文物保护的历程。他认为，考古学的中国路是科学化认知中国历史之路、求索民族之根之路、发现民族之魂之路、支撑民族复兴之路。著名考古学家苏秉琦先生认为中国的基本国情就是拥有"超百万年的文化根系，上万年的文明起步，五千年的古国，两千年的中华一统实体"。这个历史的国情是包括苏秉琦在内的数代考古学者和历史学者筚路蓝缕不断探索的概括。中华民族从远古一路走来，还要向着远方继往开来不断探索走下去。苏秉琦先生不仅提出考古学的区系类型学说和中华民族、中国文明形成的多元一体学说，也曾经提出"考古是人民的事业"的命题并展开了若干实践。人民的考古学、文化遗产时代的考古学，究其实质就是可持续的考古学和公共考古学。考古学是一门科学，既要满足科学家的求知欲望，也要造福时代和人民，支撑社会的可持续发展。新时期的中国考古学必须走科学考古学支撑基础上的可持续的考古学，这种考古学应该包括科学的考古学、人民的考古学、公众的考古学和公共考古学等。在这样的考古学里，不仅考古的知识应该为人民所共享，而且由于考古发现和出土文物古迹的资源属性，它们既是考古学的研究对象，也是文化遗产的载体，尤其因为其所具有的不可再生、不可替代性，考古学家与社会大众均具有保护以使其可持续利用的内在需求。公共考古学、考古资源管理学应该成为未来考古学关注的重心之一。科学考古学、普及考古学、保护的考古学、规划与展示的考古学、融入人与社会发展的考古学，所有这些考古工作都应成为科学考古学支撑下的可持续发展考古学的有机构成部分。科学探索与文化责任的融合，将为新时期的考古学开辟新的发展维度。

中国社会科学院考古研究所副研究员梁宏刚作了题为"学科建设与基础科学研究——以预防性保护概念下的环境控制研究为例"的报告。他认为，我国文物保护的概念大体可以分为广义和狭义两种。广义的文物保护主要是指政府行为的政策管理型保护、考古发掘的抢救性保护、文博单位的安全性保护与日常养护，濒危或损毁严重的古建筑和古遗址修缮保护，以及利用自然科学技术对抗文物自然损毁的可移动文物科技保护。狭义的文物保护就是指利用自然科学技术，减缓文物蜕变进程、延长文物寿命，尽可能保存并传承展示文物价值内涵。文物保护学的学科构建，应围绕如何挖掘文物价值、如何保存文物价值、如何展示文物价值来进行学科布局。挖掘文物价值，需要人文社会科学与自然科学技术相结合、相交融；保存文物价值，离不开自然科学与工程技术科学的强力支撑；展示利用文物价值，则需要人文社会科学与工程技术科学紧密协调。针对狭义的文物保护学学科建设，其基础是物理、化学、生物、地质、材料学等，具有应用型学科的性质，应属于自然科学和工程技术相结合的一门学问。关于文物预防性保护与基础理论研究，离不开理论和方法论的建设，现有的文物预防性保护概念仍缺乏基础科学理论的有效支撑。文物保护学，顾名思义文物保护是其主体，目前看来，文物保护学学科设置与环境保护学和医学关系密切，并且与医学更为接近。学科基础的要求，决定了在本科设置文物保护专业存在明显的短板，基础学科知识不扎实，不利于学科长期发展。

山东大学文化遗产研究院博士研究生赵慧君作了题为"文化遗产等级体系：生成中的价值认知与理解困境"的报告。她认为，将文化遗产价值按高低定级，从而实施相应等级的保护策略是文化遗产体系建构的显著特征。在中国语境下，传统的文物观逐渐扩展至更为丰富多元的文化遗产观，这种名相之变意味着传统理念在世界遗产体系影响下的价值调试。整体而言，现行的中国文化遗产等级体系是半个世纪以来逐步生成与完善的结果：一方面是从文物（可移动和不可移动）到遗产（物质和非物质）横向拓展；另一方面是从地方级到国家级再到世界级的纵向延伸。为此，想要深入理解与剖析中国文化遗产等级体系这一"日用而不觉"的现象，首要工作即是对其社会建构过程进行知识考古学的爬梳，进而通过"历史回溯"的方法论路径来探究该体系所引发的保护、利用、等级、价值等方面的困境。

## 四、贯彻"保护为主"方针，全面提升文物保护价值认知、保护力度和科技水平

我国的文物保护工作执行"保护为主、抢救第一、合理利用、加强管理"的十六字方针。首先，

对文物保护工作来说保护是基础，研究是核心，传承是目的。保护文物不仅要保护文物的"形"，更要保护文物的"神"，就是保护传承文物的价值。因此，保护文物的前提是对文物本身的认知研究，以及文物文化的研究。其次，应向文物保护的广度和深度拓展，涉及文物本体和周边环境的保护，博物馆建设和文物展示，以及水下文物考古和保护。再次，实施文物保护必须依靠科学技术，强调研究科学的保护方法和保护技术，紧密结合科学技术的前沿，以实现最佳的保护效果。加强文物保护的目的是传承、弘扬和发展中华优秀传统文化，只有保护保留下文物本体，才能合理利用文物。

复旦大学国土与文化资源研究中心研究员杜晓帆、博士研究生刘邵远作了题为"从价值认知到功能实现——文旅融合下的遗产保护利用"的报告。他们认为，文化与旅游的融合在政策层面上早已开始，主要是基于旅游本位的融合，目的是实现文化从资源化→产品化→产业化的发展进程。既往的文旅政策中，侧重于发挥旅游的经济功能。"全域旅游"本应是助力地方形成良好文化生态，实现"跳出旅游发展旅游"综合效益的手段，却被各地误解为实现旅游业"遍地开花"的最终目的，并没有很好地实现相应的功能。遗产的保护利用虽然主观上被赋予了重要的文化政治功能，但是这一功能的实现对于不同地域、不同类型的文化遗产来说存在客观差异。国家层面对新时期文旅融合目标使命进行了统一定位。2018年4月文化和旅游部成立时，国务院对新部门的职责使命表述为"增强和彰显文化自信，统筹文化事业、文化产业发展和旅游资源开发，提高国家文化软实力和中华文化影响力，推动文化事业、文化产业和旅游业融合发展"。当下，建立以价值为核心的遗产保护利用体系已逐渐成为共识，但是在体系构建过程中，存在几个误区：其一，预设统一的价值评判标准，忽略不同层级和群体价值评判标准的客观差异。一刀切和单向度的价值认知无疑会让遗产的内涵窄化，很有可能导致不恰当的保护利用行为；其二，将遗产价值和遗产功能混为一谈。遗产价值反映了人们对人与遗产关系的主观认识，遗产功能更多的是指遗产保护利用行为所造成的的可供观察的客观结果。基于遗产价值探索多元的保护利用方式，在这个过程中如何判断保护利用的"好""坏"，则要通过实践当中产生的功用进行评判，反过来遗产功能也会影响人们的价值认知；其三，脱离遗产价值谈遗产功能，实际上就将遗产降格为一般的物质遗存，取消了遗产的历史特质。基于上述认识，当下的遗产保护利用，需要更多考虑到对于个人、对于亚群体、对于更为广泛的社会结构和文化系统的不同后果和积极、消极的功能。在策略上，要对遗产进行分级分类的保护利用指引，辨清遗产特征与价值，明确社会功能定位。分析遗产功能与管理、利用工作的相关性，建立合理、可实施的管理与利用原则，制定实施导则。从而更明确遗产的有效管理与利用方式，指导遗产保护实践工作。

中国文物报社副总编李学良作了题为"浅谈中国特色博物馆建设"的报告。中国特色博物馆事业，是中国特色社会主义事业的重要组成部分。首先，博物馆的中国特色表现在文物藏品资源上。时间上各历史时期文物藏品完整链条再现中华五千年文明不间断的完整演进；空间上文物器型展现从中原到边疆渐进性多样化发散性分布，反映多民族凝聚力和向心力的中华文化多元一体格局；文物藏品内涵上则表现为聚合各地区各民族的融、和、统，反映出中华文化强大的融合力、亲和力、传承力。其次，博物馆的中国特色表现在鲜明的时代特征上——社会主义制度优势。1）国有博物馆为主干的博物馆体系。表现为文物藏品资源和馆舍设施的所有制特色——公有制为主体制度在文物领域的具体落实；以及全国5354座博物馆的数量，其中3748座是国有的，而非国有的1606座，非国有博物馆的体量相对来讲是比较小的。2）政府主导社会参与的工作机制，非基于所有权，而是基于行政权。例如：国家鼓励社会力量参与博物馆建设，但保留对非国有博物馆藏品来源、真假的审查权和备案权、私人藏品按等级的处置权（限制）、对展览导向的指导和引导权。3）免费开放的制度意义，对国内观众提供均等公共文化服务，对国外观众传播中华优秀文化。4）博物馆管理的事业单位体制，对内管理政府的文物资产，对外以博物馆为桥梁实现政府对社会的文化服务。再次，博物馆的中国特色表现在博物馆的功能上——陈列展览。1）常设的基本陈列和专题陈列完全可以构建出一个物的中华文明史的大系，是中华优秀传统文化的一种呈现，也是文化自信的表现。2）成就展、人物展等传递着正能量和积极的人生观、价值观。3）艺术展、民俗展等为人民群众提供鉴赏、休闲等精神文化服务。另外，博物馆的中国特色将会表现在文化创新上。博物馆是为中华民族伟大复兴提供精神和智慧能量的地方。我国博物馆的改革发展，要始终立足于自身特色，坚定走出一条符合国情的博物馆发展之路，遵循中国特色社会主义现代化建设规律，并为中国特色社会主义现代化服务。

　　国家文物局水下文化遗产保护中心副主任宋建忠作了题为"新时代中国水下考古事业面临的机遇与挑战"的报告。1987年11月中国历史博物馆水下考古学研究室成立是中国水下文物事业的开端，1989年《中华人民共和国水下文物保护管理条例》的颁布标志着水下文物保护已经成为我国文物事业的重要组成部分。2012年国家文物局水下文化遗产保护中心成立以来，特别是党的十八大以来，我国水下文化遗产保护事业迅猛发展，首艘考古工作船"中国考古01号"交付使用，陆续在沿海和内水建设多个基地，"致远舰"与"经远舰"水下考古系列调查、西沙水下考古调查、"南海1号"保护发掘工作取得多项重大成果，中沙联合塞林港考古见证了历史上海上丝绸之路曾有的繁华。随着国家"一带一路"倡议和海洋强国战略的实施，水下考古与文化遗产保护肩负着新的责任和使命。面对未来30年，我们认为不仅应将中国水下考古与文化遗产保护事业做大，关键更要做强，在建国百年实现中华民族伟大复兴的中国梦时，中国的水下考古与文化遗产保护事业应当成为世界一流，这个世界一流不仅体现在水下考古与水下文化遗产保护工作层面，而且还要体现在水下考古与海上丝绸之路研究层面，它将成为我们中国水下考古的中国梦，也是第二个30年的总目标。

　　北京清华同衡规划设计研究院遗产保护与城乡发展研究中心副总工张瑾作了题为"文化遗产活化利用制度与政策建议"的报告。她认为，从世界文化遗产"殷墟"的发展现状与安阳城市发展的关系来看，遗产保护与城市发展现阶段协调艰难。第一是地方政府面对文化遗产的矛盾心态，遗产一方面会为地方带来声誉扩大地方影响，一方面会限制地方城市化发展影响地方经济。第二是文化遗产保护运营资金的来源，仅靠政府投入难以为继，社会资金和其他资金的投入受到资金规模和资金投资预期收益的限制，最后大都还是依靠政府平台。第三是文化遗产保护规划的方向性问题。文化遗产圈起来是保护，还是融入城市化发展是保护？从大遗址的规模和性质来看圈是圈不住的，像西安大明宫遗址，政府用了土地升值的概念带动了城市地产，但是土地的溢价并没有反哺到遗产保护，大明宫遗址一直处在举步维艰的困境中。国外文化遗产的保护一般采用资金是政府、社会捐赠、自营收入各占三分之一，但关键还是文化遗产自身特点、保护规划与社会发展规划的巧妙结合，才是未来文化遗产保护的发展方向。

　　中国文化遗产研究院副研究员何流作了题为"我国文物保护科学技术应用历程、现存问题及未来发展"的报告。她提出,"科学技术是第一生产力",国家的发展需要科学技术的驱动创新,对于文物保护传承同样需要科技作为驱动力,以此带动文物行业的全面发展。回顾文物行业发展的历程,正是科学技术的引领作用推动文物事业跨越式地迈上三个台阶。鸦片战争打开了中国的国门,但同时也将现代科学技术带入中国,博物馆的建立、考古学的引入、古建筑保护理念等推动了中国文物事业上了一个台阶。新中国的建立推动了文物事业科技进步上了第二个台阶。其特征是有计划有步骤地建立起了国家的文物保护行业体系,在文物保护工作中引入了物理学、化学、生物学、地质学等学科。第三个台阶是改革开放后,其主要表现在科学程序、科学方法和科学理念的重要性得到了文物行业前所未有的普遍重视。特别是2003年以来全面布局文物保护科技工作,陆续建立国家文物局重点科研基地,开展文物保护科学和技术课题管理,启动文物保护行业标准化工作,设立文物保护和科学技术创新奖,对中长期的文物保护科技工作进行了宏观规划部署,建立起文物保护科技体系。

她进一步分析了当下文物保护科技工作面临的诸多问题。从学科体系上来说,文物保护科学技术属于边缘学科或交叉学科,定位并不清晰。文物本身具有广泛性和复杂性,涉及人类历史生活中的方方面面,现当代的许多事物也会逐渐转变为文物,文物的复杂性决定了文物保护科学技术的复杂性。文物保护科学技术自身及其相关的现代科学技术是不断发展的,而被保护对象文物则阻止或限制现代科学技术直接应用于文物本体,因为任何新材料的植入都会或多或少地干扰或破坏文物的历史性和真实性。由此,社会科学和自然科学的跨接以及历史与现代的矛盾冲突引出了文物保护工作中的一系列问题。世界公认的文物保护原则都有其局限性,如最小干预原则、可逆性原则、可识别原则都存在本身的不确定性、认识上的不一致性和操作上的困惑性。文物保护理论的薄弱在现实中反映的往往是理论与技术的割裂,导致技术缺乏约束,保护措施的最后效果评价不一、莫衷一是。同时,理论的薄弱也导致对文物的保护前后不连贯,以及各方面工作的割裂。针对这些问题,她提出了一些相应建议。一是文物理论研究与学科建设相结合,通过学科建设,找准学科在科学体系中的定位,同时争取将文物保护科技作为正式分支纳入国家的科研体系。二是促进传统技术与现代技术的融合,探索中国特色的文物保护技术。三是开放人才流动与促进科研合作,一方面鼓励和刺激人才流动来促进文物保护事业的发展;另一方面通过与外部的合作科研带动整个行业与外部的科技交流,从而带动与外部的人才交流,实现人才的合理流动。四是集中力量办大事,鉴于建立具有中国特色的文物保护理论体系和文物保护技术方法论是一个系统工程,科技创新是一场持久攻坚战,应集中力量适时地推出一些重大文物科技攻关项目,突破现有体制机制的束缚,探索科技协同创新路径。

北京科技大学科技史与文化遗产研究院副教授黄明玉作了题为"国家文物资源数据库数据标准之基础分析与建议"的报告,她认为建立国家文物资源名录和数据库是文物保护的重要基础工作,2016年国务院《关于进一步加强文物工作的指导意见》以及2018年两办《关于加强文物保护利用改革的若干意见》都一再强调健全完善常态化的国家文物登录制度,建设国家文物资源大数据库,推进信息资源社会共享。要构建准确权威、开放共享的中华文化资源公共数据平台,藏品数据标准是对国家文物资源数据库的支撑和保障。目前,我国各博物馆的藏品信息以及普查的文物信息对于元数据标准的使用尚未规范化,应在过去博物馆藏品管理系统和数字化建设成果的基础上,根据国家文物资源数据库的数据需求,采用元数据标准的工作方法,包括使用标准数据值标引文物信息,以利用户检索使用文物信息和馆际数据交换共享。当前文物藏品信息的开放获取工作应考虑元数据信息和图像的丰富性、对用户的协助使用、以及数据的呈现方式，而建立规范的文物描述元数据标准和发展文物领域规范词表，对于推动我国文物登录、数据库建设和社会服务工作具有不可替代的支撑作用。

河海大学图书馆教授谢友宁作了题为"关于'数字文物'发展战略的思考"的报告。数字文物就是利用信息技术，包括最新的三维技术对实体文物进行数字存档与保护。数字文物的应用，包括虚拟展示、虚拟修复、数字考古报告及 3D 打印快速成型等。他指出，数字文物发展战略是从管理维度出发，是对实体文物的加工、整理、分析与再利用，面向虚拟的文物保护与利用战略。这里的文物是泛文物，从文物到遗产，包括实物、遗址、街区、场景等。数字文物发展战略，即是现有的数字博物馆、数字考古、数字修复、数字展示、数字遗址、数字重要性建筑和纪念性建筑、数字民俗、数字历史文化街区、村镇等文物数字化保存与利用的集合。一定意义上说，数字文物发展战略是从顶层打造一个数字化文物保存与利用的管理系统和平台，开辟一个文物虚拟空间，分步实施，为实体文物在虚拟空间"安家立业"。

## 五、鼓励文物利用实践与探索，在保护利用中传承优秀传统文化

文物的保护与传承、活化与利用、重塑与创新已经成为一个时代的课题。文物是国家文明的标志和优秀传统文化的象征，坚定文化自信、讲好中国故事需要不断提升保护理念，实现文物保护、文化传承、社会价值、经济利益等多方面的协调，才能真正做到合理的文物活化利用。

河北省文物局博物馆处处长李宝才作了题为"我国文物资源的特点与活化利用"的报告。他认为，文物利用工作在新中国成立之初就已经开始。主要是利用不可移动文物特别是高级别的文物保护单位，还有部分可移动文物，主要是博物馆馆藏文物。伴随着文物保护单位和博物馆的开放，出现了文化创意产品，最早叫纪念品。我国的文物工作是从保护中走过来的。早期的法律法规及规范性文件中，基本没有提到文物利用二字。97 年加强和改善文物工作通知中，提出继续坚持"保护为主，抢救第一"的方针，贯彻"有效保护，合理利用，加强管理"的原则。2002 年的文物保护法则制定了"文物工作贯彻保护为主，抢救第一，合理利用，加强管理的方针"，即十六字方针。而真正把文物利用放到非常的高度是十八大以来。可是在我国几十年文物机构设置中，无论文物行政部门，还是专业的文物事业单位，鲜有文物利用开发部门和人员。长期以来，包括行政部门以及文物事业单位，在文物利用开发的认识观念上仍有差距。国家提倡扩大文物资源社会开放度，目前说的多，做的少。应把文物的活化利用作为文物工作的重点工作之一，在文物行政和文物事业单位设立相关的部门，建立专业的文物开发利用队伍，对文物活化利用情况进行专门研究、指导、研发、推广。各级财政列支部分文创产品研发资金，鼓励创作优秀的文化衍生产品。大力开展文物展览入校园活动，加强对青少年优秀传统文化的素质教育。

中国国家博物馆馆员李琼作了题为"浅谈新时期我国文博机构革命文物资源的活化利用"的报告。他认为，应加强革命文物的资源整合，并对相关革命文物资源进行深入统筹规划和整体保护，以期更加发挥革命文物服务国家大局、资政教化育人及推动社会发展的特殊作用。收藏有革命文物的文

博机构中，有一部分是完全脱离革命旧址遗址而建立的新馆舍，另外一部分是依托于革命旧址遗址建立起来的新馆舍，他们多数是以展示文物专题陈列为主的纪念馆。此外，还有一部分则完全利用革命旧址遗址进行展示，比如在旧址内开辟纪念馆及展厅，其展览多以原状陈列为主。革命文物活化利用的基础是细化馆藏革命文物分类体系和对馆藏革命文物进行认真的整理，以便利后续的研究和利用，包括陈列展览、出版研究、宣传教育、文创开发等。应举办更多与革命文物主题相关的展览，不断提升革命文物展览展示水平；进一步加强对革命文物的研究，努力挖掘馆藏革命文物背后的故事。加强对于革命文物知识的宣传，让更多人熟悉革命文物。加强同其它革命文物遗址、纪念馆、博物馆等机构的交流合作，增加人员的互相往来，以互帮互助、互学互鉴的方式开展交流，增加合作办展。

东南大学建筑学院高级工程师徐进亮作了"建筑遗产保护利用的产权机制政策建议"的报告。他认为，建筑遗产产权机制的"资产化"绝非是"资本化"。"资产化"首先要求明晰产权，厘清责权利关系，确定谁在利用、为谁利用。产权是由多项权利构成的权利束，产权界定即将物品产权的各项权能界定给不同主体，主要包括两部分：第一是产权的归属关系（界定归谁）；第二是在明确产权归属的基础上，对物品产权实现过程的各权利主体之间的责、权、利关系进行界定（界定约束）。产权机制最基本的是所有权，最常见的是用益权。从产权性质来看，建筑遗产所有权主要分为私有产权、公有产权和混合产权。目前的产权管理问题，产权确权混乱、管理范围界定不清、保护限制设置模糊、用益权分离形式简单、收益与成本管理混乱，因此，建立产权机制是为了在使用与配置稀缺资源的过程中，规范人与人之间责、权、利关系。通过设置一些局限条件，来提供合理的经济秩序、产生稳定预期、减少不确定因素、减少交易费用。

中国文物信息咨询中心研究员袁永明作了题为"国有不可移动文物'资产化'论献疑"的报告。他认为，不可移动文物一般而言不能"资产化"，其中属于国有的、公益性质的，更是不能"资产化"。对于不可移动文物而言，其"资产化"的冲动在改革开放之后不久，就已经渐露端倪。二十世纪八九十年代，文物行业相当困难，一度提倡"以文养文"。不少文博机构甚至被下达创收指标，迫于资金紧张，只好"下海"，利用馆藏文物做拓片出售者有之，利用馆舍开办家具展厅甚至歌舞厅者有之。一时间好不热闹。总的来说，"以文养文"并无可取之处。那时虽然并没有"资产化"的概念，但事实上还是以文物机构的藏品、馆舍、人员和资金等作为要素，投入营利活动。到了千年之交，不可移动文物"上市"一度成为改革创新的尝试。有的即将或已经付诸实施。就整体而言，不可移动文物的"资产化"不可能只是做公益，更不能指望资本的力量主要用以追求社会效益。而且可以肯定的是，"资产化"只对不可移动文物中的那些有潜力的"绩优股"感兴趣，至于其它绝大多数不可能表现抢眼的文物，肯定不会眷顾。

杭州师范大学讲师马庆凯对"'一带一路'倡议视野下的遗产外交"进行了梳理和展望。他指出近年来遗产研究的新趋势正从"遗产是什么、如何保护"转为"遗产可以发挥什么作用，有何贡献"，从"保存过去"转为思考遗产在当下以及创造未来的过程中可以发挥的作用。遗产外交就是这样的一个例子，它指的是通过挖掘、保护、展示、交流文化遗产，增进不同文化价值观的相互理解，促进不同国家之间的外交关系。它是对传统外交的继承和发展，属于基于遗产的中外人文交流。它通常由一国政府主导，包括遗产管理机构、学者、民众等多种行动主体，借助各种传播和交流手段，向国外公众介绍本国国情和政策理念，以遗产为纽带建立合作、交流的机制，旨在获取国外公众的理解、认同和支持，争取民心民意，树立国家的良好形象，营造有利的国际舆论环境。由于遗产攸关记忆、身份、认同，因此遗产外交有独特性。例如，西哈努克亲王邀请中国参与吴哥窟遗产保护时叮嘱中国遗产专家：吴哥窟关乎柬埔寨的民心。美国学者 Luke & Kersel 发现考古学和文化遗产可以增强文化外交力量，鉴于其具有的合作性、愉悦性、灵活性、创造性、适应性等，是一种可以将"硬实力"和"软实力"有机平衡起来的聪明的文化外交。2014 年，中哈吉联合申遗，"丝绸之路：长安－天山廊道的路网"成功列入《世界遗产名录》。目前"一带一路"上已经公布的遗产点以及今后几年计划申报世界文化遗产的遗产点达到了 300 多处，可以想象这些遗产在促进"民心相通"方面所蕴藏的巨大潜力。

人民日报海外版主编齐欣作了题为"文化遗产传播：视角、方法、实践"的报告。他认为，在"人类命运共同体"、世界遗产发展、中国话语权与文化力、社会文明进步等不同层次，"文物－文化遗产"都可以找到实现的途径与判断标准。作为一种力量和资源，媒体自觉地参与进来，在变革的节点和方法上，进行了初步实践。文化遗产传播的空间：文化遗产信息传播串连的公共资源、公众（利益相关者）和公共文化产品共同形成的体系、规则。单体保护转向风貌保护的趋势明显，衍生遗产形式出现。在中文语境下，文化遗产的外延扩大，出现了泛化表述现象。文化遗产传播形成了自己的特征：真实性、公共性、实践性。遗产小道是专门提供给文化遗产这个领域的公共文化产品，小道方法构成，包含了多重设计步骤、多种体验方法、多种传播知觉的叠加、多资源的叠加，多系统的支援和支撑。文化遗产，通过理念的传播，在公众化和社会化两个方面会逐步形成新的生产方式和生活方式，进而产生巨大的消费市场。"物"的进程，是人认知的结果，是认知趋同的结果——任何文化遗产，或者任何成果甚至行业，没有传播，都不会成功。

山西大学美术学院孟姝芳女士作了题为"媒介与目的——文化遗产活化与现代民族国家的身份认同"的报告。她认为，文化遗产研究的论域从国际视角而言，其主要呈现为在人类学的视角下探究文化遗产的"普遍性价值"。具体就中国而言，文化遗产的活化问题一方面涉及在"世界——国家"论域中他者对"中华民族"的"身份认同"问题，另一方面涉及在"国家——民族"论域内国人对"中华民族"的"自我认同"问题。文化遗产凭借其可视（感）性和内含的文化性可以最大程度地实现从视觉到心灵、从碎片到整体、从此时到历史的形象建构并进行身份认同，从而重新构建起基于价值认同的民族身份意识和内在凝聚力。文化遗产在现代人的视野中除了是兼具"可视、民族、历史"三重属性的媒介物之外，更主要的是其在现代人的精神世界中建起了人们生生不息的奋斗精神和历史长河，为现代人提供了"来于何处、去向何方"的自觉意识和生命动力。文化遗产由于其可视（感）性、民族性和历史性而成为现代社会语境中重建人的价值的最佳载体，不仅可以使人们在身体感知上获得鲜明的民族认同感，而且可以使人们在其本身所蕴含的民族特性和历史脉络中获得价值认同感，进而为现代人提供生活的动力和生命的本源。

中国民族博物馆副馆长（中国人类学民族学研究会副秘书长、博物馆文化专业委员会主任）韦荣慧作了题为"中国少数民族文化遗产活态保护与利用——以西江千户苗寨为例"的报告。西江千户苗寨，是贵州省雷山县的一个行政村，因居住着 1478 户苗族同胞而得名"千户苗寨"，是我国也是世界上最大的苗寨。西江千户苗寨立足于民族文化遗产和自然生态资源的优势，创新民族文化遗产的活化利用，坚持保护与开发的统一，在西部少数民族贫困落后地区，闯出了脱贫致富的独特发展天地。他们坚持党的领导，不忘初心，一心为民。组织成立了民族文化交流中心、西江苗族博物馆、苗学会、老人协会等机构，挖掘整理文化遗产资源并加以保护。培育鼓藏头、活路头、银饰刺绣、蜡染、烤酒等家庭博物馆，组建西江艺术团、古歌演唱队、拦门酒歌队等团体，坚持举办一年一度的苗年、吃新节、爬坡节、姑妈回娘家等传统民俗节庆，持续举办跳芦笙比赛、苗族情歌对唱比赛等赛事活动。目前在寨子里从事民族文化展示活动的群众达到 560 余人。坚持人与自然和谐共生，弘扬传承生命树的"天人合一"理念，西江苗寨风景林、守寨树成片，燕子窝都建在房子堂屋里。进一步建立健全西江的管理体制机制，强化法治基础上的村民自治，加强景区环境综合治理，严格保护传统吊脚楼和村寨风貌。加大解决发展不平衡的力度，坚持利益共享，创新解决发展不均衡机制。加大西江教育的投入，人才培养，民族文化传承进校园。加大力度研发当地苗族文化的文创产品，让游客把西江和雷山苗族文化带回家。

北京联合大学讲师郑慧铭作了题为"历史街区的保护修缮探讨——以五里街为例"，她认为，我国传统历史街区资源丰富，有着物质文化遗产的特征，承载非物质文化遗产，蕴含了丰富的时代性、传承性和地域文化的综合价值（历史文化、经济资源、社会价值）。要探求不同时期历史街区的建筑特色和保护更新措施，将公共空间的营造成为设计的重点，旧建筑可融合展览、演讲、交流、住宿、办公、会议多功能。以文化为特色的业态重组，通过"体验化"场景主题营造、空间形态变化、景观构成要素、复活文化特色，让公众感受新奇和有趣。

中国文化遗产研究院副研究员赵夏以"发现遗产的魅力、呼唤经典之作的出现——读约翰·缪尔及其《我们的国家公园》"为题，介绍了约翰·缪尔（John Muir，1838—1914）倡导万物有灵的自然保护主义思想的基本特点及其引人注目的社会影响。《我们的国家公园》是其深入荒野自然的观察和笔记，被誉为是"感动过一个国家的文字"；他倡导建立的塞拉俱乐部，至今仍是美国的民间环保组织。他和他的作品及其身心合一的实践在 19 世纪末期到 20 世纪初期的美国产生了广泛的社会影响，一方面感召过很多的美国大众，另一方面影响到了罗斯福等精英人物，促进了美国"国家公园"的制度化建设。由此可见，发现和传播遗产的价值与魅力，是遗产保护的重要先决条件。她认为应该珍惜当下我国的"遗产热"，也盼望着遗产保护领域我们经典之作的出现，只有充分地发现与阐释遗产的内涵、价值、魅力，带动和启发更多人们了解、关注、欣赏并获益，才能为做好保护管理和利用传承等工作打下广泛而有力的社会认知和心理基础。

# 结　语

中国文化遗产研究院院长柴晓明出席开幕式并致辞。他表示，文物承载灿烂文明，传承历史文化，维系民族精神，是祖先留给我们的宝贵遗产，是加强社会主义精神文明建设的深厚滋养。符合国情的文物保护利用之路是习近平总书记治国理政新理念新思想新战略在文物领域的具体体现。我们应深刻认识新时代文物工作的重大意义，努力破解文物事业发展不平衡不充分的问题，锐意创新体制机制，坚持创造性转化、创新性发展，守土尽责，不断满足人民日益增长的美好生活需要。

　　课题首席专家曹兵武表示，走出符合国情的文物保护利用之路，应加强实践探索和理论总结，充分利用现代科学技术，保护修复濒危的历史文物，维护突出其宝贵价值，全面展现中华文化的永久魅力和时代风采，传承子孙后代；应进一步拓展文物合理利用的科学途径，让文物活起来，促进文物合理适度利用，建立健全文物保护利用制度体系，服务于精神文明建设；应充分发挥文物的社会教育功能，加深对中华文明悠久历史的认识，充分挖掘和阐释文物资源的时代价值，坚定文化自信，牢牢把握"两个一百年"奋斗目标，让文物工作助力实现中华民族伟大复兴的中国梦。课题将充分吸收专家们的智慧与成果，力争在中国文物价值体系、文物保护利用实践体系、中国特色文物理论体系等方面有新的认识和突破。

　　还有一些专家未做大会发言，但也提交相关文章参与交流。

# 后　记

　　"他山之石——国际文物保护利用理论与实践"、"中国观察——中国文物保护理论与实践"、"析情探路——符合国情的文物保护利用与改革发展"三本文集，均是国家社科基金特别委托课题"符合国情的文物保护利用之路研究"课题组成员的部分有关研究成果与课题进行过程中组织的同题学术研讨会部分论文的汇集。

　　"符合国情的文物保护利用之路研究"这样一个课题，涉及面广，研究内容宽泛，目标高，难度大，时间短，好在课题和会议均得到业界不少同仁的关心、支持和帮助，我们搞开门研究，除了课题组成员之外，业界的许多专家学者将自己多年研究心得、实践经验乃至其他相关课题研究成果毫无保留地与课题组进行交流，并慨允与同行分享，这是需要特别予以感谢的。

　　课题能够得以顺利进行，首先要感谢刘曙光和柴晓明两任中国文化遗产研究院的院长，他们一直积极推动课题立项和开展，从院里的预研究课题、本级课题发展到国家社科基金特别委托课题，他们一直关注、督促并多次提供指导性意见和建议，并集中文物研究所和院里相关部门的精兵强将，积极参与课题研究与相关保障；感谢国家文物局的顾玉才、宋新潮副局长以及政策法规司陆琼司长、政研处彭跃辉处长及有关司室，高度关注课题的立项与进展，多次莅临课题的咨询、座谈会，指导课题研究的开展，提供相关资料和调研的便利；感谢杜晓帆、孙华、吕舟、陈星灿、罗伯健、孟宪民、葛承雍、詹长法、吴家安、侯卫东、乔梁、麻国庆、杭侃、安来顺、魏坚、袁广阔、宋建忠、张杰、邵甬等业界专家，在课题进行过程中以多种方式对研究予以指导、评论，使得课题组获益匪浅；课题组在湖南进行实地调研时得到湖南省文物局陈远平局长等以及湖南省博物馆段晓明馆长、陈建明原馆长、科研办喻燕姣主任、考古所郭伟民所长、顾海滨副所长等的多方帮助与指导，也利用文集出版的机会一并在此表示衷心感谢！

　　此外，对院科综处的有关管理服务工作，以及文物出版社高效、准确的编辑出版工作等，也利用文集出版的机会深表谢意！

课题首席专家

曹兵武